對外經濟貿易大學
远程教育系列教材

宪法学（第2版）

Constitution（2nd Edition）

傅思明　编著

对外经济贸易大学出版社
中国·北京

内容简介

宪法是国家的根本大法，是治国安邦的总章程，依法治国首先是依宪治国。作为中华人民共和国的公民，首要义务就是遵守宪法并切实地贯彻宪法。严格遵守和积极贯彻《中华人民共和国宪法》，其前提是学习宪法，了解宪法，很好地掌握宪法的规范及其基本精神。本教材将就宪法的基本原理、我国宪法发展的历史简况、国家性质与国家形式、公民基本权利和义务、我国国家机构的组织与活动的概况等重要问题，逐一地展开阐述，以帮助读者对《中华人民共和国宪法》有一个比较系统的理解。

图书在版编目（CIP）数据

宪法学/傅思明编著. —2版. —北京：对外经济贸易大学出版社，2013
对外经济贸易大学远程教育系列教材
ISBN 978-7-5663-0885-6

Ⅰ.①宪… Ⅱ.①傅… Ⅲ.①宪法学-中国-高等教育-远程教育-教材 Ⅳ.①D921.01

中国版本图书馆CIP数据核字（2013）第255225号

宪法学（第2版）
Constitution（2nd Edition）

傅思明 **编著**
责任编辑：汪友年

对外经济贸易大学出版社
北京市朝阳区惠新东街10号 邮政编码：100029
邮购电话：010-64492338 发行部电话：010-64492342
网址：http://www.uibep.com E-mail：uibep@126.com

山东省沂南县汇丰印刷有限公司印装 新华书店北京发行所发行
成品尺寸：185mm×230mm 21.25印张 427千字
2014年4月北京第2版 2014年4月第1次印刷

ISBN 978-7-5663-0885-6
印数：0 001-1 500册 定价：32.00元

对外经济贸易大学远程教育系列教材

编审委员会

PREFACE

总　序

（第二版）

2012年正值对外经济贸易大学远程教育学院（简称"贸大远程"）成立10周年。10年来，贸大远程在组织结构、管理体制、招生网络、教学管理、技术平台、教材建设、课件开发等方面已形成了自己的特色。远程教育的名人名师战略、西部战略，以人为本、终身学习的服务理念，以及多元互动的国际化办学特色已在社会上产生了较大的影响力，成为业内公认、全国知名的优秀网院之一。2010年在全国远程教育十周年庆典表彰活动中，贸大远程一举荣获网络教育教材建设奖金奖、国家网络精品课程（网络教育）建设组织奖银奖、优秀网络课程推广奖银奖、优秀论文奖和远程教育贡献奖等五项大奖，成为全国69家试点高校获奖最多的高校之一，受到了教育部和全国高校现代远程协作组的充分肯定和高度赞誉。

《国家中长期教育改革和发展规划纲要（2010－2020年）》强调指出：要"大力发展现代远程教育，建设以卫星、电视和互联网等为载体的远程开放继续教育及公共服务平台，为学习者提供方便、灵活、个性化的学习条件"。中国现代远程教育经过十余年发展，为实现教育大众化、促进教育公平、加快教育教学改革、推进教育信息化等做出了重要贡献。在远程教育系统中，教材无疑是与远程学习者关系最为密切的一个要素。抓好教材建设是办好远程教育的一项十分重要的工作，应充分认识教材建设在远程教育工作中的必要性和重要性。近年来，随着现代远程教育工程试点工作的展开，作为教学资源建设的一个重要组成部分，远程教育教材的研发也越来越为各办学机构所重视。早在2006

年，即“十一五”规划开局之年，贸大远程就率先组织本校具有丰富教学经验的优秀教师，以所开设的两个学历层次的七个特色专业为依据，以现有的导学课件为基础，编写了一套“对外经济贸易大学远程教育系列教材”。本套教材共分为经济贸易、工商管理、法律、金融与会计、行政管理、外语、综合七大系列，全面覆盖贸大远程相关专业的上百门课程。到目前为止，本套系列教材已经编写出版了近90种，其中，《商品学》、《投资管理》、《公共关系学》、《经济法学》和《商务英语写作》先后被评为“北京高等教育精品教材”；《公文写作》、《世界贸易组织概论》、《大学英语》、《国际商法》等教材经多次重印，仍畅销不衰。本套系列教材以品种全、质量高、成规模、销量大而著称，其选用者不仅限于贸大远程，而且涉及其他高校远程学院和培训机构；不仅在学校教学中发挥了重要作用，而且在社会上也具有良好的使用效果，产生了一定的社会效益和经济效益。

对于远程教育的教材而言，“质量与特色”是一个至关重要的问题。教材是否具有远程特色，是否适合远程学习者学习，直接关系到学习者的学习成效，也关系到远程教育的质量。贸大远程在系列教材的策划初期，就高度重视学生在开放教育环境中的个性化学习需求，突出成人教育和远程教育的教学规律，专门为远程学生量身定制。在系列教材的编写与出版过程中，学院高度重视教材建设，始终与作者和出版社保持密切联系，注重收集来自教师与学生的反馈信息，对教材进行及时有效的评价与更新，注重教材的系统性、针对性，确保教材的质量。在系列教材的使用过程中，随着国家政治经济形势的不断变化，国家法律法规的不断颁布与修订，学科的不断发展与知识的不断更新，以及学习者需求的不断变化，贸大远程审时度势，及时根据学院“十二五”教材建设规划作出了对第一版系列教材进行修订再版的决定，以顺应形势的变化、学科的发展以及学习者的需求，适应学院事业发展的新战略。工作着眼点从追求教材的“数量与规模”逐渐转为注重教材的“质量与特色”，着力打造贸大远程优质教材品牌。

第二版远程教材的修订，除了要继续保持和发扬第一版教材在编写体例、结构形式、版式设计等技术层面的原有特色外，更加注重对教材内容及体系的更新和创新，使之更加突出现代远程教育人才培养模式与教学规律，更加体现远程课程体系、教学内容和教学方法方面的改革创新，更加注重理论联系实际和对学员应用能力的培养，更能适应成人教育对象业余学习并以自学为主的特点和需要，较之第一版教材具有更强的针对性、实用性和可操作性。现代远程教育的一个本质特征就是教的行为和学的行为在时空上的相对分离，并以计算机、多媒体、网络为主要媒体的教育形式。在这种新的教育体制下，传统的纸介质教材虽然不再是教学活动的主要媒介，但是在当前技术条件还十分有限的情况下，它仍然是远程教学活动必不可少的辅助工具。有鉴于此，本次远程教材的修订工作，更是有针对性地提出了交互性、一体化的修订策略。力争在导学教材自身的交互性方面有所突破，并力争在媒体建设上实现一体化。将纸质教材与多媒体教学资源有机结合，充分发挥远程教育电子媒体教学资源的优势，减少纸质教材的篇幅。纸质教材要求简洁明了、重点突出。在纸质教材讲清楚基本概念、基本知识、基本技能基础上，拓展阅读参考资料，将与课程内容相关的法律法规、工具模板、操作范例等以多媒体网络资源的形式提供给学生。伴随第二版教材的修订工作，与之相配套的导学课件也将进入新一轮的更新制作阶段。

一套教材只有经过市场的考验，不断修订、完善与更新，才能打造成为精品之作。随着第一版远程系列教材的出版，已经整整过去6年了，经过贸大远程广大师生两至三轮教与学的使用与实践，经过社会大众学习者多年的选用与检验，教材的组织者、编写者和出版者从中积累了丰富的编写与出版经验。随着学院对教材工作的更加重视，我相信在不久的将来，将会有一批体系更加成熟、内容更加实用、形式更加新颖的新版教材陆续问市。步入“十二五”新的历史发展阶段，贸大远程将与时俱进、不辱使命，本着对学生、对社会高度负责的精神，及时推出第二版远程教育系列教材，这是我们贸大远程人为推动中国远程教育的进一步发展所尽的一份教育者的责任。

“读书百遍，其义自见。”希望广大学员养成读书的好习惯，多读书，读好书，并且学以致用。衷心祝愿本套系列教材的修订再版，能够进一步满足接受远程教育的广大学子日益增长的教育需求，伴随大家不断成长和进步。

对外经济贸易大学远程教育学院院长

2012年7月于北京

总　　序

（第一版）

中国远程教育的发展经历了三代：第一代是函授教育；第二代是广播电视教育；20 世纪 90 年代，随着现代信息技术的发展，以网络为基础的第三代现代远程教育应运而生。到目前为止，教育部批准开展现代远程教育试点的高校共 67 所。对外经济贸易大学远程教育学院（简称“贸大远程”）是在中国加入 WTO 后的第一年，于 2002 年 3 月正式成立的。

现代远程教育作为新生事物，对传统的教学模式、学习习惯、获取新知的途径等产生了巨大的冲击。如何在网络时代打造学习型社会，构筑终身教育体系，是当今时代的重大课题，现代远程教育试点高校为此进行了许多卓有成效的探索。在网络教育的具体实践中，贸大远程始终坚持依托学校的整体优势和特色，坚持知识的内在逻辑性与职业、行业的市场需求的统一，坚持开展面向广大在职人员的现代远程教育，逐步形成了独具我校特色的“7+1”学习模式（即网络课堂、网上答疑、课程光盘、教材资料、适量面授、网上串讲、成绩检测，以及第二课堂活动），为学生个性化学习提供了广阔的空间。自 2003 年起，贸大远程连续 3 年蝉联新浪网、择校网、搜狐网和《中国电脑教育报》联合评出的全国“十佳网络教育学院（机构）”称号。值得一提的是，“国际贸易实务”课程荣获国家级奖项，“商务英语”等 7 门课程荣获北京市优秀教材一等奖和精品课程称号，另有 10 余门课程在全国性的远程教育课程展示会上获得大奖。

几年来丰富的现代远程教育实践和教学经验积累，为我们出版配套的贸大远程系列教材奠定了厚实的基础。目前，普通高等学校的现有教材并不完全适合远程教学，市面上真正用于现代远程教育的成规模的网络教材还不多见，与网络课件相配套的系列教材更是寥寥无几，因此为接受远程教育的广大莘莘学子专门设计符合他们需要的教材已成为现代远程教育发展的迫切需求。

基于以上原因，贸大远程按照学校一级教学管理体制，本着为社会、为学生服务的宗旨，致力于教学质量的保证和提高，特组织了国际经济与贸易学院、金融学院、国际商学院、英语学院、公共管理学院等学院的优秀教师，以目前开设的两个学历层次的7个专业为依据，以现有的导学课件为基础，编写了这套远程教育系列教材。本套教材共分为外语、经济贸易、工商管理、法律、金融与会计、行政管理、综合7大系列，全面覆盖两个学历层次7个专业的上百门课程。为了打造贸大远程优质教材品牌，我们与清华大学出版社和对外经济贸易大学出版社达成协议，计划3年之内全部出齐。

本套教材在策划编写过程中，严格遵循现代远程教育人才培养的模式与教学客观规律，充分考虑到远程学生在职和成人继续教育业余学习的实际情况，专门为远程学生量身定制而成，具有较强的针对性、实用性和可操作性。本套教材的编写具有如下特点：

一、在教材体系和章节的安排上，严格遵循循序渐进、由浅入深的教学规律；在对内容深度的把握上，考虑远程教育教学对象的培养要求和接受基础，其专业深度比本科有所降低，基础面相对拓宽，不是盲目将内容加深、加多，而是做到深浅适中、难易适度。

二、在每章开篇给出明确的学习目标与重点难点提示，涵盖了教学大纲的重点或主要内容。相对于传统的学校教育，远程教育更倚重于学生的自学能力和自控能力。明确的教学目标有利于学生带着任务有目的地学习。同时，教材中充分考虑到了学生学习时可能遇到的问题，给他们以提示和建议。由于本套教材的作者都是经过挑选的具有长期教学经验的优秀教师，且大多数作者都来自远程教学的第一线，是远程网络课件的主讲老师，能够为学生提供比较丰富的、切中要害的问题解答，从而使远程学生在学习时少走弯路。

三、在章后和书后分别设置“同步测练与解析”和“综合测练与解析”栏目，涵盖了本章及本书的重要知识点，并给出了详尽的参考答案，对难题还进行分析点评，列出解题思路与要点，更加方便学生自学。测验是检验教学目标是否达到的有效手段。由于远程学生是在虚拟的网络课堂上课，远离教师，处于相对独立的学习环境；教师不能通过直接交流，了解学生对学习内容的掌握情况；学生也由于与教师、同学之间的分离，无法判断自己的学习状况。针对这种情况，我们在教材中设置了大量自测自练题目。旨在通过这种自测自练方式，积极引导学生及时消化和吸收所学知识，不断加深对教材内容的理解，阶段性检查学习效果，全面复习和掌握所学知识，综合评判自己对知识的掌握程度，巩固最终学习成果。

四、考虑到有些专业课程具有较强的社会实践性，在教材的编写上也力争做到理论联系实际，注重案例的引入。尽可能安排一个或多个案例，并进行详细的分析讲解。旨在通过案例教学，对课程重点难点进行深化分析和实操训练，加强学生对知识点的理解和记忆，强化学生分析问题、解决问题的能力以及动手操作能力。

在本套教材的编写与出版过程中，我们得到了众多业界专家学者的真诚理解与支持，得到了清华大学出版社与对外经济贸易大学出版社的通力合作，在此向他们一并致以衷心的感谢。在前所未有的战略机遇期和“十一五”期间，相信本套教材的出版，必将是全国远程教育界一件很有意义的事情。衷心祝愿现代远程教育在建立学习型社会、构筑终身教育体系的进程中，在推动中国教育事业向现代化大教育形态的历史转变中，迈出更大更坚实的脚步。

对外经济贸易大学远程教育学院院长

谢毅斌

2006 年 7 月于北京

前　言

国家的整个法律体系由宪法以及若干个部门法组成。这就决定了作为一门重要的社会科学的法学，需要相应地设置若干课程，分头研究各种法律。从庞大的法律体系来看，宪法是国家根本法，处于首要地位，其他各部门的法律都要以宪法为立法基础。例如，《中华人民共和国刑法》、《中华人民共和国刑事诉讼法》的第1条无不开宗明义地指出该法是“以宪法为根据”的。由此，在学习研究各个部门法学时，有必要从宪法学中寻找部门法的立法意图和原则精神，以保持法制的统一。

宪法是国家的根本法，是治国安邦的总章程，是保持国家统一、民族团结、经济发展、社会进步和长治久安的法制基础。我国宪法是革命、建设和改革的长期经验的总结。在我国的社会生活和整个法律体系中，占有特殊的重要地位，依法治国首先是依宪治国。中国特色社会主义法律体系是以宪法作为立法基础的。宪法规定的是国家最根本的制度。它们是立国之基、治国之本。作为中华人民共和国的公民，首要义务就是遵守宪法并切实地贯彻宪法。严格遵守和积极贯彻《中华人民共和国宪法》，其前提是学习宪法，了解宪法，很好地掌握宪法的规范及其主要精神。

本教材就宪法的基本原理、我国宪法发展的历史简况、国家性质与国家形式、公民基本权利和义务、我国国家机构的组织与活动的概况等重要问题，逐一地展开阐述，以帮助读者对中华人民共和国宪法有一个比较系统的理解。

回顾30年来的法制建设，中国的法学教育事业取得了辉煌的成就。据初步统计，目前中国已经有600余所普通高等院校设置了法律院系或法律专业，在校学生已达9万余人。除本科学生外，在国内一些重点大学和全国的知名法律院系，法学硕士研究生和博士研究生已成为培养重点；网络远程法律教育日益受到教育主管部门的重视，成为高等法学教育的重要组成部分。

网络远程法律教育是社会经济发展和高新技术发展的必然结果，是促进经济、社会发展和劳动就业的重要途径。作为高等教育的一个重要组成部分，网络远程法律教育对于调整教育结构，广开成才之路，提高教育整体效益，全面落实教育方针，增进教育与经济的紧密结合具有重要作用。但从目前来看，不少网络远程法律教育借用法律本科或中专教材，教材建设滞后于网络远程法律教育的发展需要。我们编写本宪法教材，期望能够既照顾到网络远程法律的教学层次，又能满足高水准、高质量的要求。

本书在编写中参考了许多新出版的教材和专著，特向有关作者表示感谢。由于水平所限，不妥之处，请读者批评指正。

作者

2013年12月

C ONTENTS

目　录

第一章　宪法学基本原理 …… 1

第一节　宪法的概念和分类 …… 2

第二节　宪法规范 …… 10

第三节　宪法的制定、解释与修改 …… 12

第四节　宪法的指导思想和基本原则 …… 24

第五节　宪法的效力和作用 …… 30

第六节　宪法实施的监督 …… 35

同步测练与解析 …… 47

第二章　宪法的历史发展 …… 51

第一节　宪法的产生和发展 …… 52

第二节　旧中国宪法的产生和发展 …… 61

第三节　新中国宪法的产生和发展 …… 66

同步测练与解析 …… 75

第三章　国家性质 …… 79

第一节　国体 …… 80

第二节　经济制度 …… 98

第三节　精神文明 …… 105

第四节　政治文明 …… 110

第五节　国家标志 …… 113

同步测练与解析 …… 120

第四章　国家形式 …… 127

第一节　政权组织形式概述 …… 128

第二节　选举制度 …… 135

第三节　国家结构形式 …… 148
第四节　民族区域自治制度 …… 154
第五节　特别行政区制度 …… 162
第六节　基层群众自治制度 …… 172
同步测练与解析 …… 184

第五章　公民的基本权利和义务 …… 191
第一节　公民的基本权利和义务概述 …… 192
第二节　公民的基本权利 …… 197
第三节　公民的基本义务 …… 211
第四节　保护在中国境内的外国人的合法权利和利益 …… 215
同步测练与解析 …… 220

第六章　国家机构 …… 225
第一节　国家机构概述 …… 226
第二节　中华人民共和国国家主席 …… 233
第三节　全国人民代表大会及其常务委员会 …… 238
第四节　国务院 …… 254
第五节　中央军事委员会 …… 261
第六节　人民法院 …… 264
第七节　人民检察院 …… 270
第八节　地方各级人民代表大会及其常务委员会 …… 277
第九节　地方各级行政机关 …… 287
同步测练与解析 …… 293

综合测练与解析 …… 299
综合测练与解析（一） …… 299
综合测练与解析（二） …… 307
综合测练与解析（三） …… 314

参考文献 …… 321

CONTENTS

Chapter 1 Fundamental Principle of Constitution …… 1

1.1 Concept and Classification of Constitution …… 2

1.2 Constitution Norms …… 10

1.3 Formulation, interpretation and amendment of the Constitution …… 12

1.4 Guiding Ideology and Fundamental Principles of Constitution …… 24

1.5 Effect of Constitution …… 30

1.6 Supervise the Implementation of the Constitution …… 35

Exercises and Answers …… 47

Chapter 2 Development of Constitution …… 51

2.1 Emergence and Development of Constitution …… 52

2.2 Emergence and Development of Constitution of Old China …… 61

2.3 Emergence and Development of Constitution of PRC …… 66

Exercises and Answers …… 75

Chapter 3 State Nature …… 79

3.1 State System …… 80

3.2 Economic System …… 98

3.3 Spiritual Civilization …… 105

3.4 Political Civilization …… 110

3.5 State Symbol …… 113

Exercises and Answers …… 120

Chapter 4 State Forms …… 127

4.1 General Survey on Organizational Form of Political Power …… 128

4.2 Election System …… 135
4.3 Structural Form of State …… 148
4.4 System of Regional Autonomy of Minority Nationality …… 154
4.5 System of Special Administrative Region …… 162
4.6 Grass-roots Mass Self-government System …… 172
Exercises and Answers …… 184

Chapter 5 Citizens' Basic Rights and Obligations …… 191
5.1 General Survey on Citizens' Basic Rights and Obligations …… 192
5.2 Citizens' Basic Rights …… 197
5.3 Citizens' Basic Obligations …… 211
5.4 Protection of Legal Rights and Interests of Foreigners in China …… 215
Exercises and Answers …… 220

Chapter 6 State Institutions …… 225
6.1 General Survey on State Organizations …… 226
6.2 President of PRC …… 233
6.3 National People's Congress and it's Standing Committee …… 238
6.4 State Council …… 254
6.5 Central Military Committee …… 261
6.6 People's Court …… 264
6.7 People's Procuratorate …… 270
6.8 National People's Congress and it's Standing Committee of Local Region …… 277
6.9 Local Administration Organizations …… 287
Exercises and Answers …… 293

Comprehensive Tests & Answers …… 299
Comprehensive Tests & Answers I …… 299
Comprehensive Tests & Answers II …… 307
Comprehensive Tests & Answers III …… 314

References …… 321

第一章

CHAPTER ONE

宪法学基本原理

学习目标

本章系统地阐述宪法的基本知识和基础理论。通过学习本章，应掌握宪法的含义与特征；理解宪法分类的标准与类型；了解宪法关系表现的特色以及宪法规范本身具有的特点；掌握我国现阶段的宪法监督制度。

重点难点提示

- 课外学习《中华人民共和国宪法》总纲部分。
- 联系实际，分析宪法在我们生活中的作用。
- 主动应用所学知识，分析宪法在国家法律体系中的最高地位。

宪法作为一个国家的根本法，具有最高法律效力。一切国家机关和社会主体都必须遵守宪法、维护宪法，并依照宪法形成统一的秩序。依法治国的核心是依宪治国。因此，了解宪法的概念、特征、本质、制定、修改、解释、效力、作用等基本原理，是深入学习宪法的前提和基础。

第一节　宪法的概念和分类

一、宪法的概念与特征

（一）宪法是法的组成部分

宪法是法，是特定国家法律体系的有机组成部分。常见的法有宪法、民法、刑法、行政法、诉讼法、劳动法、婚姻法，等等，它们都是法，法是统称。宪法是其中一个具体的法。

作为法律体系组成部分的宪法，与其他的组成部分如民法、刑法等，具有共性，即它们的本质是相同的，都是统治阶级的意志表现，都是经过特定的程序制定成法律的、由国家强制力保证其实施的统治阶级意志的表现。

（二）宪法是国家根本法

宪法乃根本法。作为国家根本法，宪法学具有其与民法、刑法、行政法、诉讼法、劳动法、婚姻法等其他一般法律的不同点：

1. 宪法的内容

宪法规定国家最根本、最重要的制度和最基本的国策，它不仅规定国家政体以及公民同政府之间的关系等原则，而且规定了国家的阶级本质、物质文明、精神文明和政治文明建设等内容，而一般的法律往往只规定某一方面或者某个领域的制度和政策。

宪法的内容涉及国家的政治、经济、文化、社会、对外交往等各方面的重大原则性问题，涉及国家的根本制度。例如，我国宪法规定了国家的指导思想、根本制度、根本任务、国家性质、政权组织形式、国家结构形式、公民的基本权利和义务、中央和地方国家机构的设置以及各国家机关之间的相互关系等。这些内容是我国政治生活和社会生活中最根本、最重要的问题。而一般法律规定的内容只涉及国家生活或者社会生活中某一方面的问题。

2. 宪法的效力

宪法在整个法律体系中居于最高的地位，具有最高的法律效力。宪法是“母法”，是其他一般法律的立法基础。其他法律的制定都必须以宪法为依据，都不得同宪法相抵触。

宪法调整的主要社会关系是国家与公民之间的关系。在国家与公民之间的关系上，宪法的主要功能是规范和限制国家权力。而国家权力运行的方式主要有两种，即依据宪法制定法律等规范性文件和依据宪法作出具体的宪法行为。因此，宪法的最高法律效力主要是与普通法律和直接依据宪法作出的具体宪法行为相比较而言的。其中，最基本的宪法行为是立法活动。

第一，宪法是普通法律制定的基础和依据。宪法确定了国家生活和社会生活中的根本制度、基本制度和基本原则，从宏观上和总体上确定规范、限制和保障国家权力运行的规则，规定公民的基本权利和义务。立法机关通过立法将宪法的规定具体化，使之成为社会生活的具体规范。无论普通法律是否明确其是依据宪法而制定的，事实上它们都是依据宪法的规定而制定的。有的法律的内容在宪法上可能没有直接的明确依据，但同样是依据宪法的规定而制定的，只不过其依据的是宪法的原则和精神或者是宪法上的多项相关规定。

第二，与宪法相抵触的法律无效。立法机关制定的任何法律都具有法律效力，但其前提必须是与宪法不相抵触，这是保证一个国家具有统一宪法秩序的需要，也是从根本上保障人权的需要。如果法律与宪法相抵触，则该法律或者全部无效，或者相抵触的部分无效。违反宪法的法律不是法律，当然也就没有法律效力。

3. 宪法的规范

一方面，宪法规范规定的是国家生活和社会生活各方面的根本制度和基本原则，是国家各种具体制度的最终根据。宪法规范与一般法律规范相比较，居于最高的地位，一般的法律规范如果与宪法规范相抵触，则失去法律效力。另一方面，宪法是根本的行为准则。虽然其他的一般法律也都是行为准则，但宪法乃是各政党、一切国家机关、武装力量、企业事业组织、社会团体和全体公民的最高行为准则。

4. 宪法的制定和修改程序

宪法的制定和修改程序比其他一般法律的程序更为严格。与普通法律的制定相比较，宪法的制定有两点不同：（1）宪法的制定一般要求成立一个专门机构，如制宪会议、制宪议会等，该专门机构的职责就是起草或者制定宪法，在完成起草或者制定宪法的任务之后，该专门机构即解散。而一般情况下，普通法律的制定由常设的立法机关负责，无须成立专门的机构。（2）宪法草案通过程序比普通法律严格。宪法的通过一般要求制宪机关成员的2/3以上或者3/4以上同意，有的国家还需要举行全民公决。而普通法律的通过一般只要求代议机关的议员或者代表过半数同意即可。

与普通法律的修改相比较，宪法的修改主要有三点不同：（1）只有宪法规定的特定主体才可提出修改宪法的议案。如我国宪法规定，宪法修改由全国人大常委会或者1/5以上的全国人大代表提议。而有权提议修改普通法律的主体则更广泛一些，即凡是有权向立法机关提出法律草案的主体均可提议修改法律。（2）修改宪法的通过程序更严格。我国宪法规定，修改宪法由全国人大以全体代表的2/3以上的多数通过。而普通法律的修改由立法机关以全体成员或者参加会议成员的过半数通过即可。(3) 有些国家宪法中明确规定对修改宪法内容的限制。

二、宪法的本质

(一) 宪法是民主制度化、法律化的基本形式

人权观念的形成和普及过程，实际上解决的是人与国家的关系、人权与国家权力的关系，在此基础上，必然形成了人民主权的观念。在人民主权原则下，也就需要制定宪法、实施宪政，以保证人民主权的实现，保证人权的实现。人民主权原则在制度上的展开，即民主制度。因此，宪法是民主的制度化、法律化，宪法通过确认民主事实、创制各种民主制度，以保证人民主权的实现。

宪法是近代资产阶级革命的产物。资产阶级革命的过程就是资产阶级争取资产阶级民主的过程，资产阶级革命的结果出现了资产阶级民主事实，资产阶级宪法即是对资产阶级民主事实的一种制度化和法律化。英国是世界上第一个进行资产阶级革命的国家，英国在世界上最早出现了资产阶级民主事实，英国资产阶级以一种特殊的宪法形式确认了资产阶级民主事实，并将其制度化和法律化，因此，英国在世界上最早产生了资产阶级宪法。其他资本主义国家也都是在经过各种形式的资产阶级革命，出现资产阶级民主事实之后，产生了宪法。同样，社会主义国家也是在进行革命并出现社会主义民主事实之后，以法律的形式确认了民主事实，产生了社会主义宪法。

宪法与民主存在着密切的联系。宪法存在的基本前提是民主事实的存在，宪法运行的基础也是民主事实的存在。由于民主事实的性质和内容不同，资本主义宪法和社会主义宪法的性质和内容也存在差异。换言之，各国宪法存在差异的基本原因在于民主事实的不同。当民主事实发生质的变化时，宪法也发生着性质上的变化；当民主事实的内容发生量的变化时，宪法也发生着变化。

宪法是民主事实制度化、法律化的基本形式。宪法确认了一国基本的民主制度和民主程序，但不可能确认全部的民主事实。人民除通过宪法所确认的民主制度和民主程序行使国家权力外，还通过其他各种民主形式行使国家权力。

(二) 宪法是各种政治力量对比关系的集中体现

从人民主权原则出发，人民是宪法的制定权主体，而在人民之中，又包含着不同的阶级、阶层、集团和群体。这些不同的阶级、阶层、集团和群体又都具有特定的经济利益和政治利益。因此，宪法反映了一国当时的各种政治力量对比关系。由于宪法所规定的是国家生活和社会生活中最根本性的问题，因而它是一国各种政治力量对比关系的全面、集中表现。

政治力量对比关系首要的是阶级力量对比关系。宪法反映阶级力量对比关系，表现在以下三个方面：

1. 宪法是阶级斗争的产物。宪法总是由在阶级斗争中取得胜利从而掌握国家政权的阶级制定的，是对阶级斗争的总结。1791 年法国宪法是法国资产阶级在 1789 年大革命中取得胜利的最后总结；1918 年苏俄宪法是俄国工人阶级在取得十月革命胜利后制定的；我国 1954 年宪法是中国革命成果的总结。

2. 宪法规定了社会各阶级在国家中的地位及相互关系。宪法是统治阶级制定的，因而统治阶级在制定宪法时，首要的任务就是把统治关系法律化，即哪个阶级是统治阶级，哪个阶级是被统治阶级，哪个阶级是同盟者，用法律的形式加以确认，使统治阶级的统治地位合法化，以得到法律的保障。

3. 宪法随着阶级力量对比关系的变化而变化。这种变化主要表现为两种形式：（1）当阶级力量对比关系发生根本性的变化，即统治关系发生根本转变时，发生宪法阶级性质的转换，即由资本主义宪法变为社会主义宪法或者由社会主义宪法变为资本主义宪法。如中国人民在中国共产党的领导下建立了人民当家作主的社会主义中国，这种阶级力量对比关系的变化，决定了新中国成立后制定的 1954 年宪法与旧中国的宪法在性质上截然不同。（2）在阶级力量对比关系总体框架相同而具体的对比关系存在量的差异时，宪法的具体内容也有所不同。这主要有两种情况：一是在同一个国家，当阶级力量对比关系没有发生质的变化而只是发生量的变化时，宪法虽然不发生阶级性质的转换，但在内容上也要作相应变化。如我国 1954 年与 1982 年时的阶级力量对比关系有所不同，这两部宪法在具体内容上即有所不同。二是在同一性质的国家，由于阶级力量对比关系的不同，其宪法内容也有所不同。如同属资本主义宪法的美国宪法和英国宪法，在宪法表现形式和宪法内容上都有较大差异。由此也可以看出宪法与阶级力量对比关系的直接联系。

除阶级力量对比关系外，政治力量对比关系还包含在阶级力量对比关系总体框架内的阶层、集团、群体之间的力量对比关系。宪法在具体内容的规定上，都必须考虑到这些政治力量对比关系，考虑到不同政治力量的利益。

法律虽然也反映一国政治力量对比关系，但由于它的内容只涉及国家生活和社会生活的某一个方面，因而它只反映一国政治力量对比关系的某一个侧面。

以上通过对宪法的本质、内容和形式等方面的了解，可以对宪法的概念作如下的表述：宪法是法的组成部分，集中反映社会各种政治力量的实际对比关系，规定国家的根本任务和根本制度，即社会制度和国家制度的原则、国家政权的组织以及公民的基本权利义务等内容，是国家的根本法，具有最高的法律效力和法律地位。

三、宪法的分类和渊源

（一）宪法的分类

对宪法进行分类，既有利于认清不同性质宪法的实质，也有利于对同一类型的宪法或者不同类型的宪法进行比较研究。

1. 以宪法的本质为划分标准

宪法可以划分为社会主义类型的宪法和资本主义类型的宪法两大类型。这是根据宪法所赖以产生和存在的经济基础以及国家政权的性质所进行的分类。资本主义类型的宪法，又称资产阶级类型的宪法，是指建立在资本主义私有制基础上的和确认资产阶级民主的宪法。资本主义类型的宪法建立在生产资料私有制基础上，为资本主义的经济制度服务，确认和保护资产阶级民主。社会主义类型的宪法，又称无产阶级类型的宪法，是指建立在生产资料社会主义公有制基础之上，确认人民当家作主的宪法。社会主义类型的宪法为社会主义经济制度服务，并确认工人阶级在整个国家中的领导作用和广大人民群众的主人翁地位。

2. 以宪法是否具有统一法典的形式为划分标准

宪法可以划分为成文宪法和不成文宪法两类。成文宪法是指具有统一法典形式的宪法。1787 年的美国宪法是世界上第一部成文宪法。当今世界上绝大多数国家的宪法都是成文宪法。成文宪法的优点在于，宪法的内容形式为书面形式的条文，比较明确、具体；其缺点在于，书面形式的条文修改起来比较困难，对社会实际的适应性较差。不成文宪法是指不具有统一法典形式，而散见于多种宪法性法律、宪法判例和宪法惯例中的宪法。英国宪法是典型的不成文宪法。

3. 以法律效力和制定修改程序的差异为划分标准

宪法可以划分为柔性宪法和刚性宪法两类。凡是宪法的法律效力及其制定和修改程序同一般法律的效力及制定和修改程序没有区别的叫做柔性宪法。例如，英国宪法就是这样。刚性宪法是指制定和修改程序比一般法律严格、具有最高法律效力的宪法。现代世界上绝大多数国家的宪法属于这种类型的宪法。例如，美国、法国、日本等国家的宪法。它们的宪法不仅效力高于一般法律，而且其修改程序亦比一般法律的修改程序更为严格、复杂。以美国而言，美国宪法的修正案，须经国会两院 2/3 的议员同意，或者应 2/3 的州议会的请求而召开制宪会议才能提出，而且必须经 3/4 的州议会或者 3/4 的州制宪会议批准，该修正案才能成为宪法的一部分而生效。

4. 以制定的机关不同为划分标准

宪法可以划分为钦定宪法、民定宪法和协定宪法。凡由君主制定的称为钦定宪法，如 1889 年日本明治天皇颁布的《大日本帝国宪法》。凡由全国国民的代表机关、制宪会议或者由“全民投票”表决通过的称为民定宪法，现代绝大多数国家的宪法属于这种类型。凡由最高统治者（一般为君主）和国民代表协议而制成的称为协定宪法，如法国 1830 年宪法等。

5. 以宪法发展的不同历史阶段为划分标准

宪法可分为近代宪法和现代宪法。所谓近代宪法，是指近代自由资本主义时期实行的宪法。这一时期的宪法以英国、美国和法国为代表，体现了自由主义的原理，国家和政府的职能比较简单，宪法的主要内容为国家机构的组织及相互关系、公民的基本权利和义务、宪法的修改程序。公民的基本权利主要表现为自由权。

所谓现代宪法，是指20世纪初以来在包括资本主义国家和社会主义国家实行的宪法。现代宪法产生的标志是1918年作为社会主义类型宪法代表的苏俄宪法和1919年作为资本主义类型宪法代表的德国魏玛宪法。宪法中规定的公民基本权利由自由权扩大到社会权，相应地，国家和政府的职能增加。

（二）宪法的渊源

宪法渊源即宪法的表现形式。各国受本国的历史文化传统、法律传统、政治力量对比关系，以及政治需要等原因所决定，采取了适合于本国的宪法表现形式。概括起来，宪法主要有以下渊源：

1. 宪法典

宪法的主要表现形式是宪法典，绝大多数国家以法典的形式规定国家的根本制度和基本原则。世界上最早制定宪法典的国家是美国，美国于1787年在费城由制宪会议制定了《美利坚合众国宪法》，并于1789年生效实施，在这部宪法中规定了美国的根本制度、政府机构、联邦与邦的分权及其他基本制度。其后，法国于1791年由制宪议会通过了《法兰西共和国宪法》，这是欧洲大陆的第一部宪法典。

为使宪法典能够及时适应社会实际的变化，产生了宪法修正案。宪法修正案即宪法修改机关不直接改动宪法文本的规定，而是按照年代将对宪法进行修改的内容顺序排列附在宪法典之后，另起序号，以"后法优于前法"的原则，新修改的内容代替与之相抵触的原条文。美国于1791年通过了10条宪法修正案（即《权利法案》）。宪法修正案是宪法典的组成部分之一。我国全国人大分别于1988年、1993年、1999年和2004年通过了四个宪法修正案共31条。

在由两个或者两个以上宪法文件组成宪法的国家，虽然没有统一的宪法典，但是其宪法的内容都表现为书面形式，不同宪法文件规定着不同的宪法内容，相互之间存在着内在的联系和分工。同时，这些宪法文件都居于一般法律之上。无疑，这些宪法文件是这些国家宪法的主要渊源。

2. 宪法性法律

宪法性法律一般是指有关调整宪法关系内容的法律，这是从部门法意义上按法律调整的对象所作的一种学理分类。宪法性法律有两种不同的含义：一是指不成文宪法国家的立法机关制定的成文宪法国家一般规定为宪法内容的法律。这些国家受本国的历史文化传统及阶级力量对比关系的影响，没有采用宪法典的形式规定宪法的内容，而是在不同的时期根据普通立法程序制定了一系列有关宪法内容的法律。宪法性法律与规定其他问题、调整其他社会关系的法律在效力上是相同的。英国是不成文宪法国家的典型，宪法包括在资产阶级革命过程中制定的一系列制定法、宪法惯例和宪法判例等；英国又是柔性宪法的国家，议会制定和修改宪法性法律的程序与其他法律相同，宪法性法律只是法律的一个组成部分，即英国不存在形式意义上的宪法，只存在部门法意义上的宪法。二是指在成文宪法国家有关调整宪法关系的法律。在成文宪法国家，既存在形式意义上的宪法，又存在部门法意义上的宪法。作为形式意义上的宪法，仅为宪法典，作为部门法意义上的宪法除宪法典外，还包括法律中有关规定宪法内容的法律，如选举法、各类国家机关组织法等。

作为宪法的表现形式，宪法性法律应当是指不成文宪法国家规定宪法内容、作为宪法组成部分的一系列法律。

3. 宪法惯例

宪法惯例是指在长期的政治实践中形成，并被反复运用，为国家机关、政党及人民所普遍遵循而实际上与宪法具有同等效力的习惯或传统。不成文宪法国家和成文宪法国家都存在宪法惯例，只是在国家生活中发挥的作用及在该国宪法中所占的地位有所不同。宪法惯例都是在政治实践中形成的。宪法惯例形成的前提是书面的宪法文件对某些宪法事项没有作出规定，而政治实践中又需要一定的政治规则。在不成文宪法国家，一方面，书面的宪法文件虽然不少，但由于比较分散和凌乱，对政治事项没有形成统一的系统规定，同时对一些宪法事项没有及时作出规定，为宪法惯例的产生留下了空间。因而，在不成文宪法国家存在着更多的宪法惯例。另一方面，这些国家一般比较务实，注重宪政实践，往往在宪政实践中先创造出某种做法，再由法律加以规定，这种思维也为宪法惯例的产生和发展提供了基础。在成文宪法国家，其成文宪法典也不可能对国家生活中的任何问题都作出明确具体的规定，通过修改宪法增加必要的规范既需要一定的时间，同时又有严格的程序，而国家生活特别是政治生活又需要有一定的政治规则，这就为宪法惯例的产生和发挥作用提供了基础条件。

宪法惯例是一种不成文的政治行为规范，没有法律文书表现形式，因而不由国家制定或认可，也不具有司法上的适用性，违反宪法惯例并不构成违宪。宪法惯例的作用基础或者约束力主要是政治道德，违反宪法惯例的行为将受到人们的谴责并可能遭致一定的政治后果，宪法惯例的运行并不由国家的强制力来加以保障。当然，任何宪法惯例的产生和运行也都存在着一定的制度基础。例如，在议会内阁制国家，如果议会对内阁表示不信任，内阁必须总辞职。这一宪法惯例的制度基础是，在议会内阁制国家，内阁的基本政策都必须通过立法的形式得以推行，内阁得不到议会的信任，也就意味着内阁的任何政府法案在议会都不可能获得通过，内阁实际上无法进行施政，也就不得不总辞职。

英国是不成文宪法的典型国家，因而英国的宪法惯例也就最多。英国重要的宪法惯例有：英王为虚位元首，在政治上保持中立，超出党派，象征国家的统一，不参加内阁会议，王权实际由大臣行使，对大臣作出的决定和建议，英王总是接受，对议会通过的法案，总是同意；首相由下院多数党领袖而不由上院议员出任，下院大选后，英王必须提名下院多数党领袖为首相，组阁执政；内阁集体对下院负政治责任，共进共退，内阁成员在议会内外均不得表示不赞成内阁的决策，在议会内必须为内阁的政策辩护，并投票支持内阁，阁员在组阁时集体上台，倒阁时集体辞职；下院每年至少举行一次会议，会议采取三读程序；英王不得拒绝首相呈请解散任期届满前的下院而重选的要求等。

修宪机关可以通过修宪程序将宪法惯例变为宪法的正式内容。美国在制宪时对于总统的连任问题，没有规定，从宪法上说并无限制，第一任总统华盛顿建立了只能连任一次的惯例，而 1940 年罗斯福连续第三次担任总统，打破了由华盛顿形成的宪法惯例，1951 年通过宪法修正案明确规定，总统连续任职不得超过两届。英国的许多宪法惯例也被后来的立法所肯定。宪法惯例也可能因时代的发展而被废弃。

4. 宪法判例

宪法判例只存在于普通法系国家。在普通法系国家，根据“先例约束原则”，最高法院及上级法院的判决因是下级法院审理同类案件的依据而成为判例。同时，根据普通法的原理，法院在法律没有明确规定的情形下可以创造规则，即所谓的“造法”。在不成文宪法和柔性宪法的国家，没有根本法意义上的宪法，法院在宪法性法律没有明确规定的前提下，就有关宪法问题作出的判例也是宪法的表现形式之一。例如，在英国，关于公民的自由权利以及保护公民权利不受国家公职人员和国家机关侵犯的司法程序的规定，都是由法院的判例确定的。在成文宪法的国家，由于存在根本法意义上的宪法，法院的判决必须符合宪法的规定，不能创造宪法规范。但是，在这些国家，法院有宪法解释权，法院在具体案件中基于对宪法的解释而作出的判决，对下级法院有约束力。例如，美国宪法中对司法审查权的归属没有作出规定，联邦最高法院通过 1803 年的“马伯里诉麦迪逊案”① 确立了由普通法院审查联邦国会制定的法律是否符合宪法的宪法判例。同时，法院在具体案件的判决中认为某项法律或行政命令违宪而拒绝适用，下级法院在以后审理类似案件时也不得适用被最高法院认为违宪的法律或行政命令。

5. 宪法解释

宪法解释是宪法解释机关对宪法的基本原则、基本精神和具体规定的含义的说明。包括宪法解释机关所作的独立的宪法解释决议和宪法解释机关在违宪审查过程中为了判断法律的合宪性而对宪法所作的解释。司法审查制国家的法院在审查法律的合宪性过程中所作的宪法解释通常表现在宪法判例之中。宪法解释与宪法具有同等的效力，也是宪法的组成部分。

---

① 美国宪法规定宪法具有最高效力，但未规定由什么机关依据宪法对法律的合宪性进行审查。1800 年美国举行大选，谋求连任的联邦派亚当斯失败，州权派杰佛逊当选新一任总统。联邦派为在联邦政府中保住自己的势力，通过修改法律增加法官人数，并提名任命了联邦派的法官。马伯里即是被任命为法官者之一。新任国务卿麦迪逊拒绝给马伯里颁发委任状。马伯里依据《司法法》向联邦最高法院起诉。以马歇尔为首席大法官的联邦最高法院认为，马伯里应当得到委任状；《司法法》的规定违反宪法，最高法院对本案不具有管辖权；法官就任时宣誓忠于宪法，当法律违反宪法时，法官服从宪法，因此，判断法律是否违反宪法是宪法赋予法官的“暗含”权力。

6. 国际条约

国际条约是国际法主体之间就某一事项中各自的权利义务所缔结的书面协议。广义的国际条约包括国际公约。现代以来，各国之间在政治、经济、文化等各领域中的国际交往日益频繁。为适应这一转变，各国在宪法上通常规定“诚实履行国际条约原则”，各国的违宪审查机关通常也不对国际条约的合宪性进行审查。

一国在与他国签订了国际条约以后，就承担了相应的国际义务，即要在本国内诚实履行国际条约或者加入国际公约中规定的国际义务。即使在发生政府更迭的情况下，本着政府继承的原则，新政府仍然要履行前政府所签订的国际条约或者国际公约。例如，《美国宪法》第6条规定，合众国已经缔结和即将缔结的一切条约，皆为合众国的最高法律，每个州的法官都应受其约束；《德国基本法》第25条规定，国际公法的一般原则是联邦法律的组成部分，它们的地位优于法律，并直接创制联邦境内居民的权利和义务。即使在宪法中没有作出如此明确规定的国家，遵守和奉行已经签订的国际条约也是一项通行的国际法准则。

我国是成文宪法国家，同时又属于制定法国家，宪法的渊源主要有宪法典（包括宪法修正案）、宪法惯例和宪法解释。

第二节　宪法规范

一、宪法规范调整特定的社会关系

法是规范的总和，刑法是刑法规范的总和，民法是民法规范的总和，等等。宪法是宪法规范的总和，这是不言自明的。因此可以形象地说，每一个宪法规范都是宪法的组成细胞。一般地说，法的规范必然要调整一定的社会关系。宪法规范调整的社会关系叫做宪法关系。宪法关系表现的特色有两个：第一，涉及面非常广泛，但均属原则性、宏观性层面的问题；第二，宪法关系的一方通常必然是国家或者是国家机关。

宪法关系极其广泛复杂，可以归纳为以下几点：

第一，国家与公民之间的关系。例如，国家保障公民的基本权利和自由；国家政权的组织和活动以全体公民的根本利益为基础；国家机关向公民负责，受公民的监督，等等。

第二，国家机关内部的关系。这是指各类国家机关的组织和活动的原则、方式、程序。例如，少数服从多数的民主制；行使立法权、行政权、审判权、检察权所应遵循的法定程序；国家机关领导人同其他组成人员及下属人员之间的关系，等等。

第三，国家机关与国家机关之间的关系。宪法规范调整这方面的关系包括：中央国家机关与地方国家机关之间的关系；国家机关上下级之间的关系；同级国家机关之间的横向关系，如立法机关同行政机关、审判机关、检察机关之间的关系，等等。这里主要是指职权的划分及监督、负责等内容。

第四，国家与国内各民族、团体、企业、事业和其他社会组织的关系。例如，国家确认他们在政治生活中的地位，保障他们的权利和利益，并要求他们承担必要的义务，等等。

二、宪法规范本身的特点

（一）最高性

宪法规范的最高性指宪法规范的效力高于其他的法律规范。任何违反宪法的法律规范均属无效。宪法规范的最高性的特点是由宪法的最高法律地位所决定的。在一个成文宪法的国家中，宪法既然在全部法律体系中居于最高地位，具有最高的法律效力，因此，相对于其他法律而言，构成宪法的每一个规范自然就具有最高性的特点。

（二）广泛性

此特点是综合宪法规范的整体而言的，是指宪法规范的总体涵盖了社会生活和国家生活的各个方面，既规定国家的根本任务，又规定了完成任务的步骤、措施等；而宪法规范所规定的国家根本制度，既包含了国家制度、社会制度的基本原则，又包含了公民的基本权利和义务、国家机关的组织与活动等范围极为广泛的问题。

（三）原则性

宪法规范大都确定社会制度、国家制度的基本原则，如公有制是我国经济制度的基础原则，其他如按劳分配的原则、人民民主专政的原则、各民族平等的原则，等等。既然宪法是根本法，不是法律大全，所以宪法规范不可能涉及国家生活的细枝末节，而以确定原则为限。此类原则，往往是立法之本，对于全局有最高的指导意义。

（四）概括性

宪法规范概括性的特点同宪法规范原则性的特点有关，宪法是原则规定，它为人们，尤其是国家的行为提供了一个基本的模式、标准或方向，其对象是整个国家、国家机关体系和国家机关工作的大致范围。在概括性这方面，宪法与其他法律一样，但比普通法律的概括性更强。

（五）适应性

原则性和概括性决定了宪法规范具有较强的适应性，使它足以在较大的限度内可以承受住因客观形势的变化而带来的影响。例如，美国宪法制定以来已经经历了200多年，客观实际的变化当然极大，但它之所以适用至今，原因之一是其规范具有适应性。又如，我国宪法虽然经过多次系统修改，但许多规范自1954年以来并无根本改变，这也是其适应性的一种表现。

第三节　宪法的制定、解释与修改

一、宪法的制定

（一）宪法的制定概述

宪法的制定，又称为制宪或立宪，是指宪法制定主体依照一定的理念、基本原则和程序并通过立宪机关创制宪法的活动。宪法的制定仅指一个国家在社会形态发生变革时创制首部宪法的活动。

宪法制定不同于宪法修改，后者是在原有宪法的基础上进行全部或者部分的变动，而并不改变原有宪法的理念和基本原则。

宪法制定也不同于法律制定，后者是指立法机关依照一定的程序创制法律的活动。二者的主要区别有：宪法制定依据的是宪政理念体现的制宪权，而法律制定依据的是宪法本身规定的立法权；宪法制定的具体行使主体是立宪机关，法律制定的主体是立法机关，尽管在有的国家此二者是重合的。

宪法制定权，简称制宪权，是指创制宪法的权力。最早系统地提出“宪法制定权”这一概念并建立理论体系的，是法国大革命时期的政治家和思想家西哀士（Abbe Sieyès）。他提出了制宪权主体、制宪权性质等理论。他认为，在所有自由国家中结束有关宪法的种种分歧的方法只有一种，那就是要求助于国民自己，而不是求助于那些显贵。如果我们没有宪法，那就必须制定一部；唯有国民拥有制宪权。他还认为，制定宪法的权力与依据宪法而行使的权力是不同层次的概念；立法权、执行权和司法权只是依据宪法而创造的权力。

在制宪权与国家权力的关系上，有学者认为，制宪权是一种超越于国家权力之上、存在于国家权力之前的“始原的创造性权力”，它不以国家权力的存在作为条件，也不以任何实定法为根据。实际上，制宪权属于国家权力的一种特殊表现形式，它是制宪权主体以法的形式将自己的根本意志和根本利益予以肯定，并按照一定原则确定具体的国家权力的范围和相互关系。

从原理上看，制宪权因设定了修宪权主体、修宪原则、修宪的限制和修宪程序，而高于修宪权。修宪权主体通过行使修宪权，而可以改变原有宪法中所设定的国家权力及其相互之间的关系。因此，与立法权、行政权、司法权相比较，制宪权、修宪权属于始原性的国家权力，即能够创造其他具体组织性国家权力的权力，立法权、行政权、司法权都必须依据宪法的规定而行使。

为了使制宪权的实现程序更具体化，各国通常根据制宪的需要，成立了各种形式的制宪机关，如制宪会议、国民议会、立宪会议等。制宪机关依据民意行使制宪权，具体负责宪法的制定工作。

（二）制宪机关与制宪程序

1. 制宪机关

制宪机关，又称立宪机关，是接受制宪权主体委托具体制定宪法的机关。制宪机关不是宪法制定的主体，宪法制定权的主体是全体人民，而制宪机关通常有宪法起草机关（如我国的宪法起草委员会）或者宪法通过机关（如美国的制宪议会、我国的全国人大）等。

2. 制宪程序

制宪程序一般有：（1）设立制宪机关：为了制定宪法，首先要成立专门的制宪机关，制宪机关的代表通常具有广泛性，能够代表各方面的利益。制宪机关的产生是否民主以及制宪机关成员的来源，直接影响着宪法的正当性。（2）提出宪法草案：草案的起草要遵循一定的指导思想或者原则，以保证草案内容的合理性。（3）通过宪法草案：为保证宪法的权威性和稳定性，大多数国家对宪法的通过程序作了严格的规定。通常，通过的规定是制定宪法要经制宪机关成员 2/3 以上或者 3/4 以上的多数赞成才能通过；在有的国家要经过全体公民投票批准。（4）公布：宪法草案经一定程序通过后，由国家元首或者制宪机关公布。

（三）我国宪法的制定

1952 年 12 月 24 日，周恩来代表中共中央在政协常委会上，提议由政协全国委员会向中央人民政府建议召开全国人民代表大会，制定宪法。1953 年 1 月 13 日，中央人民政府委员会举行第二十次会议，接受政协的建议，通过了《关于召开全国人民代表大会及地方各级人民代表大会的决议》。这次会议还决定成立以毛泽东为主席、朱德等 32 位委员组成的宪法起草委员会。会后，即开始进行起草宪法草案等准备工作。

宪法起草工作在毛泽东直接主持下进行，至 1954 年 6 月，草案稿基本形成；从 6 月 15 日至 9 月 10 日，经历了 3 个月的全民讨论；在此基础上又反复修改，于 1954 年 9 月 15 日提请一届全国人大一次会议审议，并由刘少奇作宪法草案的报告。1954 年 9 月 20 日，一届全国人大一次会议庄严通过了《中华人民共和国宪法》。

1954 年宪法是新中国制定的第一部宪法，也是我国第一部社会主义类型的宪法。中华人民共和国的成立意味着中国人民成为制宪权主体，有权独立自主地行使制宪权。新中国的制宪权源于中国人民掌握国家政权的事实，即人民政权的性质决定了制宪的人民性与自主性。实际行使制宪权的第一届全国人大，由普选产生的代表组成，即掌握制宪权主体的人民通过选举将制宪权赋予全国人大行使。

二、宪法的解释

（一）宪法解释的概念

宪法解释是指宪法解释机关根据宪法的基本精神和基本原则对宪法规定的含义、界限及其相互关系所作的具有法律效力的说明。宪法规范作为法规范的一种，应当与社会实际相适应，才能发挥应有的功能；同时，当宪法规范的含义出现歧义时，对其应有含义作出必要的说明，有利于宪法规范的实施。因此，宪法解释既是使宪法规范适应社会实际的一种方法，也是保障宪法实施的一种手段和措施。绝大多数国家的宪法对宪法解释及宪法解释机关作了明确的规定，有的国家虽然没有作出明确的规定，但普通司法机关根据其性质、地位及法律传统，宪法解释权成为其司法权的固有权力。

宪法解释机关与违宪审查机关在各国通常是同一的，但宪法解释与违宪审查却有着不同的含义。违宪审查是对法律等规范性法律文件是否符合宪法进行审查，在建立宪法法院的国家，宪法法院还要对国家机关之间的权限争议进行裁决，因而，违宪审查的前提是要对宪法的含义进行解释，在此基础上，违宪审查机关才能作出判断。在违宪审查意义上，宪法解释只是其中的一个环节。宪法解释具有独立的意义，在多数情况下，宪法解释机关可以脱离具体案件和宪法上争议的问题，对宪法规定的含义进行说明。

宪法解释机关通过宪法解释，以阐明宪法的基本精神、明确宪法规范的确切含义、弥补宪法规范的遗漏，可以起到使宪法规范适应社会发展、保障宪法权威并维持统一的宪法秩序及为判断宪法行为是否合宪提供标准等作用。

宪法解释和宪法修改都是使原有的宪法规范与社会实际保持一致，并能够调整社会生活的方法。它们之间的界限是，当宪法规范与社会实际相一致，宪法规范仍然能够作为调整社会生活的规则，而在适用宪法规范调整社会生活时，产生了不同理解或者歧义，以宪法解释的方法，使宪法规范能够准确地、全面地调整社会生活；当宪法规范与社会实际不相一致，通过解释宪法规范仍然无法调整社会生活时，以宪法修改的方法，使宪法规范能够准确地、全面地调整社会生活。换言之，宪法解释是在宪法规范与社会实际没有发生冲突的情况下进行的，而宪法修改是在宪法规范与社会实际发生冲突并表现为宪法规范落后于社会实际的情况下进行的。因宪法解释所引起的社会震动要大大小于宪法修改，“宪法解释优先适用只在不得已的情况下才使用宪法修改的方式”是各国在区分宪法解释与宪法修改时的基本原则。

（二）宪法解释机关和宪法解释体制

各国根据本国的政治体制、法律传统及政治理念，确立了不同的宪法解释机关和宪法解释体制。概而言之，世界上主要有以下三类宪法解释机关和宪法解释体制：

1. 由最高国家权力机关或立法机关解释宪法

社会主义国家根据民主集中制原则建立了国家机构体系，其中确立了最高国家权力机关，由最高国家权力机关的性质和地位所决定，社会主义国家均由最高国家权力机关解释宪法。资本主义国家中实行议会内阁制的国家，议会的地位较高、权力较大，早期均由作为立法机关的议会解释宪法，目前少数实行议会内阁制的国家仍由立法机关解释宪法。

2. 由普通法院解释宪法

在普通法系国家，传统上由普通法院在审理具体案件过程中解释宪法。宪法被认为也是法律，而法律只能由普通法院作为审理案件的依据，因此，解释宪法被认为是司法权的固有权能。这种做法由美国首创，也以美国为代表。在这类国家，解释宪法是与实施违宪审查结合起来的。普通法院在审理具体案件时，要对作为该案件审理依据的法律等规范性法律文件是否合宪进行审查，而在进行这种审查时，首先就需要对宪法规定的具体含义进行解释。普通法院必须结合具体案件对宪法规定的含义进行解释，而无权抽象地对宪法规定进行解释。根据普通法中的“先例约束原则”，最高法院或者上级法院在判例中对宪法所作的解释对于下级法院具有约束力。

3. 由宪法法院或宪法委员会解释宪法

宪法法院或宪法委员会通常在以下几种情况下解释宪法：一是基于宪法规定的特定主体的请求对法律等规范性法律文件进行审查时解释宪法；二是普通司法机关在审理具体案件遇到作为该案件审理依据的法律等规范性法律文件是否合宪问题时，移送宪法法院请求作出判断，对宪法进行解释；三是宪法法院或宪法委员会在裁决权限争议时，对宪法作出解释。宪法法院或宪法委员会对宪法所作的解释具有普遍的法律效力。

在社会主义国家，本着维护最高国家权力机关地位和更符合宪法原意的原则出发，通常由制定、修改宪法的最高国家权力机关解释宪法或最终解释宪法；而在资本主义国家，本着以国家权力制约国家权力的原则和各国具体的政治制度、政治理念及法系传统的特点，由第三者即普通法院或者宪法法院、宪法委员会等专门机关解释宪法，而不是由有权提出宪法修正案的立法机关行使宪法解释权。同时，在社会主义国家，由于是由最高国家权力机关行使宪法解释权，受最高国家权力机关工作方式所决定，最高国家权力机关解释宪法并不以发生具体案件为前提条件，既可以在具体案件中解释宪法，也可以抽象地解释宪法。而在资本主义国家，由于是由普通法院或者宪法法院、宪法委员会行使宪法解释权，受这些主体活动方式所决定，它们通常是在发生具体的宪法争议后，为解决具体的宪法争议而解释宪法。在西方国家中，法国的宪法委员会解释宪法比较特殊，它并不能在审理具体案件过程中解释宪法，而只是在不存在案件的情况下抽象地解释宪法。

（三）宪法解释的种类

根据不同的标准，可以将宪法解释作以下几种分类：

1. 依宪法解释的效力，分为有权解释和无权解释

有权解释，又称法定解释和正式解释，是指宪法规定的解释机关对宪法所作的解释。这种解释与宪法具有同等的法律效力。宪法解释通常仅指这种意义上的解释。无权解释，

又称学理解释和非正式解释，是指宪法规定的解释机关以外的组织和个人对宪法所作的解释。这种解释是这些组织或者公民个人对宪法规定的理解，不具有法律效力，但它反映了一国的宪法意识，对宪法的实施具有重要的意义。

2. 依宪法解释的目的，分为合宪解释、违宪解释和补充解释

合宪解释是指宪法解释机关通过解释宪法用以判断法律等规范性法律文件符合宪法。如1990年4月4日七届全国人大三次会议在关于香港基本法的决定中指出，香港基本法是根据宪法按照香港的具体情况制定的，是符合宪法的。违宪解释是指宪法解释机关通过解释宪法用以判断法律等规范性法律文件违反宪法。补充解释是指宪法解释机关在宪法规定存在缺漏的情况下，对宪法作补充性的说明，以使宪法更适应社会实际的需要。

3. 依宪法解释的方法，分为语法解释、逻辑解释、系统解释和历史解释

语法解释是指根据语法规则分析宪法条文的句子结构、文字排列和标点符号等，对宪法的内容、含义进行解释。逻辑解释是指运用形式逻辑的方法分析宪法的结构、内容、概念之间的联系以说明宪法规定的要求和目的。系统解释是指通过分析此一宪法规范与其他宪法规范的相互关系，说明其特有的内容和含义。历史解释是指通过分析宪法制定的特定历史背景及该国的发展历史，以确定宪法规定的具体内容和特定含义。

（四）宪法解释的原则

各国的宪法解释机关在解释宪法时，通常遵循以下原则：

1. 符合宪法的基本原则和基本精神

任何一部宪法都有其基本原则和基本精神，这些基本原则和基本精神或者规定在宪法序言中，或者体现在宪法条文规定之中。宪法通常以“人民主权”、“权力监督与制约”、“法治”、“基本人权”等为基本原则和基本精神。有的国家还有特定的宪法原则和精神，如日本国宪法的基本原则之一为和平主义，美国宪法的基本原则之一为联邦主义。宪法解释机关在解释宪法时，应当符合宪法的基本原则和基本精神，这是宪法解释具有正当性和法律效力的前提。

2. 符合制宪的根本目的

宪法序言中通常都规定了制定宪法的目的，如我国的制宪目的是发展社会主义民主、健全社会主义法制、逐步实现工业、农业、国防和科学技术的现代化，把我国建设成为富强、民主、文明的社会主义国家；美国的制宪目的是为了建立更完善的联邦，树立正义，保障国内安宁，提供共同防务，促进公共福利，并使美国人民和后代得到自由幸福。宪法解释的根本目的是为了更好地实现制宪的目的，因此，宪法解释应当服从于国家的制宪目的。

3. 与宪法的整体内容相协调

基于宪法的基本原则和基本精神，宪法的不同内容之间是相互协调统一的关系。因此，不仅需要综合认识宪法不同基本原则和基本精神之间的关系，还要分析宪法不同内容

之间的相互关系。宪法解释机关在此基础上，把握宪法的实际内涵，作出适当的解释。

4. 与社会实际相适应，并代表社会发展的方向

在多数情况下，由于社会实际的变化，导致宪法规定在表面上不适应社会实际，甚至与社会实际相矛盾。通过解释宪法，不仅使宪法与社会实际相适应，而且更符合社会发展的方向。

（五）我国的宪法解释

1954 年宪法和 1975 年宪法对于宪法解释权的归属问题没有作出规定。1978 年宪法和 1982 年宪法对于宪法解释权作出了明确的规定。这两部宪法都规定，宪法的解释权属于全国人大常委会。

宪法明确规定由全国人大常委会行使宪法解释权，是因为全国人大常委会是我国最高国家权力机关的常设机关，依据全国人大组织法的规定，全国人大常委会一般每两个月举行一次会议。从全国人大常委会的性质和地位看，其既可以在出现具体宪法争议时解释宪法，也可以在没有出现宪法争议时抽象地解释宪法；其对宪法的解释应当具有普遍的约束力。

三、宪法的修改

（一）宪法修改的含义

宪法修改是指宪法修改机关认为宪法的部分内容不适应社会实际而根据宪法规定的特定修改程序删除、增加、变更宪法部分内容的活动。在成文宪法国家，宪法的内容规定于一个或者几个宪法文件之中，当宪法文件的内容已经不适应社会实际时，就需要对宪法文本的内容进行调整。而在不成文宪法的国家，作为宪法组成部分的制定法即宪法性法律，如果不适应社会实际，由立法机关根据修改法律的程序进行调整，属于修改法律的范畴。因此，宪法修改是成文宪法国家宪法修改机关的特定活动。

宪法修改与宪法制定不同。制定宪法的权力（制宪权）与修改宪法的权力（修宪权）存在着联系和差异。一般而言，制宪权决定于国家权力的性质，与国家政权性质具有密不可分的联系，制宪权是近现代国家国家权力的重要组成部分。在国家政权的性质没有发生变化的情况下，无论宪法怎么进行变化，都不发生制宪权的变化问题，而只存在修宪权的行使问题。

新中国的制宪权根源于中国共产党领导人民进行斗争、推翻三座大山的胜利成果，新中国的宪法与国民党的宪法之间不存在任何渊源关系。国民党政权在行将灭亡之时与中国共产党进行的和平谈判中，作为条件之一是“保持法统不变”，即是要保持制宪权的延续性，毛泽东代表中国共产党和中国人民断然拒绝蒋介石的谈判条件，在新中国成立前夕，宣布废除伪法统及国民党的一切法律、法令。在法统上，新中国与旧中国之间没有丝毫的

联系。新中国成立以后，建立了由中国共产党领导的人民民主专政的新政权，这一政权在建立以后的几十年中，虽然在基本政策和治国理念上有一定的变化和发展，但在政权性质上没有发生任何变化，即制宪权在根源上没有发生变化。新中国的后几部宪法在性质上与前一部宪法是完全相同的，都是社会主义性质的宪法，都体现了中国共产党的领导和政权的人民性。因而，在新中国成立以后，制宪权并没有发生变化，新中国成立以后的几部宪法都是对前一部宪法的修改。

（二）宪法修改的必要性

从各国的宪政实践看，宪法修改的最基本和最主要的原因是为了使宪法的规定适应社会实际的发展和变化。导致宪法的规定不适应社会实际的原因是多方面的，既有客观实际的发展变化，也有在当初制宪或者修宪时，制宪者或者修宪者对社会实际的认识和判断出现错误。宪法规范属于法规范的一种，其基本功能是协调、规范社会关系，以维持正常、有序、公正的社会秩序；同时，法规范属于社会规则范畴，其应当符合客观规律。可见，宪法规范应当与社会实际相适应，才能发挥对社会关系的调整作用。法规范是人们对客观规律的认识结果，而社会实际总是处于发展变化之中的，由此就产生法规范（包括宪法规范）如何与社会实际相适应的方法问题。

在宪法规范对社会实际具有最高的协调作用的情况下，如果宪法规范与社会实际之间产生矛盾和冲突，就需要通过某种方法来解决这种矛盾和冲突，以使宪法规范能够发挥自己的作用。如前所述，社会实际总是处于变化发展之中，这就决定了宪法规范与社会实际之间的矛盾和冲突是永恒的，而两者之间的相适应是暂时的；宪法规范具有适应性特点，能够在较大幅度内适应社会实际的变化和发展，但不能保证既定的宪法规范处于“永久”的不变状态。

宪法修改的另一个重要原因是为弥补宪法规范在实施过程中出现的漏洞。制宪者受主观因素和客观条件的限制，在形成宪法规范过程中，因考虑不周，致使宪法规范存在某些缺漏，需要通过修改的方式加以补充和完备。如我国1954年宪法第24条规定“如果遇到不能进行选举的非常情况，全国人民代表大会可以延长任期到下届全国人民代表大会举行第一次会议为止”，这一规定对于由什么机关来决定出现了“非常情况”及“非常情况”在消除以后的多长时间内必须举行选举工作都没有作出规定。1966年7月7日第三届全国人大常委会第三十三次会议通过了《关于第三届全国人大第二次会议改期召开的决定》，将全国人大第二次会议延期召开。这一决定致使四届全国人大一次会议延期至10年后的1975年召开。1975年宪法和1978年宪法对这一问题的规定存在着更大的缺漏。现行宪法第60条则作了比较完备的规定：“如果遇到不能进行选举的非常情况，由全国人民代表大会常务委员会以全体组成人员的三分之二以上的多数通过，可以推迟选举，延长本届全国人民代表大会的任期。在非常情况结束后一年内，必须完成下届全国人民代表大会代表的选举。”

（三）宪法修改的限制

从各国宪法的规定看，宪法修改的限制主要有宪法修改内容和宪法修改时间两个方面。

1. 宪法修改内容的限制

一些国家的宪法明确规定或者暗含着规定，宪法的某些内容不得成为宪法修改的对象。概而言之，主要有以下三方面的内容不得成为宪法修改的对象：（1）宪法的根本原则和基本精神。首先，宪法所确立的国家的根本制度、基本精神和根本原则不得成为宪法修改的对象。如《挪威宪法》第 112 条规定：宪法“修正案决不能同宪法所包含的原则相抵触，只能在不改变宪法精神的前提下对某些具体条款进行修改”。其次，宪法的以下基本原则不得成为宪法修改的对象。如《德国基本法》第 79 条第 3 款规定：“对本基本法的修正不得影响联邦划分为州，以及各州按原则参与立法，或第 1 条和第 20 条规定的基本原则。”四项基本原则是我国现行宪法的根本原则，也是我国的立国之本，宪法虽然没有明确规定不得修改，但很显然，四项基本原则是现行宪法存在的基础，四项基本原则发生变化，国家的性质也将发生变化，宪法的性质也同时发生变化，对此，我国的修宪机关在进行宪法修改时不得对其进行修改。（2）国家的领土范围。如现行《法国宪法》第 89 条第 4 款规定：“如果有损于领土完整，任何修改程序均不开始或者继续进行。”（3）政体。《意大利共和国宪法》第 139 条规定：“共和政体不得成为宪法修改的对象。”法国宪法第 89 条第 5 款也作了类似规定。

2. 宪法修改时间的限制

为了保证宪法的稳定性，一些国家的宪法根据具体情况对宪法修改的时间作了限制性的规定。这主要有两种情况：

第一，消极限制，即不得修改的时间限制，又分为两种情形：一是规定在宪法颁布实施或者修改以后的若干年内不得修改宪法。如 1791 年《法国宪法》规定，宪法的任何部分于该宪法成立后第一个议会及第二个议会的任期内，概不得由议会提议修改；1940 年《巴拉圭宪法》第 94 条规定，本宪法公布后 10 年内不得为全部修改；1975 年《希腊宪法》第 101 条第 6 款规定，在上次修改完成后未满 5 年不得对宪法进行修改。二是在特定时间或者时期内不得修改宪法。如《日本明治宪法》第 75 条规定，在摄政时期不得修改宪法；1946 年《法国宪法》第 94 条规定，法国本土领土之全部或一部为外国军队占领时不得修改宪法；《西班牙宪法》第 169 条规定，在战时或第 116 条规定之某一种状态（紧急状态、特别状态和戒严状态）期间不得提议修改宪法。

第二，积极限制，即明确规定宪法应当定期修改。如 1919 年《葡萄牙宪法》第 82 条规定，宪法每隔 10 年修改一次；1921 年《波兰宪法》第 125 条规定，宪法每隔 25 年至少修改一次。

此外，有些国家还对宪法修改的方式作了明确的规定，作为一种形式上的要件，也对宪法修改机关构成了形式上的限制，如必须以“宪法修正案”、“法案”、“法律案”等形式进行修改。

（四）宪法修改的方式

从总体上说，宪法修改有以下两种方式：

1. 全面修改

宪法的全面修改，又称整体修改，是指在国家政权性质及制宪权根源没有发生变化的前提下，宪法修改机关对宪法的大部分内容（包括宪法的结构）进行调整、变动，通过或批准整部宪法并重新予以颁布的活动。全面修改有以下两点基本特征：一是宪法修改活动依据原宪法所规定的宪法修改程序，这是宪法全面修改与制定宪法的主要区别；二是宪法修改机关通过或者批准修改后的整部宪法并重新予以颁布，这是宪法全面修改与部分修改的主要区别。

宪法全面修改的基本原因是，修宪者认为原宪法的基本指导思想或者大部分内容已经不适应社会实际，无法调整社会现实。从各国全面修改宪法的实践看，一般都是在国家出现极为特殊的情况下或者国家生活（特别是国家的政治生活）发生某些重大变化的情况下才进行这种活动。从我国作整体修改的三部宪法来看，其都是处于社会发展不同阶段的转折时期进行的。

全面修改方式的优点在于，当社会实际发生了较大变化，宪法规范的大部分内容已经无法适应变化了的社会实际时，如果仍不作修改，宪法规范就可能形同虚设。全面修改的弊病在于，宪法的权威性和尊严在一定程度上取决于宪法的稳定性，如果宪法的修改幅度过大，特别是重新通过一部宪法，在政治心理上不能起到稳定作用，在法治心理上不利于培养宪法信仰。

2. 部分修改

宪法的部分修改是指宪法修改机关根据宪法修改程序以决议或者宪法修正案等方式对整部宪法中的部分内容进行调整或变动的活动。部分修改有两点基本特征：一是宪法修改机关的修改活动是依据宪法修改程序进行的，这是部分修改与制定宪法的主要区别；二是宪法修改机关并不重新通过或者批准修改后的整部宪法，而只是以通过决议或者宪法修正案等形式修改宪法中的部分内容，这是部分修改与全面修改的主要区别。

宪法部分修改的原因是，宪法在总体上仍然适应社会实际，只是其中的部分内容已落后于社会实际。宪法的部分修改主要有以下三种具体方式：

第一，以决议的方式直接在宪法条文中以新内容代替旧内容，修改之后，重新公布宪法。这种修改宪法方式的优点是修改的内容非常明确，哪些有效，哪些已经无效，一目了然；缺点是因为需要重新公布宪法，增加了宪法修改的频率。我国1979年7月1日五届全国人大二次会议通过了《关于修正〈中华人民共和国宪法〉若干规定的决议》，对1978年宪法进行了修改。修改的主要内容是：同意县和县以上的地方各级人民代表大会设立常务委员会，将地方各级革命委员会改为地方各级人民政府，将县的人民代表大会代表改为由选民直接选举，将上级人民检察院同下级人民检察院的关系由监督改为领导。这次修改是以决议的方式将上述内容代替原来的内容。

第二，以决议的方式直接废除宪法条文中的某些规定，修改之后，也需要重新公布宪法。这种修改方式的优点和缺点与上一种修改方式是相同的。我国 1980 年 9 月 10 日五届全国人大三次会议通过了《关于修改〈中华人民共和国宪法〉第四十五条的决议》决定：将 1978 年宪法第 45 条“公民有言论、通信、出版、集会、结社、游行、示威、罢工的自由，有运用‘大鸣、大放、大辩论、大字报’的权利”修改为“公民有言论、通信、出版、集会、结社、游行、示威、罢工的自由”，取消了原第 45 条中“有运用‘大鸣、大放、大辩论、大字报’的权利”的规定。

第三，以宪法修正案的方式增删宪法的内容。宪法修正案方式的优点在于，由于其不需要重新通过宪法或者重新公布宪法，能够保持宪法典的稳定性和完整性，进而强化宪法在人们心目中的权威性、信仰和尊严；其缺点在于，需要将后面的新条文与前面的旧条文相对照之后，才能确定实际有效的宪法规定。这种宪法修改方式起源于美国。我国分别于 1988 年、1993 年、1999 年和 2004 年四次运用宪法修正案的方式修改现行宪法。

宪法修正案主要有以下三种功能：一是废除宪法原来的条款或者内容。如《美国宪法》第 21 条修正案规定，废止宪法第 18 条修正案（宪法原第 18 条修正案规定：自本条批准一年后，凡在合众国及其管辖土地境内，酒类饮料的制造售卖或转运，均应禁止；其输入或输出于合众国及受其管辖的领地，亦应予禁止）。二是变动宪法中的规定。绝大多数宪法修正案是起到这一作用的。如我国 1993 年的《宪法修正案》第 7 条规定：“宪法第十五条：‘国家在社会主义公有制基础上实行计划经济。国家通过经济计划的综合平衡和市场调节的辅助作用，保证国民经济按比例地协调发展。’‘禁止任何组织或者个人扰乱社会经济秩序，破坏国家经济计划。’修改为：‘国家实行社会主义市场经济。’‘国家加强经济立法，完善宏观调控。’‘国家依法禁止任何组织或者个人扰乱社会经济秩序。’”三是增补宪法的条款或者内容。如《美国宪法》第 1 至 10 条修正案关于公民权利的规定是最为典型的实例。我国 1988 年《宪法修正案》第 1 条规定：“宪法第十一条增加规定：‘国家允许私营经济在法律规定的范围内存在和发展。私营经济是社会主义公有制的补充。国家保护私营经济的合法的权利和利益，对私营经济实行引导、监督和管理。’”

（五）宪法修改程序

绝大多数国家的宪法中规定了比法律更为严格的宪法修改程序，但各国宪法中所规定的修改程序极不一致，通常包括提案、先决投票、公告、议决、公布五个阶段。

1. 提案

各国宪法对有权提出修改宪法动议的主体都作了非常严格的规定，有的还对这些主体行使这一权力规定了一定的条件。从各国宪法规定看，宪法修正案的提议主体有以下三种情况：（1）代表机关。一些国家规定由代表机关（议会、国会、人民代表大会等）或者国会议员提出修改宪法的议案。如美国宪法第5条规定，国会在两院2/3议员认为必要时应提出本宪法的修正案，或者根据各州2/3的州议会的请求，召开制宪会议提出修正案；根据我国现行宪法第64条的规定，全国人大常委会或者1/5以上的全国人大代表有权提议修改宪法。在我国修改宪法的实践中，通常由中国共产党中央委员会提出修改宪法部分内容的建议，然后由全国人大常委会审议，并向全国人大提出关于提请审议宪法修正案草案的议案和宪法修正案草案。（2）行政机关。极少数国家宪法规定行政机关有权提议修改宪法。如法国第五共和国宪法第89条规定，宪法修改的倡议权属于共和国总统和议会议员，总统依据总理的建议行使倡议权。（3）混合主体。绝大多数国家规定由国会、修宪大会和一定数量的公民提出，如菲律宾；有的国家规定由联邦议会和一定数量的公民提出，如瑞士；有的国家规定由大公、政府、议会、一定数量的公民和一定数量的行政区提出，如列支敦士登；有的国家规定由政府和议员提出，如泰国、缅甸；有的国家规定由总统和议会提出，在提出时还要列举需要修改的条款及其理由，如叙利亚。在混合主体中，由立法机关和行政机关共同提出的情形居多。少数国家的政党也有提议权，如多哥宪法第25条规定，联盟党中央委员会、总统和议会可以提出修正案，修改的建议和草案必须征求联盟中央委员会的意见。

2. 先决投票

一些国家规定在提议之后，送交议决机关议决之前，要就宪法修正案进行先决投票程序。实行先决投票程序的国家约有30个国家，如叙利亚、黎巴嫩、希腊、巴拿马等。这一程序的目的在于使宪法修改的条文和内容明确具体。行使先决投票权的机关，瑞士宪法规定在必要时进行公民先决投票，委内瑞拉宪法规定部分提案由州议会作先决投票，此外，凡是规定实行先决投票的国家均规定由立法机关进行先决投票。如埃及宪法第165条规定，在任何情况下，议会均应对修改原则予以讨论，并应依议员的多数，发布决定；希腊宪法第108条规定，宪法修正案应特别指明拟修改的条文，并规定有关修改的决定，应经相距至少一个月的两次投票表决，通过后始正式提交下届国会审议。

在不实行先决投票程序的国家，提议机关在提出修改宪法的动议时，一般同时提出宪法修正案的草案，以使须进行宪法修改的内容明确、具体。

3. 公告

一些国家还规定，在提议成立后，议决机关议决前，要将宪法修正案草案予以公告。约有20个国家的宪法中明确规定了公告程序，如比利时、荷兰、卢森堡等。有的是由立法机关进行公告，有的是由行政机关进行公告。

有些国家宪法中虽然没有规定宪法修正案草案的公告程序，但在修宪实践中，通常将草案予以公告，以使社会成员知晓，并有希望社会成员参与讨论的含义。如我国虽然宪法中没有规定公告程序，但从现行宪法通过以后的历次宪法修改过程中，均公布宪法修正案草案。

4. 议决

从各国宪法规定看，宪法修正案草案的议决机关主要有四种：（1）立法机关。约有30个国家的宪法规定由立法机关议决宪法修正案草案。（2）行政机关。极少数国家的宪法规定由行政机关作为宪法修正案草案的议决机关。（3）特设机关。少数国家的宪法设立专门的宪法修改机关以作为宪法修正案草案的议决机关。（4）混合机关。约有70个国家的宪法规定由若干国家机关共同作为宪法修正案草案的议决机关。混合机关中有立法机关与行政机关作为议决机关，有立法机关与特设机关作为议决机关，有立法机关与选民团体作为议决机关，有立法机关与联邦组成成员（如州、邦议会）作为议决机关，有立法机关与行政机关、选民团体、特设机关、联邦组成部分及其他国家机关共同作为议决机关等各种不同情况。如《瑞士宪法》第121条规定，联邦议会所通过的宪法修正案，应提交人民及各邦复决；《智利宪法》第108条、第109条规定，国会通过的宪法修正案，总统可以提议变更或者修正，如国会经出席议员2/3多数票维持原修正案时，总统得于30日内将其与国会的分歧，交付全民公决。

宪法修改草案通常要求议决机关以高于通过其他普通议案的出席及同意人数，才能予以通过。如《比利时宪法》第131条第5款规定，修改宪法如两院任何一院的出席人数未达到全体议员的2/3，不得进行表决，未获得2/3多数赞成票不得通过任何修正案；《卢森堡宪法》第114条规定，宪法修正案的通过，须议会议员总额3/4出席，2/3以上同意而通过。我国1954年《宪法》第29条规定："宪法的修改由全国人大以全体代表的三分之二的多数通过"。而1975年《宪法》和1978年宪法对宪法修改程序未作规定。现行《宪法》第64条恢复了1954年宪法的规定。

美国是联邦制国家，修改宪法的程序较为特殊一些。根据《美国宪法》第5条的规定，宪法修正案的通过有以下四种程序：（1）宪法修正案须由国会两院各以2/3以上的议员（出席议会的议员总数）通过，并交3/4州议会批准。美国宪法26条修正案中的25条是按照这一程序通过的。（2）宪法修正案须由国会两院各以2/3以上的议员（出席议会的议员总数）通过，并交3/4州制宪会议批准。美国宪法第21条修正案是按照这一程序通过的。（3）由2/3州议会申请提出修正案，国会应即召集修宪大会讨论该修正案，通过后提交经3/4州议会批准。（4）由2/3州议会申请提出修正案，国会应即召集修宪大会讨论该修正案，通过后提交经3/4州制宪会议批准。

除上述一般性的规定外，有些国家还作了特殊规定。第一，议会在审议宪法草案时必须两次审核通过，而且两次之间必须间隔一定的时间，如意大利；第二，议会通过宪法草案后，须经国家元首批准才能生效，如约旦、丹麦、冰岛、荷兰等；第三，议会通过宪法草案后，须经全民公决，半数以上具有选举权的选民通过始得生效，如日本、丹麦、冰岛、意大利等；第四，有的国家宪法全面修改和部分修改的程序不同，修改程序和补充程序不同，前者如西班牙，后者如委内瑞拉。

5. 公布

宪法修改草案经有权机关依据法定程序通过以后，还须由法定机关以一定的方式予以公布，才能产生相应的法律效力。受各国的政治体制、历史传统等因素所决定，宪法修改草案的公布机关也不相同，主要有三种情况：一是由国家元首公布。绝大多数国家采用这种公布方式，并在宪法中明确规定，一些国家的宪法虽然没有明确规定由国家元首公布，但在修宪实践中实际由国家元首行使宪法修改草案的公布权。如爱尔兰宪法第46条规定，宪法修正案经人民复决赞同后，总统应即签署，并应依照规定的方式公布为法律。二是由代表机关公布。少数国家采用这种公布方式，如《巴西宪法》第217条规定，宪法修正案应由众议院及参议院执行委员会全体委员签署公布；《乌拉圭宪法》第331条规定，参众两院得于同届任期内，各以其全体议员2/3多数所通过制定的修正宪法的法律，修正宪法，依该法律规定的日期交付选民，以绝大多数复决通过后，由国民会议主席公布。我国宪法没有规定宪法修正案的公布机关，实践中，一般由全国人大主席团以全国人大公告的方式公布。三是由行政机关公布。这种公布方式主要为美国所采用，美国宪法中并未明确规定由哪个机关公布宪法修正案，实践中，联邦国会通过宪法修正案后交州务卿，再由州务卿转交各州州长，由州长提交州议会，各州将投票结果通知州务卿，由州务卿宣告已经达到3/4州的批准，该宪法修正案即正式成立。

第四节　宪法的指导思想和基本原则

一、宪法的指导思想

（一）宪法指导思想的含义

宪法作为国家根本法，集中体现了统治阶级的意志和利益。宪法指导思想是统治阶级意志和利益理论化、系统化的集中表现，是宪法理论基础和根本依据，因而是宪法的核心和灵魂。宪法指导思想具有重要的作用和意义。

1. 宪法指导思想决定宪法的基本原则和宪法的发展方向

有什么样的宪法指导思想，就有什么样的宪法基本原则，也就有什么类型的民主宪政。所以，宪法的指导思想与宪法的基本原则和发展方向有着十分密切的关系，不同的阶级、阶层、政治集团存在不同的宪法指导思想。

2. 宪法的指导思想影响国家的经济发展、政治稳定和社会和谐

宪法作为上层建筑，首先是为巩固经济基础、发展经济服务的，指导思想正确就促进经济的发展，指导思想不符合实际就会阻碍或不利于经济的发展。其次，宪法指导思想对政治稳定和社会和谐也产生重要作用，指导思想符合实际，符合各个阶级、各个阶层和政

治集团的力量对比关系，就有利于形成稳定和谐的政治、社会环境。

3. 宪法指导思想决定和影响着其他法律的内容

宪法作为根本法，是其他法律的立法基础，所以宪法的指导思想也常常决定或影响其他法律的内容。我国宪法的指导思想是四项基本原则、邓小平理论和“三个代表”重要思想，与此相适应，必须制定有利于巩固人民民主专政、维护社会主义秩序的法律，制定有利于改革开放和发展社会主义市场经济的法律，制定体现人民主权原则、保障公民基本权利实现的法律。

4. 宪法指导思想决定、影响文化教育和思想道德的发展方向

各国宪法大都在一定程度上规定社会经济、文化教育政策，这些政策都受宪法指导思想的影响。我国宪法规定文化教育、科学技术、医药卫生和其他文化事业的发展方针，都贯穿了为社会主义服务的方向；《宪法》第 24 条还集中规定了进行思想道德教育的内容，这些是和宪法的指导思想分不开的。

（二）我国宪法指导思想的发展

我国宪法的指导思想是随着实践的发展而发展的，体现了与时俱进的精神。1982 年 11 月 26 日彭真在第五届全国人民代表大会第五次会议上所作的《关于中华人民共和国宪法修改草案的报告》中指出：“这次修改宪法是按照什么指导思想进行的呢？宪法修改草案的总的指导思想是四项基本原则，这就是坚持社会主义道路、坚持人民民主专政、坚持中国共产党的领导，坚持马克思列宁主义、毛泽东思想。这四项基本原则是全国各族人民团结前进的共同的政治基础，也是社会主义现代化建设顺利进行的根本保证。”

1982 年宪法通过以后，宪法的指导思想在实践中不断丰富和发展。1993 年中共中央在《关于修改宪法部分内容的建议的说明》中指出：“这次修改宪法是以党的十四大精神为指导，突出了建设有中国特色社会主义的理论和党的基本路线。”1993 年通过的《宪法修正案》第 3 条指出：“我国正处于社会主义初级阶段。国家的根本任务是，根据建设有中国特色社会主义的理论，集中力量进行社会主义现代化建设。中国各族人民将继续在中国共产党领导下，在马克思列宁主义、毛泽东思想指引下，坚持人民民主专政，坚持社会主义道路，坚持改革开放，不断完善社会主义的各项制度，发展社会主义民主，健全社会主义法制，自力更生，艰苦奋斗，逐步实现工业、农业、国防和科学技术的现代化，把我国建设成为富强、民主、文明的社会主义国家。”该条确认了建设有中国特色社会主义的理论和中国共产党的基本路线（即以经济建设为中心，坚持四项基本原则，坚持改革开放）为宪法的指导思想。很明显，经过十年的改革和发展，宪法的指导思想也获得了新的发展，其内容较之 1982 年宪法的规定大大丰富了。

1997 年党的十五大把邓小平理论与马克思列宁主义、毛泽东思想一道确立为党的指导思想。为此，1999 年第九届全国人民代表大会第二次会议通过《宪法修正案》第 12 条，把宪法序言第七自然段中原来的“中国各族人民将继续在中国共产党领导下，在马

克思列宁主义、毛泽东思想指引下"，修改为："中国各族人民将继续在中国共产党领导下，在马克思列宁主义、毛泽东思想、邓小平理论指引下"。将邓小平理论写入宪法序言，从而确立了邓小平理论的宪法地位。这表明邓小平理论作为党的指导思想，同时也是国家的指导思想，是全国各族人民和一切工作的指导思想。

把"三个代表"重要思想作为全党全国人民在新世纪新阶段继续团结奋斗的共同思想基础，是胡锦涛同志2003年"七一"重要讲话的一个鲜明论断。他指出："'三个代表'重要思想反映了我国最广大人民的共同心愿，体现了当今世界和中国发展的时代精神，显示了马克思主义科学理论的强大力量，是全党全国人民在新世纪新阶段继续团结奋斗的共同思想基础。"2004年第十届全国人民代表大会第二次会议通过的宪法修正案将现行宪法序言中的"在马克思列宁主义、毛泽东思想、邓小平理论指引下"修改为"在马克思列宁主义、毛泽东思想、邓小平理论和'三个代表'重要思想指引下"。将"三个代表"重要思想作为国家的指导思想载入宪法之中，使之与马克思列宁主义、毛泽东思想、邓小平理论一道确立为国家的指导思想，标志着我国宪法指导思想的又一次与时俱进。

现阶段，党和国家立足社会主义初级阶段基本国情，总结我国发展实践，借鉴国外发展经验，适应新的发展要求，提出了科学发展观的重要指导思想。坚持以人为本、全面协调可持续的科学发展观，是马克思主义关于发展的世界观和方法论的集中体现，是同马克思列宁主义、毛泽东思想、邓小平理论和"三个代表"重要思想既一脉相承又与时俱进的科学理论，是我国经济社会发展的重要指导方针，是发展中国特色社会主义必须坚持和贯彻的重大战略思想。

在社会主义民主法治建设领域深入贯彻落实科学发展观，把坚持党的领导、人民当家作主和依法治国有机统一起来，把依宪治国、依法执政、依法行政紧密结合起来，使党的宪法指导思想有了新发展。比如，党首次提出了依法执政的理念。依法执政，就是党要紧紧抓住制度建设这个具有根本性、全局性、稳定性、长期性的重要环节，坚持依法治国，领导立法，带头守法，保证执法，不断推进国家经济、政治、文化、社会生活的法制化、规范化，从制度上、法律上保证党的路线方针政策的贯彻实施。2005年底，党中央在总结我国法治实践经验、借鉴世界法治文明优秀成果的基础上，作出了要牢固树立社会主义法治理念的重大战略决策。社会主义法治理念，以依法治国为核心内容，以执法为民为本质要求，以公平正义为价值追求，以服务大局为重要使命，以党的领导为根本保证。2007年底，党中央还进一步提出要坚持党的事业至上、人民利益至上、宪法法律至上的"三个至上"观念。社会主义法治理念和"三个至上"观念的提出，标志着我们党对建设中国特色社会主义法治国家的规律，对以法治保障科学发展、构建和谐社会的规律有了更为深刻的认识和更加全面的把握。法治建设的这些新思想和新观念的提出，具有里程碑的意义，亟待在我国的宪法中得到进一步的确认。

实践证明，马克思主义只有与本国国情相结合、与时代发展同进步、与人民群众共命运，才能焕发出强大的生命力、创造力、感召力。在当代中国，坚持中国特色社会主义理论体系，就是真正坚持马克思主义。就中国特色社会主义法治建设理论而言，应当坚持马克思主义法律思想的基本原理，进一步提高马克思主义理论水平，既要讲法治，更要讲政治，坚定不移地全面落实依法治国基本方略；应当赋予马克思主义法律思想以民族性，合理借鉴和吸收中国传统法律文化中的精华，充分发挥中国特色社会主义法律制度的优越性；应当赋予马克思主义法律思想以时代性，立足中国国情，力求使马克思主义法律思想的中国化与中国特色社会主义法治建设经验的马克思主义化相统一。

二、宪法的一般原则

宪法的一般原则是宪法指导思想的具体化和规范化。这里所说的“一般原则”，是指宪法在资产阶级革命中产生之后，当时一般国家的宪法所普遍采用的基本理论和基本准则。这些原则主要是：

（一）人民主权原则

西方最早提出主权观念的是法国的思想家波丹，后来卢梭创立了人民主权学说。卢梭基于他的社会契约论，认为国家是根据人民的公共意志订立契约而组成的，政府的权威来源于人民的授予。公共意志就是人人都须服从的最高权力即国家主权。国家主权应该属于人民，具有不可转让性和不可分割性。人民主权学说推动了早期的资产阶级革命，是美国《独立宣言》和法国《人权宣言》的理论基础。1791 年法国以《人权宣言》作为宪法序言，从此开创了“人民主权”作为宪法基本原则的先河，并为后来的资产阶级国家立宪所普遍采用。人民主权原则相对封建专制下“朕即国家”、“君权神授”的原则来说具有极大的进步性。但资产阶级国家的宪法虽然标榜“人民主权”，而在事实上，其国家主权并不掌握在人民手里。因为资产阶级国家的本质是少数剥削者对广大劳动人民的统治，在资产阶级专政的国家里是不可能实现真正的人民主权的。

（二）人权原则

人权概念是资产阶级革命的理论武器。在反封建斗争中，资产阶级思想家运用自然法学派的自然权利学说，鼓吹“天赋人权”以对抗封建君主借以统治并欺骗人民的“君权神授”理论。人权概念的基本内容是，认为人人都有与生俱来的平等权利和自由权利。这种基本人权不能被剥夺或者被转让。资产阶级思想家认为，现实存在的封建政权不仅没有保护人民的基本人权，而且肆意侵犯人民的生命权、自由权和财产权，因而资产阶级作为新兴的政治力量应该唤起民众为争取人权、维护人的天赋权利而斗争。早期的资产阶级纲领性文献大都反映了这种革命宣言。例如，法国《人权宣言》写道：“凡权利无保障的地方，就没有宪法”。在资产阶级取得政权之后，基本人权被普遍采用为宪法原则。这是资产阶级为了巩固自己的统治所必需的。其实，资产阶级人权最核心的内容是私有财产权。

（三）法治原则

法治思想在历史上早就有人提出过，如亚里士多德、柏拉图等。中国古代也有“人治”与“法治”的争论。人治的国家不见得完全没有法律，但法律不完备或者有法不依，法律的权威远远不如统治者个人的意志，所谓“君主言出法随”就是这样。法治则与之相反。诚然，实行法治的国家，其法有“良”法，也有“恶”法，不见得完全否定人的作用，法是需要人去贯彻执行的。但在法治国家里，包括执法者在内，人人都必须服从法律，严格依照法律的规定办事。

民主与法治曾经是18世纪欧洲资产阶级革命的旗帜。当时法国思想家卢梭的法治理论的基本点是人民立法权、人人在法律面前一律平等，用以抵抗封建专制。卢梭的法治思想同他的激进民主主义相结合，提出了坚持法治必须建立共和政体的主张。所以资产阶级民主革命从一定意义上说，就是建立共和政体、制定宪法、实行法治的过程。法治原则体现在作为法国1791年宪法序言的《人权宣言》中。该序言写道：“法律是公共意志的表现，全国人民都有权亲自或经由其代表参与法律的制定，法律对于所有的人，无论是施行保护或处罚都是一样的，在法律面前所有的公民都是平等的。他们可以按其能力担任一切官职、公共职位和职务，除德行和才能上的差别外，不得有其他差别。”法治在后来的各国宪法中成为普遍的原则，但由于西方各国宪法在本质上都是资产阶级意志的表现，因此，法治原则的实现必然有阶级的局限性。

（四）“三权分立”原则

英国的资产阶级启蒙思想家洛克首创近代分权学说。洛克的分权学说旨在削弱封建君主的集权制，实行君主立宪制。在洛克思想的基础上，由法国的孟德斯鸠完成了“三权分立”理论。“三权分立”学说在法国《人权宣言》中最明显的表现是，它明确宣称：“凡权利无保障和分权未确立的社会就没有宪法”。随着各国资产阶级民主革命的胜利，“三权分立”已成为这些国家普遍的宪法原则。尽管各国具体的政权组织有着彼此相异的特点，但在两个方面几乎是共同的：其一，国家权力在形式上分为立法、行政、司法三权，并由三个国家机关分别行使；其二，在立法、行政、司法三个部门之间建立互相平衡和互相制约的关系。

三、《中华人民共和国宪法》的基本原则

我国现行宪法的基本原则反映了我国社会主义初级阶段的基本国情，体现了新中国成立以来我国宪法实践的基本经验，是我国制定和适用宪法的基本准则。

我国现行宪法的基本原则是在继承1954年宪法原则基础上丰富和发展起来的。1954年宪法根据现中国成立后的形势和任务，在深刻总结中国近代关于宪法问题历史经验的基础上，确立了两个基本原则：人民民主原则和社会主义原则。1954年以后的宪法都继承了上述基本原则，并根据国家政治状况和社会发展赋予其新的表述和内容。在改革开放过

程中，中国共产党坚持把马克思主义基本原理同中国新的具体实践结合起来，开辟了中国特色社会主义道路，形成了中国特色社会主义理论体系，进一步完善了中国特色社会主义制度。我国宪法基本原则也随着中国特色社会主义理论和实践的发展而不断丰富和发展。

（一）坚持四项基本原则

1982 年彭真在《关于中华人民共和国宪法修改草案的报告》中指出："宪法修改草案总的指导思想是四项基本原则，这就是坚持社会主义道路，坚持人民民主专政，坚持中国共产党的领导，坚持马克思列宁主义、毛泽东思想。"社会主义是我国宪法的本质特征。社会主义是人类社会发展的更高阶段，是迅速发展生产力、消灭人剥削人的制度、实现共同富裕的社会形态。中国近百年来，民穷国弱，人民生活在水深火热之中。事实证明，只有社会主义才能救中国，所以必须坚持社会主义道路。中国数千年实行的是奴隶主、封建主专政，人民世世代代处在被剥削、受压迫的悲惨境地，只有人民夺取了政权，建立了人民民主专政，才能彻底翻身，当家作主，所以必须坚持人民民主专政。人民的政权是在中国共产党领导下取得并巩固起来的；社会主义道路也只有在党的领导下，才能把握正确方向，所以必须坚持中国共产党的领导。贯彻实施宪法，建设中国特色的社会主义，需要有正确的指导思想，所以必须坚持马克思列宁主义、毛泽东思想、邓小平理论和"三个代表"重要思想。四项基本原则的内容集中地写在宪法序言第 7 个自然段里，同时，四项基本原则的精神贯穿在整个宪法之中。

（二）以人为本原则

以人为本是我国宪法的一项基本原则，它反映了"人民，只有人民才是创造世界历史的主人"的唯物史观。以人为本在国家制度方面就是表现为建设高度的社会主义民主。宪法规定中华人民共和国是人民民主专政的社会主义国家。人民民主专政是以工人阶级为领导、以工农联盟为基础、团结一切可以团结的人的民主政权。人民是我国政权的根本。宪法强调：一切国家机关和国家工作人员必须依靠人民的支持，经常保持同人民的密切联系，倾听人民的意见和建议，接受人民的监督，全心全意为人民服务。宪法还强调：尊重和保障人权，宣布人人在法律面前一律平等。宪法以较多的条文规定了包括人身自由、人格尊严等在内的广泛的基本权利和自由，并予以切实的保障。宪法的全部内容都以广大人民的根本利益为其出发点和归宿。宪法从政治、经济、文化等一切方面为人的福祉和人的充分发展创造条件。

（三）依法治国原则

我国宪法充满着法治精神。我国的法律是党的主张和人民意志相统一的表现，所以，我国的法治是在本质上与资本主义法治完全不同的社会主义法治。宪法明确规定："中华人民共和国实行依法治国，建设社会主义法治国家。"宪法规定了符合中国国情的民主制度以避免发生那种根据个人的意志治理国家的现象。根据宪法的规定，我国的立法权由人民的代表机关行使，从而保证了法律的人民性。宪法从制度上保证依法行政和司法公正，从而推动了“有法可依，有法必依，执法必严，违法必究”的实现。宪法规定：国家维护社会主义法制的统一和尊严。一切法律、行政法规和地方性法规都不得同宪法相抵触。一切国家机关和武装力量、各政党和各社会团体、各企业事业组织都必须遵守宪法和法律。一切违反宪法和法律的行为，必须予以追究。任何组织或者个人都不得有超越宪法和法律的特权。宪法的上述内容都是法治原则的体现。

（四）民主集中制原则

我国是社会主义国家，不实行“三权分立”制度，因而我国的宪法当然也不把它作为自己的原则。马克思主义认为，国家权力是统一的。社会主义国家采用的是民主集中制原则。民主集中制原则由巴黎公社始创而为后来社会主义国家的政治制度所充实和具体化。它在理论上确认国家权力的不可分割性，在实践中则以人民代表机关作为统一行使国家权力的机关。民主集中制当然不排斥国家权力的行使在各个部门之间进行必要的分工，但须以人民代表机关作为主导，其他的一切国家机关都向人民代表机关负责并接受人民代表机关的监督。我国宪法关于确定国家与人民之间的相互关系、中央与各地方之间的相互关系、人民代表大会与包括行政机关、审判机关、检察机关在内的其他一切国家机关之间的相互关系，都按照民主集中制原则加以规定。民主集中制是我国国家机构组织和活动的基本原则，同时也是我国宪法的基本原则。

中华人民共和国宪法是社会主义的宪法。以上基本原则明显地反映了我国宪法的本质要求。

第五节　宪法的效力和作用

一、宪法的效力

（一）宪法效力的含义

宪法效力，基于宪法的法律属性进行理解，指的是宪法的法律强制性和约束力，是宪法作为国家根本法对整个国家生活和社会生活进行调整所具有的最高法律效力。宪法效力，从形式上表现为宪法比较于其他法律具有最高法律位阶，其他任何法律不得与宪法相抵触，也不得以法律变更宪法；从实质上表现为宪法是一切国家机关、社会团体和公民的根本行为准则，任何行为都不得违反宪法的规定。基于宪法的特性，宪法效力具有了最高法律效力、相对稳定性、调整社会关系的全面性、宪法效力保障方式的专门化和多元化等特征。

一般来说，宪法效力具有不同于其他法律效力的特征取决于宪法本身的形式和内容，以及尊重宪法的权威理念。其效力根据在于：一方面，宪法在一国法律体系中具有至上地位，宪法效力的最高性就是基于这种至上地位而进行的自我授权。从世界各国的宪法实践看多采取这种宣示方式，如我国《宪法》序言明确规定：“本宪法以法律的形式确认了中国各族人民奋斗的成果，规定了国家的根本制度和根本任务，是国家的根本法，具有最高的法律效力”;《俄罗斯宪法》第15条规定：“俄罗斯联邦宪法具有最高的法律效力和直接效力，国家权力机关、地方自治机关、官员、公民及其团体都必须遵守”，更是明确了宪法具有“直接效力”。另一方面，从宪法的实质内容看，规定了国家统治机构及其权限划分以及公民基本权利保障。而保障公民基本权利在宪法中居于核心支配地位，可以说宪法对人权和基本权利的保障是其效力根据的重要来源。从宪法的本质上讲，“宪法效力的最根本的来源应是宪法所体现的社会共同体的意志与共识，可以说国民的意志是决定宪法存在以及宪法具有最高效力的根本依据”①。

（二）宪法效力的范围

宪法效力的范围是指宪法在哪些领域产生何种影响力。如同普通法律具有特定的适用范围一样，宪法效力也具有一定的适用领域，包括对人的效力、对事的效力、空间效力、时间效力等。

宪法对人的效力方面，主要是受宪法规范的国家机构及其工作人员等。我国宪法的效力及于中国公民，无论公民生活在国内还是国外，在享有基本权利的范围内还包括外国人和法人，如《宪法》第36条第3款第2句“任何国家机关、社会团体和个人不得强制公民信仰宗教或者不信仰宗教，不得歧视信仰宗教的公民和不信仰宗教的公民”就规定了“国家机关、社会团体和个人”的宪法义务主体地位。

宪法对事的效力方面，一般认为包括宪法所调整的所有社会关系领域，但主要是在规范国家权力层面。一方面，宪法规定了主要国家机关的组织、职权、活动原则和方式及其相互关系，因此宪法实际上成为授予行使国家权力的根据；另一方面，宪法规定了国家机关行使权力的范围、程序与方式，因此宪法同时也是对国家权力行使的限制。宪法规范着国家权力的各个方面，包括立法权、行政权和司法权的行使。其中，立法权作为国家权力的核心，最容易感受到宪法效力的权威，无论是立法不作为还是违反宪法规定的立法行为均可能作为违宪案件提交专门机关审查；而行政权的不断扩大，也加强了其与宪法效力的联系，包括行政立法和大量行政权侵害基本权利的案件，逐渐增加了在违宪审查中的数量；司法权的行使对于实现宪法效力也十分重要，尤其是在实行司法审查制的国家，比如美国。在私人行为领域，宪法效力是否直接发挥作用尚存争议，但一般持否定态度。

宪法在空间效力方面，宪法的效力及于国家行使主权的全部空间，即国家领土。在我国，当然适用于台湾地区和香港、澳门特别行政区，《宪法》序言中明确规定：“台湾是中华人民共和国的神圣领土的一部分。完成统一祖国的大业是包括台湾同胞在内的全中国

---

① 韩大元．宪法学基础理论．北京：中国政法大学出版社，2008：103.

人民的神圣职责。”从现实考虑，应当在肯定宪法效力的前提下平衡宪法与各特别行政区基本法之间的效力关系，尤其是宪法与“台湾地区的有关规定”的效力关系。

宪法在时间效力方面，宪法作为国家根本法，被认为是与国家同时存在的。对于频繁制定或修改宪法的国家来说，就存在宪法的代际效力冲突。新中国成立以来，曾存在1954年宪法、1975年宪法、1978年宪法和1982年宪法，普遍认为后三者是在1954年宪法的基础上进行修改和颁行的，其效力关系是修正后的新宪法取代旧宪法。

此外，如何协调我国宪法与国际条约的效力关系，尤其是宪法基本权利条款与两个人权国际公约之间效力关系，也是宪法效力必须面对的问题。除修改国内法外，可以考虑通过声明保留、运用“克减条款”以及发挥宪法解释机制的作用，使宪法与国际人权公约关于权利的规定趋于一致，以履行我国的国际法义务。

（三）宪法对私人行为的效力

宪法对于私人行为的效力主要体现在宪法基本权利条款对于私人行为的规范上。传统宪法理论认为基本权利是个人针对国家权力，并不在私人之间产生效力，从而否认宪法在私人行为领域具有规范效力。但是，随着二战后“福利国家”理念的兴起和人权理论的发展，逐渐产生了国家权力与私行为的结合和具有“优势地位”的私法主体。这些优势的私法主体比传统的私人行为更容易侵犯私人的权利，如果简单地否定宪法对其效力可能不利于对基本权利的保障。

二、宪法的作用

宪法的作用是宪法调整国家的政治、经济、文化和社会各个领域所产生的具体影响。作为国家的根本法，宪法应该在实际生活中发挥作用。宪法在社会生活中发挥作用需要一定的前提条件，具体是指：（1）宪法自身要具有正当性。这就要求宪法必须以民主事实为基础，符合社会发展的客观要求。（2）社会成员要具备宪法意识。社会成员要形成信任宪法、尊重宪法、维护宪法的意识，国家公权力也要形成严格依据宪法行使职权的意识。（3）法律体系的完备。宪法的原则性规定需要由普通法律予以具体化。此外，宪法作用的发挥还需要稳定的政治、经济、文化条件。如果社会不稳定，宪法的权威往往受到挑战，从而无法充分发挥作用。宪法的主要作用表现在以下方面：

（一）确认和规范国家权力，保障公民权利

1. 确认和规范国家权力

确认国家权力是指宪法规定国家权力的归属，以表明社会各阶级在国家中的地位。统治阶级通过革命斗争而取得的国家权力，通过宪法的确认而获得正当性。宪法对国家权力的确认集中表现为宪法对国家性质的宣告。我国现行《宪法》第1条第1款明确规定：“中华人民共和国是工人阶级领导的、以工农联盟为基础的人民民主专政的社会主义国家。”这一规定明确说明了我国的国家性质是人民民主专政的社会主义国家，人民掌握和行使一切国家权力。

规范国家权力是指宪法规定国家权力的职责分工、权力行使的方式和程序，使国家权力的运行受到严格的监督和约束。宪法对国家权力进行配置，规定职权划分，并规定其相互配合或者相互制约的关系。宪法规定各种国家权力的组织机构，行使权力的具体方式与程序。此外，宪法还规定对国家权力的监督方式，以及纠正国家机关违法行为的程序和途径。通过宪法的实施，可以有效地规范国家权力的运行，更好地为统治阶级的利益服务。

2. 保障公民的基本权利

宪法是公民权利的保障书。宪法的产生与公民基本权利的保障有着密切的联系，许多国家的宪法都是人民争取自身权利的斗争的产物。各国宪法基本都以专章规定公民的基本权利，确认公民在政治、经济、文化、社会生活的各个领域的自由和利益。同时，宪法还规定限制基本权利的条件和方式，避免公民基本权利被随意地剥夺。为了充分保障公民的基本权利，许多国家宪法还以概括条款对宪法未列举的权利给予保护。

宪法上的基本权利条款的落实，还需要各种制度上的保障。在许多国家，基本权利的实现还依赖于违宪审查制度，通过违宪审查，可以纠正公权力对公民基本权利的不当限制。

我国宪法对公民的基本权利作出了具体的规定，为广大人民群众充分享有民主权利、广泛参与国家政治生活提供了保障。我国宪法确立了“国家尊重和保障人权”的原则，并根据宪法制定了一系列保护公民基本权利的法律，签署了一批保护公民权利的国际公约，建立健全社会保障体系，全面推进了我国人权事业的发展。

（二）维护国家法制统一

一个国家的法律制度，必须是一个完整统一的整体。宪法是最高法，也是根本法，为一切法律的制定提供立法依据。各部门法的制定须以宪法为依据，所有的法律都不得与宪法相抵触，与宪法相抵触的法律是无效的。此外，对普通法律的解释也应当贯彻宪法的精神，以保证法律体系在宪法统领下的一致性。

宪法为立法工作奠定了基础，推动了社会主义法制建设。1982 年我国通过了现行宪法，此后又根据客观形势的发展需要，先后通过了 4 个宪法修正案，涉及 31 款宪法条文的修改。到 2010 年底，我国已制定现行有效法律 236 件、行政法规 690 多件、地方性法规 8 600 多件，一个立足中国国情和实际、适应改革开放和社会主义现代化建设需要、集中体现党和人民意志的，以宪法为统帅，以宪法相关法、民法商法等多个法律部门的法律为主干，由法律、行政法规、地方性法规等多个层次的法律规范构成的中国特色社会主义体系已经形成，国家经济建设、政治建设、文化建设、社会建设以及生态文明建设的各个方面实现了有法可依。在中国特色社会主义法律体系中，宪法居于核心地位，是这一法律体系统一性的基础与保障。

（三）维护国家统一和世界和平

宪法在维护国家统一方面发挥着积极的作用。许多国家在宪法中明确规定国家的领土组成，任何分裂行为都会被视为对宪法的违反。某些在历史上长期分裂的国家，通过在宪法中确认联邦制，并以具体的制度安排保障各州（邦）的利益，从而使得国家团结为一个整体，避免了分裂的再次出现。在我国，基于特殊的历史和时代背景，宪法规定民族平等原则，确立民族区域自治制度；并创造地将“一国两制”的伟大构想予以法律化，确立特别行政区制度，有利地维护了国家的统一。而依据宪法所制定的《反分裂国家法》更是为完成祖国的统一大业奠定了坚实的法律基础。

宪法有利于促进世界和平。有的国家的宪法序言中将和平作为宪法的基本价值追求，有的国家将和平主义规定为宪法的基本原则，有的国家将破坏和平的行为规定为违宪，这些规定对于世界和平这一全人类的共同目标的实现有着积极作用。我国宪法规定了国家独立自主的外交政策，坚持互相尊重领土和主权完整、互不侵犯、互不干涉内政、平等互利、和平共处的五项原则。依据宪法所确立的政策和原则，我国为维护世界和平和促进人类进步事业的发展发挥了重要的作用。

（四）推动物质文明、精神文明、政治文明协调发展

1. 我国宪法推动和保障物质文明建设

物质文明的发展，有赖于经济的发展。我国宪法规定的社会主义经济制度完全适合于生产力发展的要求。为了发展生产力，创造更多更好的物质财富，宪法规定在坚持社会主义公有制为主体的前提下，多种所有制经济共同发展，发展并完善社会主义市场经济体制，要逐步实现四个现代化，等等。不仅如此，我国宪法关于国家制度、政权组织等规定，以至作为上层建筑的宪法本身，亦都对于自己的社会主义经济制度起着极大的积极作用，从而推动着物质文明的发展。

2. 我国宪法推动和保障社会主义政治文明建设

现行宪法关于推动我国社会主义政治文明建设的规定，总起来说，就是坚持党的领导、人民当家作主和依法治国。第一，党的领导是人民当家作主和依法治国的根本保证。这在宪法序言中有明确的表述。第二，人民当家作主是社会主义民主政治的本质要求，宪法规定的人民民主专政的国体和人民代表大会制度的政体，保证了人民当家作主的实现。宪法在第二章以大量的条文规定了中国公民享有的权利、自由是人民当家作主的基础。第三，依法治国是党领导人民治理国家的基本方略。《宪法》第5条第1款规定：“中华人民共和国实行依法治国，建设社会主义法治国家。”这三个方面都是政治文明的重要内容。

宪法的以上规定，为建设社会主义政治文明提供了根本的保障。

3. 我国宪法推动和保障社会主义精神文明建设

社会主义精神文明建设包括文化建设和思想道德建设两个方面。在文化建设方面，《宪法》规定，国家发展社会主义的教育事业，发展自然科学和社会科学事业，发展医疗卫生事业，发展体育事业，发展文学艺术事业和其他文化事业。新中国的文化是坚持社会主义发展方向的先进文化。

另一个重要方面是思想道德建设。宪法规定，国家通过普及理想教育、道德教育、文化教育、纪律和法制教育；提倡爱祖国、爱人民、爱劳动、爱科学、爱社会主义的公德；在人民中进行爱国主义、集体主义和国际主义、共产主义的教育和辩证唯物主义、历史唯物主义的教育；反对资本主义的、封建主义的和其他的腐朽思想。

我国的社会主义物质文明、政治文明、精神文明三者的本身存在着内在的联系性，所以宪法规定必须使三大文明建设“协调发展”。所谓协调发展，就是要统筹兼顾，使三者彼此配合，互相促进、互相补充，既快速又和谐地发展。宪法推动三大文明的协调发展，也就是推动宪法序言所确立的战略目标的早日实现。这是因为，有了物质文明、政治文明、精神文明，才能“把我国建设成为富强、民主、文明的社会主义国家”。

第六节 宪法实施的监督

一、宪法实施

（一）宪法实施与违宪的概念

国家制定宪法的根本目的在于将宪法所确认或规定的基本理念、基本原则、基本制度和基本规范付诸实践，从而实现人民主权、保障人权的目的。因此，宪法实施就是宪法规定的内容在实际生活中的贯彻落实，是由书面的宪法达到现实宪法的基本途径。

宪法实施的主体包括所有的由宪法调整的社会关系的主体。我国宪法序言最后自然段规定，“全国各族人民、一切国家机关和武装力量、各政党和各社会团体、各企业事业组织，都必须以宪法为根本的活动准则，并且负有维护宪法尊严、保证宪法实施的职责。”所以，在我国，宪法实施的主体是全国各民族的公民、所有国家机关、所有武装力量、各个政党、各个社会团体、各个企业组织和各个事业组织。

宪法实施的主体同时也是宪法遵守的主体，但不一定是宪法适用的主体。所有宪法实施的主体都有遵守宪法的义务，因此，宪法遵守的主体的范围与宪法实施的主体的范围完全相同。但是，宪法适用不同于宪法遵守，它是由宪法规定的国家机关依照宪法规定的职权将宪法的具体规定运用到社会生活中去，据以处理问题、解决纠纷的活动。因此，宪法适用具有主体上的专属性或排他性，它们不仅必须是国家机关，而且必须是其中依宪法规定享有适用宪法的职权的那部分国家机关，没有适用宪法职权的国家机关不是宪法适用的合格主体。由此，在全部实施宪法和遵守宪法的主体中，只有一部分是适用宪法的合格主体。

唯有树立将宪法实施分解为宪法遵守与宪法适用的解析意识，把握宪法遵守与宪法适用的联系和区别，才能辨识我国宪法适用的正确路径。遵守宪法和适用宪法的联系主要表现为：（1）遵守宪法和适用宪法都是实施宪法的形式，两者相辅相成；（2）遵守宪法是实施宪法的基本的和首要的方式，适用宪法只有以遵守宪法为前提和基础才是合宪和正当的；（3）在宪法实施的过程中，遵守宪法是基础，适用宪法是实施宪法活动在遵守宪法基础上的进一步发展。

遵守宪法与适用宪法的区别表现在诸多方面：（1）所有宪法关系主体都有遵守宪法的义务，因而遵守宪法的主体具有普遍性；适用宪法的主体有严格资格要求，因而适用宪法具有主体上的垄断性。（2）宪法关系主体遵守宪法的行为较多被动性、服从性，较少主动性和可选择性；而适用宪法的行为有较多主动性和可选择性。（3）宪法关系主体遵守宪法时一般不运用宪法的规定直接处理实体性问题或据以裁判争议；但适用宪法一般都会运用宪法的规定处理具体问题或裁断具体争议。（4）遵守宪法时，宪法的有关规定对相关主体和有关事项的有效性、权威性往往是无可争议或不证自明、不言而喻的，行为方式比较简单；而适用宪法的行为易于引起争议，其行为方式往往比较复杂，往往需要谋划、讨论、表决、有组织地落实。

与宪法实施相对应的概念是违宪。所谓违宪，顾名思义就是违反宪法。但是，宪法学上所说的违宪，不能过于简单地理解。违宪指的是国家机关、政党等掌握公共权力或政治资源的公共、准公共机构的行为违反了宪法的规定或精神。违宪的主体只能是国家机关、政党等公共、准公共机构，不会是公民等单纯处于国家机关相对人地位的个人和组织。掌握和运用公共权力或政治资源的主体不遵守宪法就是违宪，应该承担相应的违宪责任。但是，公民等个人和一般单纯处于国家机关相对人地位的社会经济组织如果未遵守宪法的行为，通常会表现为违法，有关国家机关可依据相关法律追究其违法责任。因为，宪法禁止公民做的事情和公民应履行的宪法义务立法机关通常都会制定法律来作详细规定，他们未遵守宪法的行为会表现为违法，只承担违法责任即可。这是各国宪法学者基本都承认的通说。所以，公民未遵守宪法的行为在宪法学上不称为违宪。

在我国，违宪的实质，是违背全国人民的根本意志、违背中国共产党集中这种意志形成的最重要主张，因此，违宪是性质严重的宪法事件。我国《宪法》第5条第2、3款规定，一切法律、行政法规和地方性法规都不得同宪法相抵触；一切国家机关和武装力量、各政党和各社会团体、各企业事业组织都必须遵守宪法；一切违反宪法的行为，必须予以追究；任何组织或者个人都不得有超越宪法的特权。

（二）宪法实施的功能

宪法实施的功能可以从不同角度、在不同层次上加以展现。

概括地说，从政治层面看，我国宪法实施的功能，是实现人民根本的意志，这种意志是由中国共产党加以集中和反映的。在我国，所有的法律都是人民意志和执政党反映人民意志的主张相统一的表现。但在我国全部法律中，宪法是根本法，其所体现的意志和主张也具有根本性，因而是全体人民的根本意志和中国共产党反映这种意志的最重要的主张相统一的表现。只有宪法得到切实的实施，人民的根本意志和中国共产党反映这种意志的最重要主张才能实现。

从宪法在整个法制体系中的地位看，宪法实施的功能在于落实宪法规定的国家的根本制度。我国的各种基本制度，如人民民主专政、人民代表大会制度、社会主义经济制度、民族区域自治制度和特别行政区制度、共产党领导的多党合作和政治协商制度、公民基本权利的保障制度以及各级、各类国家机关的组织、职权、工作程序等，都是根据宪法制定和运行的。所以，我国的宪法是国家的根本法，是治国安邦的总章程，是保持国家统一、民族团结、经济发展、社会进步和长治久安的法制基础。实施宪法就是维护和巩固国家的根基。概括地讲，宪法实施的功能主要体现在两个方面：一是落实宪法确认或保护的公民基本权利；二是按宪法规定在各级各类国家机关间配置职权，使国家机构的各个部分都能在按宪法规定掌握和行使职权的基础上有效运作。

现行宪法是一部基本符合我国国情的较好的宪法。现行宪法颁布实施以来，它保障了我国改革开放和社会主义现代化建设的顺利进行，在公民基本权利保障和国家经济、政治、文化建设及社会生活中发挥了重要的作用。从总体上看，我国的宪法是得到较好实施的。但另一方面，我们也应该看到，许多年来我国国家机关工作人员和社会的各阶层民众虽然宪法意识有所提高，遵守宪法、维护宪法尊严的自觉性有所增强，但由于我国幅员辽阔，人口众多，发展很不平衡，各种利益冲突不可避免，所以宪法在实施过程中难免受到不同利益主体的牵扯，宪法实施偏离常规和违宪现象都难以完全避免。立宪易、行宪难，这是许多国家的历史经验和教训，因此，为保证宪法的准确实施和充分实施，我国要进一步强化宪法实施的监督。

（三）监督宪法实施的必要性

宪法是一国法律制度的基础，为了维护宪法的权威和尊严，保证宪法在社会生活中的实现，就需要建立完备而有效的宪法实施保障制度。宪法实施的保障，简称宪法保障，是保证宪法实施的一系列条件、措施和制度的总称。宪法保障在法律上主要表现为对宪法实施的监督，简称宪法监督。

一般地说，“宪法监督”是由宪法授权或宪法惯例认可的国家机关，以一定方式对其他国家机关和政治组织的行为进行合宪性审查，进而撤销违宪法律文件、取缔违宪行为、追究违宪责任、保障宪法得以切实实施的制度。与“宪法监督”含义近似或近似且为人们所常用的概念还有“违宪审查”、“宪法诉讼”等术语。在美国、日本等国，宪法监督通常被其学者根据本国的情况称之为“司法审查”。中国没有宪法监督或违宪审查意义上的司法审查，在我国法学论著对各国宪法监督制度的描述中，这些概念的内涵与外延既有相似的一面，又有所不同，需要仔细辨别。

我国1982年《宪法》第62条和67条规定，全国人民代表大会和全国人大常委会监督宪法的实施。但是需要指出的是，“监督宪法”的提法并不是社会主义国家宪法所特有的，《法兰西第五共和国宪法》第5条就规定，“共和国总统监督对宪法的遵守”。而且，通过国家最高权力机关监督宪法的做法并不是社会主义国家特有的模式，新西兰、卢森堡以及2000年修宪之前的芬兰、2009年10月前的英国，都采用这样的体制。

宪法监督对于宪法实施极为重要，没有行之有效的宪法监督体制，宪法不可能得到充分实施。可以说，没有规定实施监督制度的宪法不是一部完整的宪法，而且，一个国家的宪法实施在多大程度上受到监督，这个国家就在多大程度上有真正的宪法。

首先，任何法律的实现，都必须有国家强制力作为后盾和威慑，刑法、民法和行政法是如此，宪法也是如此。宪法监督是国家强制力支持宪法实现的具体形式。实施宪法仅仅寄望于国家机关和政治人物的政治操守和法律自觉是远远不够的。相对普通公民等个体来说，国家立法、行政等公共机关和政党等公共组织手握重权，难以进行监督、制约，没有强有力的宪法保障制度不足以确保它们不违反宪法侵犯公民的基本权利、破坏宪法秩序。

其次，从各国宪法文本的内容来看，宪法监督体制已经成为法治国家宪法秩序的重要组成部分。从立宪实践来看，特别是第二次世界大战之后，越来越多的国家建立和完善了其宪法监督体制，在当今世界各个立宪国家中，没有建立宪法监督体制的国家已经为数极少。尽管各国宪法监督的模式不同、特点各异，实际的效果也不一样，但宪法监督体制的发展趋势却反映了当今宪政发展的一个一般规律：宪法能否真正成为国家的根本法，摆脱“纸上宪法”的困境，能否真正地起到制约和规范公共权力、保障公民基本权利的作用，与宪法监督体制是否存在、是否完善以及是否真正行之有效休戚相关。

最后，从宪法发展的角度来看，违宪审查是调节宪法的稳定性与适应性关系的重要机制，是宪法生命力的源泉。一方面，宪法作为法治国家的最高规范应当具有相对的稳定性。宪法是国家的根本法，是法制统一的基础，是宪法秩序稳定的前提，同时也是树立宪法权威的重要条件。这就决定了保持宪法稳定的必要性。另一方面，宪法的适应性同样非常重要。宪法必须根据不断变化的社会现实作出相应的调整，否则，稳定性便蜕化成了僵化性，从而使宪法成为废纸。在宪政实践中，宪法的稳定性价值与适应性价值是并重的。如果过分强调稳定性而忽视适应性，就会使宪法僵化死亡，无法跟上时代的步伐；相反，如果过分强调适应性忽视稳定性，则会导致宪法频繁变动，损害宪法的权威。无论哪种倾向，都会破坏宪政秩序，动摇民众的宪法信仰，阻碍宪政建设的进程。宪法适应现实变化有多种途径，除了宪法修改这一基本方式之外，解释宪法或针对合宪性争议作出审查决定，也是常见而有效的方式。

由于缺乏宪法监督体制，我国1954年宪法在“文革”十年动乱中整体失效，这是中国行宪史上惨痛的历史教训。我国现行宪法在其酝酿、形成过程中，是充分注意到要吸取历史教训的。当年宪法修改委员会许多成员主张有必要设立宪法委员会或宪法法院，设立宪法委员会的意见还一度写入草案的宪法保障这一节中，但后来经过慎重讨论，删除了这一节，采用了由全国人大及其常委会监督宪法实施的体制。

二、宪法监督体制

为了保障宪法得到有效实施，各国根据本国的具体国情建立了不同类型的宪法监督体制。

（一）人民监督

人民监督是由作为主权者的人民直接进行的监督。人民所享有的宪法监督权是一种原始性质的监督权。监督形式非常丰富，如通过选民和原选举单位对人民代表或者议员的监督来影响宪法的实施，或者通过全民公决的方式对创制宪法、修改宪法或者是实施宪法中的重要问题表示意见，以及公民个人可以对违反宪法的国家机关和国家机关工作人员的行为提出批评、意见和建议。

（二）立法机关的宪法监督

由议会或者是立法机关对于宪法的实施进行监督，如英国。由于英国是奉行“议会主权原则”的普通法国家，因此，对不成文宪法的监督职责也就只能由议会自身承担。

（三）国家元首的宪法监督

国家元首监督宪法实施始于资产阶级君主立宪制国家。最早确立这一制度的是日本明治宪法。该宪法规定，宪法解释之权属于天皇。在实行“三权分立”制度的美国，总统也承担着保障宪法实施和尊严的职责。总统对议会的立法如果认为不符合宪法的精神，可以通过否决方式行使监督权。在法国，总统对维护宪法的权威也具有监督的职责。

（四）普通法院的宪法监督

由普通的最高法院来监督宪法的实施是宪法监督最普遍的形式。由普通法院作为宪法的守卫士最早起源于 1803 年美国最高法院对马伯里诉麦迪逊案件的处理。在该案件中，美国最高法院确立了有权对法律是否违宪进行审查的权力，自此，作为一种宪法惯例，美国最高法院就有了违宪审查权。

（五）宪法法院的宪法监督

从第一次世界大战后奥地利建立专门的宪法法院，后来，如德国、韩国、意大利等都采用了这种宪法监督制度。直至今天，宪法法院作为专门监督宪法实施的机关在保障宪法实施、维护宪法权威方面发挥了重要的作用。

三、宪法监督的内容和方式

（一）监督宪法实施的主要内容

1. 审查法律、法规和其他的规范性文件是否抵触宪法

国家立法机关所制定的一般法律以及其他国家机关颁布的规范性文件必须遵循宪法的规定，起码要同宪法的原则精神相符合。如果宪法以外的其他法律规范同宪法相背离，又

任其在国家生活中适用，那势必会损害国家的根本利益，同时也必然损害宪法的权威，影响宪法的贯彻。因此各国宪制一般均以审查法律、法规和其他规范性文件的合宪性作为监督宪法实施的主要内容。我国的情况大体上亦是如此。我国现行宪法明文规定，全国人民代表大会有权改变和撤销全国人民代表大会常务委员会的不适当的决定；全国人民代表大会常务委员会有权撤销国务院制定的同宪法、法律相抵触的行政法规、决定和命令。同宪法相抵触就是违宪。宪法规定中所说的“不适当的决定”，其中就包括违宪的决定。

2. 审查国家机关及其工作人员的行为是否符合宪法

其具体内容有：监督国家机关及其组成人员是否根据宪法办事，是否有严重的越权行为和失职行为，是否有侵犯公民基本权利的行为，尤其是监督政府及其所属行政部门是否严格按照宪法行使职权。保护公民权利是第一位的考虑，因为政府是执法部门，直接面对公民，所以其行为会直接影响到公民的权利和利益。另外，宪法规定了各种国家机关的职权，要求它们各司其职、协调配合地共同实现国家的职能。如果国家机关之间权限不清，发生争议，势必影响宪法的实施，损害宪法的权威，所以治理国家机关之间的权限争端也是监督宪法实施的内容。

3. 审查各政党、团体、企业事业等组织以及公民的行为是否符合宪法

除国家机关及工作人员应该遵守宪法外，各政党、团体、企业事业等组织以及公民也均有守法的义务。因为宪法是最高法，是各政党、各社会团体以至企事业等社会组织和全体公民的最高行为准则，所以守法首先必须是遵守宪法。从我国来说，宪法监督的内容也应包括对执政党中国共产党的政策性文件及其行为的审查在内。中国共产党虽然领导着国家政权，但也必须在宪法的范围内活动，其行为也应同宪法所确立的原则精神相一致。否则，如果中国共产党的行为同宪法所确立的社会制度和政治制度的原则相违背，我国社会主义的社会制度和民主制度将会遭到损害，社会主义法制也将受到破坏。所以现行《宪法》第5条规定各政党必须遵守宪法和法律，并强调一切违反宪法和法律的行为都必须予以追究。

（二）监督宪法实施的主要方式

1. 事先审查和事后审查

事先审查又称预防性审查。这种方式一般在法律、法规和其他的规范性文件的制定过程中，由专门的机关审查其合宪性。如发现与宪法不符，可予以修改、纠正或者中止制定程序的进行，以避免其在制定完成并生效后产生不良后果。例如，法国在有关的组织法、议会两院的规章等颁布之前，都提交宪法委员会审查；若判定违宪，则不能公布实施。

事后审查是对已经生效的法律、法规在执行、适用的过程中，因发现其有违宪的可能性而予以审查，或者因特定的单位或者个人就有关的法律、法规是否符合宪法而提出请求时，才予以审查。世界上大多数国家都采取事后审查制。例如，德国宪法法院应联邦政府、州政府的请求，或者经联邦议院1/3议员的请求，可就相关法律的合宪性进行审查并作出裁决。

2. 附带性审查和宪法控诉

司法机关在审理具体案件的诉讼过程中，因提出对所适用的法律、法规是否违宪的问题，而对该法律、法规进行审查的，叫做附带性审查。它是相对那种不以争讼为前提的主动审查而言的。所以附带性审查又称具体性审查或者称个案审查。美国即采用这样的方式，凡被联邦法院宣布违宪的法律，不仅最高法院不再引用，而且下级法院也不再适用了。

宪法控诉是指公民个人有权就宪法所保障的基本权利受到法律、法规的侵害而向宪法法院提出控诉的一种制度。例如，德国的任何公民只要认为某个法律、法规侵犯了个人的宪法权利，无论是否发生了案情或者是否涉及本人利益，均有权就该法律、法规向宪法法院起诉，要求宪法法院审查其合宪性；如果审查后裁定为违宪，则该法律或者法规随即失效。

四、我国的宪法监督

（一）我国对宪法实施监督的历史发展

建国后第一部宪法即1954年宪法明确规定全国人民代表大会行使监督宪法实施的职权，从此确定了我国由最高国家权力机关监督宪法实施的模式。但除规定全国人大常委会撤销国务院和省的违宪决定等文件的职权外，缺乏有关监督的具体程序，并且实践不多，可以说我国的宪法监督制度在当时并没有真正建立起来。后来在“左”倾思想的干扰下，宪法本身也没有得到充分实施。

1975年宪法对于监督宪法实施的问题只字未提。十年动乱，权利无保障，宪法不起作用，也谈不上什么合宪性审查。1978年宪法在条文中恢复了监督宪法实施的字样，规定由全国人民代表大会行使监督宪法实施的职权，但在具体制度上仍然没有落实。全国人民代表大会一年只举行一次会议，会期不满一个月，要求全国人民代表大会经常性地监督宪法的实施，也不切实际。

（二）现阶段的宪法监督制度

现阶段的宪法监督制度是由1982年宪法规定的。在1980～1982年起草宪法的过程中，曾有过关于建立宪法委员会并使之从属于最高国家权力机关的设想，但终未实现。在现行宪法实施后，也有人提出各种设想，至今尚有争论。党的十八届三中全会通过的《中共中央关于全面深化改革若干重大问题的决定》提出了时代课题，“要进一步健全宪法实施监督机制和程序，把全面贯彻实施宪法提高到一个新水平”。根据现行宪法的规定，我国在保障和监督宪法实施方面，归结起来有以下五点：

1. 宪法监督的基础

《宪法》在序言中庄严宣布本宪法是国家的根本法，具有最高的法律效力。《宪法》规定全国各族人民、一切国家机关和武装力量、各政党和各社会团体、各企业事业组织，都必须以宪法为根本的活动准则，并且负有维护宪法尊严、保证宪法实施的职责。《宪法》第5条明确规定，一切法律、行政法规和地方性法规都不得同宪法相抵触；任何组织或者个人都不许有超越宪法的特权；一切违反宪法的行为必须予以追究。《宪法》第53条又规定每一个公民都必须履行宪法规定的义务。

2. 监督的职责

《宪法》第62条规定全国人民代表大会行使监督宪法实施的职权。这是沿袭1954年宪法和1978年宪法的做法。同时，现行《宪法》第67条又规定，全国人民代表大会常务委员会监督宪法的实施。但是，全国人民代表大会保留最后手段，即当它认为其常务委员会监督不力或不当时，对监督事项有最高决定权。这个规定弥补了以前宪法的不足，保证了我国的最高国家权力机关得以经常性地行使监督宪法实施的职权。

3. 协助监督

全国人民代表大会各专门委员会在最高国家权力机关行使监督宪法实施权力的过程中发挥具体的作用。根据《全国人民代表大会组织法》第37条第3项的规定，各专门委员会的任务之一是：审议全国人民代表大会常务委员会交付的被认为同宪法相抵触的国务院的行政法规、决定和命令，国务院各部、各委员会的命令、指示和规章，省、自治区、直辖市的人民代表大会和它们的常务委员会的地方性法规和决议，以及省、自治区、直辖市的人民政府的决定、命令和规章，提出报告，由专门委员会从事具体的审议工作，我国最高国家权力机关行使监督宪法实施的职权就得到了进一步落实。

4. 地方各级人大的监督职责

《宪法》第99条规定，地方各级国家权力机关都必须在本行政区内保证宪法的实施。按照这个规定，由地方各级人民代表大会和县以上地方各级人大常委会在各自的行政区域内切实加以保证，则宪法在全国的一切地方和部门都可得以贯彻实施。

5. 宪法监督体系

宪法作出一系列具体规定，使我国形成了一个严密的社会主义法制监督体系。根据宪法的规定，全国人民代表大会有权改变或者撤销全国人民代表大会常务委员会的不适当的决议；全国人民代表大会常务委员会有权撤销国务院制定的同宪法相抵触的行政法规、决定和命令，并有权撤销省、自治区、直辖市国家权力机关制定的同宪法相抵触的地方性法规和决议；国务院有权改变或撤销各部、各委员会发布的不适当的命令、指示和规章，并有权改变或者撤销地方各级国家行政机关的不适当的决定和命令；县级以上地方各级人民代表大会有权改变或者撤销本级人民代表大会常务委员会的不适当的决议；县级以上地方各级人民代表大会常务委员会有权撤销本级人民政府的不适当的决定和命令，并有权撤销下一级人民代表大会的不适当的决议；县级以上的地方各级人民政府有权改变或者撤销所属各工作部门和下级人民政府的不适当的决定；自治区的自治条例和单行条例须报全国人民代表大会常务委员会批准后生效，自治州、自治县的自治条例和单行条例须报省或者自治区人民代表大会常务委员会批准后生效。上述各环节构成的法制监督体系，有助于保证宪法的统一实施。

本章小结

宪法是法的组成部分，集中反映社会各种政治力量的实际对比关系，规定国家的根本任务和根本制度，是国家的根本法，具有最高的法律效力和法律地位。宪法可分为社会主义宪法和资本主义宪法，成文宪法和不成文宪法，柔性宪法和刚性宪法，钦定宪法、民定宪法和协定宪法，近代宪法和现代宪法等。

宪法是宪法规范的总和。宪法规范本身也具有一系列的特点。宪法基本原则是各国的宪法所普遍采用的基本理论和基本准则。这些原则主要是人民主权原则、人权原则、法治原则和三权分立原则。我国宪法的基本原则主要是坚持四项基本原则、以人为本原则、依法治国原则和民主集中制原则。

从各国的宪政实践看，宪法在制定实施后，必须与时俱进，宪法修改最基本和最主要的原因是为了使宪法的规定适应社会实际的发展和变化。宪法解释既是使宪法规范适应社会实际的一种方法，也是保障宪法实施的一种手段和措施。宪法在确立和规范国家权力，保护公民权利，推动物质文明、政治文明和精神文明协调发展方面起着巨大的作用。只有对宪法实施的过程和结果进行全方位的监督，才能够使宪法的规定正确贯彻和完全实现，从而充分发挥宪法的重要作用。

重要概念

宪法　宪法制定　宪法修改　宪法解释　宪法实施　违宪　宪法监督

材料分析

【材料1】

布什诉戈尔案

2000年11月7日，美国进行总统大选，大选次日佛罗里达州宣布共和党候选人布什州长获得2 909 135张选票，民主党候选人戈尔副总统获得了2 907 351张选票。由于选票之差小于所投票总数的0.5%，根据州法规定进行了再次自动计票，结果表明布什仍然获胜。戈尔利用佛州规定的异议程序，要求在倾向于民主党的选区进行手工计票。在迈阿密——戴德选区的检票团因故于11月23日停止手工计票后，戈尔竞选委员会起诉，要求计票继续进行。在佛州最高法院拒绝发布这一命令后，戈尔表示将按州法的争议程序来挑战这一选区的选举结果。11月21日，佛州最高法院在合并诉讼的意见中把公证日期延迟到11月26日，命令重新计票过程继续进行，并判决在此期间的手工计票结果必须被包括在最后的公证数字中。布什将这一判决进一步上诉到联邦最高法院。佛州最高法院以

6:1 再次肯定了原先判决的这一期限。最终由联邦最高法院裁决终止计票，布什以几百张选民票的微弱优势赢得佛州关键的 25 张选举人票得以当选美国总统。

【问题】

如何看待法院对选举事务的违宪审查？

【解析】

（1）本案结果。美国联邦最高法院于 12 月 12 日推翻了佛州最高法院关于人工重新计票的判决，但联邦最高法院的裁决不是以全体一致的多数通过的，而是以 5:4 这一投票通过，这表明最高法院对此问题的分歧严重。

（2）法院管辖权问题。司法审查的主要功能在于司法机关有权以立法机关的行为与宪法相抵触为由，宣布其无效。在美国确立普通法院享有违宪审查权时，马歇尔大法官和其他联邦最高法院的法官们系统地论证过司法审查的正当性：法院的职责是在具体个案中应用法律。而应用法律就必须解释法律，所以法律是什么只能由法院通过针对具体案件的法律解释来决定。如果宪法不能通过司法解释而应用于个案，其存在就毫无意义，而法院解释宪法又无法回避一个问题，即法律是否与宪法相抵触。

（3）选举争议的司法审查问题。由于选举是选民民意的直接表露，是各种政治力量进行较量与整合的第一战场，其政治性比其他任何活动都为强烈。选举结果也是各种政治力量对比的直接反映。正如本次总统大选中戈尔一方的基本主张：选举结果应由选民来决定，而不应由法院决定。就是在联邦最高法院的多数意见中，大法官们也并没有打算自己扮演选举结果最终裁决人的角色，而是从选举统计的技术性角度裁定撤销佛州最高法院的判决，将选举的最终结果留给选民自己决定。

（4）将政治纷争纳入司法解决的轨道，是现代民主政治的一种精妙艺术，也是司法权对社会的一大积极贡献。可以说，“政治司法化”是人类制度文明的一大创造。由于法院不直接介入政治斗争领域，只是根据宪法条文来审理纠纷，运用法律的程序和用语实现其职能，再加上其相对超脱的地位和长期在社会上形成的威信，其裁决结果容易为争端各方所接受。正如戈尔面对联邦最高法院的裁决所言：联邦法院的判决并不能令他信服，但它应是“不容置疑的”，他会坦然接受。

【材料 2】

“孙志刚案”

孙志刚，男，27 岁，湖北武汉人，2001 年在武汉科技学院艺术设计专业结业。2003 年 2 月 24 日受聘于广州达奇服装有限公司。3 月 17 日晚 10 时许，孙外出上网，途遇天河区黄村街派出所民警检查身份证，因未带身份证，被作为“三无人员”带回派出所。孙的同学成先生闻讯后赶到派出所并出示孙的身份证，当事警官仍拒绝放孙。3 月 18 日，孙被作为三无人员送往收容遣送站。当晚，孙因“身体不适”被转往广州市收容人员救护站。20日凌晨1时多，孙遭同病房的8名被收治人员两度轮番殴打，于当日上午10时20分死亡。救护站死亡证明书上称其死因是“心脏病”。4月18日，中山大学中山医学院法医鉴定中心出具尸检检验鉴定书，结果表明，孙死前72小时曾遭毒打。4月25日，《南方都市报》以《被收容者孙志刚之死》为题，首次披露了孙志刚惨死事件。次日，全国各大媒体纷纷转载此文，并开始追踪报道。6月5日上午，孙案开庭。6月9日孙案一审判决：主犯乔燕琴被判死刑，李海婴被判死缓，钟辽国被判无期。其他9名被告人也分别被判处3年至15年有期徒刑。同日，孙案涉及的民警、救治站负责人、医生及护士一共6人，因玩忽职守罪，被分别判处2年至3年的有期徒刑。

【问题】

收容遣送制度为什么被废除？

【解析】

（1）收容遣送制度的建立。自1982年5月国务院发布《收容遣送办法》到2003年废除，该办法已经存在了21年。当时实行收容遣送制度基于中国城乡二元制的社会结构，在当时具有社会福利和综合治理的性质，是“为了救济、教育和安置城市流浪乞讨人员，以维护城市社会秩序和安定团结”。当时的收容遣送对象限于：“（一）家居农村流入城市乞讨的；（二）城市居民中流浪街头乞讨的；（三）其他露宿街头生活无着的。”

（2）收容遣送制度的违宪性。随着现代化和城市化进程的展开，迁徙自由的呼声日益高涨，户籍制度逐渐松动，收容遣送制度已经变得不合时宜，发展为一定意义上的强制人身、侵害公民权利甚至某些利益集团生财的手段，在实际执行中又扩展到城市里的民工和流浪人员，一些地方甚至将收容遣送制度作为加强城市刚性管理、驱赶外来民工的工具。这些社会弱势群体的人身自由极易受到侵犯，与我国宪法“公民的人身自由不受侵犯”的规定相抵触。

（3）收容遣送制度被废除：从“收容”变“救助”。湖北青年孙志刚付出了生命的代价——一个自由公民，在自己的国家因为没有携带证件而被活活打死。在媒体和学界关注下，国务院出台了新的《城市生活无着的流浪乞讨人员救助管理办法》。旧制度终于被废除，但是暴露出的城乡二元结构对立、公民自由迁徙权、违宪审查机制等问题，还需要更长时间的努力。

【材料3】

“陈超案”

27岁的陈超，是河南省伊川县平等乡农民，2007年9月5日被洛阳市劳动教养委员会（以下称劳教委）决定劳教两年。11月5日，在劳动教养学校已经“服刑”2个月的陈超，一纸诉状将洛阳市劳教委告上法庭，认为“作为行政法规的《劳动教养试行办法》规定的‘劳动教养’，是一种剥夺、限制人身自由的制度”。由于在诉状中涉及了劳教制度违法的内容，因此洛阳市西工区法院正式受理案件后，引起了舆论的广泛关注。已经施行50年的劳教制度，遭遇新一轮的声讨高潮。类似陈超的有关劳教的个人诉讼一直存在，而知识界要求废除劳教制度的呼声近年也是越来越高。

同年12月4日，全国法制日，69名专家学者向全国人大提交公民建议，要求启动对劳动教养制度的违宪审查。这份公民建议书从违宪、与立法法等上位法相冲突、与国际公约无法接轨以及政治管理四个方面表达了提请对劳教制度进行违宪审查的理由。建议继而认为，“时值今日，进行违宪审查、废除劳动教养制度的条件都已经完全成熟”。

【问题】

如何看待劳动教养制度？

【解析】

（1）劳动教养制度的建立。作为一种非司法性剥夺公民人身自由的制度，劳动教养初创于20世纪50年代的肃清反革命运动期间。颁布于1982年的《劳动教养试行办法》一直“试行”了25年，而劳动教养制度本身已经在中国实行了50多年。源于1957年的劳教制度，是为了配合当时“镇反”运动的临时应对之举。改革开放后，为了处置不够刑事处罚的违法人员，再度激活了劳教制度，并实现了劳教对象向普通违法行为的转型和延伸。尤其是20世纪90年代末以来，劳教制度一方面日益强化，另一方面也开始制度化。劳教制度成为几乎无所不包、随意性极大的剥夺人身自由处罚措施。

（2）劳动教养制度的违宪性。劳动教养本质上是一种剥夺、限制人身自由的制度。我国《宪法》明确规定：任何公民，非经人民检察院批准或者由人民法院决定，并由公安机关执行，不受逮捕，禁止非法拘禁和以其他方法非法剥夺或者限制公民的人身自由。因此，所有长时间剥夺人身自由的决定必须通过正当程序并由法院作出判决，而不是由公安机关在无人监督的情况下随意作出处罚。

（3）劳动教养制度是特殊时空环境下的历史产物，如果说在建国之初它还对社会稳定起过阶段性作用的话，那么在“依法治国”、“国家尊重和保障人权”业已入宪的今天，延续半个世纪之久的劳动教养制度已经越来越悖逆于时代潮流，严重阻碍了法治进步。除可以通过人民代表行使监督权、行政复议等形式主张自己的权利外，公民还可以以个人的名义提出违宪审查建议。

（4）党的十八届三中全会通过的《中共中央关于全面深化改革若干重大问题的决定》明确提出：“废止劳动教养制度，完善对违法犯罪行为的惩治和矫正法律，健全社区矫正制度。”

【材料4】

山东省滕州市鲍沟镇圈里村齐玉苓和陈晓琪原同系山东省滕州市第八中学初中毕业

生。1990 年夏，17 岁的姑娘齐玉苓通过了中专预选考试而取得了报考统招及委培的资格，而原圈里村党支部书记陈克政的女儿陈晓琪在中专预选考试中落选。同年齐玉苓被山东省济宁市商业学校录取，但陈晓琪在其父陈克政的一手策划下，从滕州第八中学领取了齐玉苓的“录取通知书”。而后，她以齐玉苓的名义与鲍沟镇政府订立了委培合同。陈晓琪以齐玉苓的名义到济宁市商业学校报到就读。1999 年 2 月，齐玉苓在得知陈晓琪冒用其姓名上学并就业这一情况后，以陈晓琪、山东省济宁市商业学校、滕州市第八中学、滕州市教育委员会侵害其姓名权和受教育权为由诉至法院，要求被告停止侵害、赔礼道歉并赔偿经济损失 16 万元和精神损失 40 万元。在该案中，最高人民法院于2001 年 8 月 13 日，专门就齐玉苓案作出了《关于以侵犯姓名权的手段侵犯宪法保护的公民受教育的基本权利是否应承担民事责任的批复》（法释【2001】25 号）。批复指出：“根据本案事实，陈晓琪等以侵犯姓名权的手段，侵犯了齐玉苓依据宪法规定所享有的受教育的基本权利，并造成了具体的损害后果，应承担相应的民事责任。”2008 年底该《批复》被废止。

【问题】

该案被很多人称为“中国宪法司法化”第一案，如何看待宪法的地位？

【解析】

（1）我国长期以来（确切地说，应该是自 20 世纪 80 年代以来），一直很重视宪法，赋予宪法以非常崇高的地位，明确规定宪法“是国家的根本法，具有最高的法律效力”。但是我们却不重视宪法的司法保障，甚至否定这种保障，在法院的个案裁判中不适用宪法规范。宪法被违反了，宪法规定的公民基本权利被侵犯了，只要这种违反，这种侵犯没有具体的法律规定责任，司法就不能对之过问。其结果是宪法的崇高地位被架空了。

（2）最高人民法院的批复，意味着人民法院将可以直接适用宪法和直接以宪法为依据裁判具体案件，司法将可以直接对公民的宪法基本权利提供保障。这个批复应该具有普适性：既然司法可以对公民受教育的宪法基本权利提供直接保护，那么对公民的其他宪法基本权利（无论是否有具体法律的规定），司法也应该可以提供直接的保护。

同步测练与解析

一、单项选择题

1. 宪法的内容同其他一般法律一样，主要取决于（　　）。

A. 历史传统　　B. 民族组成

C. 政治文化的影响　　D. 社会的物质生活条件

2. 我国宪法规定，国家的根本任务是，沿着中国特色社会主义道路，集中力量进行（　　）。

A. 社会主义物质文明建设　　B. 社会主义精神文明建设

C. 社会主义现代化建设　　D. 社会主义民主法制建设

3. 我国现行《宪法》序言明确宣告：本宪法规定了国家的根本制度和（　　）。

A. 政治制度　　B. 社会制度　　C. 经济制度　　D. 根本任务

4. 我国宪法的修改，由全国人大常委会或者1/5以上的全国人大代表提议，并由全国人大以（　　）。

A. 到会代表的1/2以上的多数通过　　B. 到会代表的2/3以上的多数通过

C. 全体代表的1/2以上的多数通过　　D. 全体代表的2/3以上的多数通过

5. 我国宪法规定享有解释宪法职权的机关是（　　）。

A. 全国人大　　B. 全国人大常委会

C. 国家主席　　D. 全国人大法律委员会

6. 司法机关在审理具体案件的诉讼过程中，因提出对所适用的法律、法规是否违宪的问题，而对该法律、法规进行审查的，称为（　　）。

A. 附带性审查　　B. 事先审查　　C. 事后审查　　D. 宪法控诉

7. 由司法机关监督宪法的实施导源于（　　）。

A. 英国　　B. 美国　　C. 日本　　D. 澳大利亚

8. 宪法的修改程序与一般法律相同的宪法称为（　　）。

A. 刚性宪法　　B. 柔性宪法　　C. 不成文宪法　　D. 钦定宪法

9. 在宪法中没有规定监督宪法实施问题的是（　　）。

A. 1954年宪法　　B. 1975年宪法　　C. 1978年宪法　　D. 1982年宪法

10. 1954年宪法规定，监督宪法实施的机关是（　　）。

A. 全国人大　　B. 全国政协

B. 全国人大常委会　　D. 全国人大及其常委会

二、多项选择题

1. 宪法不同于其他一般法律，宪法是根本法，这主要表现在（　　）。

A. 宪法的内容在于规定一国的根本制度

B. 宪法的内容主要取决于社会的物质生活条件

C. 宪法集中表现各种政治力量对比关系

D. 宪法的效力和修改程序不同于一般法律

2. 我国宪法规定，有权提议修改宪法的有（　　）。

A. 全国人大常委会　　B. 全国人大各专门委员会

C. 1/5以上的全国人大代表　　D. 国家主席

3. 现行宪法规定，监督宪法实施的机关有（ ）。
A. 全国人民代表大会　B. 全国人大常委会
C. 最高人民法院　D. 最高人民检察院
E. 国家主席

4. 宪法关系包括（ ）。
A. 国家与公民之间的关系
B. 国家与国内各阶级、各民族、团体和其他组织之间的关系
C. 国家机关内部的关系
D. 国家机关与国家机关之间的关系
E. 汉族与少数民族的关系

5. 不属于社会主义宪法原则的是（ ）。
A. “天赋人权”的原则　B. 民主集中制原则
C. 一切权力属于人民的原则　D. 三权分立原则

6. 宪法监督的主要方式包括（ ）。
A. 事先审查　B. 事后审查　C. 附带性审查　D. 宪法控诉

7. 现行《宪法》序言规定：全国各族人民、一切国家机关和武装力量、各政党和各社会团体、各企业事业组织，都必须（ ）。
A. 以宪法为根本活动准则
B. 负有维护宪法尊严的职责
C. 并且负有维护宪法尊严、保证宪法实施的职责
D. 以宪法为行为准则、遵守宪法和法律

8. 属于资产阶级学者对宪法所作的分类有（ ）。
A. 成文宪法与不成文宪法　B. 虚构宪法与非虚构宪法
C. 原始宪法与派生宪法　D. 公开宪法与潜在宪法
E. 刚性宪法与柔性宪法

9. 属于专门机构监督宪法的实施是指（ ）。
A. 立法机关监督　B. 普通法院监督
C. 宪法法院监督　D. 宪法委员会监督
E. 由最高行政机关监督

10. 属于民定宪法的是（ ）。
A. 1787 年《美国宪法》　B. 法国现行宪法
C. 《宪法重大信条十九条》　D. 1889 年《日本宪法》
E. 《魏玛宪法》

三、问答题

1. 宪法规范有哪些主要特点？

2. 监督实施宪法的主要内容是什么？

3. 我国宪法的基本原则是什么？

4. 我国如何监督宪法的实施？

参考答案

一、单项选择题

1. D 2. C 3. D 4. D 5. B 6. A 7. B 8. B 9. B 10. A

二、多项选择题

1. ACD 2. AC 3. AB 4. ABCD 5. AD 6. ABCD 7. AC 8. ACDE 9. CD 10. ABE

三、问答题

1. 宪法规范有哪些主要特点？

解析：与其他法律规范相比较，宪法规范具有以下六方面的主要特点：最高性、广泛性、原则性、概括性、适应性及无具体惩罚性。它们是所有宪法规范的共同特性。

2. 监督实施宪法的主要内容是什么？

答：(1) 审查法律、法规和其他的规范性文件是否抵触宪法。(2) 审查国家机关及其工作人员的行为是否符合宪法。(3) 审查各政党、团体、企业事业等组织以及公民的行为是否符合宪法。

3. 我国宪法的基本原则是什么？

解析：(1) 坚持四项基本原则；(2) 以人为本原则；(3) 依法治国原则；(4) 民主集中制原则。

4. 我国如何监督宪法的实施？

答：(1)《宪法》在序言中庄严宣布本宪法是国家的根本法，具有最高的法律效力。(2) 宪法规定：全国人民代表大会行使监督宪法实施的职权，又规定全国人大常委会监督宪法的实施，从而保证了最高国家权力机关经常性地行使监督宪法的职权。(3) 全国人大各专门委员会在最高国家权力机关行使监督宪法实施的过程中发挥具体的作用。(4) 地方各级国家权力机关都必须在本行政区内保证宪法的实施。(5) 宪法作出一系列具体规定，使我国形成了一个严密的社会主义法制监督体制，有助于保证宪法的统一实施。党的领导是我国宪法得以贯彻实施的根本保证。

第二章

CHAPTER TWO

宪法的历史发展

学习目标

通过本章的学习，学生可以掌握宪法的历史发展进程，理解宪法产生的条件；了解宪法在国外及我国的发展概况；掌握我国修宪的历程。

重点难点提示

- 课外学习《中华人民共和国宪法》序言部分。
- 联系实际，分析人类发明宪法的原因。

近代意义的宪法是资产阶级革命的产物。资产阶级取得统治地位后，为了巩固其地位，确立了宪法作为国家根本法的地位。社会主义宪法是无产阶级取得革命胜利的产物，是在对资产阶级宪法进行扬弃的基础上形成的。新中国成立后，先后颁布了1954年宪法、1975年宪法、1978年宪法和1982年宪法以及多个宪法修正案，为社会主义制度的建立、巩固和发展，为推动社会主义经济建设、政治建设、文化建设和社会建设提供了有力的法律保障。

第一节　宪法的产生和发展

一、资本主义宪法的产生和发展

（一）资本主义宪法产生的社会历史条件

自从人类社会进入了阶级社会，法就随着私有制、阶级和国家的出现而产生了。但是，作为国家根本法的宪法，不是从来就有的。奴隶制社会和封建制社会没有根本法意义上的宪法。宪法是17、18世纪资产阶级革命时期的产物。

17世纪的英国宪法是近代宪法的先驱。英国新兴的资产阶级在历史上进行了长期的反对封建贵族的斗争。1688年，英国经过“光荣革命”推翻了斯图亚特王朝。在大资产阶级和土地贵族妥协并分享政权的基础上，英国国会于1689年通过了《权利法案》（Bill of Rights），确认了重要的自由权利：国王不经国会同意，不得废止法律，不得征收赋税，不得在平时招募和维持常备军；臣民有向国王请愿权；国会必须按时召开；议员应自由选举；议员在国会中的发言，在会外不受法院或其他机关的弹劾和质问等，从而表明了资产阶级的君主立宪政体的确立。英国在资产阶级革命过程中，不断产生一系列宪法性的法律文件。从而，英国成为世界上最早形成不成文宪法的国家。

世界上最早出现的成文宪法是1787年的美利坚合众国宪法。1775年，北美爆发了反对英国殖民统治的独立战争。1776年7月，北美十三州的殖民地代表召开第二届大陆会议，通过了著名的《独立宣言》。独立战争胜利后，十三州的代表在费城召开了制宪会议；并于1787年制定了世界历史上第一部资产阶级的成文宪法即美国宪法。而在欧洲大陆出现的第一部成文宪法是法国宪法。1789年7月，法国爆发了资产阶级革命，同年8月国民议会通过了著名的《人权宣言》，明确宣告了“主权在民”、“天赋人权”、“权力分立”和“法律面前人人平等”等资产阶级民主法治原则，宣告了私有财产神圣不可侵犯。1791年在推翻了封建统治、建立了资产阶级政权的基础上，制宪会议制定了法国的第一部宪法。这部宪法把《人权宣言》置于宪法之首，构成了宪法的有机组成部分。

在英国、美国、法国的资产阶级革命和宪法产生的影响下，其他的国家相继发生资产阶级革命，确立了资产阶级民主制，制定了各自的宪法。历史的发展表明：宪法的出现不是偶然的，它的产生有着深刻的社会经济条件、思想理论条件、政治条件和法律条件。

1. 宪法产生的社会经济条件

根据马克思主义关于经济基础与上层建筑之间辩证关系的原理，研究宪法产生的问题首先必须从社会经济中去寻找原因。从社会经济条件来看，在奴隶制和封建制的社会经济条件下，是不可能有宪法的。到了封建社会末期，科技进步引起的工业革命促进了生产大发展，从工商业发展的基础上形成的资产阶级迅速壮大了起来。资产阶级代表着新的生产力发展的要求和方向。他们为利润所驱动，致力于把生产推向新的高峰。但是，封建制度的那种领地割据、自然经济和社会封闭等特点，严重地束缚着资本主义的发展，资产阶级只有破除互相阻隔的封建壁垒，才能促使商品顺畅流通，并使统一的资本主义市场得以形成和扩大。同时，工业的快速发展，厂矿的快速增多，需要不断投入大量的劳动力。这就要求改变封建制度下的人身依附关系，以使劳动者能够从封建的羁绊下解脱出来，成为出卖劳动力的“自由人”。再者，封建贵族的骄奢淫逸，无度地向工商业者横征暴敛，大大增加了资产阶级的负担。经济上的利害关系迫使资产阶级产生一种建立有利于资本主义发展的政治制度、法律制度的要求，首先要求有一个限制王权的法律——宪法。所以，资本主义生产关系的确立和扩展是宪法产生的社会经济条件。

2. 宪法产生的思想理论条件

随着资本主义经济的发展，18 世纪的欧洲出现了一批鼓吹资本主义民主、自由、人权的启蒙思想家。

英国的洛克创立了“社会契约论”，认为：人类最初生活在非常和谐的自然状态中，受自然法的支配，人人平等地享有财产权、自由权和生命权等的自然权利。但聚居的人群难免会发生各种纠纷，需要公正的裁判者和管理者，于是人们就订立契约，建立国家，把一部分权力交给政府，所以国家权力不是“神授”，而是“人授”的。洛克认为，人们之所以要立约组成政府，目的是为了保护自己的权利。如果政府不能保护他们，甚至侵犯了人们的利益，人们可以反抗，直到重新签约建立新的政府。显然，这种理论同当时流行的“朕即国家”、“君权神授”的统治思想是对立的。在这样的理念之下，洛克主张君主立宪制度，反对专制政体，提倡实行法治和分权。他的思想对社会有很大的影响。

法国的卢梭鼓吹“社会契约论”。他认为，最初的人类生活在自由、平等的自然状态中，后来私有制的出现产生了不平等。人们为了保障个人的自由平等权利，因而相约组建国家。卢梭以“人民主权”理论同王权相对抗。他认为国家主权是全体人民的意志表现，人民有权监督并反抗政府。政府必须充分保障人民从社会中取得的平等、自由权利以及生命权、财产权。卢梭的思想对社会也有很大的影响。

还有一位很有影响的启蒙思想家是法国的自然法学家孟德斯鸠。他考察了欧洲各国，特别是英国的政治制度之后，在洛克的分权学说基础上，完成了“三权分立”理论。这种理论的实质是阶级分权，使占据议会多数的资产阶级控制立法权，借以削弱王权，改变君主专制制度。18世纪欧洲启蒙思想家的功绩在于，他们为资产阶级夺取权力并建立资产阶级的民主宪政提供了有力的理论武器。这就是宪法产生的理论思想条件。

3. 宪法产生的政治条件

从政治条件来看，宪法产生的前提是封建主义政权转变为资本主义政权。在封建社会末期，随着资本主义生产关系的确立和发展，以及启蒙思想家反对封建专制的各种理论的广泛传播，客观上已经为资产阶级革命做好了充分的准备。资产阶级以人民的代表和领袖自居，举着民主、自由、人权的旗帜，依靠广大工农群众的力量，终于发动了推翻封建统治的革命，建立了资产阶级专政的国家。资产阶级为了巩固其已经取得的成果，防止封建主义复辟，协调内部关系，也为了制止工农群众进一步发展革命，需要有一个高于一切法律的法律，以便确认和巩固已经形成了的资本主义制度，这样的法律就是宪法。宪法是占统治地位的阶级即资产阶级的意志和利益的集中表现。资产阶级宪法的主要特点是以根本法的形式确认资产阶级的统治，宣布私有财产神圣不可侵犯的原则，以及规定以选举权、代议制、自由、平等、人权等为内容的资产阶级民主制度。毛泽东曾说：世界上历来的宪政，“都是在革命成功有了民主事实之后，颁布一个根本大法，去承认它，这就是宪法”①，这个论述揭示了历史发展的一般规律。

4. 宪法产生的法律条件

法律制度本身的发展、法律形式的分化以及由此产生的各种法律部门在更高层次上的统一，是资本主义宪法得以产生的法律条件。到封建社会末期，新兴的资本主义生产关系促进了商品交换，使民事、经济方面的法律关系在整个法律体系中的地位日益突出，原来的制度形式已不能适应现实的需要，各种部门法出现分离独立、自成体系的趋势。法律部门的分化容易导致各部门法之间的冲突，需要有更高层次的根本法加以统摄，使之形成有机联系的整体。这种法律形式的变化也为宪法的产生提供了客观现实条件。

在资本主义上升时期，宪法基于上述政治、经济、思想和法律的条件而产生，在一定程度上适应了历史发展的客观要求，具有一定的进步性和民主性。

（二）英、美、法等国宪法的产生与发展

在资本主义宪法中，英国、美国和法国宪法具有一定的代表性。其他资本主义国家宪法的产生和发展都或多或少地受到这三个国家的影响。

1. 英国宪法

英国是近代宪法的发源地。英国最早产生议会政治，建立了资本主义代议制度，为后来各国资产阶级革命成功后制定宪法与构建政制所仿效。英国最早的宪法性文件是1215年的《自由大宪章》。英国资产阶级直到1688年才取得比较稳固的统治地位，之后陆续

---

① 毛泽东选集：第2卷．北京：人民出版社，1991：735.

颁布了《权利法案》、《王位继承法》等法律性文件，形成了英国的不成文宪法。英国当时的具体国情是，资产阶级在经济上还不够强大，政治上也不太成熟，而封建贵族仍保持着相当大的势力。在革命中，资产阶级不得不同一部分新贵族结成同盟，以此来对抗封建势力。阶级力量的这种实际对比状况和组合方式，决定了英国资产阶级革命的不彻底性。相应地，英国宪法具有妥协性特征。英国宪法是通过逐步限制王权的途径来形成和发展的，这一过程体现了英国从一个封建君主专制的国家过渡到资产阶级民主国家的连续性和继承性。

作为资产阶级革命妥协的产物，在内容上，英国宪法确立了君主立宪制的政治体制，把国王纳入了必须受到法律约束的范围，但同时又保留了以国王为代表的封建贵族的部分特权。在形式上，英国宪法是不成文宪法，没有统一的宪法典，而是由各个时期颁布的宪法性文件以及形成的宪法判例、宪法惯例所构成。虽然英国宪法是资产阶级革命妥协的产物，不存在统一的宪法典，但它建立了资本主义代议制度，为后来各国资产阶级革命成功后制定宪法与构建政制所仿效。

2. 美国宪法

美国宪法是世界上第一部成文宪法。它以1776年的《独立宣言》为先导，以1777年的《邦联条例》为基础而制定。

1775～1783年，美国人民为摆脱英国殖民统治，进行了独立战争。1776年，在费城召开的北美13个殖民地的代表会议通过了著名的《独立宣言》。这部政治性文件第一次宣布了建立资产阶级民主共和国的主张，极大地鼓舞了为独立和自由而战的殖民地人民。它是资产阶级革命时期一份具有历史意义的文献，不仅宣告美利坚合众国的建立，也是反对封建制度的著名政治纲领。马克思称其为“第一个人权宣言”。《独立宣言》为美国宪法的制定和宪法修正案增补人权条款奠定了基础。1777年，13个州的代表制定了《邦联条例》，由13各州组成邦联。但这种松散的邦联国家结构不能适应美国资本主义进一步发展的需要。为克服邦联的缺陷，美国资产阶级开展了制宪运动，要求建立一个强有力的联邦国家。1787年9月17日，费城制宪会议批准了《美利坚合众国宪法》，该文包括序言和7条条文。

美国宪法在形式上表现为统一完整的法典，在内容上确立了以联邦主义和三权分立为基本原则的资产阶级民主共和政体。但是，受到当时政治斗争形势的影响，美国宪法制定之初在内容上存在很大缺陷，主要是没有规定公民的基本权利，因而一经公布便遭到包括资产阶级民主派在内的公众的批评。为此，美国1791年通过了10条关于公民基本权利和自由的修正案，统称《权利法案》。迄今为止，美国先后通过了27条宪法修正案。

3. 法国宪法

1789年，法国爆发资产阶级大革命，推翻了封建的波旁王朝。同年，法国制宪会议通过了法国历史上著名的《人权宣言》。《人权宣言》较全面地提出了资产阶级的政治、经济纲领和法治原则，是法国建立资产阶级国家法律制度的纲领性文件。《人权宣言》明确宣告了“主权在民”、“天赋人权”、“权力分立”和“法律面前人人平等”等资产阶级民主法治的一般原则，明确宣告私有财产神圣不可侵犯。《人权宣言》是法国大革命胜利的产物，体现了法国资产阶级反对封建制度和发展资本主义的要求，以资产阶级人权理论对抗封建的君权神授思想，对法国大革命的发展起到促进作用，也对其他资本主义国家产生了重大影响。

1791年，法国制定了欧洲历史上第一部成文宪法。这部宪法采取了与美国宪法相同的宪法典形式，内容上确立了君主立宪制政体，宣告废除封建等级特权和贵族爵位、称号，赋予公民迁徙、集会、请愿和宗教信仰等自由权利。它将《人权宣言》作为序言，宣布废除一切封建制度，取消一切特权，具有进步意义，在资本主义宪法发展史上占有重要地位。

1791年宪法颁布以后，在将近两百年时间里，由于国内外政治风云变幻，阶级力量对比关系不断变化，法国的国家政权更迭频繁，经历了两次帝制和五次共和，最终共和制取得了胜利。目前，法国现行有效的宪法是1958年《第五共和国宪法》。

4. 其他重要资本主义国家的宪法

如果说英国宪法产生之初，在内容上和形式上还不够成熟，那么美国宪法和法国宪法的诞生，则使宪法无论在形式上还是内容上都已与一般法律有了明显的区别，它们所确立的内容和形式为宪法的发展奠定了基础。在美国、法国资产阶级革命的影响下，欧亚国家相继爆发了资产阶级革命，制定了本国宪法，其中具有一定代表性的是日本宪法和德国宪法。

日本历史上共有两部宪法。一是1889年的《大日本帝国宪法》（即《明治宪法》），它确立了天皇专权的君主立宪政体，是一部具有近代意义的资本主义宪法。它为资本主义的发展提供了宪法上的条件，但又混合了军国主义的元素。二是1946年的《日本国宪法》，它确立了以天皇为国家象征的议会内阁制君主立宪政体，并在第9条确立了和平主义原则，即“永远放弃以国家权力发动的战争、武力威胁或武力行使作为解决国际争端的手段”，为达到此目的，“不保持陆海空军及其他战争力量，不承认国家的交战权”。

在德国历史上，著名的1919年《魏玛宪法》确立了联邦主义原则和二元议会制的共和政体；规定了公民的政治权利和自由，强调公民享有经济权利；提出了优化原则，对私有制进行限制。《魏玛宪法》提出的对公民经济权利的保护和社会化等原则，标志着资本主义宪法的新发展，推进了近代资本主义宪法向现代资本主义宪法的过渡。1949年5月，《德意志联邦共和国基本法》（简称基本法）获得通过。据此，德意志联邦共和国成立。吸取纳粹统治的教训，基本法突出对公民基本权利的保护，由联邦宪法法院作为独立的宪法机构保障这些基本权利；实行联邦与各州的分权体制，给予各州较多的自治权利；把实权总统变为虚位国家元首；明确禁止对外侵略及实行法西斯统治。

（三）资本主义宪法的发展趋势

19世纪末20世纪初，资本主义国家先后进入了帝国主义阶段，在这一阶段，资本主义宪法并存着两种影响其发展方向的因素：其一是适应垄断资产阶级的反动要求，强化国家集权，扩大行政权力，限制民主发展，有些国家甚至实行法西斯统治；其二是迫于无产阶级革命运动和殖民地人民民族解放运动的压力，根据政治经济形式的实际需要，向民主势力作出某些让步。第二次世界大战结束以来，这两种影响力都在加强。当然，在不同时期、不同国家的宪法中有着不同的具体表现。所以对现代资本主义宪法的走向，要同时看到这两种趋势的影响作用；更重要的是，要看到宪法的实施和它在实际生活中的作用，特别是应当同这些国家所推行的内外政策相联系起来。

二、社会主义宪法的产生和发展

无产阶级取得革命胜利后，需要制定宪法来巩固胜利成果和革命政权。社会主义宪法是无产阶级胜利的产物，是以根本法的形式确认和巩固已经建立的无产阶级政权，其思想基础是马克思主义的宪法理论。

（一）马克思主义的宪法理论

社会主义宪法是无产阶级革命胜利的产物，其思想基础是马克思主义的宪法理论。

马克思主义的宪法理论是马克思主义的有机组成部分。其核心内容包括：

第一，它运用辩证唯物主义和历史唯物主义的原理，揭示了宪法产生和发展的规律，指明宪法也是一种社会历史现象，有其产生、发展和消亡的过程，认为随着无产阶级革命的胜利和无产阶级国家的建立，社会主义的宪法必将取代资本主义宪法。

第二，资产阶级的宪法理论从总体上说大多限于阐述宪法的表现形式，其致命的缺陷是不触及宪法的阶级本质。当然，在个别西方学者的论著中，我们可以看到对宪法进行阶级分析的闪光①，但这种分析在资产阶级的宪法理论中只是凤毛麟角。马克思主义的宪法理论则第一次充分揭示了宪法的阶级本质，指明世界上不存在超阶级的宪法、代表全民利益的宪法。社会主义宪法是无产阶级的国家政权制定的，反映广大人民意志并为其利益服务的法律武器。

第三，与资产阶级的宪法理论未能揭示宪法的经济原因不同，马克思主义的宪法理论从经济关系入手，正确地揭示了宪法与经济的辩证关系，指明宪法是由经济基础决定的，它必然会随着经济基础的发展变化而发展变化，并反过来为赖以产生的经济基础服务，这就否定了“社会是以宪法为基础”的超经济法律观。

第四，与资产阶级的宪法理论未能揭示宪法对国家权力的依赖关系并颠倒这种关系不同，马克思主义的宪法理论科学地揭示了宪法与国家政权的关系，指明宪法是由在革命斗

① 英国学者詹宁斯在《法与宪法》一书的序言中曾提出：“宪法的性质依统治者和被统治者的性质而转移”。

争中取得胜利并掌握了国家政权的阶级制定的，它以法律的形式确认某种实际存在的国家权力，从而否定了“宪法是统治权的来源和依据”的错误理论。

马克思主义的宪法理论是社会主义国家宪法的指导思想。列宁在十月社会主义革命胜利后领导制定的第一部社会主义宪法和毛泽东领导中国人民制定的宪法都使马克思主义的宪法理论变成了现实。

（二）苏俄宪法及其他社会主义宪法的产生与发展

1918年的苏俄宪法是世界上第一部社会主义性质的宪法。

1917年俄国人民在列宁的领导下，取得了十月社会主义革命的伟大胜利，建立了人类历史上崭新的苏维埃社会主义国家，与此相适应，社会主义宪法也随之在世界上诞生了。在苏俄宪法诞生之前，苏维埃政权于1917年11月至1918年7月颁布了一系列宪法性法令，统称十月法令。十月法令为制定苏维埃国家宪法奠定了基础。其中列宁起草的《被剥削劳动人民权利宣言》还被全部列入1918年苏俄宪法。

无产阶级在取得革命胜利后，同样需要制定宪法来巩固自己的胜利成果和革命政权。为了用根本法把新的国家制度固定下来，1918年全俄苏维埃第五次代表大会通过了《俄罗斯苏维埃联邦社会主义共和国宪法（根本法）》，简称《1918年苏俄宪法》。这部宪法共有6篇90条，它是十月革命的产物。列宁在评述它的历史意义时指出：“苏维埃宪法和苏维埃一样是在革命斗争时期产生的。它是第一个宣布国家政权属于劳动人民、剥夺剥削阶级即新生活建设者的敌人的一切权利的宪法。这就是它和其他国家宪法的重要区别，同时也是战胜资本主义的保证。”①

作为人类历史上第一部社会主义宪法，1918年宪法在宪法史上具有重要的地位和作用。首先，它标志着世界上从此存在两种不同类型的宪法。它的出现对宪法和宪政运动的发展具有重要意义。它为全世界的宪政运动增强了活力并且产生了深远的影响。其次，它为后来各个社会主义国家制定本国宪法提供了借鉴。

《1918年苏俄宪法》制定以后，苏联先后颁布了《1924年宪法》、《1936年宪法》和《1977年宪法》。前两部宪法反映了剥削阶级尚未消灭，进行社会主义改造时期的特点；后两部宪法则反映了社会主义已经建成时期的特点。这几部宪法为后来新建立的社会主义国家的制宪产生了深远的影响。第二次世界大战结束以后，欧洲、亚洲以及拉丁美洲的一系列国家，在取得本国人民民主主义革命和社会主义革命胜利的基础上，先后制定了自己的社会主义类型宪法。但是，随着1991年底苏联的解体和一些国家随之发生的根本变化，它们又颁布了与本国形势变化相适应的宪法。

---

① 列宁全集：第34卷．北京：人民出版社，1985：503.

三、社会主义宪法与资本主义宪法的本质区别

社会主义和资本主义两种不同类型的宪法，在本质上是对立的。它们之间的根本区别，主要表现在以下方面：

第一，宪法是一定经济基础的上层建筑的重要组成部分。它是在一定的经济基础上产生的。作为上层建筑一部分的宪法，它要服务于社会经济基础的巩固与发展。

资本主义类型的宪法是建立在生产资料资本主义私有制的基础上，为资本主义的经济基础服务的。社会主义类型的宪法是建立在生产资料公有制的基础上，为社会主义的经济基础服务的。

资本主义国家宪法规定的“私有财产神圣不可侵犯”的原则，就是用以维护有产者的私有财产，保证资产阶级对广大劳动人民在经济上的统治地位。资产阶级宪法随着资本主义经济基础的产生而产生，也必然要随着资本主义制度的消灭而消灭，这是历史发展的规律。

社会主义宪法是随着资本主义经济基础的消灭和社会主义经济基础的形成而产生的。它建立在社会主义经济基础之上，并为维护生产资料的社会主义公有制服务。

我国宪法作为社会主义类型的宪法，它之所以能对经济基础和社会生产力的发展发挥促进作用，正是由于它正确地反映了我国客观经济规律的要求。在社会主义社会，生产资料社会主义公有制，消除了资本主义制度下的竞争和生产的无政府状态。社会主义宪法有助于国家按照经济发展的客观规律组织社会主义经济。这种作用是资产阶级宪法没有也不可能有的。在我国，现行宪法虽然也规定私有财产不受侵犯，但这是建立在生产资料的社会主义公有制是我国社会主义经济制度的基础之上的。这是我国实行社会主义市场经济的必然要求，也体现着以人为本的宪政理念。这与资本主义宪法规定的“私有财产神圣不可侵犯”的意义和作用是根本不同的。

第二，资本主义类型的宪法是维护资产阶级专政的工具。社会主义类型的宪法是维护无产阶级专政的工具。

在资本主义国家，资产阶级要维护其在经济上的统治，就必须借助于他们在政治上的统治。为此，他们必须建立一整套国家机器，并运用它来维护资本主义的统治秩序。资产阶级宪法正是按照资产阶级统治的需要，按照资产阶级的原则，建立它们的国家机构。由于资本主义类型的宪法所维护的是少数人对多数人的统治，因此它们不敢公开表明资产阶级国家政权的阶级实质，而是用“主权在民”的词句，掩盖资产阶级专政的实质。还须指出，代议制政体作为资本主义国家长期存在并为现实广泛实行的制度是资本主义国家民主的一种形式。但代议制并不等于民主制，无数的历史和现实的事例表明，代议制作为一种政治工具，并不是时时事事都能满足人们对它的期望。在许多情况下，透过资本主义国家设置的不民主、不平等的选举制度，可以使代议制只为少数人服务。

与此相反，社会主义类型的宪法是无产阶级革命胜利后用以巩固无产阶级专政的重要工具。工人阶级夺取政权之后，同样需要通过实行新宪法来掌握和保持政权，巩固政权。为此，社会主义类型的宪法一般都明确规定了国家的阶级本质，确认工人阶级和广大劳动人民在国家生活中的主人翁地位，按照民主集中制原则，建立国家政权，用以保卫人民民主，镇压一切敌人的破坏活动，保证社会主义革命和建设事业的顺利进行。可见，两种不同类型的宪法是维护和加强两种不同性质国家政权的重要工具。

第三，资本主义类型宪法所标榜的民主，是只供少数剥削者享有的资产阶级民主。正如列宁在揭露资产阶级民主的实质时所指出的："资产阶级民主同中世纪制度比较起来，在历史上是一个大进步，但它始终是而且在资本主义制度下不能不是狭隘的、残缺不全的，虚伪的、骗人的民主。对富人是天堂，对穷人和被剥削者是陷阱和骗局。"① 资产阶级宪法虽然规定了公民的权利和自由，然而在资本主义制度下，这只对有产者才有意义，由于劳动人民缺乏物质条件，因此他们无法充分享有这些权利和自由。而且，行使这些权利和自由是以不损害资产阶级的统治秩序为限度的。

社会主义类型宪法所规定的民主，是保证人民当家作主的社会主义民主。社会主义民主是社会主义宪法存在的前提和基础，着眼于充分发扬社会主义民主，这是社会主义宪法所遵循的一个重要原则。因此，社会主义宪法不仅要规定人民享有广泛的权利和自由，而且规定了实现这些权利和自由的途径和物质保证。但应明确的是，社会主义民主的建设是个历史过程，也是一种系统工程，社会主义民主的不完善受制于诸多因素，不可能一蹴而就，但社会主义民主是人类社会最高类型的民主，与资本主义的民主有着性质上的不同是毋庸置疑的。

第四，资本主义类型的宪法是建立在私有制和人剥削人的经济制度之上的，这在民族关系上必然反映为民族压迫与歧视。例如，1787 年的美国宪法就曾以间接的形式肯定了民族间的不平等以及奴隶制存在的合宪性。对此，恩格斯在《反杜林论》一书中曾批判说："可以表明这种人权的特殊资产阶级性质的是美国宪法，它最先承认了人权，同时确认了存在于美国的有色人种奴隶制：阶级特权被置于法律保护之外，种族特权被神圣化了。"②

美国南北战争结束后通过的《宪法修正案》第 13 条和第 15 条虽然规定美国境内不准有奴隶或强迫劳役的存在；合众国或任何一州，对于国民的投票权，不得因种族肤色或由于以前曾为奴隶而拒绝或剥夺。但在美国的现实生活中，对种族的歧视虽有某种程度的改善，但在某些方面至今仍然没有得到完全解决。而社会主义类型的宪法则规定各民族一律平等的原则，公民不分民族、种族一律享有平等权利，禁止对任何民族的压迫和歧视。在社会主义革命和建设中，并充分注意各少数民族发展的需要，照顾他们的特点。在我

① 列宁专题文集（论资本主义）. 北京：人民出版社，2009：238.

② 马克思恩格斯选集：第 3 卷 . 北京：人民出版社，1972：145.

国，宪法确认的民族政策在实现民族平等方面所取得的成就是举世瞩目的，它体现了我国各民族人民的共同要求和愿望，保证我国成为各族人民团结友爱、互助合作、共同发展的民族大家庭。

总之，社会主义和资本主义两种不同类型的宪法是根本对立的。我们在认识资产阶级宪法的本质和作用时，一方面应肯定它们在历史上的地位，另一方面也应看到它们历史的局限性和阶级的局限性。社会主义类型的宪法优越于资本主义类型的宪法，这将被越来越多的事实所证明。

第二节　旧中国宪法的产生和发展

一、清末预备立宪

清朝末年，各种社会矛盾空前尖锐：残酷剥削和镇压广大劳动人民的封建专制统治，激起了人民的激烈反抗；国内的资本主义生产关系有了发展，至19世纪60年代我国已开始出现了近代资本主义工业；1840年鸦片战争以后，帝国主义的炮舰迫使清政府签订了一系列不平等条约，中国逐步沦为半封建半殖民地社会；帝国主义的入侵，逐步瓦解了中国原有的自给自足经济，客观上刺激了中国民族资本主义的发展，民族资产阶级开始成为中国历史舞台上的一股政治力量。国难当头的危机和资本主义发展的需要，迫使国内各阶级、阶层不得不为前途着想，探求富国强兵的方式和途径。

早在19世纪40年代，林则徐、魏源等人已在他们的著述中开始向人们介绍西方的议会制等宪政制度。19世纪60年代，随着“洋务运动”的兴起，人们开始把向西方学习与救亡图存结合起来，虽然大多数人只主张“师夷长技以制夷”，但郭嵩涛、张树声等少数改良主义者却同时注意到西方的议会制度对社会进步的作用。受1895年中日“甲午战争”的影响，王韬、郑观应、薛福成、黄遵宪等一批改良主义者纷纷著书立说全面介绍西方宪政制度，并初步提出了要在中国实行君主立宪制度的主张。在此基础上，康有为、梁启超等人又进一步提出了一套比较完整的以“伸民权、争民主、开议院、立宪法”为纲领的实行君主立宪的主张。“戊戌变法”运动虽然是一场不能从根本上改变封建专制制度的改良运动，但它触动了以西太后为首的封建顽固势力的利益，因此不久便遭到了残酷镇压。

与此同时，以孙中山为代表的资产阶级革命派，充分认识到“不革命决不能立宪”，并于1905年联合各反清团体组成了“中国同盟会”，提出了“驱除鞑虏，恢复中华，建立民国，平均地权”的革命纲领。“中国同盟会”从成立一直到辛亥革命的数年间，陆续组织了多次武装起义，对清政府的专制统治构成了严重威胁。

在革命形势迅速发展的情况下，原来顽固坚持“祖宗之法不可变”的清政府再也不能按照旧的方式继续统治下去了，于是不得不下诏宣布变法。1905年清政府派五大臣出洋考察宪政，1906年诏令预备立宪，并于1908年9月颁布了《钦定宪法大纲》，确定以9年为期进行预备立宪。但是，《钦定宪法大纲》的颁布距离君主立宪政体的实行还有遥远的路程，何况清朝政府对宪政并没有诚意。1911年10月10日，武昌起义，全国响应，形势急转直下。清王朝急忙于1911年11月3日抛出《重大信条》，宣布立即实行。《重大信条》在内容上固然要比《钦定宪法大纲》开明得多，如规定“皇帝之权，以宪法规定者为限”，“宪法由资政院起草议决，皇帝颁布之”，“宪法改正提案之权属于国会”，“总理大臣由国会公选，由皇帝任命之”，“官制官规以法律定之”，等。但是《重大信条》未及实施，清政府就覆亡了。《钦定宪法大纲》和《重大信条》是中国近代史上最早的宪法性文件。

二、辛亥革命产生的《中华民国临时约法》

孙中山领导的民主革命于1911年10月10日举行武昌起义，推翻了清代封建王朝。1911年11月30日，各省都督府代表联合会在汉口（后移南京）召开，制定通过了《中华民国临时政府组织大纲》，确定中华民国临时政府为总统制共和政府。1912年1月1日，南京临时政府成立。孙中山就任临时大总统，宣布中华民国建立，并于3月11日颁布了《中华民国临时约法》。临时约法分为7章共56条，是一部资本主义民主的宪法性文件。它的民主性表现为：规定了“中华民国之主权属于国民全体”，“中华民国人民一律平等”；规定人民享有“言论、著作、刊行及集会、结社之自由”，“书信秘密之自由”，“居住迁徙之自由”，“信教之自由”；规定“人民有保有财产及营业之自由”，“人民之身体，非依法律，不得逮捕、拘禁、审问、处罚”，“人民之家宅，非依法律，不得侵入或搜索”；规定人民有“请愿于议会之权”，“陈诉于行政官署之权”，“诉讼于法院，受其审判之权”，“对官吏违法损害权利之行为，有陈诉于平政院之权”；还规定人民有考试权、选举权和被选举权；等。临时约法颁布时，袁世凯窃得政权已成定局。所以临时约法与以前的1911年临时政府组织大纲不同，不采总统制，而是确定了责任内阁制的政治体制。其用意在于借以牵掣袁世凯，防止其大权独揽。然而，一纸约法显然不能左右局势。不久，袁世凯任大总统，就把这部约法撕毁了。

毛泽东曾对这个约法作过评价。他说：“民国元年的《中华民国临时约法》，在那个时期是一个比较好的东西；当然，是不完全的，有缺点的，是资产阶级性的，但它带有革命性、民主性。”① 孙中山颁布的临时约法是中国历史上第一部，也是唯一的一部资产阶级民主的宪法。19世纪中叶以来，中国有不少人为实现资产阶级宪政作出过许多努力和

① 毛泽东著作选读：下册．北京：人民出版社，1986：708.

牺牲，但事实证明，在中国，资本主义道路是走不通的。

三、北洋军阀时期的宪法

（一）《中华民国宪法（草案）》

1913 年 4 月 8 日，中华民国国会成立。此时，孙中山已宣布让位给袁世凯。1913 年 7 月 12 日，中华民国国会组成了宪法起草委员会，开始起草宪法。1913 年 10 月 10 日，袁世凯在北京正式就任大总统。10 月 31 日，宪法起草委员会拟就了一部《中华民国宪法（草案）》。这个宪法草案因为是在北京天坛草拟的，所以史称《天坛宪法草案》。当时国民党党员在国会议员和宪法起草委员会的成员中占有优势，所以天坛宪法草案仍保持了孙中山《中华民国临时约法》的精神，坚持国家的政治体制为责任内阁制。当然这是极不符合袁世凯心意的。袁世凯为了把更多的权力集中到自己手里，于 1914 年 1 月 14 日下令解散国会。因此，制宪程序被迫中断，“天坛宪法”始终只是一个草案。

（二）《中华民国约法》

袁世凯强行解散国会以后，于 1914 年 2 月 18 日另外组织了一个“约法会议”，制造了一部有利于袁世凯专权的《中华民国约法》。袁记“约法”改责任内阁制为总统集权制，并扩大总统权力，如规定：大总统为国家元首，总揽统治权，对外代表国家；有权统率海陆军，制定官制官规，任免文武官员；有权宣战、媾和、宣布戒严；有权召集、解散立法院，否决立法院议决的法律案，进行财政紧急处分；有权发布与法律有同等效力的敕令，从而确认了大总统至高无上的权力，袁世凯的约法虽然也规定人民有一定的权利和自由，但同时又规定将其严格限制在“法律范围内”，使之成为空文。

（三）《中华民国宪法》

在袁世凯之后，北洋军阀混战，他们都想有一部宪法以证明自己统治的合法性。其中臭名昭著的首推“曹锟宪法”。直系军阀曹锟在掌握政权以后于 1923 年 10 月 10 日颁布《中华民国宪法》，因其是通过贿赂国会议员而制定的，因此又被称为“贿选宪法”。该宪法规定，“中华民国之行政权，由大总统以国务员之赞襄行之”，“大总统为民国陆海军大元帅，统率陆海军”，“大总统得停止众议院或参议院之会议”，还规定大总统有权解散众议院等。该宪法赋予大总统以绝对的统治权，可见是一部确认军阀专制统治的伪宪法。

（四）《中华民国宪法草案》

曹锟垮台后，段祺瑞成为“中华民国临时总执政”。为使其统治地位合法化，1925 年 8 月 3 日，国宪起草委员会成立。经过四个月的起草活动，该委员会炮制了一部《中华民国宪法草案》。根据当时规定的制宪程序，宪法草案须由国民代表会议正式通过，而国民代表会议召开之前段祺瑞政府便已垮台，该宪法草案亦随之“流产”。

四、以蒋介石为代表的国民党制定的宪法

（一）《中华民国训政时期约法》

《中华民国训政时期约法》是由国民党政府于1931年6月颁布的。这是蒋介石统治时期的一个重要文件，其效力一直延续到1946年《中华民国宪法》的颁布实施。该约法规定："训政时期由中国国民党全国代表大会代表国民大会行使中央统治权"；"国民政府总揽中华民国之治权"；"国民政府设主席一人，委员若干人，由中国国民党中央委员会选任"；"国民政府主席对内对外代表国民政府"，国民政府下设立法、行政、司法、考试、监察五院及各部、会。各院及各部会的首长由国民政府主席提请国民政府任免。在中国国民党全国代表大会闭会期间，统治权由中国国民党中央执行委员会行使（蒋介石担任委员长）。该执行委员会享有对约法的解释权。因此，该约法实际上确认了国民党一党专制、以党代政的政治体制，确认了国民政府对国民党的隶属关系和蒋介石的最高独裁者地位。该约法在规定公民享有某些权利和自由的同时，又规定"选举、罢免、创制、复决四种政权之行使由国民政府训导之"，从而使权利和自由的行使受到很大的限制。可见，它是一部反民主的宪法性文件。

（二）"五五宪草"

1936年5月5日，南京国民政府宪法起草委员会又公布了一个宪法草案，史称"五五宪草"，共8章148条。该草案虽然标榜实施宪法，但承袭了《训政时期约法》的精神，主旨是建立一个大权独揽的总统，把国民党专政和个人独裁合法化。因时局变化，"五五宪草"始终未正式生效。

（三）《中华民国宪法》

抗日战争胜利以后，1946年11月15日，由国民党包办的"国民大会"在南京召开。会议于12月25日通过了《中华民国宪法》，并于1947年1月1日正式公布，共14章175条。这部宪法虽然形式上承袭欧美资本主义国家宪法中关于国会制、责任内阁制和保障人民自由、平等权利的一些条款，但实际上确立的是专制政治体制。总之，《中华民国宪法》虽然在条文中体现一定的民主原则，但该宪法从根本上代表和维护大地主、大资产阶级的利益，所以只能成为国民党一党专政和蒋介石个人独裁的装饰品。由于这部宪法是国民党撕毁1946年政治协商会议决议、准备全面发动内战，在没有共产党和其他民主党派参加的背景下制定通过的，因此只能是有名无实。

五、人民革命根据地的宪法性文件

1921年中国共产党成立后，在革命根据地政权建设的实践中，曾经制定过一些宪法性文件。

（一）《中华苏维埃共和国宪法大纲》

1927年大革命失败以后，中国共产党领导工农群众开展武装斗争，建立农村革命根据地。为了加强对革命根据地的统一领导，各根据地于1931年11月在江西瑞金召开了全国第一次工农兵苏维埃代表大会。在这次全会上，毛泽东作了《政治问题报告》，项英作了《宪法问题报告》。会议宣告工农民主共和国成立，并通过了《中华苏维埃共和国宪法大纲》（1934年1月又进行了修改）。宪法大纲规定：中华苏维埃共和国是工人和农民的民主专政国家，政权属于工人、农民、红色战士及一切劳苦民众，只有军阀、官僚、地主、豪绅、资本家、富农、僧侣及一切剥削人的人和反革命分子没有政治上的权利和自由，不能参加政权。宪法大纲承认境内少数民族的民族自决权；对外宣布中华民族完全自由和独立，不承认帝国主义的一切特权，宣布不平等条约一律无效。苏维埃宪法大纲虽然不很完善，但它是在我国历史上第一个由劳动人民亲手制定的民主主义的宪法。

（二）《陕甘宁边区施政纲领》和《陕甘宁边区宪法原则》

在抗日战争时期，各个人民革命根据地一般都曾制定过人民自己的宪法性文件。例如，1941年10月颁布的《陕甘宁边区施政纲领》；1946年4月，在延安举行的第三届边区参议会第一次会议通过了《陕甘宁边区宪法原则》。革命根据地的宪法性文件具有人民民主主义性质，体现了我国劳动人民的意志和利益，代表了中国人民在共产党的领导下为争取国家独立、民族解放而斗争的总方向。它们是革命根据地和解放区建设经验的总结，不仅促进了根据地和解放区的民主宪政运动，而且对我国建国以后的制宪活动也有重要的意义。

六、建国前宪法问题的启示

刘少奇1954年9月在关于中华人民共和国宪法草案的报告中，精辟地总结了中国近百年来的宪法历史，明确地指出：建国前一百多年来，中国各种政治力量的激烈斗争没有停止过。这种斗争反映在国家制度的问题上，表现为三种不同的势力所要求的三种不同的宪法：（1）从清朝、北洋军阀一直到蒋介石国民党所制造的伪宪。这些代表封建买办阶级的政治势力是连资产阶级民主也反对的。他们本来不要任何宪法的，所以总是要拖到末日临近的时候，才制造一种骗人的“宪法”，想借以装点门面，苟延残喘。他们的这种目的，当然不可能达到。（2）资产阶级民主共和国的宪法。这种宪法，除了辛亥革命所产生而随即被袁世凯撕毁了的临时约法以外，中国从来没有产生过。世界上有过许多民族，在脱离封建主义之后，建立了资产阶级的共和国。但是在半殖民地半封建的中国，资产阶级共和国始终只是一种幻想。中国资产阶级既然没有能力领导人民战胜帝国主义和本国反动派的联合力量，它就不可能使中国变为资产阶级共和国，也就不可能使中国出现资产阶级性质的宪法。（3）工人阶级领导的、以工农联盟为基础的人民共和国的宪法。这在人民革命根据地已经产生萌芽，而在新中国建立后成为现实。毛泽东指出过：在工人阶级领导的人民革命胜利以后，不会建立资产阶级专政的共和国，而一定要建立工人阶级领导的、以工农联盟为基础的人民民主专政的共和国。这个以工人阶级为领导的人民共和国只会把中国引向社会主义，而不会把中国引向资本主义。

刘少奇指出：事情就是这样，封建买办阶级的反动统治者几次用来骗人的宪法，都不能使人民上当，都受到人民的抵制。同时，参与制造和积极拥护这种宪法的人们，也被人民所抛弃。另一方面，在中国虽然有过不少人曾为实现资产阶级的宪政做过各种各样的努力，但是一点成就也没有。在中国出现的真正的宪法，毕竟只能是人民民主主义和社会主义的宪法，只有这种宪法，才是适合于最广大人民群众的利益而为最广大人民群众所欢迎的。

第三节　新中国宪法的产生和发展

一、《中国人民政治协商会议共同纲领》

（一）制定背景

自鸦片战争以来，中国人民为了争取国家的独立和民族的解放，进行了一百多年的英勇奋斗。至1949年秋，中国革命进入了一个根本性的历史转折时期，中国人民在中国共产党的领导下，即将取得反对帝国主义、封建主义和官僚资本主义的决定性胜利。革命胜利后将要建立一个什么样的国家，如何把革命胜利的成果用法律的形式固定下来，并且规定建国后的大政方针作为全国人民共同遵循的准则，以团结全国各族人民把革命和建设事业继续向前推进，这就迫切需要制定一部具有根本法性质的文件。

由于当时解放战争还在进行，土地制度的改革尚未完成，人民群众还没有充分组织起来，遭受长期战争破坏的国民经济尚未恢复，因此，缺乏立即召开由普选产生的全国人民代表大会来制定宪法的条件。在这种情况下，中国共产党采取了过渡的办法，即在普选的全国人民代表大会召开以前，由第一届中国人民政治协商会议全体会议代表全国人民行使全国人民代表大会的职权。1949年9月29日，中国人民政治协商会议第一届全体会议通过了《中国人民政治协商会议共同纲领》（以下简称《共同纲领》）。

（二）主要内容及历史意义

《共同纲领》除序言外，分为总纲、政权机关、军事制度、经济政策、文化教育政策和外交政策等，共7章、60条。它肯定了中国人民革命的胜利成果，宣告了帝国主义、封建主义、官僚资本主义在中国统治的结束和人民共和国的成立。它确认我国为新民主主义即人民民主主义的国家，实行人民民主专政，“中国人民民主专政是中国工人阶级、农民阶级、小资产阶级、民族资产阶级及其他爱国民主分子的人民民主统一战线的政权，而以工农联盟为基础，以工人阶级为领导”；规定我国的国家政权属于人民，人民行使国家政权的机关为各级人民代表大会和各级人民政府；宣布取消帝国主义在华的一切特权，没收官僚资本，进行土地改革；规定了新中国将要实行的政治、经济、军事、文化教育、民族和外交等各项基本政策；规定了公民享有的各项基本权利和自由。

由具有广泛代表性的中国人民政治协商会议所制定并颁布的《共同纲领》反映了全国各族人民的共同愿望，代表着全国各族人民的根本利益，它所规定的内容是国家制度和社会制度的基本原则及各项基本政策。因此，《共同纲领》能够在我国建国之初发挥临时宪法的作用。它是建国初期动员人民起来迅速完成民主革命的遗留任务，朝着社会主义方向前进的共同的政治基础和战斗纲领，它对于巩固人民民主专政政权，加强民主法制建设，维护公民权利和自由，恢复和发展国民经济有重要的指导意义和保障作用，也为不久后我国宪法的制定和实施积累了经验，创造了条件。

二、1954 年《中华人民共和国宪法》

（一）制定背景

《共同纲领》的贯彻实施，使我国发生了深刻的变化。第一，整个大陆军事行动已经结束；第二，土地改革在全国绝大部分地区陆续完成，封建剥削制度被基本消灭；第三，抗美援朝、镇压反革命活动和“三反”、“五反”运动取得了胜利，人民群众的觉悟极大地提高，人民政权得到了进一步巩固；第四，自 1953 年 7 月起，普选工作已经在全国范围内展开，接着，在基层完成普选的基础上，地方各级人民代表大会先后召开；第五，遭受战争破坏的国民经济已经得到恢复，根据过渡时期的总路线，对农业、手工业和资本主义工商业的社会主义改造又取得了很大的成就，全国进入了有计划的经济建设时期。这一切表明，《共同纲领》的许多规定已不能适应国家继续向前发展的需要了。为了反映建国以来各条战线所取得的巨大成就，反映全国人民建设社会主义的迫切要求，为社会主义建设事业提供指导和保障，制定宪法已完全必要并有了充分的可能。

1953 年 1 月，中央人民政府委员会第二十二次会议决定成立以毛泽东为首的宪法起草委员会。1954 年 3 月，毛泽东向宪法起草委员会提交了中共中央拟定的宪法草案初稿作为起草宪法的基础。经征求各方面的意见并进行了 3 个月的全民讨论，在多次反复修改后，于 1954 年 9 月由中央人民政府委员会第三十四次会议决定，将宪法草案提交全国人民代表大会进行审议。第一届全国人民代表大会第一次会议于 1954 年 9 月 20 日通过了 1954 年《中华人民共和国宪法》，这是我国第一部社会主义类型的宪法。

（二）主要内容和特点

1954 年宪法分为序言，总纲，国家机构，公民的基本权利和义务，国旗、国徽、首都，共 4 章 106 条。

1954年宪法在内容上充分反映了社会主义原则和人民民主原则：（1）确认了新中国的国家制度，规定我国是工人阶级领导的、以工农联盟为基础的人民民主国家，规定我国实行民主集中制的人民代表大会制度，实行单一制结构形式下的民族区域自治制度等。（2）确认了我国社会主义过渡时期的经济制度，规定我国的生产资料所有制包括全民所有制、劳动群众集体所有制、个体劳动者所有制和资本家所有制，规定国营经济在国民经济中占领导地位，国家保证优先发展国营经济。（3）确认了过渡到社会主义的方法和步骤，规定要依靠国家机关和社会力量，通过社会主义工业化和社会主义改造，逐步消灭剥削制度，建立社会主义社会。（4）确认了公民在法律上一律平等，赋予公民广泛的权利和自由。

1954年宪法具有下列特点：（1）既确认了社会主义原则和人民民主原则，又从中国的现实出发，在规定实现社会主义制度和人民民主制度的方法和步骤上，不拘泥于某种固定的模式，反映了原则性与灵活性的有机结合。（2）既以《共同纲领》为基础，记载了我国人民一百多年来英勇奋斗的胜利成果，又总结了建国5年来革命和建设的经验，丰富和发展了《共同纲领》，体现了历史与现实的结合。（3）既规定依法保护资本家的生产资料所有权和其他资本的所有权，又规定要对农业、手工业和资本主义工商业实行社会主义改造，保证消灭剥削制度和建立社会主义社会，这些都反映了我国从新民主主义到社会主义的过渡时期的特点。

（三）历史地位和意义

1954年宪法是在新中国从新民主主义向社会主义过渡时期制定的和颁布的，它吸收了苏联1936年宪法和其他社会主义国家的立宪经验，以《共同纲领》为基础并加以发展。作为新中国第一部社会主义类型的宪法，1954年宪法在总结新民主主义革命历史经验和社会主义改造与社会主义建设经验的基础上，规定了国家过渡时期的总任务，确定了建设社会主义制度的道路和目标。1954年宪法的制定和实施，对于巩固人民民主专政政权、促进社会主义经济发展、团结全国各族人民进行社会主义革命和建设，发挥了积极的推动和保障作用。

三、1975年《中华人民共和国宪法》

（一）修改背景

1954年宪法公布实施以后，我国社会主义革命和建设事业取得了飞速发展，到1956年，我国已基本完成了对农业、手工业和资本主义工商业的社会主义改造，并打下了社会主义工业化的初步基础。但是从1957年开始，出现了“左”的失误。阶级斗争扩大化极大地破坏了宪法的人民民主原则，人治思潮日益泛滥，宪法被束之高阁，终于导致了“文化大革命”的发生。在“文化大革命”时期，宪法成了一纸空文。1970年3月，中共中央提出召开第四届全国人民代表大会和修改宪法的建议。1973年8月，中共中央决定召开全国人大，修改宪法。1975 年 1 月 17 日，四届全国人大一次会议审议通过了 1975 年宪法。

（二）主要内容和历史评价

1975 年宪法只有 30 个条文。宪法的指导思想是“阶级斗争年年讲、月月讲、天天讲”的“基本路线”。宪法在内容上的缺点和错误，主要表现在：（1）在政治方面，强调无产阶级必须“在上层建筑领域对资产阶级进行全面专政”，把“大鸣、大放、大辩论、大字报”确认为“人民群众创造的社会主义革命新形式”。（2）在经济方面，否定个体经济存在，取消公民对私有财产的继承权等一系列极“左”的城乡经济政策。（3）在国家机构方面，确认“文化大革命”造成的国家机构的混乱状态，如取消了国家主席的建制，规定革命委员会是地方各级人大的常设机关，同时又是地方各级人民政府；取消检察机关，而把检察机关的职能并入公安机关；以“政社合一”的人民公社作为农村的基层政权组织等，打乱了国家机关之间的合理分工和正常活动。（4）在公民基本权利和义务方面，取消了公民在法律面前一律平等的规定，取消了公民进行科学研究、文艺创作和其他文化活动的自由，取消了对公民实现权利和自由的物质保障等，使公民基本权利和自由的范围大大缩小。另外，宪法的文字语句多采用“文革”中的口号与“语录”。总之，无论从哪个方面看，1975 年宪法与 1954 年宪法相比是个大倒退。

四、1978 年《中华人民共和国宪法》

（一）修改背景

1976 年 10 月，“四人帮”被粉碎。1977 年 8 月，中国共产党召开了第十一次全国代表大会，宣布“文化大革命”结束，要求动员一切积极因素，团结一切可以团结的力量，为在 20 世纪内把我国建设成为伟大的社会主义强国而奋斗。为了适应新的历史时期的需要，及时地向全国人民提出建设社会主义现代化强国的任务，就必须修改宪法。在这样的历史背景下，经过一段准备工作之后，第五届全国人民代表大会第一次会议于 1978 年 3 月 5 日通过并公布了 1978 年宪法。

（二）主要内容和历史评价

1978 年宪法除序言外，分总纲，国家机构，公民的基本权利和义务，以及国旗、国徽、首都，共 4 章 60 条。宪法将“全国人民在新的历史时期建设农业、工业、国防和科学技术现代化的伟大的社会主义强国”的总任务肯定了下来，同时，取消了原来在 1975 年宪法中关于“全面专政”的规定，恢复了检察机关的设置和 1954 年宪法中规定的有关国家机关的某些职权；增添了公民的一些权利和自由，在一定程度上纠正了 1975 年宪法的错误倾向。但由于当时清除极“左”思想的工作才刚开始，许多是非问题在理论上和政治上还未能分清，因此，1978 年宪法并没有完全摆脱极“左”思潮的影响，仍然是一部很不完善的宪法。

（三）对1978年宪法的两次修改

1979年7月，第五届全国人大第二次会议通过了《关于修改〈中华人民共和国宪法〉若干规定的决议》。其主要内容是：（1）决定在县级以上的地方各级人民代表大会设立常务委员会；（2）改地方各级革命委员会为各级人民政府；（3）将县级人大代表由间接选举改为直接选举；（4）将上下级检察机关之间的监督关系改为领导关系等。

1980年9月，第五届全国人大第三次会议又通过了《关于修改〈中华人民共和国宪法〉第45条的决议》，对1978年宪法进行了第二次修改，取消了宪法关于公民有“大鸣、大放、大辩论、大字报”的权利的规定。

尽管1978年宪法经过了上述两次部分内容的修改，但在总体上仍不能适应国家生活和社会生活的需要。

五、1982年《中华人民共和国宪法》

（一）修改背景

1978年12月召开的中国共产党第十一届三中全会，作出了从1979年起把国家的工作重点由“以阶级斗争为纲”转移到社会主义现代化建设上来的战略决策。1981年召开的中国共产党第十二届六中全会，全面总结了建国32年来社会主义革命和建设的经验教训，充分肯定了党的十一届三中全会以来确立的建设社会主义现代化强国的正确道路，并把建设民主文明的社会主义政治制度确立为国家的根本任务之一，从而基本上完成了思想上的拨乱反正。在党的正确路线的指导下，我国国家生活的民主化进程已经启动，改变权力过于集中和领导干部职务终身制，健全人民代表大会制度并使各级人大及其常委会成为有权威的人民权力机关，在基层政权和基层社会组织中实现直接民主等问题，有待于提升到宪法的层次予以明确。同时，我国的经济体制改革业已全面展开，“改革、开放、搞活”的方针全面贯彻，商品生产和市场调节的作用得到了重视，以公有制为基础、以国营经济为主导的、开放的、充满活力的多元性经济结构已初步形成。整个国家在政治、经济、文化等各个领域都取得了长足进步，这就是1982年宪法产生的历史背景。

（二）主要内容和特点

1982年宪法是我国的现行宪法，由第五届全国人大第五次会议于1982年12月4日通过，由序言及4章138条组成。

1982年宪法以坚持社会主义道路，坚持人民民主专政，坚持中国共产党的领导，坚持马克思列宁主义、毛泽东思想四项基本原则为指导思想。其主要内容和特点有：

1. 集中力量进行社会主义现代化建设

1982年宪法在序言中明确规定，“今后国家的根本任务是集中力量进行社会主义现代化建设”，“逐步实现工业、农业、国防和科学技术的现代化，把我国建设成为高度文明、高度民主的社会主义国家”。

2. 发展社会主义民主，健全社会主义法制

1982 年宪法在总结正反两方面经验的基础上，确认了国家的一切权力属于人民，健全和完善人民代表大会制度，坚持公民在法律面前一律平等，规定一切国家机关、政党、社会团体、企业事业组织和公民个人都必须遵守宪法和法律等一系列民主法制原则，并规定了各种具体制度和措施以保证它们的实现。

3. 维护国家统一和民族团结

国家的统一和民族的团结，是我国各族人民的根本利益之所在，也是实现社会主义现代化的根本保证之一。为了实现国家的统一和民族的团结，1982 年宪法进一步完善了民族区域自治制度，并根据“和平统一”的方针，规定了特别行政区制度。

4. 坚持改革开放，进行经济体制和政治体制改革

1982 年宪法不仅巩固了我国社会主义建设的胜利成果，同时又体现了改革开放的精神，为我国经济体制改革和政治体制改革规定了发展方向、根本任务和基本原则，为改革开放的深入发展提供了宪法依据。

1982 年宪法继承和发展了 1954 年宪法的基本原则，全面总结了我国社会主义革命和建设正反两方面的经验，反映了我国改革开放以来各方面取得的巨大成就，规定了国家的根本任务和发展措施。它的制定和实施，标志着我国社会主义民主和法制建设上升到了一个新的台阶，也标志着我国社会主义制度的基础得到了进一步的巩固和完善。

（三）对 1982 年宪法的四次修改

随着我国改革开放的深入和社会主义建设事业的发展，我国的政治、经济、文化等领域不断发生变化。为了适应这种变化，自 1988 年以来，全国人大曾经以通过宪法修正案的方式，四次对 1982 年宪法进行了修改和补充。

1. 1988 年通过第 1 条和第 2 条宪法修正案

1988 年 4 月 12 日第七届全国人大第一次会议通过了两条宪法修正案：一是增加“国家允许私营经济在法律规定的范围内存在和发展。私营经济是社会主义公有制经济的补充。国家保护私营经济的合法的权利和利益，对私营经济实行引导、监督和管理”的规定。二是修改了土地政策，规定“任何组织或者个人不得侵占、买卖或者以其他形式非法转让土地。土地的使用权可以依照法律的规定转让”。

2. 1993 年通过第 3 条至第 11 条宪法修正案

1993 年 3 月 29 日第八届全国人大第一次会议通过了 9 条宪法修正案。其主要内容是：

（1）在序言中把建设有中国特色社会主义理论确立为进行社会主义现代化建设的指针，把我国的建设目标由“高度文明、高度民主的社会主义国家”修改为“富强、民主、文明的社会主义国家”。

（2）在序言中增加了“中国共产党领导的多党合作和政治协商制度将长期存在和发展”。

（3）根据经营权和所有权分离的原则，把有关条文中的“国营经济”、“国营企业”修改为“国有经济”、“国有企业”。

（4）将“农村人民公社、农业生产合作社和其他生产、供销、信用、消费等各种形式的合作经济，是社会主义劳动群众集体所有制经济”的规定修改为“农村中的家庭联产承包为主的责任制和生产、供销、信用、消费等各种形式的合作经济，是社会主义劳动群众集体所有制经济”。

（5）将有关条文中的“计划经济”改为“市场经济”，规定“国家实行社会主义市场经济”，“国家加强经济立法，完善宏观调控”，“国家依法禁止任何组织或者个人扰乱社会经济秩序”。

（6）将县级人民代表大会的任期3年改为5年。

3. 1999年通过第12条至第17条宪法修正案

1999年3月15日第九届全国人大第二次会议通过了6条宪法修正案。修正案的主要内容是：

（1）在序言中，明确了社会主义初级阶段的长期性，把“我国正处于社会主义初级阶段”的规定修改为“我国将长期处于社会主义初级阶段”；把邓小平理论与马克思列宁主义、毛泽东思想一样确立为指导我国社会主义现代化建设的理论基础。

（2）增加了“中华人民共和国实行依法治国，建设社会主义法治国家”的规定。

（3）对国家基本经济制度和分配制度作出调整，增加了“国家在社会主义初级阶段，坚持公有制为主体、多种所有制经济共同发展的基本经济制度，坚持按劳分配为主体、多种分配方式并存的分配制度”的规定。

（4）进一步完善了农村集体经济组织的经营体制，规定“农村集体经济组织实行家庭承包经营为基础、统分结合的双层经营体制”。

（5）调整了对非公有制经济的政策，规定“在法律范围内的个体经济、私营经济等非公有制经济，是社会主义市场经济的重要组成部分”；“国家保护个体经济、私营经济的合法的权利和利益。国家对个体经济、私营经济实行引导、监督和管理”。

（6）将“国家维护社会秩序，镇压叛国和其他反革命的活动，制裁危害社会治安、破坏社会主义经济和其他犯罪的活动，惩办和改造犯罪分子”修改为“国家维护社会秩序，镇压叛国和其他危害国家安全的犯罪活动，制裁危害社会治安、破坏社会主义经济和其他犯罪的活动，惩办和改造犯罪分子”。

4. 2004年通过第18条至第31条宪法修正案

2004年3月14日第十届全国人大第二次会议通过了14条宪法修正案。其主要内容是：

（1）在序言的第七自然段中，增写了“三个代表”重要思想；把“沿着建设有中国特色社会主义的道路”修改为“沿着中国特色社会主义道路”；增写了“推动物质文明、政治文明和精神文明协调发展”；在序言第二十个自然段关于爱国统一战线的表述中，增写了“社会主义事业的建设者”。

（2）第 10 条第 3 款关于土地征用，修改为“国家为了公共利益的需要，可以依照法律规定对土地实行征收或者征用并给予补偿”。

（3）把第 13 条修改为“公民的合法的私有财产不受侵犯”；“国家依照法律规定保护公民的私有财产权和继承权”；“国家为了公共利益的需要，可以依照法律规定对公民的私有财产实行征收或者征用并给予补偿”。

（4）在第 14 条中增加一款：“国家建立健全同经济发展水平相适应的社会保障制度”。

（5）第 33 条增加一款：“国家尊重和保障人权”。

（6）第 59 条关于全国人民代表大会组成的规定中，增写了“特别行政区”。

（7）在第 67 条、第 80 条和第 89 条中，把原关于“戒严”的规定，一律改为“进入紧急状态”。

（8）在第 81 条关于中华人民共和国主席的职权中，增加“进行国事活动”的规定。

（9）把第 98 条中关于乡、民族乡、镇的人民代表大会“每届任期三年”修改为“每届任期五年”。

（10）把第四章章名修改为：“国旗、国歌、国徽、首都”。在第 136 条中增加一款：“中华人民共和国国歌是《义勇军进行曲》。”

国家对 1982 年宪法的修改，进一步协调了宪法与社会生活关系，推动了改革开放事业的发展。在宪法修改过程中，坚持中国共产党对宪法修改工作的领导，以人民的根本利益为出发点；充分发扬民主，扩大修宪的社会基础；严格按法定程序修改宪法，这是我国修宪的基本经验与特点。

总之，从中华人民共和国成立至今，《共同纲领》在新中国成立初期起到了临时宪法的作用；1954 年宪法是新中国第一部社会主义类型的宪法；1975 年、1978 年颁布的两部宪法限于当时的历史条件，是不完善的宪法；现行宪法即 1982 年宪法是一部符合我国国情的中国特色社会主义宪法。

本章小结

宪法不是从来就有的，而是近代资产阶级革命时期的产物。资本主义生产关系的形成，资产阶级掌握国家政权和资产阶级民主制度的确立，资产阶级民主、自由、平等和人权等宪政思想的提出和深入人心等为宪法的产生提供了政治、经济、思想和法律条件。

英国宪法是世界上产生最早的宪法，是不成文宪法的典型；美国宪法是世界上第一部成文宪法；1791 年产生的法国宪法，是欧洲大陆的第一部成文宪法。英、美、法三国宪法的产生，标志着宪法作为法的一个独立部门已经形成。

1918年苏俄宪法的颁布，标志着社会主义宪法的产生。从此，世界上便出现了两种不同历史类型的宪法。我国的宪政运动始于清末，一百多年来，与政治斗争形势的复杂性相适应，出现了三种不同政治势力要求的三种不同的宪法，它们反映着不同阶级的利益和要求，有不同的特点。新中国宪法是社会主义性质的宪法，1982年宪法是我国的现行宪法。

材料分析

【材料1】

世界上最早的成文宪法是1787年制定的美利坚合众国宪法。它存在至今已经有二百多年。自从华盛顿当选第一任总统到目前的第55届总统，一脉相承，延续到了今天。所以在历史上，美国只有一次制宪，那就是制定了1787年的联邦宪法。二百多年来，美国虽然先后通过了27条宪法修正案，但都是修宪。由于美国资产阶级专政的政权一直没有变更，因此美国并没有再一次制定宪法。

在欧洲大陆，最早的成文宪法是法国制定的1791年宪法。法国与美国的具体历史情况不同，1789年法国大革命胜利后，经历了法兰西第一共和国、法兰西第一帝国、法兰西第二共和国、法兰西第二帝国、法兰西第三共和国、法兰西第三帝国、法兰西第四共和国和法兰西第五共和国等不同时代。每一个共和国或者帝国都需要制定自己的宪法，所以在历史上，法国曾经多次制定宪法。只是1958年法兰西第五共和国诞生之后，政局才相对来说不再发生大的变动。所以1958年制定的第五共和国宪法比较稳定。45年来，这部宪法虽然经历了几次部分条款的修改，但它一直延续至今，无需再次制宪。

再从我国的实际情况来看，新中国制宪是在1954年。第一届全国人民代表大会第一次会议制定了《中华人民共和国宪法》。这是在中国共产党领导下斗争得来的中国人民自己的宪法。20年后，第四届全国人大修改宪法，颁布了1975年宪法。又过了3年，第五届全国人大第一次会议修改宪法，颁布了1978年宪法。到了1982年，第五届全国人大第五次会议修改宪法，颁布了现行宪法。现行宪法又经过1988年、1993年、1999年和2004年的部分内容的修改，这就是目前我国正在实施中的宪法。

【问题】

根据上述材料，分析制宪与修宪有何差异？

【解析】

（1）美国和法国的事例表明，制宪与修宪有区别，它们是两个不相同的概念。制宪是一个国家的特定阶级在取得政权成为统治阶级之后，或者由于国家根本制度的改变，需要制定宪法，借以巩固自己的政权，并用它来确认其斗争得来的成果和铺设国家前进的轨道，以引导社会沿着有利于统治者的方向发展。修宪也就是对宪法的修正。它是对原已存在着的、正在生效中的宪法的修正。

（2）制宪和修宪二者之间有着非常密切的联系：修宪是以制宪为前提的。一个国家如果没有制宪，那当然也就谈不上什么修宪。但尽管如此，制宪与修宪毕竟是不同的。

（3）我国1949年制定的《中国人民政治协商会议共同纲领》，严格地说来，不是宪法，而是一个起临时宪法作用的政治纲领。所以制定共同纲领还不是制宪。在中华人民共和国的历史上，我国只有一次制宪，那就是1954年。后来的1975年、1978年和1982年都不是制宪，而是修宪。其实，在我国实际的政治生活中，制宪与修宪的区分是十分清楚的。第一，建国初期，新的人民政权还没有宪法，所以要制定一个宪法。后来，我们已经有了宪法，就无须再一次制宪，只要根据客观形势的发展变化，在原有基础上作修改（大修或小修）即可。第二，从负责草拟宪法文本的机构名称来看，1954年称“宪法起草委员会”，而以后的历次修宪则称“宪法修改委员会”或者“宪法修改领导小组”（简称“修宪小组”），这也就表明了修宪与制宪的差别。掌握了二者的概念差别，有利于认识我国宪法和五十多年来中国共产党领导的人民政权的持续性和稳定性。

同步测练与解析

一、单项选择题

1. 中国历史上第一部由人民代表机关正式通过并公布实施的宪法性文件是（　　）。

A.《陕甘宁边区施政纲领》　　B.《中华苏维埃共和国宪法大纲》

C.《陕甘宁边区宪法原则》　　D.《共同纲领》

2. 世界历史上第一部资产阶级成文宪法是（　　）。

A. 1787年美国宪法　　B. 1791年法国宪法

C. 1776年美国《独立宣言》　　D. 1689年英国《权利法案》

3. 我国历史第一部社会主义类型的宪法（　　）。

A. 1954年宪法　　B.《共同纲领》

C.《中国苏维埃共和国宪法大纲》　　D.《陕甘宁边区宪法原则》

4. 中国历史上唯一的一部具有资产阶级民主共和国性质的宪法性文件是（　　）。

A.《中华民国约法》　　B.《中华民国临时约法》

C.《中华民国训政时期约法》　　D.《中华民国宪法》

5. 旧中国反动政府正式公布的第一部宪法是（　　）。

A. 1914年《中华民国约法》　　B. 1923年《中华民国宪法》

C. 1908年《钦定宪法大纲》　　D. 1911年《宪法重大信条》

6. 欧洲大陆上第一部资产阶级成文宪法是（　）。

A. 1789年法国《人权宣言》　　B. 1689年英国《权利法案》

C. 1791年法国宪法　　D. 1919年德国《魏玛宪法》

7. 我国1954年宪法确认的政权组织形式是（　）。

A. 各界人民代表会议制度　　B. 各界人民代表大会制度

C. 人民代表会议制度　　D. 人民代表大会制度

8. 我国以宪法修正案的方式对现行宪法序言和部分条文已经进行了（　）。

A. 二次修改　B. 三次修改　C. 四次修改　D. 五次修改

9. 近代宪法的发源地是（　）。

A. 英国　B. 美国　C. 法国　D. 德国

10.《中国人民政治协商会议共同纲领》是由中国人民政治协商会议第一届全体会议于（　）通过。

A. 1949年9月　B. 1949年10月　C. 1950年3月　D. 1951年3月

二、多项选择题

1. 资本主义宪法产生的思想理论条件是（　）。

A. 天赋人权学说　B. 法治学说　C. 人民主权学说　D. 权力分立学说

E. 阶级斗争学说

2. 我国1954年宪法确认的基本原则是（　）。

A. 社会主义原则　B. 民族平等原则　C. 人民民主原则　D. 党的领导原则

E. 法治原则

3. 英国宪法作为不成文宪法其主要特征表现为（　）。

A. 效力高于一般法律　　B. 修改程序比一般法律复杂

C. 宪法规范散见于若干宪法性文件　　D. 宪法习惯是宪法的组成部分

E. 由“全民投票”表决通过

4. 2004年3月14日第十届全国人民代表大会第二次会议通过的宪法修正案的内容有（　）。

A. 确认了“三个代表”重要思想　　B. “国家尊重和保障人权”写入宪法

C. 将“依法治国”写入宪法　　D. 确认了邓小平理论

E. 宪法第四章的章名改为“国旗、国歌、国徽、首都”

5. 清朝末年颁布的两部宪法性文件是（　）。

A.《钦定宪法大纲》　　B.《天坛宪法草案》

C.《十九信条》　D.《贿选宪法》　E.《中华民国约法》

6.《中华民国临时约法》的根本缺陷是（　　）。

A. 没有规定主权属于国民全体　　B. 没有提出反帝的任务

C. 没有规定分权原则　　D. 没有提出反封建的任务

E. 没有规定中华民国人民一律平等

7. 属于革命根据地的宪法性文件有（　　）。

A.《中华苏维埃共和国宪法大纲》　　B.《五五宪草》

C.《陕甘宁边区宪法原则》　　D.《陕甘宁边区施政纲领》

E.《中华苏维埃共和国劳动法》

三、问答题

1. 为什么说《共同纲领》是一部起了临时宪法作用的宪法性文件？

2. 为什么说 1954 年宪法是我国第一部社会主义类型的宪法，但又不是完全社会主义的宪法？

3. 怎样评价 1975 年宪法？

4. 怎样评价 1978 年宪法？

5. 简述现行宪法的基本精神。

参考答案

一、单项选择题

1. B　2. A　3. A　4. B　5. B　6. C　7. D　8. C　9. A　10. A

二、多项选择题

1. ABCD　2. AC　3. CD　4. ABE　5. AC　6. BD　7. ACD

三、问答题

1. 为什么说《共同纲领》是一部起了临时宪法作用的宪法性文件？

解析：由具有广泛代表性的中国人民政治协商会议所制定并颁布的共同纲领反映了全国各族人民的共同愿望，代表着全国各族人民的根本利益，它所规定的内容是国家制度和社会制度的基本原则及各项基本政策。因此，共同纲领能够在我国建国之初发挥临时宪法的作用。它是建国初期动员人民起来迅速完成民主革命的遗留任务，朝着社会主义方向前进的共同的政治基础和战斗纲领，它对于巩固人民民主专政政权，加强民主法制建设，维护公民权利和自由，恢复和发展国民经济有重要的指导意义和保障作用，也为不久后我国宪法的制定和实施积累了经验、创造了条件。

2. 为什么说 1954 年宪法是我国第一部社会主义类型的宪法，但又不是完全社会主义的宪法？

解析：1954 年宪法是我国第一部社会主义类型的宪法。它确认了生产资料的社会主义公有制，确认了社会主义建设和社会主义改造的基本路线，保证消灭剥削制度和建立社会主义社会；它确认了工人阶级领导的人民民主政权，规定对一小撮敌对分子进行专政；

反映了工人阶级的根本意志，因而它不同于资本主义类型的宪法。但它又不是完全社会主义的宪法，因为它反映了我国过渡时期各种所有制并存和阶级关系复杂的历史现实；它还“保护资本家的生产资料所有权”；民族资产阶级还是人民的一部分并依法享有政治权利，他们的代表还参加了政权等。

3. 怎样评价1975年宪法？

解析：1975年宪法只有30个条文。宪法的指导思想是“阶级斗争年年讲、月月讲、天天讲”的“基本路线”。宪法在内容上的缺点和错误，主要表现在：

（1）在政治方面，强调无产阶级必须“在上层建筑领域对资产阶级进行全面专政”；把“大鸣、大放、大辩论、大字报”确认为“人民群众创造的社会主义革命新形式”。

（2）在经济方面，否定个体经济存在，取消公民对私有财产的继承权等一系列极“左”的城乡经济政策。

（3）在国家机构方面，确认“文化大革命”造成的国家机构的混乱状态，如取消了国家主席的建制，规定革命委员会是地方各级人大的常设机关，同时又是地方各级人民政府；取消检察机关，而把检察机关的职能并入公安机关；以“政社合一”的人民公社作为农村的基层政权组织等，打乱了国家机关之间的合理分工和正常活动。

（4）在公民基本权利和义务方面，取消了公民在法律面前一律平等的规定，取消了公民进行科学研究、文艺创作和其他文化活动的自由，取消了对公民实现权利和自由的物质保障等，使公民基本权利和自由的范围大大缩小。

4. 怎样评价1978年宪法？

解析：1978年宪法除序言外，分总纲，国家机构，公民的基本权利和义务，以及国旗、国徽、首都，共4章60条。宪法将“全国人民在新的历史时期建设农业、工业、国防和科学技术现代化的伟大的社会主义强国”的总任务肯定了下来，同时，取消了原来在1975年宪法中关于“全面专政”的规定，恢复了检察机关的设置和1954年宪法中规定的有关国家机关的某些职权；增添了公民的一些权利和自由。在一定程度上纠正了1975年宪法的错误倾向。但由于当时清除极“左”流毒的工作才刚开始，许多是非问题在理论上和政治上还未能分清，因此，1978年宪法并没有完全摆脱极“左”思潮的影响，仍然是一部很不完善的宪法。

5. 简述现行宪法的基本精神。

解析：（1）集中力量进行社会主义现代化建设。（2）发展社会主义民主，健全社会主义法制。（3）维护国家统一和民族团结。（4）坚持改革开放，进行经济体制和政治体制改革。

第三章
CHAPTER THREE

国家性质

学习目标

本章主要讨论国家性质的基本原理。通过学习，掌握国家性质的概念；理解我国建国以来阶级结构的变化；了解现阶段人民民主专政制度的特色；结合实际，正确认识2004年修改宪法，规定推动物质文明、政治文明、精神文明协调发展的重要性；认清国旗、国徽、国歌和首都作为国家象征和标志的重大意义。

重点难点提示

- 课外学习《中华人民共和国宪法》序言和总纲部分。
- 主动应用所学知识，分析知识分子的地位和作用。
- 通过学习党的十六大政治报告、十七大政治报告、十八大政治报告，分析将政治文明写进宪法的时代背景及其重要性。

国家性质即国家的本质。毛泽东在《新民主主义论》中把它称之为国体，指社会各阶级在国家中的地位。宪法学所讲的国家性质，是指国家的阶级本质，是与政体相对应的表述政治国家基本特征的概念。宪法作为国家根本法，在规定国家制度时通常要确认本国的国家性质。由此，国家性质问题成为宪法学中的基本问题，也是宪法所规定的各项国家制度中最重要的制度。

第一节　国　　体

一、国体概述

国家性质，即国家阶级本质，又称“国体”，它集中反映了社会各阶级、阶层在社会中的不同地位。毛泽东指出，国体问题，“它只是指的一个问题，就是社会各阶级在国家的地位”。[①] 具体而言，社会各阶级在国家中的地位，是指在一个国家中，哪个或者哪些阶级处于统治地位，掌握国家权力，哪个或者哪些阶级处于被统治地位；在统治阶级内部，哪个阶级是领导阶级，哪些阶级是领导阶级的同盟军。各种政治力量的对比关系，决定着社会各阶级、阶层在国家中所处的地位。

国家不是从来就有的，而是社会发展到一定历史阶段的产物。国家是在原始社会后期，随着私有制和阶级的产生而出现的。国家是阶级矛盾和阶级斗争不可调和的产物和表现，是阶级特有的历史现象。在人类历史上先后出现过四种类型的国家，即奴隶制国家、封建制国家、资本主义国家和社会主义国家。决定国家性质的因素主要有以下四个方面：

第一，国家政权的阶级性。这是决定国家性质的主要方面。社会各阶级在国家中的地位，即在一个国家中各种政治力量对比关系，包括两个方面：一是统治阶级与被统治阶级在国家中所处的地位，也就是哪个阶级是统治阶级，哪个阶级是被统治阶级；二是统治阶级内部各阶级、阶层之间在国家中所处的地位。

第二，国家政权的经济基础。任何国家政权都是建立在一定经济基础之上的，从根本上说都是由一定经济基础所决定的，在一定经济基础之上，只能产生相应性质的国家政权，在经济基础发生变化之后，国家政权的性质也会发生相应的变化。国家政权又都是为一定的经济基础服务的，占据统治地位的阶级总是运用国家政权的力量来维护自己的经济利益。

第三，社会的政治文明。政治文明是指人类社会政治生活的进步状态，是人们改造社

① 毛泽东选集：第2卷．北京：人民出版社，1966：669.

会所取得的政治成果的总和。它表现为新的生产关系的建立和社会政治制度的形成，如政治意识的提升、政治组织的完善、政治制度的健全等。

第四，社会的精神文明。精神文明是指人类社会在改造客观世界的同时，对精神世界进行改造而获得的成果。它包括思想、文化、理论、意识、道德等。在人类发展的不同阶段，精神文明的发展程度是有所不同的。精神文明的内容决定着一个国家活动的方向，对国家政策的制定起着巨大的作用，对国家性质的确定有着很大的影响。

任何一个国家的性质都决定于其阶级本质、经济基础、政治文明和精神文明。就我国而言，现行《宪法》第1条明确规定了我国的国家性质，即“中华人民共和国的根本制度是社会主义制度”。社会主义制度决定于几个方面的因素，即人们在国家政治生活、社会经济关系中的地位，以及在社会政治生活和精神生活领域中的进步程度等方面的内容。国家性质是这几个方面内容的综合反映，在宪法学上我们把它们分别表述为国体、物质文明、政治文明和精神文明四个部分。

二、我国是人民民主专政的社会主义国家

（一）人民民主专政是我国的国体

按马克思主义阶级分析观点，当今世界主要存在两种对立的政治制度，分别是无产阶级专政和资产阶级专政。

现行《宪法》第1条第1款规定“中华人民共和国是工人阶级领导的、以工农联盟为基础的人民民主专政的社会主义国家”，表明我国是人民民主专政的社会主义国家，人民民主专政是我国的国体。即以工人阶级为领导、工农联盟为基础，包括团结一切可以团结的力量的广泛统一战线，在人民内部实行民主，对敌人实行专政，这就是人民民主专政的国体。它决定了，在我国，人民，只有人民，才是国家和社会的主人，“中华人民共和国的一切权力属于人民”。

1. 人民民主专政在我国的确立

在社会主义条件下，人民成为国家的主人和社会的主体，在法律和事实上成为社会成员的“绝大多数”，因此，人民民主是最符合民主的本意——多数人统治的民主。我国实行的人民民主专政的国体是人民奋斗的成果和历史的选择。“人民民主专政”的概念是在中国共产党的创建过程中逐步提出来的，是中国共产党领导中国人民从自己的具体国情出发，结合自己的革命和建设实践，对马克思列宁主义关于无产阶级专政学说的进一步丰富和发展。在新中国成立以前的新民主主义革命时期，中国共产党人结合革命的形势和当前的任务，先后提出并建立了无产阶级专政、工农民主专政、各革命阶级联合专政和人民民主专政。可见，人民民主专政的国体，是以毛泽东为代表的中国共产党人，在反复酝酿和不断探索的基础上确立的。

人民民主专政作为一个完整的科学的概念的提出，是在1948年6月1日中共中央宣

传部《关于重印〈左派幼稚病〉第二章前言》之中。该《前言》写道："列宁在本书中所说的，是无产阶级专政。今天在我们中国，则不是建立无产阶级专政，而是建立人民民主专政。"① 随着人民解放战争一步步接近胜利，1948年9月8日，西柏坡中央政治局会议上，毛泽东在报告中明确指出："我们政权的阶级性是这样：无产阶级领导的，以工农联盟为基础，但不是仅仅工农，还有资产阶级民主分子参加的人民民主专政。"并说："我们是人民民主专政，各级政府都要加上'人民'二字，各种政权机关都要加上'人民'二字，如法院叫人民法院，军队叫人民解放军。"② 12月30日，毛泽东在为新华社写的新年献词《将革命进行到底》中正式宣布：中国人民要"在全国范围内建立无产阶级领导的以工农联盟为主体的人民民主专政的共和国"。③ 随后，毛泽东于1949年6月30日发表《论人民民主专政》，阐明了人民民主专政的阶级基础、领导力量、内容和实质、民主和专政的关系等根本性的问题，标志着"人民民主专政"的科学概念基本形成和对人民民主专政的理论论证基本完成。毛泽东指出："人民是什么？在中国，在现阶段，是工人阶级、农民阶级、城市小资产阶级和民族资产阶级。这些阶级在工人阶级和共产党的领导之下，团结起来，组成自己的国家，选举自己的政府，向着帝国主义的走狗即地主阶级和官僚资产阶级以及代表这些阶级的国民党反动派及其帮凶们实行专政……这两方面，对人民内部的民主方面和对反动派的专政方面，互相结合起来，就是人民民主专政。"④

毛泽东在人民民主专政思想的阐述中也充分体现出我国取得革命的胜利是工人阶级、农民阶级以及民族资产阶级共同奋斗的结果。在从工农民主专政到各革命阶级联合专政，再到人民民主专政最终确立的过程中，中国共产党相继颁布了《中华苏维埃共和国宪法大纲》、《陕甘宁边区施政纲领》等法律文件，成为我们党领导人民进行政权建设和法制建设的理论根据，保障了人民民主，支持了革命战争，最终促成了中华人民共和国的诞生。

新中国是按照人民民主专政的国体性质建立的。新中国成立以来，宪法对人民民主专政国体的规定经历了一个曲折的过程。1949年9月通过的《共同纲领》第1条规定："中华人民共和国为新民主主义即人民民主主义的国家，实行工人阶级领导的、以工农联盟为基础的、团结各民主阶级和国内各民族的人民民主专政。"对此，周恩来在《关于〈共同纲领草案起草的经过和纲领的特点〉的报告》中阐明："'人民'与'国民'是有分别的。'人民'是指工人阶级、农民阶级、小资产阶级、民族资产阶级，以及从反动阶级觉悟过来的某些爱国民主分子。而对官僚资产阶级在其财产被没收和地主阶级在其土地被分

① 人民日报，1948－06－16.

② 共和国走过的路（1949—1952）. 北京：中央文献出版社，1991：13－14.

③ 毛泽东选集：第4卷. 北京：人民出版社，1991：1375.

④ 毛泽东选集：第4卷. 北京：人民出版社，1991：1475.

配以后，消极的是要严厉镇压他们中间的反动活动，积极的是更多地要强迫他们劳动，使他们改造成为新人。在改变以前，他们不属于人民的范围，但仍然是中国的一个国民，暂时不给他们享受人民的权利，却需要使他们遵守国民的义务。这就是人民民主专政。"①

《共同纲领》确认的人民民主专政的国体为1954年制定的新中国第一部宪法所承续。1954年宪法第1条规定："中华人民共和国是工人阶级领导的、以工农联盟为基础的人民民主国家。"但是，从1957年反右运动直至"文化大革命"，阶级斗争扩大化，以阶级斗争为纲，"人民民主专政"的提法明显地少了，1975年宪法、1978年宪法都用"无产阶级专政"代替了"人民民主专政"的提法。两部宪法均在第1条中规定："中华人民共和国是工人阶级领导的以工农联盟为基础的无产阶级专政的社会主义国家。"

1978年党的十一届三中全会恢复了实事求是的思想路线，"人民民主专政"的提法亦逐步得以恢复。1982年宪法恢复并发展了1954年宪法的表述，在第1条中明确规定："中华人民共和国是工人阶级领导的、以工农联盟为基础的人民民主专政的社会主义国家。"这是在新的历史时期更加科学地表达了我国政权的内容、实质和特点，更确切地反映了我国在社会结构和历史使命方面的巨大变化和发展。而且，这样的表述便于人民群众接受、理解和掌握，不仅有利于当时的拨乱反正，更有利于调动一切积极因素，团结一切可以团结的力量实现社会主义初级阶段的基本路线。

2. 人民民主专政是有中国特色的无产阶级专政

人民民主专政是以毛泽东为代表的共产党人，在领导中国新民主主义革命的实践中，把马列主义关于无产阶级专政学说的普遍原理同中国革命具体实践相结合的产物，是无产阶级专政的一种新形式。

关于人民民主专政与无产阶级专政的关系，1956年9月，刘少奇在党的八大政治报告中就代表党中央明确宣布："我国现阶段的人民民主专政实质上是无产阶级专政的一种形式。"1982年11月，彭真在《关于中华人民共和国宪法修改草案的报告》中指出"我国的人民民主专政实质上就是无产阶级专政"。因为在长期的革命和建设过程中形成了共产党领导的极其广泛的统一战线，所以我们国家能够在最广大的人民内部实行民主，专政的对象只是极少数人。因此，人民民主专政的提法更能确切地表明我国的这种阶级状况和政权的广泛基础，明白地表示出我们国家政权的民主性质。②

我国现行宪法对于国家性质的规定，表明人民民主专政是无产阶级专政在我国特定历史条件下的具体表现，实质上是无产阶级专政。人民民主专政与无产阶级专政在领导阶级、阶级基础、国家职能和历史使命等方面都是相同的。

第一，领导阶级都是工人阶级。无产阶级专政的实质，就是无产阶级作为统治阶级掌

① 许崇德．中国宪法参考资料选编．北京：中国人民大学出版社，1990：16.

② 许崇德．中国宪法参考资料选编．北京：中国人民大学出版社，1990：137.

握国家政权，同时，无产阶级专政是工人阶级通过其政党（中国共产党）领导的国家政权。我国的人民民主专政与无产阶级专政一样，都是以工人阶级为领导的国家政权，工人阶级对国家政权的领导都是通过工人阶级政党——中国共产党来实现的。

第二，阶级基础相同。无产阶级专政是以工农联盟为阶级基础的国家政权。建立工农联盟对于无产阶级夺取政权和巩固政权具有至关重要的意义。无产阶级要推翻资产阶级和取得社会主义的最后胜利，要夺取和巩固国家政权，就必须同人数众多的非无产阶级的劳动阶层（小资产阶级、小业主、知识分子等）或同他们的大多数结成特定形式的阶级联盟。我国的人民民主专政与无产阶级专政一样，都是以工农联盟为基础的国家政权。

第三，国家职能相同。人民民主专政与无产阶级专政的国家职能都是维护人民当家作主的权利，保卫社会主义制度，组织社会主义经济建设和重视社会主义精神文明、政治文明、生态文明建设，以及维护世界和平和促进人类进步事业。

第四，担负的历史使命相同。无产阶级专政的最终目标是要消灭剥削、消灭阶级，进入到无阶级的社会。我国的人民民主专政与无产阶级专政一样，就是要大力发展社会生产力，并在此基础上逐步地消灭私有制，消灭一切阶级差别，实现没有阶级、也没有国家的共产主义。

当然，说人民民主专政实质是无产阶级专政，并不意味着人民民主专政等同于无产阶级专政，而是说人民民主专政属于无产阶级专政的一种形式或一种类型，而且“人民民主专政”的提法比“无产阶级专政”的提法更适合我国国情：第一，“人民民主专政”反映了我国革命的历史特点，即人民民主专政经历了新民主主义革命和社会主义革命两个历史阶段，所以它不仅要承担无产阶级专政的任务，还要担负民主革命和民主建设的任务；第二，“人民民主专政”表明了我国的阶级状况和政权的阶级基础，即在我国，工人阶级比重小，农民占绝对优势，这决定了我国必须以工农联盟为基础创建政权；第三，“人民民主专政”有着广泛的统一战线，反映了我国还有全体社会主义劳动者，拥护社会主义的爱国者和拥护祖国统一的爱国者之间的联盟；第四，“人民民主专政”最终取决于我国现阶段的多种所有制和多种分配方式并存的社会经济结构；第五，“人民民主专政”的提法具有广泛性、适应性和开放性的特点，无论社会主义社会怎样发展和人民范围怎样变化，“人民民主专政”的提法都能够准确地将这种发展和变化表示出来；第六，“人民民主专政”直接体现了对人民实行民主和对敌人实行专政的两个方面，从而准确地体现了我国国家政权的民主与专政职能。

因而，根据我国现行宪法的规定，人民民主专政是我国的国体，人民民主专政的实质即无产阶级专政，但人民民主专政的表述更能确切反映我国国情和社会结构状况，更能适应中国特色社会主义事业的发展。

（二）人民民主专政体现了国家性质和政权建设的重要特征

现行宪法对人民民主专政国体的确认和相关规定，体现了我国国家性质和政权建设的以下重要特征：

第一，人民民主专政体现了国体和政体的统一。国体是指国家的阶级本质。政体指的是政权组织形式，即特定社会的统治阶级采取何种原则和方式，组成并代表国家系统地行使权力，以实现阶级统治任务的政权机关体系。任何国家都是国体和政体的统一。国体与政体的相互统一，构成了形式与内容相一致的现代政治国家的基本特征。首先，国体决定政体，政体适应国体。各种不同类型的国家都必须采取最适合于自己统治的方式方法，选择一种最合适的政权组织形式。其次，政体服务于国体。也就是说，政体一方面从属于国家的阶级本质，反映着国家的阶级本质，另一方面又对特定的阶级本质的国家起着反作用。适应国家阶级本质的政权组织形式，可以积极地促进国体的巩固与发展。

现行《宪法》在第1条确立人民民主专政的国体，人民是掌握国家政权的统治阶级。那么，人民如何实现自己的统治地位呢？《宪法》第2条对此作出了规定："中华人民共和国的一切权力属于人民。人民行使国家权力的机关是全国人民代表大会和地方各级人民代表大会。人民依照法律规定，通过各种途径和形式，管理国家事务，管理经济和文化事业，管理社会事务。"这里的人民代表大会就是我国的政权组织形式，是我国的政体，是人民作为统治阶级实现阶级统治的形式和工具。人民代表大会是适合人民民主专政国体的政权组织形式，坚持和完善人民代表大会制度对于坚持党的领导和社会主义制度、实现人民民主具有决定意义。

第二，人民民主专政体现了对人民民主与对敌人专政的统一。毛泽东指出："对人民内部的民主方面和对反动派的专政方面，互相结合起来，就是人民民主专政。"其中，民主指全体人民是国家的主人，参与管理国家和社会事务，享有各项民主权利；专政是指对极少数破坏社会主义的敌对分子实行专政。把专政同民主联系在一起，这是对人民民主专政最本质的概括。一方面，民主与专政是对立的。民主就是要保证占人口绝大多数的劳动人民当家作主，充分享有各项自由和民主权利。专政的对象只是占人口极少数的敌视、仇视、破坏社会主义的敌对分子和敌对势力。可见，专政与民主分别施之于不同的对象，有不同的方法和适用范围。另一方面，民主与专政又是统一的。民主与专政相互依存、相辅相成。对人民实行民主是对敌人实行专政的前提，只有充分发扬社会主义民主，切实保障人民的各项民主权利，充分调动人民群众的主动性和积极性，才能对极少数敌对分子实行有效的专政；同时，只有加强政权的专政职能，才能更好地保护人民，保障人民当家作主的民主权利的实现。

第三，人民民主专政体现了坚持党的领导、人民当家作主、依法治国的有机统一。中国共产党历来以实现和发展人民民主为己任。改革开放以来，我们坚定不移地推进政治体制改革，有力地促进了社会主义民主政治建设。党的十八大报告指出："必须坚持党的领导、人民当家作主、依法治国有机统一，以保证人民当家作主为根本，以增强党和国家活力、调动人民积极性为目标，扩大社会主义民主。"

三、人民民主专政的主要内容

（一）工人阶级领导

工人阶级对国家的领导，是人民民主专政的根本标志。人民民主专政必须由工人阶级来领导，这是因为工人阶级是先进生产力的代表，它最有远见，大公无私，最富于革命的彻底性、严密的组织性和纪律性，是人类历史上最伟大的阶级。我国的革命历史证明，没有工人阶级的领导，革命就要失败；有了工人阶级的领导，革命就会胜利。过去，我们正是依靠了工人阶级的领导，才取得了新民主主义革命的胜利，进而实行对生产资料私有制的社会主义改造，实现由新民主主义向社会主义的过渡。现在，我们要集中力量进行社会主义现代化建设，逐步把我国建设成具有四个现代化的富强、民主、文明的社会主义国家，更加应该依靠工人阶级的领导。

在我国，工人阶级对国家的领导，是通过自己的先锋队——中国共产党来实现的。中国共产党是用马克思列宁主义、毛泽东思想武装起来的政党，它通晓社会发展的客观规律，能够对社会阶级状况和革命形势作出科学的分析，从而制定出正确的路线、方针、政策，保证社会主义事业不断胜利前进。所以，我们说，中国共产党是中国人民的领导核心，没有这样一个领导核心，就没有人民民主专政，工人阶级的历史使命就不可能完成。正因为这样，现行宪法序言肯定了在中国革命和建设事业中，在国家生活中，都必须坚持中国共产党的领导。中国共产党能够成为我国无产阶级事业的领导核心，首先是由中国共产党的先进性决定的。中国共产党作为中国最广大人民的根本利益的忠实代表，始终代表着中国先进生产力的发展要求和中国先进文化的前进方向。其次，中国共产党能够成为我国无产阶级事业的领导核心，也是近百年来中国人民经过正反两方面反复比较而作出的正确抉择。

（二）以工农联盟为基础

马克思列宁主义认为，无产阶级在推翻剥削制度的革命中及在社会主义建设过程中，必须同广大农民结成稳固的联盟。只有这样，才能取得革命的胜利，才能建立和巩固无产阶级专政的国家政权。因此，工农联盟是人民民主专政的最高原则。工农联盟作为国家的阶级基础，具有极为重要的作用和意义，表现在：

1. 工农联盟是建立、巩固和加强人民民主专政的阶级基础

推翻帝国主义、封建主义、官僚资本主义的反动统治，建立人民民主专政的国家政权，主要是依靠工农联盟；坚持人民民主专政，对人民实行民主，对敌人实行专政，主要也是依靠工农联盟；保证工人阶级（通过中国共产党）对国家政权实行领导，也必须依靠工农联盟。

2. 工农联盟是把我国建设成为富强、民主、文明的社会主义现代化国家的基本力量

《宪法》在序言中规定："社会主义的建设事业必须依靠工人、农民和知识分子。"这

一规定表明，工农联盟是我国社会主义事业的依靠力量，削弱、破坏工农联盟，就根本谈不上实现社会主义现代化。

3. 工农联盟是巩固和发展爱国统一战线的基础

爱国统一战线是我国人民民主专政的重大特点，它是以工人、农民、知识分子为主体的全体社会主义劳动者、社会主义事业的建设者、拥护社会主义的爱国者和拥护祖国统一的爱国者的政治大联盟。它包含两个联盟：一个是以工人、农民、知识分子为主体的全体社会主义劳动者的联盟，亦即工农联盟，这是爱国统一战线的基础；另一个是以工农联盟为基础，包括一切爱国者的极为广泛的联盟。因此，工农联盟有力地保证和促进着爱国统一战线的巩固和发展。

4. 工农联盟是维护祖国统一和民族团结的可靠保证

祖国统一和民族团结是关系着我们国家的前途和民族命运的根本问题。实现祖国统一大业，保障国家的安定团结，维护和发展平等、团结、互助的社会主义民族关系，主要是依靠占各族人民人口绝大多数的工人和农民群众的大团结，亦即工农联盟，并在此基础上团结一切可以团结的力量共同奋斗。

5. 工农联盟是国家制定政策和法律的主要依据

工农群众占了我国人口的绝大多数，是人民的主体。制定方针政策和创制法律，都是以工农联盟为基础，以全国人民的共同意志和利益为出发点，体现着人民的利益高于一切的原则的。

（三）知识分子是工人阶级的重要组成部分

知识分子是出身于各种不同的社会阶级，凭自己的知识、技能和专长从事脑力劳动的劳动者。按照马克思主义的观点，知识分子从来不是一个独立的阶级，只是一个特殊的社会阶层，他们的阶级属性应根据其经济地位和政治态度来确定。

由于知识分子是掌握知识的脑力劳动者，是先进生产力的开拓者，因此，在社会主义物质文明、政治文明和精神文明建设中，有着特殊重要的作用。为此，现行《宪法》序言对此作了确认："社会主义建设事业必须依靠工人、农民和知识分子，团结一切可以团结的力量。"宪法的这一规定表明，知识分子是我国建设社会主义的一支基本依靠力量。为了充分发挥知识分子的作用，《宪法》第 23 条规定"国家培养为社会服务的各种专业人才，扩大知识分子的队伍，创造条件，充分发挥他们在社会主义现代化建设中的作用"。根据宪法的上述规定，一方面，国家必须切实维护知识分子的法律地位，创造各种条件，发挥知识分子的作用；另一方面，作为知识分子也必须加强学习，提高自己，努力成为先进思想的传播者、科学技术的开拓者和优秀精神产品的生产者，同广大工人、农民一起为中华民族的振兴建功立业。

（四）其他社会阶层

新的社会阶层是在我国改革开放条件下出现的，与新的社会主义市场经济体制相联系的，有别于传统的阶级、阶层并且比较稳定和具有一定规模的新型社会群体。他们中的广大人员，主要是从工人阶级、农民阶级队伍中分化出来的，尽管不再与工人阶级、农民阶级为伍，但与工人、农民等一样，也是有中国特色社会主义事业的建设者。

新的社会阶层的发展壮大与改革开放同步，是建立和完善社会主义市场经济体制的重要产物，是我国经济发展和社会进步的必然结果。该社会阶层主要包括以下六类人员：

1. 民营科技企业的创业人员和技术人员

所谓民营科技企业，泛指以科技人员为主体，按照自筹资金、自愿组合、自主经营、自负盈亏的原则创办和经营，主要从事技术开发、转让、咨询、服务和成果转化的经济组织。它们的创业人员和技术人员拥有一定数量的企业股权，掌握企业的核心技术和经营管理的专门知识，具有研究、开发和营销的创新能力，很多人来自政府机关、国有企业、高等院校、科研机构和海外留学人员，是科学技术变为现实生产力的转化者，是推动先进生产力发展的重要力量。

2. 受聘于外资企业的管理技术人员

外资企业指依照中国法律，在中国境内设立的由境外投资的企业。在外资企业就职的中方管理技术人员通常年纪轻、学历高、外语好、能力强、有创业精神，许多人还有国外留学、从业的经历，在外资企业按照国外企业的管理制度和工作方式，从事着高强度、高效率及高层次的管理和专业技术工作，同时也享受着高于国内同行业的报酬。

3. 个体户

个体户即个体工商户，是以家庭为单位，拥有一定资金，独立经营、自负盈亏的经济实体，也是改革开放以来国内最早出现的一个新的社会阶层。他们大多从事零售、餐饮、运输、服务等项目的经营，主体部分是原来的农民、工人、城市无业者和返城青年，与私营企业主在资本数量、经营规模、雇工人数上存在差别，是私营企业主的一支预备队伍。

4. 私营企业主

私营企业指企业财产归私人所有、雇工人数较多的营利性经济组织。私营企业主正日益成为经济实力、经营范围与社会影响不断扩大的一个社会阶层。他们中有许多人既是资产所有者又是经营管理者，最初主要来自于回城的知识青年和城镇社会闲散人员，以及文化程度较高、有开拓精神的乡村干部和富裕农民，后来主要来自于具有某种技术专长和管理经验的科技人员、教师和国家干部，拥有一定数量资金的高收入人员，以及部分离退休职工等。

5. 中介组织的从业人员

中介组织泛指介于企业、个人之间，并为其服务、沟通、协调以及对其监督的社会组织。它主要由三类组织组成：行业性中介组织，如行业协会、学会、商会、研究会；公证性中介组织，如律师、会计、资产评估等专业事务所以及证券、仲裁等中介组织；服务性中介组织，如提供就业、广告、公关、房地产等服务的组织。这些组织的从业人员大多受过专门训练，通过资格认定，具备职业技能，是专业知识要求比较高的一个新社会阶层。

6. 自由职业人员

自由职业人员主要是指无固定供职于任何经济组织、事业单位或政府部门，凭借自己的知识、技能或专长为社会提供某种服务并获取报酬的人员，主要包括一些文化、艺术工作者等。他们凭借自己的知识、技能与专长，个人直接在市场中交换劳动产品或服务，以此谋生。

新的社会阶层作为中国特色社会主义事业的建设者，是一支正在崛起的、可以大有作为的生力军。他们在队伍规模上将不断扩大，在整体素质上将不断优化，发挥积极性、创造性的空间将不断拓展。中国特色社会主义事业越是向前推进，新的社会阶层作为建设者的作用就会越来越突出地显示出来。

四、人民民主专政的基本特色

人民民主专政的理论与实践充分表明，中国共产党领导下的多党合作与政治协商制度以及爱国统一战线是我国人民民主专政的主要特色。

（一）中国共产党领导的多党合作和政治协商制度

中国共产党领导的多党合作和政治协商制度，是与我国国体相适应的政党制度，是我国的一项基本政治制度。它根本不同于西方国家的多党制或两党制，也有别于一些国家实行的一党制。1993 年第八届全国人大第一次会议通过的《中华人民共和国宪法修正案》第 4 条规定："中国共产党领导的多党合作和政治协商制度将长期存在和发展。"就政党制度而言，这一规定表明：中国共产党领导的多党合作是我国的政党制度；它将长期存在和发展。这一规定有着重大意义：第一，这是宪法第一次对我国的政党制度所作的完整表述，是对我国政党制度发展历史和现实状况的科学概括和总结，同时也确立了政党制度的国家根本法地位。第二，这一规定表明，由中国共产党领导的多党合作关系，即中国共产党、各民主党派之间的相互关系是一项重要的宪法关系。第三，这一规定还为有中国特色的社会主义政党制度的发展确定和指明了方向，表明在中国共产党的领导下，中国共产党与各民主党派之间的合作关系将在国家社会生活更为广泛的领域内得到加强和发展。

1. 多党合作和政治协商制度的形成和发展

中国共产党领导的多党合作和政治协商制度是在我国长期革命和建设中形成和发展起来的，是中国共产党与各民主党派长期合作共事的产物。

民主党派是指在中国大陆范围内，除执政党中国共产党以外的八个参政党的统称。它们是中国国民党革命委员会、中国民主同盟、中国民主建国会、中国民主促进会、中国农工民主党、中国致公党、九三学社、台湾民主自治同盟。

在新民主主义革命时期，民主党派的社会基础是民族资产阶级、城市小资产阶级和同这些阶级相联系的知识分子，以及其他爱国民主人士。它们不是单一阶级的政党，而是带有阶级联盟性质的组织，在政治态度上存在左、中、右的政治分野，其政治主张与中国共产党民主革命时期的政治纲领基本一致。中国共产党对民主党派采取争取、联合的方针，在抗日战争和反对国民党反动统治的斗争中，中国共产党同民主党派建立了合作关系，各民主党派在斗争中经受了考验。随着人民解放战争的胜利发展，民主党派积极响应中国共产党1948年发布的“五一”口号，同中国共产党一道为推翻国民党反动统治、建立新中国而共同奋斗。各民主党派在这一时期的革命斗争中逐步接受共产党的领导，为新民主主义革命的胜利和建立新中国作出了重要贡献。

新民主主义革命胜利后，我国建立了工人阶级领导的、以工农联盟为基础、团结民族资产阶级和城市小资产阶级的人民民主专政的国家政权。1949年9月召开的中国人民政治协商会议第一届全体会议，通过了具有临时宪法性质的《共同纲领》，通过了《中国人民政治协商会议组织法》，选举产生了中国人民政治协商会议第一届全国委员会，标志着共产党领导的多党合作和政治协商制度的初步确立。1954年《宪法》序言宣布：“我国人民在建立中华人民共和国的伟大斗争中已经结成以中国共产党为领导的各民主阶级、各民主党派、各人民团体的广泛的人民民主统一战线。”各民主党派参加人民政权和人民政协的工作，为巩固人民民主专政、顺利实现社会主义改造和促进社会主义事业的发展，发挥了重要作用。

1956年对资本主义工商业的社会主义改造基本完成后，中国共产党和毛泽东在总结我国多党合作历史经验的基础上，提出了“长期共存、互相监督”的方针，使中国共产党领导的多党合作和政治协商制度在社会主义条件下得到进一步确立。但在1957年下半年以后至“文化大革命”期间，多党合作受到严重破坏。

中共十一届三中全会以后，中国共产党领导的多党合作重新走上健康发展的道路。随着国内阶级状况的根本变化，各民主党派已经成为一部分社会主义劳动者和一部分拥护社会主义的爱国者的政治联盟。1982年9月，中国共产党第十二次全国代表大会进一步提出“长期共存、互相监督、肝胆相照、荣辱与共”的方针。中共中央经与各民主党派协商，于1989年12月30日颁发了《中共中央关于坚持和完善中国共产党领导的多党合作和政治协商制度的意见》，深刻总结了与民主党派合作的历史经验，进一步明确了中国共产党领导的多党合作和政治协商制度是我国一项基本政治制度，明确了民主党派在我国国家政权中的参政党地位，提出了民主党派参政的基本点、履行监督职责的总原则和充分发挥民主党派参政和监督作用的各项制度措施。1992年，中共十四大把完善中国共产党领导的多党合作和政治协商制度，列为建设有中国特色社会主义理论的重要内容。

1993年3月29日，八届全国人大一次会议通过宪法修正案第4条，在《宪法》序言第十自然段末尾增加“中国共产党领导的多党合作和政治协商制度将长期存在和发展”，确认了中国中国共产党领导的多党合作和政治协商制度是我国一项基本政治制度。

1997年，中共十五大把坚持和完善中国共产党领导的多党合作和政治协商制度，提到建设有中国特色社会主义政治的高度，列入社会主义初级阶段基本纲领，并把坚持和完善这一制度作为政治体制改革和健全民主制度的重要内容之一。

2002年，中共十六大把坚持和完善中国共产党领导的多党合作和政治协商制度，作为党领导人民建设中国特色社会主义必须坚持的基本经验之一，并把坚持和完善这一制度作为政治建设和政治体制改革的重要内容之一。

2004年3月14日，十届全国人大二次会议通过宪法修正案第19条规定："在长期的革命和建设过程中，已经结成由中国共产党领导的，有各民主党派和各人民团体参加的，包括全体社会主义劳动者、社会主义事业的建设者、拥护社会主义的爱国者和拥护祖国统一的爱国者的广泛的爱国统一战线，这个统一战线将继续巩固和发展。"

2005年2月18日，中共中央发布了《关于进一步加强中国共产党领导的多党合作和政治协商制度建设的意见》，在认真总结历史经验的基础上，对进一步完善中国共产党与各民主党派政治协商的内容、形式和程序，充分发挥民主党派和无党派人士的参政议政和民主监督作用等方面都作了规范。

2. 中国共产党领导的多党合作和政治协商制度的显著特征、主要内容和形式

现行宪法肯定了中国共产党的历史作用，确立了党的基本路线和中国共产党领导的多党合作和政治协商制度，规定了党在宪法和法律范围内活动的原则。根据《中国共产党章程》，中国共产党是中国工人阶级的先锋队，同时是中国人民和中华民族的先锋队，是中国特色社会主义事业的领导核心。中国共产党的领导是我国政党制度的重要内容和基本方面，也是我国政党制度最基本的特征。

根据《中共中央关于进一步加强中国共产党领导的多党合作和政治协商制度建设的意见》，民主党派是各自所联系的一部分社会主义劳动者、社会主义事业建设者和拥护社会主义爱国者的政治联盟，是接受中共领导的、同中共通力合作的亲密友党，是进步性与广泛性相统一、致力于中国特色社会主义事业的参政党。

中国共产党领导的多党合作和政治协商制度的显著特征是：共产党领导，多党派合作；共产党执政，多党派参政。换言之，在国家政权中，中国共产党是执政党，各民主党派是参政党，各民主党派参政的基本点是：参加国家政权，参与国家大政方针和国家领导人选的协商，参与国家事务的管理，参与国家方针、政策、法律、法规的制定与执行。

政治协商是中国共产党领导的多党合作和政治协商制度的重要组成部分，是实行科学民主决策的重要环节，是中国共产党提高执政能力的重要途径。把政治协商纳入决策程序，就重大问题在决策前和决策执行中进行协商，是政治协商的重要原则。

由于中国共产党处于领导和执政地位，更加需要自觉接受民主党派的监督。中国共产党与民主党派实行互相监督，是在坚持四项基本原则的基础上通过提出意见、批评、建议的方式进行的政治监督，是我国社会主义监督体系的重要组成部分。

根据《中共中央关于进一步加强中国共产党领导的多党合作和政治协商制度建设的

意见》，我国多党合作和政治协商的政治准则是：以马列主义、毛泽东思想、邓小平理论和“三个代表”重要思想为指导；坚持中国共产党的领导；坚持社会主义初级阶段的基本路线、基本纲领和基本经验；坚持“长期共存、互相监督、肝胆相照、荣辱与共”的基本方针；保持宽松稳定、团结和谐的政治环境；中国共产党和各民主党派都必须以宪法为根本活动准则，负有维护宪法尊严、保证宪法实施的职责。

根据1989年12月30日《中共中央关于坚持和完善中国共产党领导的多党合作和政治协商制度的意见》和2005年2月18日《中共中央关于进一步加强中国共产党领导的多党合作和政治协商制度建设的意见》，多党合作和政治协商有下列主要形式：

（1）中国共产党与各民主党派、无党派人士的政治协商。中共中央在作出重大决策之前，一般都邀请民主党派主要领导人和无党派代表人士召开民主协商会、小范围谈心会、座谈会，通报情况，听取意见，共商国是。除会议协商外，民主党派中央可向中共中央提出书面建议。协商的主要内容包括：中国共产党全国代表大会、中共中央的重要文件；宪法和重要法律的修改建议；国家领导人的建议人选；关于推进改革开放的重要决定；国民经济和社会发展的中长期规划；关系国家全局的一些重大问题；通报重要文件和重要情况并听取意见，以及其他需要同民主党派协商的重要问题等。

（2）民主党派成员、无党派人士在人大及其常委会中发挥重要作用。民主党派成员和无党派人士在全国和县级以上地方各级人大常委会及人大专门委员会中，占适当比例。民主党派成员、无党派人士中的人大代表在各级人大及其常委会中，以人大代表或常委会组成人员的身份，依照《宪法》和《全国人民代表大会组织法》、《地方各级人民代表大会和地方各级人民政府组织法》等法律进行活动，反映民意，参与国家和地方重大决策，参与制定法律、地方性法规和监督政府。

（3）民主党派成员和无党派人士担任各级政府、政府部门和司法机关的领导职务。民主党派和无党派人士担任各级政府、政府部门和检察机关、审判机关领导职务，与共产党干部建立良好的合作共事关系。

（4）民主党派和无党派人士在中国人民政治协商会议中发挥重要作用。各民主党派和各界代表人士通过参加人民政协的政治协商，对国家大政方针、地方重要事务、政策法规的贯彻执行、群众生活和统一战线等重大问题，发表意见，提出提案和建议案，并通过参加人民政协开展民主监督、参政议政工作。

（5）民主党派和无党派人士通过多渠道、多形式对执政党的工作实行民主监督。监督的主要内容有：宪法和法律法规的实施情况；中国共产党和政府重要方针政策的制定和贯彻执行情况；中国共产党组织及党员领导干部履行职责、为政清廉等方面的情况。

（6）民主党派和无党派人士积极参与改革开放和现代化建设事业，为推动祖国统一大业和社会全面进步建言献策。

3. 坚持中国共产党领导和长期共存、互相监督、肝胆相照、荣辱与共的基本方针

中国共产党是中国工人阶级的先锋队，同时是中国人民和中华民族的先锋队，是中国特色社会主义事业的领导核心，代表中国先进生产力的发展要求，代表中国先进文化的前进方向，代表中国最广大人民的根本利益。党的最高理想和最终目标是实现共产主义。中国共产党的领导地位是由中国共产党的性质和宗旨决定的，是在长期斗争实践中逐步形成的，是历史的选择、人民的选择。

中国共产党领导的多党合作和政治协商制度，既不同于西方两党制和多党制那种你上我下的权力争夺型的政党关系，也不同于一党制那种权力垄断型的政党关系，而是一种民主协商、肝胆相照的崭新的合作型政党关系。各民主党派和无党派人士自觉接受中国共产党领导，与中国共产党亲密合作，共同致力于中国的革命、建设和改革事业。正如江泽民所指出的："这既避免了多党竞争、相互倾轧造成的政治动荡，又避免了一党专制、缺少监督导致的种种弊端。我国政党制度的巨大优势就在这里，同国外一党制和多党制的根本区别也在这里。"①

中国是一个社会主义国家，中国共产党作为执政党依法长期执政，这是宪法所确定的。中国共产党真诚同党外人士合作共事，充分听取各民主党派和无党派人士的意见和建议，自觉接受他们的民主监督，努力实现科学执政、民主执政、依法执政。各民主党派作为致力于中国特色社会主义事业的参政党，在国家社会政治生活中发挥着重要作用。

在我国，中国共产党始终代表最广大人民的根本利益，民主党派和无党派人士反映和代表各自所联系群众的具体利益和要求，都把建设富强、民主、文明、和谐的社会主义现代化国家作为最大政治共识。同时，在同民主党派和无党派人士合作中，中国共产党始终坚持照顾同盟者的具体利益，通过制定方针政策、法律法规和相应措施，保障他们及所联系群众的权益，并通过民主协商最广泛地听取社会各方面的意见，最大限度地满足社会各方面的利益诉求。

中国共产党同各民主党派和无党派人士就事关国计民生的重大问题进行协商，在人民政协同各民主党派和各界代表人士广泛协商，能够在中国特色社会主义共同目标下把中国共产党领导和多党派合作有机结合起来，实现广泛参与和集中领导的统一、社会进步和国家稳定的统一、充满活力和富有效率的统一，体现了我国社会主义政治制度和政党制度的特点和优势。

在中国多党合作制度中，中国共产党与各民主党派长期共存、互相监督、肝胆相照、荣辱与共，共同致力于建设中国特色社会主义。"长期共存、互相监督、肝胆相照、荣辱与共"的方针是中国共产党在多党合作长期实践中逐步总结形成的。"长期共存"是指共产党存在多久，民主党派就存在多久，一直要共存到将来社会发展不需要政党的时候为止。"互相监督"是指共产党可以监督民主党派，民主党派也可以监督共产党，但由于共

---

① 中共中央文献研究室．十五大以来重要文献选编：中．北京：人民出版社，2000：1494－1495.

产党居于领导地位，主要是民主党派监督共产党。“肝胆相照”是讲开诚相见。“荣辱与共”是讲共同的事业把共产党和民主党派的命运联系在一起。“长期共存、互相监督”体现了中国共产党同民主党派长期合作的思想，“肝胆相照、荣辱与共”则生动地表述了中国共产党同各民主党派之间彼此信任、真诚合作的关系。这一方针肯定了中国共产党同各民主党派合作的战略意义，明确了合作共事的重要方式，体现了中国共产党与各民主党派新型的社会主义政党关系。

1956 年 4 月，毛泽东在《论十大关系》中提出，“究竟是一个党好，还是几个党好？现在看来，恐怕是几个党好。不但过去如此，而且将来也可以如此，就是长期共存，互相监督。”同年 9 月，中共八大将“长期共存、互相监督”的方针写入了决议。1956 年 9 月，刘少奇在中共第八次全国代表大会所作的政治报告中又一次提出共产党对各民主党派采取“长期共存、互相监督”的方针。1957 年 2 月，毛泽东在《关于正确处理人民内部矛盾的问题》一文中对此方针作了更为系统的阐述，指出“凡属一切确实致力于团结人民从事社会主义事业的、得到人民信任的党派，我们没有理由不对它们采取长期共存的方针。……一个党同一个人一样，耳边很需要听到不同的声音。大家知道，主要监督共产党的是劳动人民和党员群众，但是有了民主党派，对我们更为有益。”在这一方针的指导下，形成了共产党同各民主党派既真诚合作又互相监督的新型政党关系，奠定了共产党领导的多党合作的基本格局。党的十一届三中全会以来，党的统一战线进入一个新时期，“长期共存”方针也相应地增添了新内容。党中央明确指出，共产党同各民主党派不仅要“长期共存、互相监督”，而且要“肝胆相照、荣辱与共”，建立亲密的诤友关系。共产党和各民主党派以及各民主党派之间都要以宪法为准则，对国家事务共同协商，彼此提出意见和建议，开展批评，贯彻互相监督的方针。这表明中国共产党同各民主党派的关系在政治上和法律上是平等的，在组织上是独立的。共产党处于领导地位和执政党地位，应自觉主动听取各方面意见，欢迎批评，接受监督，体现了新型政党关系。1982 年，中共十二大明确提出了中国共产党同民主党派“长期共存、互相监督、肝胆相照、荣辱与共”的方针，是正确处理中国共产党同民主党派关系的重要准则。

4. 中国人民政治协商会议

中国人民政治协商会议，简称“人民政协”或“政协”，是中国共产党领导的多党合作和政治协商的重要机构，是中国人民爱国统一战线组织，是我国政治生活中社会主义民主的重要形式。对此，现行《宪法》序言中规定：“中国人民政治协商会议是有广泛代表性的统一战线组织，过去发挥了重要的历史作用，今后在国家政治生活、社会生活和对外友好活动中，在进行社会主义现代化建设、维护国家的统一和团结的斗争中，将进一步发挥它的重要作用。”

1949 年，国家和社会的生产生活还没有进入正常轨道，全国性的人民代表大会仍然没有召开，而是由第一届中国人民政治协商会议来代行全国人民代表大会的职能，制定

《共同纲领》和《中央人民政府组织法》，并选举产生中央人民政府。1954年9月，第一届全国人民代表大会举行第一次会议通过了《中华人民共和国宪法》。同年12月召开了政协第二届全国委员会第一次会议，制定了《中国人民政治协商会议章程》，这标志着人民政协作为政治协商和多党合作的组织形式的创立阶段的完成。1954年12月，在政协二届一次会议开幕前，毛泽东召集了有共产党、各民主党派和无党派人士参加的座谈会，发表了《关于政协的性质和任务》的谈话，明确指出："人民代表大会是权力机关，有了人大，并不妨碍我们成立政协进行政治协商。各党派、各民族、各团体的领导人物一起来协商新中国的大事非常重要。宪法草案就是经过协商讨论使得它更为完备的。人大的代表性当然很大，但它不能包括所有的方面，所以政协仍有存在的必要。"他强调，"政协不能搞成国家机关"，"政协不仅是人民团体，而且是各党派的协商机关，是党派性的机关"。邓小平曾经明确指出：人民政协是发扬人民民主、联系各方面人民群众的一个重要组织。① 各民主党派和无党派人士是人民政协的重要组成部分，由界别组成是人民政协组织的显著特色，政协委员是人民政协履行职能的主体。

2006年2月8日，中共中央发布了《关于加强人民政协工作的意见》，该意见对人民政协的性质、任务和职能作了全面和系统的表述，成为新时期指导人民政协工作的基本政策依据。该意见规定：人民政协是中国共产党领导的各党派、各团体、各民族、各阶层大团结大联合的组织。人民政协的基本属性、主要职能、组织构成、工作原则和活动方式，与构建社会主义和谐社会的要求是完全一致的，同构建社会主义和谐社会的各项工作是紧密相连的。构建社会主义和谐社会，必须充分发挥人民政协的作用。人民政协在新世纪、新阶段的任务是：高举爱国主义、社会主义旗帜，在热爱中华人民共和国、拥护中国共产党的领导、拥护社会主义事业、共同致力于中华民族伟大复兴的政治基础上，进一步巩固和发展爱国统一战线，把全体社会主义劳动者、社会主义事业的建设者、拥护社会主义的爱国者和拥护祖国统一的爱国者都团结起来，同心同德，群策群力，为推进社会主义经济建设、政治建设、文化建设、社会建设，为实现祖国完全统一，为维护世界和平、促进共同发展而奋斗。

根据该意见，人民政协的主要职能是政治协商、民主监督、参政议政。

（1）政治协商。政治协商是对国家和地方的大政方针以及政治、经济、文化和社会生活中的重要问题在决策之前进行协商和就决策执行过程中的重要问题进行协商。人民政协的政治协商是中国共产党领导的多党合作的重要体现，是党和国家实行科学民主决策的重要环节，是党提高执政能力的重要途径。政治协商的主要内容有：国家和地方的大政方针以及政治、经济、文化和社会生活中的重要问题；各党派参加人民政协工作的共同性事务以及有关爱国统一战线的其他重要问题。政治协商的主要形式有：政协全体会议，常务

① 邓小平文选：第2卷．北京：人民出版社，1994：187.

委员会议，主席会议，常务委员专题座谈会，政协党组受党委委托召开的座谈会，以全国政协名义召开的专题协商会，秘书长会议，各专门委员会会议，根据需要召开由政协各组成单位和各界别代表人士参加的内部协商会议。政治协商依照程序进行。

（2）民主监督。民主监督是对国家宪法、法律和法规的实施，重大方针政策的贯彻执行，国家机关及其工作人员的工作，通过建议和批评进行监督。人民政协的民主监督是中国社会主义监督体系的重要组成部分，是在坚持四项基本原则的基础上通过提出意见、批评、建议的方式进行的政治监督。它是参加人民政协的各党派团体和各族各界人士通过政协组织对国家机关及其工作人员的工作进行的监督，也是中国共产党在政协中与各民主党派和无党派人士之间进行的互相监督。民主监督的主要内容有：国家宪法、法律和法规的实施，重大方针政策的贯彻执行，国家机关及其工作人员的工作，参加政协的单位和个人遵守政协章程和执行政协决议的情况。民主监督的主要形式有：政协全体会议、常委会议、主席会议向党委和政府提出建议案；各专门委员会提出建议或有关报告；委员视察、委员提案、委员举报、大会发言、反映社情民意或以其他形式提出批评和建议；参加党委和政府有关部门组织的调查和检查活动；政协委员应邀担任司法机关和政府部门特约监督人员等。

（3）参政议政。参政议政是对政治、经济、文化和社会生活中的重要问题以及人民群众普遍关心的问题，开展调查研究，反映社情民意，进行协商讨论。通过调研报告、提案、建议案或其他形式，向中国共产党和国家机关提出意见和建议。人民政协的参政议政是人民政协履行职能的重要形式，也是党政领导机关经常听取参加人民政协的各民主党派、人民团体和各族各界人士的意见和建议、切实做好工作的有效方式。参政议政的内容主要有：选择人民群众关心、党政部门重视、政协有条件做的课题，组织调查和研究，积极主动地向党政领导机关提出建议性的意见；通过多种方式，广开言路，广开才路，充分发挥委员专长和作用，为改革开放和社会主义现代化建设献计献策；广泛参与政治、经济、文化和社会活动，对一些共同关心的事项开展评议，等等。参政议政的主要形式有：反映社情民意、各种协商例会，各种专题议政会、专题研讨会、专题调研、委员视察、考察、政协委员参与中共党委与政府统一组织的检查和巡视。

（二）爱国统一战线

统一战线就是指我国工人阶级在一定的历史时期，为了实现自己的政治目标和任务，而与可以联合的阶级、阶层和各党派等社会力量所结成的政治联盟。爱国统一战线是我国工人阶级领导的统一战线的最新形式和发展阶段，是人民民主专政国家的广泛社会基础，也是我国人民民主专政的一个重要特色。党的《十八大报告》明确指出：“统一战线是凝聚各方面力量，促进政党关系、民族关系、宗教关系、阶层关系、海内外同胞关系的和谐，夺取中国特色社会主义新胜利的主要法宝。”《宪法》序言指出：“在长期的革命和建设过程中，已经结成由中国共产党领导的，有各民主党派和各人民团体参加的，包括全体社会主义劳动者、社会主义事业的建设者、拥护社会主义的爱国者和拥护祖国统一的爱国者的广泛的爱国统一战线，这个统一战线将继续巩固和发展。”

中国共产党在领导人民进行革命斗争和社会主义建设事业中，以马克思主义为指导，创造性地建立了统一战线这样一种人民联合的形式。它是中国革命和建设的一个重要法宝。在历史上，曾经有过抗日战争时期的抗日民族统一战线、解放战争时期的人民民主统一战线。

统一战线的性质和任务在不同历史时期是有变化发展的。抗日战争时期，由于中国人民的任务集中于团结一切爱国者抗击日本侵略者，所以当时的统一战线称为抗日民族统一战线。在新民主主义革命时期，统一战线称为人民民主统一战线，它是以工农联盟为基础而又较工农联盟更为广泛的联盟，是中国工人阶级同农民阶级、小资产阶级、民族资产阶级和其他爱国者参加的特种形式的阶级联盟，它的性质是新民主主义的统一战线或革命的统一战线，其任务是推翻帝国主义、封建主义和官僚资本主义在中国的反动统治，建立人民的新中国。

建国以后，我国的统一战线应当适时地转变为以进行经济建设为主、以社会改造为次的建设与革命的统一战线。事实上，这在社会主义改造基本完成时期以前，对统一战线的认识还是正确的，即是工人阶级领导的、以工农联盟为基础的劳动人民与可以合作的非劳动人民（主要指民族资产阶级）之间的联盟，其他任务是建立以生产资料社会主义公有制为基础的社会主义经济制度，以和平的方式进行社会主义改造，实现向社会主义的过渡。但是，在过渡时期以后，由于左的影响，对统一战线性质的认识出现了偏差，仍然把它看成是革命的统一战线。直到中共十一届三中全会以后，党才根据社会阶级状况和国家任务的根本变化，确定了把工作重点转移到社会主义现代化建设上来的基本路线。这是我们的国家由革命时期到建设时期的根本转变，统一战线的性质也就随之由革命的统一战线转变为建设的统一战线。现阶段“爱国统一战线”的名称是由1981年党的十一届六中全会通过的《关于建国以来党的若干历史问题的决议》确定的。

爱国统一战线是由中国共产党领导的，有各民主党派和各人民团体参加的，包括全体社会主义劳动者、社会主义事业的建设者、拥护社会主义的爱国者和拥护祖国统一的爱国者的广泛的政治联盟。爱国统一战线在本质上仍然以工农联盟为基础，而实际上还包含着两个联盟：一个是由大陆范围内的全体劳动者和爱国者组成的以社会主义为政治基础的联盟，这个联盟必须坚持四项基本原则；另一个是广泛团结台湾同胞、港澳同胞、海外侨胞，以拥护祖国统一为政治基础的联盟。凡是赞成祖国统一的，都是统一战线团结的对象。爱国统一战线的任务是：第一，为把我国建设成为富强、民主、文明的社会主义现代化国家而努力奋斗，这是我国大陆内各族人民的共同理想和要求，是振兴中华的根本所在。第二，完成祖国和平统一大业，这是中国人民、包括台湾同胞在内的中国人民的共同愿望，是国家繁荣昌盛和民族兴旺发达的重要保证。第三，为维护世界和平作出新的贡献，维护世界和平、争取建立起良好的国际政治和经济的新秩序，是包括中国人民在内的全世界各国人民的共同愿望，也是我国进行改革开放和社会主义现代化建设不可缺少的外部条件。爱国统一战线的这三大任务也就是全国各族人民的共同任务，也是人民民主专政的国家政权所要确保完成的任务。

第二节 经济制度

一、经济制度是国家性质的决定因素

（一）经济制度的概念

经济制度是指通过宪法和法律确认、调整的，在人类社会发展到一定历史阶段时占主要地位的生产关系以及在此基础上建立的各种经济关系的总和，又称社会经济结构。例如，资本主义生产关系的总和构成资本主义的经济制度，社会主义生产关系的总和构成社会主义的经济制度。国家经济制度是国家制度的基础，并决定了国家的政治制度、法律制度和人们的社会意识等上层建筑的性质。因此，由宪法规定的经济制度建立在经济基础之上，属于上层建筑的范畴。宪法对经济制度的规定，既包括基本经济制度，也包括其他重要的经济制度。我国宪法对经济制度的规定主要包括三个方面：一是确认生产关系的制度，主要是生产资料所有制，是基本经济制度；二是确认分配关系的制度，主要是分配制度，是经济制度的重要方面；三是与经济基础相适应的经济管理制度，如计划经济体制或市场经济体制以及与之有内在联系的其他国家经济制度等。此外，有关保护公民和其他经济主体经济权利的规定也属于国家经济制度的内容。

（二）经济制度与宪法的关系

宪法与经济制度有着紧密的联系，经济制度是宪法的物质基础，而宪法的主要任务之一就是确认和保护有利于统治阶级的经济基础。作为近代资产阶级革命产物的宪法，在确认和保障资产阶级民主制度的同时，也对资本主义经济关系进行了确认和保护。宪法对经济关系，特别是生产关系的确认和调整则构成一个国家的基本经济制度，经济制度是宪法不可缺少的一个重要内容。早期资本主义国家宪法对经济制度的确认和调整主要是通过规定“私有财产神圣不可侵犯”来保障生产资料私人所有制，进而保护资本主义经济发展。进入20世纪以后，为强化经济制度的宪法地位，一些国家宪法开始采用专章或专节等形式对经济制度作出规定。例如，德国1919年《魏玛宪法》在第五章对经济制度和公民的经济生活作出专门规定。1958年《法国宪法》第70条规定创设经济和社会委员会并赋予其加强对国民经济计划管理的职责等。

社会主义国家的宪法自始就把经济制度作为宪法的重要内容加以规定的，例如，1918

年《苏俄宪法》作为第一部社会主义宪法，对消灭剥削、废除土地私有制以及土地、森林、矿产、企业、银行等收归国有作出明确规定。

我国现行宪法自颁行以来，先后进行了四次修改，逐步确立了一整套适应我国生产力发展水平和生产关系状况的基本经济制度。我国《宪法》第1条第2款明确规定："社会主义制度是中华人民共和国的根本制度。禁止任何组织或者个人破坏社会主义制度。"社会主义制度包括社会主义的经济制度、政治制度、文化制度、军事制度等各种制度，其中社会主义经济制度起着决定性的作用，决定着我国的国家性质和国家的发展方向，关系着全国各族人民的物质与文化生活水平的提高，显示着社会主义制度的优越性。宪法总纲、正文从第6条至第18条还全面地规定了我国社会主义经济制度的基本内容和实现社会主义现代化建设的一系列基本国策。这些规定主要表现在以下四个方面：确认了社会主义公有制是国家制度的基础；确立了以公有制经济为主体，多种经济形式和经营方式共同发展的经济结构；确立了实行按劳分配为主体、多种分配形式并存的分配制度；宪法确立了社会主义市场经济是我国的经济体制。尽管我国宪法没有把经济制度列为专章或专节，但宪法对经济制度的规定却从根本上体现了社会主义公有制为基础的经济制度，决定了我国人民民主专政的国家本质，保证着国家沿着社会主义方向前进和发展。

作为宪法的重要内容和组成部分，经济制度的意义在于通过规定和调整宪法主体间的基本经济关系，促进宪法经济秩序乃至整个宪法秩序的形成。但从根本上而言，经济制度本身的活跃性和多变性、宪法的根本法属性及其稳定性的要求，使得经济制度发展与宪法稳定之间的紧张关系尤为突出，这在我国现行宪法四次修改的重点内容中已充分反映出来。为此，处理好经济制度与宪法之间的关系、科学合理地确定宪法规定经济制度的内容和方面，则是宪法制定和修改中的重大问题。

二、社会主义公有制是我国经济制度的基础

生产资料所有制形式是一个国家经济制度的基础，决定着国家政权的性质。我国自1956年对生产资料私有制的社会主义改造基本完成以后，以公有制为基础的社会主义经济制度基本确立。我国现行《宪法》第6条第1款规定："中华人民共和国的社会主义经济制度的基础是生产资料的社会主义公有制，即全民所有制和劳动群众集体所有制。"

（一）全民所有制经济

全民所有制经济，即国有经济，指的是生产资料归社会全体成员所有、由代表全体人民的国家占有生产资料的一种所有制形式。作为社会主义国家，国有经济是我国经济制度的基石，现行《宪法》第7条规定"国有经济，即社会主义全民所有制经济，是国民经济中的主导力量。国家保障国有经济的巩固和发展"。早在1993年以前称为"国营经济"，1993年宪法修改将"国营经济"改为"国有经济"，这并非简单的一字之变，而是顺应我国经济发展、真实反映经济所有权与经营权相分离的客观要求。

另外，除了国有工商业企业等国有经济外，全民所有制的另一重要方面就是土地等自然资源。《宪法》第9条第1款规定：“矿藏、水流、森林、山岭、草原、荒地、滩涂等自然资源，都属于国家所有，即全民所有；由法律规定属于集体所有的森林和山岭、草原、荒地、滩涂除外。”《宪法》第10条第1款和第2款规定：“城市的土地属于国家所有。农村和城市郊区的土地，除由法律规定属于国家所有的以外，属于集体所有；宅基地和自留地、自留山，也属于集体所有。”土地是维系人类生存和生命的最基本的生产资料之一，宪法对土地等自然资源的规定，既强调了土地公有的原则，又适应了构成全国人口80%以上的农民的需要，是十分合理的。特别是在改革开放的过程中，经济发展需要宪法对土地权益作出重新界定，所以，在1988年第七届全国人大第一次会议通过的宪法修正案，将原《宪法》第10条第4款规定的“任何组织或者个人不得侵占、买卖、出租或者以其他形式非法转让土地”，修改为“任何组织或者个人不得侵占、买卖或者以其他形式非法转让土地。土地的使用权可以依照法律的规定转让”。2004年第十届全国人大第二次会议通过的宪法修正案，将原《宪法》第10条第3款规定的“国家为了公共利益的需要，可以依照法律规定对土地实行征用”，修改为“国家为了公共利益的需要，可以依照法律规定对土地实行征收或者征用并给予补偿”。

（二）劳动群众集体所有制经济

劳动群众集体所有制经济，指的是由集体单位内的劳动群众共同占有生产资料的一种公有制经济。从性质上看，集体所有制经济与全民所有制经济一样，是我国社会主义公有制经济的重要组成部分；不同的是，集体所有制经济的生产资料分别由不同的劳动集体单位占有，劳动者与生产资料的结合仅限于该集体的内部范围，劳动者在集体经济组织内部与集体财产的共同占有关系，是完全平等的。

在内容上，集体所有制经济主要包括三部分内容：一是农村集体经济；二是由法律规定属于集体所有的土地、森林、山岭、草原、荒地、滩涂等自然资源，《宪法》第10条规定“农村和城市郊区的土地，除由法律规定属于国家所有的以外，属于集体所有；宅基地和自留地、自留山，也属于集体所有”；三是城镇中的集体经济，《宪法》第8条第2款规定“城镇中的手工业、工业、建筑业、运输业、商业、服务业等行业的各种形式的合作经济，都是社会主义劳动群众集体所有制经济”。

农村集体经济的发展是我国农村改革的主题，生产合作方式的发展变化是其核心，随着实践经验的成熟，也通过宪法修改得到逐步确认和保障。1982年《宪法》第8条规定“农村人民公社、农业生产合作社和其他生产、供销、信用、消费等各种形式的合作经济，是社会主义劳动群众集体所有制经济”。1993年宪法修正案对此进行了修改，规定“农村中的家庭联产承包为主的责任制和生产、供销、信用、消费等各种形式的合作经济，是社会主义劳动群众集体所有制经济”。1999年宪法修正案又根据农村集体经济的发展，进一步修改为“农村集体经济组织实行家庭联产承包经营为基础、统分结合的双层经营机制。农村中的生产、供销、信用和消费等各种形式的合作经济，是社会主义劳动群众集体所有制经济。”

大力发展劳动群众集体所有制经济，充分发挥它在改革开放和社会主义现代化建设中的重要作用，是国家的重要职责。《宪法》在第 8 条第 3 款中为此作出明确规定：“国家保护城乡集体经济组织的合法的权利和利益，鼓励、指导和帮助集体经济的发展。”

三、非公有制经济是社会主义市场经济的重要组成部分

除公有制经济外，我国还存在个体经济、私营经济等非公有制经济。2013 年党的十八届三中全会通过的《中共中央关于全面深化改革若干重大问题的决定》指出：“公有制为主体、多种所有制经济共同发展的基本经济制度，是中国特色社会主义制度的重要支柱”。它是包含主体与非主体、公有制经济和非公有制经济在内的统一的整体，其中的任何一方都是不可缺少的，缺少了就不称其为中国特色社会主义的市场经济。2004 年 3 月，十届全国人大二次会议通过的《宪法修正案》第 21 条明确规定：“国家保护个体经济、私营经济等非公有制经济的合法的权利和利益。国家鼓励、支持和引导非公有制经济的发展，并对非公有制经济依法实行监督和管理。”对非公有制经济的政策从原来规定的“引导、监督和管理”调整为“鼓励、支持和引导”，不仅是国家对非公有制的政策转变，而且这一宪法修改意味着我国非公有制经济的发展空间将更加广阔。

（一）劳动者个体经济

劳动者个体经济是由城乡个体劳动者占有少量生产资料和产品，以自己从事劳动为基础的一种经济形式。它在法律允许的范围内，在国家工商行政管理机关的监督和管理下，从事经营活动。经营的范围主要是手工业、运输业、商业、农副产品加工业和其他与人民日常生活关系较为密切的服务性行业。经营方式有作坊、店铺、摊档、货担等。经营的规模除了个人或者全家经营外，还可以雇请一两个帮手或者带三五名学徒。经营的原则是遵守国家法律和政策，基本上是自食其力，以经营者自己的财产承担全部民事责任。在 1956 年私有制改造以来，这种经济形式的从业者被称为“小业主”；在私改以后从事个体劳动的人很少，没有固定的称呼；改革开放以后，个体经济得到了长足发展，从业者属于个体工商户，被通称为“个体户”。

（二）私营经济

私营经济是在法律规定范围内生产资料属于私人所有、存在雇佣劳动关系的一种经济形式。这种经济形式从其企业内部资本剥削雇佣劳动的关系来看，属于资本主义性质。但在社会主义条件下，它必然同占优势的公有制经济相联系，并受公有制经济的巨大影响。在社会主义初期阶段，私营经济的发展对于促进生产、活跃市场、扩大就业、更好地满足人民多方面的生产需求、改善财政状况，无疑具有积极作用。

根据 1988 年 6 月国务院发布的《私营企业暂行条例》规定，私营企业是指企业资产

属于私人所有、雇工8人以上的营利性经济组织。私营企业可以采用独资企业、合伙企业和有限责任公司三种形式。农村村民、城镇待业人员、个体工商户经营者、辞职及退职人员、法律法规和政策允许的离休、退休人员和其他人员，均可申请开办私营企业。抽样调查显示，截止2004年上半年，全国私营企业累积登记已达334万户，每400人中就有一个私营企业老板。

（三）外商投资企业

1979年起，国家实行对外开放的政策，先后制定了《中外合资经营企业法》、《中外合作经营企业法》、《外资企业法》，以及有关鼓励外商投资的行政法规和地方性法规等。根据政策和法律，按照平等互利的原则，我国开始了利用外资、引进先进技术和科学管理经验，吸引外国或一些地区的企业、经济组织和个人，同我国的企业和经济组织举办合资、合作企业，或者由它们进行独资经营。这种中外合资、合作企业和外资企业统称为外商投资企业。这是实行对外开放政策后出现的一种新的经济形式，是对我国社会主义公有制经济的必要的和有益的补充。所以，《宪法》第18条规定：“中华人民共和国允许外国的企业和其他经济组织或者个人依照中华人民共和国法律的规定在中国投资，同中国的企业或者其他经济组织进行各种形式的经济合作。在中国境内的企业和其他外国经济组织以及中外合资经营的企业，都必须遵守中华人民共和国的法律。它们的合法的权利和利益受中华人民共和国法律的保护。”由于有了宪法和法律的强有力的保障，我国在吸引外资、引进先进科学技术和经营管理经验方面取得了很大成绩，大大加快了缩短与外国经济、科技等方面差距的速度。

四、按劳分配为主体、多种分配方式并存的分配制度

公有制为主体、多种所有制经济共同发展，是我国社会主义初级阶段的一项基本经济制度。与这一基本经济制度相适应，在分配制度上，《宪法》第6条规定：“社会主义公有制消灭人剥削人的制度，实行各尽所能、按劳分配的原则”；“国家坚持按劳分配为主体、多种分配方式并存的分配制度”。

（一）按劳分配

按劳分配，指的是按照劳动者向社会提供的劳动数量和劳动质量来分配个人消费品的分配制度。按劳分配是社会主义分配原则，它不同于以私有制为基础的“按资分配”，也不同于共产主义社会的“按需分配”。

在社会主义初级阶段实行按劳分配原则，其必要性在于：（1）按劳分配是社会主义公有制的必然要求。社会成员共同占有生产资料，无法以生产资料作为分配标准，只能按照劳动数量和质量进行分配。（2）按劳分配是由社会主义社会生产力发展水平所决定的。生产力水平决定了可供分配的社会产品的总量，社会主义社会生产力较低，无法实现社会产品的极大丰富，因此也决定了分配方式的选择。（3）实行按劳分配也是社会主义社会调动劳动积极性促进生产力发展的有效手段。在社会主义社会，劳动还未成为人们生活的

第一需要，仍然是谋生的主要手段，实行按劳分配则有利于调动劳动者的积极性，促进生产力的发展。

按劳分配作为我国宪法所规定的社会主义分配方式，其意义主要在于：（1）实行按劳分配，有利于巩固社会主义制度。劳动者共同占有生产资料，共同进行生产，通过生产过程的各个环节直至按劳分配是社会主义公有制实现的全过程。（2）实行按劳分配，有利于促进生产力的发展。按劳分配直接将劳动与劳动所得联系起来，实行多劳多得，能够充分调动劳动者的积极性，兼顾国家、集体和个人的利益，从而促进生产力的发展。（3）按劳分配是我国现阶段分配制度的主体，它能保证在共同富裕的基础上让一部分人先富起来。

（二）多种分配方式并存

随着国家经济的发展，除了按劳分配的分配形式以外，目前在我国还存在按生产要素分配的形式，即按照个人占有的技术、信息、股份、土地使用权、资本、生产资料等各种要素的多少来分配的分配形式。从当前情况来看，多种分配方式，主要包括按劳分配以外的按资分配、按经营收入分配和按社会保障原则分配等分配形式。

（1）按资分配，指的是资本所有者凭借其资本所有权参与他人劳动成果的分配，如存款利息、股息、红利及债息、租金收入等。

（2）按经营分配，指的是按商品生产者和经营者在一定时间内生产经营的最终收益量即经济效果来分配，包括经营性劳动收入、创新收入、风险收入、机会收入等。

（3）按社会保障原则分配，指的是国家、企业和社会为实现社会公平和各部门、各地区、各行业的协调发展而进行的分配，如福利性收入、扶持性收入、鼓励性收入、救济性收入等。

另外，2004 年第十届全国人民代表大会第二次会议通过的《宪法修正案》第 23 条规定：“国家建立健全同经济发展水平相适应的社会保障制度”。目前，我国正逐步建立各种社会保障制度和最低生活保障制度，从而形成社会财富真正公平的分配。

五、社会主义市场经济体制

宪法确立了社会主义市场经济是我国的经济体制。市场经济，是相对于自然经济、计划经济而言的，指的是在社会经济发展中，对资源配置起基础性作用的是市场，而非计划或指令。一般而言，市场经济的主要特点有自由的企业制度、完备的市场体系、发达的契约关系和开放的经济市场。社会主义市场经济，则是在社会主义国家的宏观调控下，使市场成为资源配置的主要方式，从而对社会经济活动进行调节的一种市场经济体制。除具备市场经济的一般特点外，社会主义市场经济体制还有自身的特征，包括：（1）社会主义市场经济是在以公有制为主体、多种所有制共同发展的环境下运行的；（2）社会主义市场经济要实现共同富裕的社会主义原则；（3）社会主义市场经济中国家的宏观调控体系发挥积极作用。

在现行宪法之前，我国一直实行的是计划经济体制，1982年《宪法》颁布之时作了确认，第15条规定“国家在社会主义公有制基础上实行计划经济”。随着社会经济的不断发展，这种以计划方式配置资源日益显露出与生产力发展不相适应的一面，由市场进行资源配置已是大势所趋，为此1993年《宪法修正案》第7条规定“国家实行社会主义市场经济”。这不仅是人们对于市场经济本身并不存在姓“资”姓“社”问题的观念上的重大突破，而且也是我国生产力发展和经济体制改革的客观要求。宪法正是顺应了这一经济发展需求，确立了市场经济体制的地位，明确了现阶段经济制度建设的重要任务，进而对国家经济管理权的范围和方式提出了相应的变革要求。

六、社会主义的公共财产神圣不可侵犯

社会主义的公共财产，包括全民所有的财产和劳动群众集体所有的财产，包括国家机关、武装力量、多数社会团体所有的一切财产，全民所有制和劳动群众集体所有制企业和事业组织的全部生产资料、产品、公用设施和其他一切财产，以及国家和集体所有的自然资源，如森林、矿藏、草原和其他自然资源等。

现行《宪法》第12条明确规定：“社会主义的公共财产神圣不可侵犯。国家保护社会主义的公共财产。禁止任何组织或者个人用任何手段侵占或者破坏国家和集体的财产。”社会主义公共财产是巩固和发展社会主义制度和建立富强、民主、文明的社会主义现代化国家的物质基础，是逐步提高各族人民的物质和文化生活水平的物质源泉，也是我国人民切实地享有各项权利和自由的物质保证。因此，保护社会主义公共财产不受侵犯是国家的一项基本任务。同时，宪法也把爱护和保护公共财产规定为我国公民的一项基本义务。

宪法规定公共财产“神圣”不可侵犯，主要是说任何人都不能以任何形式侵犯公共财产，表明公共财产在社会财富中处于受法律绝对保护的地位。当公共财产变为私人财产时，必须要通过政府的或集体组织的许可，并且要有偿取得。这种规定是我国社会主义宪法所特有的，目的在于强调公有制经济基础对国家、集体、公民个人的重要性。此外，《宪法》第28条也规定了国家对一切破坏社会主义经济的犯罪活动要进行制裁的内容。当然，也还有另外一种侵犯公共财产的形式，即大吃大喝、铺张浪费等无视国家资财损失的行为，对此，宪法也规定了反对官僚主义，进行道德和法制教育的内容。

《宪法》第9条第2款还规定“国家保障自然资源的合理使用”，“禁止任何组织或者个人用任何手段侵占或者破坏自然资源”。这些规定也都属于国家保护社会主义公共财产的重要任务，也是公民、法人和其他组织应当自觉履行的义务。

七、公民合法的私有财产不受侵犯

改革开放以来，随着经济的发展和人民生活水平的提高，公民拥有的私有财产普遍有

了增加，特别是越来越多的公民拥有了私有的生产资料，人民群众对于法律保护自己的私有财产有了更加迫切的要求。在这种情况下，十届全国人大二次会议通过的宪法修正案，将《宪法》第13条“国家保护公民的合法的收入、储蓄、房屋和其他合法财产的所有权”，“国家依照法律规定保护公民的私有财产的继承权”修改为“公民的合法的私有财产不受侵犯”，“国家依照法律规定保护公民的私有财产权和继承权”，“国家为了公共利益的需要，可以依照法律规定对公民的私有财产实行征收或者征用，并给予补偿”。通过这次修宪保护公民的私有财产权，是顺应民心的明智之举。私有财产权的宪法保障不仅对于保障公民的权利、促进经济发展，而且对于建立法治国家，推动整个社会的文明进步都具有重大意义。

2004年《宪法修正案》第20条和第22条还规定：“国家为了公共利益的需要，可以依照法律规定对公民的私有财产实行征收或者征用并给予补偿”；“国家为了公共利益的需要，可以依照法律规定对土地实行征收或者征用并给予补偿”。通过宪法修改，进一步完善了我国的私有财产保护制度。一是进一步明确国家对全体公民的合法的私有财产都给予保护，保护的范围既包括生活资料，也包括生产资料。二是用财产权代替原来条款中的所有权，在权利含义上更加准确全面。三是确立了征收和征用制度，有利于正确处理私有财产保护和公共利益需要的关系。

第三节 精神文明

一、社会主义精神文明建设体现着我国的国家性质

（一）精神文明的概念

文明是指人类社会进步的程度和状态。人类社会的文明，包括物质文明、政治文明和精神文明。所谓物质文明，是指人类改造自然界的物质成果，表现为人们物质生产的进步和物质生活的改善，包括生产工具的改进和技术进步，物质财富的增长和人们生活水平的提高等。所谓精神文明，是指人类精神生活的进步状态。人类在改造客观世界的过程中，人类的主观世界也同时得到改造，社会的精神生产和精神生活也得到丰富和发展，表现为教育、科学、文化知识的发达和思想道德素养的提高。不同的社会有不同的精神文明，人类迄今曾出现过奴隶社会的精神文明、封建社会的精神文明、资本主义社会的精神文明和社会主义社会的精神文明。

（二）社会主义精神文明建设的战略地位和根本任务

社会主义精神文明建设直接关系着我国社会主义事业的兴衰成败，具有十分重要的战略地位。以建设有中国特色社会主义理论为指导的社会主义现代化建设，其本身就包含着

物质文明和精神文明建设的两个方面。这两个方面有着紧密的联系，互为条件又互相配合，相互促进。这是因为：第一，物质文明建设是社会主义精神文明建设的物质基础，为精神文明建设提供了物质条件。社会主义精神文明建设离开了物质文明建设就会变成无源之水，无本之木，因为社会主义精神文明建设总是由物质生活条件所制约的。第二，社会主义精神文明建设对物质文明建设起着积极的推动作用，为物质文明的发展提供精神动力和智力支持。教育科学文化建设的发展，人们的科学文化素养和思想道德素质的提高，在一定条件下可以转变成巨大的物质力量，从而保障物质文明建设的发展。特别是在科学技术高度发展的现代社会，有些科学技术成果可以直接转化为生产力，所以，精神文明水平的高低日益成为一国物质文明水平高低的一个标准。第三，社会主义精神文明建设为物质文明建设的正确发展提供强有力的思想保证。我国的现代化建设是社会主义性质的现代化建设，只有坚持社会主义精神文明建设，才能坚持我国社会主义现代化建设发展的正确方向。

社会主义精神文明建设的根本任务，是适应我国社会主义现代化建设和改革开放的需要，培育有理想、有道德、有文化、有纪律的社会主义公民，提高整个中华民族的思想道德素质和科学文化素质。

现行宪法对社会主义精神文明建设、社会主义文化制度的重要原则和内容都作了具体规定，主要包括：马克思主义在意识形态领域的指导地位，思想道德建设，科学文化体育事业，文学艺术创作及其他事业，对人才的培养等内容。

二、宪法关于教育科学文化建设的规定

现行宪法在总结改革开放实践经验的基础上，系统地规定了我国社会主义文化制度，为新时期各项文化事业的繁荣发展以及保护人民群众的文化权益、深化文化体制改革提供了重要的宪法依据和法律保障。

（一）发展社会主义教育事业

百年大计，教育为本。教育是社会主义物质文明、政治文明和精神文明建设极为重要的基础工程，必须切实把发展社会主义教育事业摆在优先发展的战略地位。鉴于我国人口文化素质比较低的情况，一方面要大力普及，另一方面也要努力提高。

《宪法》第19条第1款规定："国家发展社会主义教育事业，提高全国人民的科学文化水平。"这是我国教育事业总的目的。第2款规定："国家举办各种学校，普及初等义务教育，发展中等教育、职业教育和高等教育，并且发展学前教育。"这一款说的是国家在教育方面的重点，首先是要普及初等教育，为此通过了《义务教育法》、《教育法》等一系列有关教育的法律法规。第3款规定："国家发展各种教育设施，扫除文盲，对工人、农民、国家工作人员和其他劳动者进行政治、文化、科学、技术、业务的教育，鼓励自学成才。"本款规定了国家在教育方面所负的义务和目的，同时由于国家的教育经费毕

竟有限，因而也鼓励自学成才。第 4 款规定："国家鼓励集体经济组织、国家企业事业组织和其他社会力量依照法律规定举办各种教育事业。"这里说的是社会办学问题，原因还是国家经费方面的有限，同时也破除了建国以来长期由政府包办的教育路子，要求发挥社会各界的积极性，多出人才，以满足社会各方面的需要。第 5 款规定："国家推广全国通用的普通话。"尽管中国汉族居民几千年来使用书面语言来维系着共同的传统，但因为我国汉族居民方言众多，同时还有 55 个少数民族，如果全国人民能用同一种语言、语音进行交流，也是文明的一个标志，所以国家推广使用标准的北京普通话。宪法的这些规定，详细地说明了国家在教育事业方面的方针、政策、范围、措施、途径等。

（二）发展社会主义科学事业

科学包括自然科学和社会科学两大类。自然科学在发展生产力中的巨大作用已为人们所认识。实践证明，社会科学的发展对于巩固和发展社会主义制度，推动历史的前进和人的全面发展具有极其重要的意义。因此，宪法规定"国家发展自然科学和社会科学事业"。为了加速我国科学事业的发展，宪法还规定"国家要普及科学和技术知识，奖励科学研究成果和技术发明创造"。为保障宪法这一规定的实现，国家颁布了《专利法》、《发明奖励条例》、《自然科学奖励条例》、《科学技术进步奖励条例》、《著作权法》、《商标法》等一批鼓励和保护知识产权的法律、法规。

（三）发展卫生事业和体育事业

医疗卫生事业和体育事业的发展，是建设社会主义精神文明的重要组成部分。它是一国文明状况的重要标志之一。建国以来，我国的医疗和体育事业得到了很大发展，烈性传染病和一些地方病已被消灭，人民的健康水平日益提高，人口平均寿命比解放前提高了 1 倍以上，体育事业取得了举世瞩目的发展。

《宪法》第 21 条规定："国家发展医疗卫生事业，发展现代医药和我国传统医药，鼓励和支持农村集体经济组织、国家企业事业组织和街道组织举办各种医疗卫生设施，开展群众性的卫生活动，保护人民健康。国家发展体育事业，开展群众性的体育活动，增强人民体质。"第 1 款的规定是要求国家和社会共同发展卫生保健事业，具体内容主要指在经济发展的基础上，在城市逐步改善人民的居住条件，整治环境卫生，增加公共卫生设施，发展社区保健等项目的服务；在乡村主要指健全合作医疗制度，改善人、畜饮水条件，做好计划免疫和妇幼保健工作等。这里所说的合作医疗制度，起源于 20 世纪 70 年代的集体所有制企业，后又扩展到其他合作制的经济组织中。本条第 2 款的重点在于开展群众性的体育活动，提高全民族的健康水平。我国通过了《食品卫生法》、《传染病防治法》、《母婴保健法》、《医疗机构管理条例》、《体育法》、《全民健身纲要》、《国家体育锻炼标准施行办法》等法律、法规，保障人民的身体健康。

此外，从经济的可持续发展战略出发，从有利于国家经济健康发展的角度出发，从保护人民健康出发，《宪法》第 26 条还作了如下规定："国家保护和改善生活环境和生态环境，防治污染和其他公害。国家组织和鼓励植树造林，保护林木”。由于生态环境的恶化和资源的紧张，人类认识到，必须与自然界和睦相处才能生存和发展，所以，宪法的这项规定是十分必要的，它禁止任何人对自然界的无限制的索取。为此，我国通过了一系列有关生态环境保护的法律、法规，如《环境保护法》、《海洋环境保护法》、《自然保护区条例》、《水污染防治法》、《森林法》等一系列法律、法规。

（四）发展文学艺术和其他文化事业

文学艺术是人民群众精神生活中不可缺少的重要部分，它在陶冶情操、培养健康的情趣、提高艺术鉴赏力和审美水平、树立崇高思想、坚定共产主义信念等方面都具有独到作用；新闻、广播、电视事业，出版发行事业，图书馆、博物馆和文化馆事业是宣传马列主义、党和国家的政策、法律，传播科学文化知识，进行精神文明建设的重要途径；健康、愉快、生动活泼、丰富多彩的群众性娱乐活动，可以使人们在紧张劳动之余，得到有高尚趣味的精神享受；名胜古迹、珍贵文物和其他重要历史文化遗产，是我国的国宝，是我国人民千百年来劳动和智慧的结晶，反映了各个时代的物质文明和精神文明，对于吸收民族文化、继承革命传统和发展旅游事业，都有重要作用。因此，《宪法》第22条规定“国家发展为人民服务、为社会主义服务的文学艺术事业、新闻广播电视事业、出版发行事业、图书馆博物馆文化馆和其他文化事业，开展群众性的文化活动。国家保护名胜古迹、珍贵文物和其他重要历史文化遗产”。我国在这方面目前已经颁布了许多法律、法规，如《出版管理条例》、《印刷业管理条例》、《音像制品管理条例》、《文物保护法》、《水下文物保护管理条例》等。

三、宪法关于思想道德建设的规定

一个民族、一个国家，如果没有自己的精神支柱，就等于没有灵魂，就会失去凝聚力和生命力。社会主义思想道德建设关系着民族凝聚力和向心力的增强，关系着社会文明程度和人民对社会的满意程度的提高。在我国，思想道德建设决定着精神文明建设的社会主义性质，保证着整个社会主义现代化建设的方向，因此在社会主义精神文明建设中占有极其重要的地位。

（一）坚持马克思主义在意识形态领域的指导地位

马克思主义是我们立党立国的根本指导思想。马克思主义深刻揭示了人类社会历史发展的客观规律，是经实践检验和证明的科学理论。现行宪法序言明确规定了马克思列宁主义、毛泽东思想、邓小平理论和“三个代表”重要思想在国家生活中的指导地位，为我国的文化制度建设指明了方向，提供了宪法依据。在中国特色社会主义伟大实践中，中国共产党不断推进马克思主义中国化的历史进程，形成了毛泽东思想和包括邓小平理论、“三个代表”重要思想以及科学发展观等重大战略思想在内的中国特色社会主义理论体系两大理论成果。加强文化制度建设，必须坚持用发展着的马克思主义武装头脑，坚持以马克思列宁主义、毛泽东思想、邓小平理论和“三个代表”重要思想为指导，坚持用科学发展观指导社会主义文化建设。动摇或放弃马克思主义在意识形态领域的指导地位，将使全党和全国人民失去共同的思想准则，导致思想混乱和社会动荡。

（二）加强思想道德建设

思想道德建设决定着精神文明建设的性质和方向，对社会的政治经济和社会发展有着重大作用。《宪法》第24条规定：“国家通过普及思想教育、道德教育、文化教育、纪律和法制教育，通过在城乡不同范围的群众中制定和执行各种守则、公约，加强社会主义精神文明的建设。国家提倡爱祖国、爱人民、爱劳动、爱科学、爱社会主义的公德，在人民中进行爱国主义、集体主义和国际主义、共产主义的教育，进行辩证唯物主义和历史唯物主义的教育，反对资本主义的、封建主义的和其他的腐朽思想。”宪法这一条规定对我国社会主义精神文明建设的指导方针、基本要求和途径，以及所包括的两个方面作出了明确、具体的概括，同时又突出了思想道德建设的基本内容、要求和方法。

第一，理想教育。理想教育在思想道德建设中起着决定性的作用。在社会主义初级阶段，理想教育就是要进行共产主义教育，进行辩证唯物主义和历史唯物主义教育，进行艰苦创业的精神教育，进行党的基本理论、基本路线、基本纲领和基本经验的教育，引导人们树立中国特色社会主义共同理想。抵制资本主义的、封建主义的和其他腐朽思想的侵蚀，树立正确的世界观、人生观和价值观，为把我国建成富强、民主、文明、和谐的社会主义现代化国家而努力。

第二，道德建设。道德建设重在培养人民的社会主义道德品质，促进社会秩序和社会风气的不断改善。社会主义道德教育要以为人民服务为核心、以集体主义为原则、以诚实守信为重点，弘扬培育民族精神和时代精神，通过各种形式和途径帮助青少年树立远大理想、培育优良品德；要在全社会牢固树立以“八荣八耻”① 为主要内容的社会主义荣辱观。

第三，文化教育。文化教育要在人民中普及科学文化知识，弘扬科学精神，在全社会形成崇尚科学、反对迷信和伪科学的良好氛围，不断提高人民的科学文化水平。加强文化教育，要不断推进马克思主义的大众化，提高人们对于社会发展一般规律的认识，支持健康有益文化，努力改造落后文化，坚决抵制腐朽文化，不断满足人们的精神文化需求。

第四，纪律教育和法制教育。纪律教育就是培养人们执行纪律的自觉性，使之养成遵守纪律的习惯，其主要内容有：使人们正确认识自由与纪律的关系，自觉抵制自由主义和无政府主义，坚持个人服从集体、少数服从多数的原则，严格遵守各种规章制度和劳动纪律等。法制教育就是进行社会主义法制基本方针和法律基本知识的教育，使公民了解自己

---

① “八荣八耻”是指以热爱祖国为荣，以危害祖国为耻；以服务祖国为荣，以背离人民为耻；以崇尚科学为荣，以愚昧无知为耻；以辛勤劳动为荣，以好逸恶劳为耻；以团结互助为荣，以损人利己为耻；以诚实守信为荣，以见利忘义为耻；以遵纪守法为荣，以违法乱纪为耻；以艰苦奋斗为荣，以骄奢淫逸为耻。

的权利和义务，增强社会主义法治意识，养成自觉守法的行为习惯，懂得运用法律维护自身权益。

第四节 政治文明

一、政治文明的含义

人类社会的文明是多方面的，既包括物质文明和精神文明，也包括政治文明。政治文明是指人类社会政治生活的进步状态和政治发展取得的成果，主要包括政治制度和政治观念两个层面的内容。从现代意义上理解政治文明，可有以下三个角度：一是政治文明意味着一种得以产生并具有持续生命力的政治形态。在这个意义上，我们可以说有资本主义的政治文明，也有社会主义的政治文明和人类共同的政治文明。二是政治文明意味着社会政治领域的进步。三是政治文明更意味着政治的发展。

物质文明、政治文明和精神文明构成人类社会文明发展的历史进程。其中，政治文明在很大程度上反映了整个社会、整个国家的文明水平，影响或制约着物质文明、精神文明乃至整个文明的发展方向和进程。

首先，政治文明为物质文明建设和精神文明建设提供基本的政治方向。不同时代不同社会的物质文明建设和精神文明建设总是围绕着一定的利益关系而展开的。为使物质文明建设和精神文明建设有利于本阶级的需要，占统治地位的阶级往往通过制定和实施法律和政策等手段保障物质文明建设和精神文明建设向着有利于自己需要的方向发展。

其次，政治文明为物质文明建设和精神文明建设提供必要的政治环境。无论是物质文明建设还是精神文明建设都需要一个良好的政治环境。历史上，凡是经济发展、文化昌盛的时代，都是政治文明、社会安定的时代；反之，凡是政治腐败、社会动荡的时代，必定是经济衰退、文化扭曲发展的时代。

最后，政治文明建设与物质文明建设和精神文明建设的内容相互交叉，政治文明的进步也必然体现为物质文明和精神文明的进步。因此，政治文明既是人类文明建设的重要目标，又是人类文明进一步发展的重要条件。

二、建设社会主义政治文明

社会主义政治文明建设的提出，是对马克思主义宪法学理论、邓小平理论的创新与发展。马克思主义政治文明观是人类历史上崭新的文明观，它的形成、完善和发展经历了一个半世纪之久。1844 年 11 月，马克思拟定的《关于现代国家的著作的计划草稿》的内容包括政治制度、国家、权力的公开、政党等，明确使用了“政治文明”的概念。但由于马克思要集中时间和精力写作《资本论》和指导各国社会主义运动的发展，就没有时间去深入研究政治文明方面的理论问题。

邓小平在其理论体系中，强调指出建设社会主义必须“政治上发展民主”、“中国人民今天所需要的民主，只能是社会主义民主即人民民主”。这种人民民主，不仅包括政治民主，而且包括经济民主和文化民主等，这些都涉及关于社会主义政治文明的思想。

党的十六大报告从社会主义现代化建设的战略全局出发，把社会主义政治文明同物质文明、精神文明一道，作为现代化建设的一个重要目标明确提了出来。这不仅丰富了社会主义政治建设的内涵，也丰富和发展了社会主义现代化建设的理论。根据党的十六大的精神，2004 年全国人大十届二次会议通过的《宪法修正案》第 18 条对宪法序言第 7 段进行了修改，增加“推动物质文明、政治文明和精神文明协调发展”。我国的社会主义现代化建设，要坚持以经济建设为中心，并坚持从物质文明建设、政治文明建设、精神文明建设三个方面全面推进，使这三个方面的建设相互协调，相互促进。

作为人类社会发展新阶段的社会主义社会，它的发展也必须遵循政治文明与物质文明和精神文明协同发展的规律。从理论上讲，社会主义政治文明是社会主义文明的重要组成部分，它对社会主义物质文明建设和精神文明建设也起着一定的制约作用。社会主义物质文明建设需要政治文明建设提供安定团结的政治环境。社会主义精神文明建设也需要政治文明建设提供必要的政治保障。从一定意义上讲，是政治文明指导并协调“三个文明”的共同发展，政治文明建设是带根本性、全局性的建设。从实践来看，过去许多社会主义国家民主、法制屡遭破坏，物质文明建设和精神文明建设受到不同程度的影响，一个重要的原因就在于长期忽视社会主义政治文明建设。

三、推动物质文明、政治文明和精神文明协调发展的意义

社会主义政治文明本质上是人民民主的政治文明。社会主义民主代替资本主义民主，标志着政治文明在人类历史上的飞跃。社会主义政治文明是一种新型的、为绝大多数人享有的民主的政治文明，同历史上任何剥削阶级占统治地位的社会的政治文明相比较，有着本质的区别，具有无比的优越性和鲜明的特征。

十届全国人大二次会议通过的宪法修正案，明确把“推动物质文明、政治文明、精神文明协调发展”写入了宪法，表明推动“三个文明”协调发展是全国人民的共同奋斗目标和我们国家的重要任务，这对全面建设小康社会、开创中国特色社会主义事业的新局面，具有重大而深远的意义。

把我国建设成为富强、民主、文明的社会主义现代化强国，是我国宪法在序言中明确规定的社会主义初级阶段的共同理想。“现代化”指的是不发达社会变成发达社会的过程和目标，它是全面发展的现代化。因此，在建设高度的物质文明和精神文明的同时，必须建设高度的政治文明。政治文明建设理应成为社会主义现代化建设的重要内容和任务。只

有加强政治文明建设，才能推动社会全面进步。人类历史的发展表明，政治文明建设带有根本性和全局性，它为物质文明和精神文明建设提供良好的政治环境，提供良好的制度和法制保障，创造安定和谐的秩序。只有把三个文明建设搞好，才真正达到有中国特色社会主义的标准。可以说，没有政治文明，就没有社会主义，就没有社会主义现代化。历史和现实也反复警示，如果忽视社会主义政治文明建设，物质文明建设、精神文明建设可能会遇到来自政治领域的障碍而难以顺利进行，甚至会延缓现代化的步伐。

坚持“三个文明”协调发展，必须全面准确地领会和把握推动物质文明、政治文明和精神文明协调发展的科学内涵。人类文明是一个有机的整体，包括物质文明、政治文明和精神文明三个方面。人类文明的发展和进步，是“三个文明”有机结合、相互作用的结果，偏离其中任何一个方面，都会使文明发展出现曲折起伏甚至倒退。社会主义社会是“三个文明”有机统一、全面发展的社会。物质文明为政治文明、精神文明的发展提供物质基础，只有坚持以经济建设为中心，不断解放和发展生产力，才能为民主政治、精神文明发展提供物质条件；政治文明为物质文明、精神文明提供政治保障，只有不断发展社会主义民主政治，物质文明建设和精神文明建设才能获得不断完善的政治制度支持和安定团结的政治环境；精神文明为物质文明、政治文明发展提供精神动力和智力支持，只有大力加强思想道德和科学文化建设，才能保证经济建设、民主政治发展的正确方向，并充分利用精神文明建设创造思想、文化、科技、教育成果。“三个文明”互为条件、相辅相成，共同推进社会主义社会的发展。全面建设小康社会和实现社会主义现代化的过程，是包括经济、政治、文化在内的社会不断全面进步的过程。

推动物质文明、政治文明、精神文明协调发展，必须牢固树立和认真落实科学发展观，不断发展社会主义市场经济、社会主义民主政治和社会主义先进文化。一方面，要通过不断完善和发展社会主义市场经济体制，推进生产力的发展，集中力量把经济建设搞上去；另一方面，要继续加强社会主义精神文明建设，通过发展社会主义先进文化，不断提高人们的思想道德素质和科学文化素质，不断丰富人们的精神世界，增强人们的精神力量，推动人的全面发展。在继续推进物质文明建设和精神文明建设的基础上，必须把发展社会主义民主政治，加强社会主义政治文明建设放在更加突出的位置。这次宪法修正案，明确把政治文明作为社会主义现代化建设的根本任务与目标写入国家根本大法，既突出了政治文明建设的重要地位，也突出了发展社会主义民主政治的紧迫性。发展社会主义民主政治，最根本的是要把坚持党的领导、人民当家作主和依法治国有机统一起来，加强制度建设和制度创新，加强对国家权力的制约和监督，加强和完善党的领导方式和执政方式。要通过加强政治文明建设，从政治上为物质文明建设和精神文明建设不断提供强有力的保障。当前，建设社会主义政治文明，就是要牢固树立权为民所用、情为民所系、利为民所谋的观念。同时，发展社会主义民主政治，必须从中国国情和具体实际出发，与社会主义物质文明建设和精神文明建设相协调，有领导、有步骤、有秩序地推进。

第五节 国家标志

一、国家标志

国家标志一般是指由宪法和法律规定的，代表国家主权、独立和尊严的象征和标志，主要包括国旗、国歌、国徽和首都等。作为国际交往中的国家识别标志，世界各国几乎都有自己的国家象征。它反映了一个国家的历史传统、民族精神，甚至反映了国家性质与政权组织形式的特点，有利于增强国民的民族自豪感和爱国热情。

二、国旗

（一）国旗是国家的象征和标志

国旗是一个主权国家的重要象征和标志，体现着国家和民族的尊严，为本国人民所敬仰，也为国际社会所尊重。国旗源于欧洲十字军东征（1096～1291 年）中的军旗，以后在航海的商船上通用，19 世纪末西方帝国主义在海外进行殖民扩张时，为了表示主权所有，便在占领地悬挂国旗，国旗遂为各国普遍接受。对于国旗的图案、形式、色彩、象征意义及使用办法，各国一般都以宪法和法律予以专门规定。

1949 年 9 月 27 日，中国人民政治协商会议第一届全体会议通过了《关于中华人民共和国国都、纪年、国歌、国旗的决议》，正式确定五星红旗为中华人民共和国的国旗，之后我国宪法又以专章专条对国旗问题加以规定。1990 年 6 月 28 日，第七届全国人民代表大会常务委员会制定了《中华人民共和国国旗法》，专门规定了有关国旗的具体制度，该法已于 1990 年 10 月 1 日起施行。

（二）我国国旗的含义

根据中国人民政治协商会议第一届全体会议的决议和政协主席团通过的制旗办法，我国国旗旗面为红色的五星红旗，长方形，红色象征革命。其长与高之比为 2∶3，旗面上方缀黄色五角星五颗，象征在中国共产党领导下的革命大团结，星用黄色象征红色大地上呈出光明。一星较大，其外接圆直径为旗高 3/10，居左；四星较小，其外接圆直径为旗高 1/10，环拱于大星之右侧，并各有一个角尖对大星的中心点，表达亿万人民心向伟大的中国共产党，如似众星拱北辰。旗杆套为白色，以与旗面的红色相区别。

（三）我国国旗的使用

根据《国旗法》的规定，下列场所或者机构所在地，应当每日升挂国旗：（1）北京天安门广场、新华门；（2）全国人民代表大会常务委员会、国务院、中央军事委员会、最高人民法院、最高人民检察院、中国人民政治协商会议全国委员会；（3）外交部；（4）出境入境的机场、港口、火车站和其他边境口岸、边防海防哨所。

《国旗法》第6条规定，国务院各部门、地方各级人民代表大会常务委员会、人民政府、人民法院、人民检察院、中国人民政治协商会议地方各级委员会，应当在工作日升挂国旗。全日制学校，除寒假、暑假和星期日外，应当每日升挂国旗。除此之外，在国庆节、国际劳动节、元旦和春节，各级国家机关和各人民团体应当升挂国旗；企业事业组织，村民委员会、居民委员会，城镇居民院（楼）以及广场、公园等公共活动场所，有条件的可以升挂国旗。不以春节为传统节日的少数民族地区，春节是否升挂国旗，由民族自治地方的自治机关规定。民族自治地方在民族自治地方成立纪念日和主要传统民族节日，可以升挂国旗。

下半旗是当今世界上通行的一种致哀方式，是一种国家行为，一般是在某些重要人士逝世或重大不幸事件、严重自然灾害发生时来表达全国人民的哀思和悼念。下半旗时，应当先将国旗升至杆顶，然后降至旗顶与杆顶之间的距离为旗杆全长的三分之一处；降下时，应当先将国旗升至杆顶，然后再降下。《国旗法》第14条规定了下半旗仪式的适用范围和有权决定下半旗的机构。特定人士的逝世或者发生特别重大伤亡的不幸事件或者严重自然灾害造成重大伤亡时，可以下半旗志哀。下半旗的日期和场所，由国家成立的治丧机构或者国务院决定。

升挂国旗，应当将国旗置于显著的位置。列队举持国旗和其他旗帜行进时，国旗应当在其他旗帜之前。国旗与其他旗帜同时升挂时，应当将国旗置于中心、较高或者突出的位置。在外事活动中同时升挂两个以上国家的国旗时，应当按照外交部的规定或者国际惯例升挂。在直立的旗杆上升降国旗，应当徐徐升降。升起时，必须将国旗升至杆顶；降下时，不得使国旗落地。根据《国旗法》规定，不得升挂破损、污损、褪色或者不合规格的国旗。国旗及其图案不得用作商标和广告，不得用于私人丧事活动。在公共场合故意以焚烧、毁损、涂划、玷污、践踏等方式侮辱中华人民共和国国旗的，依法追究刑事责任；情节较轻的，参照治安管理处罚法的处罚规定，由公安机关处以15日以下拘留。根据《刑法》第299条的规定，在公众场合故意以焚烧、毁损、涂划、玷污、践踏等方式侮辱中华人民共和国国旗的，处3年以下有期徒刑、拘役、管制或者剥夺政治权利。

三、国歌

（一）国歌的含义

国歌同国旗一样，也是国家的象征和标志。现在世界各国一般都有国歌，有的由最高国家权力机关或者政府以法令形式公布，有的是约定俗成由国家加以承认。在举行隆重集会、庆典以及国际交往等仪式时，通常演奏或演唱国歌，以抒发爱国之情。世界上最早的国歌是16世纪荷兰的《威廉·凡·拿骚》。这是一首反映荷兰人民在他们的领袖威廉·凡·拿骚领导下，反抗西班牙的统治，争取民族自由和独立的歌曲。由于各国情况不同，国歌歌词内容相差很大。有的赞美国家历史，有的歌颂祖国山河，有的祝福国家元首，有的表达反抗外来侵略、争取民族自由和独立的信念等。

（二）我国的国歌

1949 年 9 月 27 日，中国人民政治协商会议第一届全体会议通过了《关于中华人民共和国国都、纪年、国歌、国旗的决议》，其中第 3 项规定："在中华人民共和国国歌未正式制定前，以《义勇军进行曲》为国歌。"1978 年五届全国人大一次会议在修改宪法的同时，通过了改正国歌歌词的决议。对更改国歌歌词，各方面一直有不同意见。1982 年 12 月五届全国人大五次会议根据许多代表和各界人士的意见，决议撤销 1978 年五届全国人大一次会议通过的修改中华人民共和国国歌的决定，恢复原来的国歌歌词，恢复《义勇军进行曲》为中华人民共和国国歌。

国歌歌词如下：

起来！不愿做奴隶的人们！
把我们的血肉，筑成我们新的长城！
中华民族到了最危险的时候，
每个人被迫着发出最后的吼声。
起来！起来！起来！
我们万众一心，
冒着敌人的炮火，前进！
冒着敌人的炮火，前进！
前进！前进！进！

《义勇军进行曲》是 1935 年由戏剧家田汉作词、音乐家聂耳谱曲的电影《风云儿女》的主题歌。1931 年"九·一八"事变后，日本帝国主义侵占了我国东北，又企图吞并华北五省，在 1935 年策动了华北事变。中华民族此时正处于民族危亡的紧急关头。这首歌曲就诞生于这一特定的历史时期，加之歌词简洁、有力，乐曲沉着、坚决，充满了爱国激情，因而很快在广大人民群众中传唱起来。它表达了中国人民对日本帝国主义侵略行径的无比愤恨，激起了人民奋起反抗侵略者的坚强意志，极大地鼓舞了全国人民的抗战热情，体现了中华民族勇敢、坚强、团结和充满必胜信念的斗争精神，因此被称为中华民族解放的号角。1949 年 11 月 15 日《人民日报》在"新华社答读者问"栏目里就将《义勇军进行曲》确定为国歌进一步说明：《义勇军进行曲》是十余年来在中国广大人民的革命斗争中最流行的歌曲，已经具有历史意义。采用《义勇军进行曲》为中华人民共和国国歌而不加修改，是为了唤起人民回想祖国创业过程中的艰难忧患，鼓舞人民发扬反抗帝国主义侵略的爱国热情，把革命进行到底。实践也证明了，《义勇军进行曲》不仅在战争期间唤起了人民反抗日本侵略者的爱国热情，在祖国和平建设时期也能激励人民发扬革命传统，不忘祖国苦难深重的历史，珍视社会主义制度，为社会主义建设而努力奋斗。

2004年修改宪法之前，有关国歌的规定，都是在相关的决议或者决定里作出的，没有在宪法中专门规定。2004年的修正案将宪法第四章的章名“国旗、国徽、首都”修改为“国旗、国歌、国徽、首都”；在这一章第136条中增加一款，作为第2款：“中华人民共和国国歌是《义勇军进行曲》。”将国歌正式写入宪法，有利于维护国歌的权威性和稳定性，增强全国各族人民的国家认同感和国家荣誉感；也有利于进行爱国主义教育，增强公民的忧患意识，使全体公民居安思危，奋发有为。

四、国徽

（一）国徽是国家的象征和标志

国徽是代表国家的徽章，是民族的象征，常常表现一国的历史背景、革命传统乃至传说故事，也象征一国的社会制度、政治和宗教信仰以及政治思想。国徽的图案、式样、色彩、使用方法以及象征意义，在各国通常都以宪法和法律加以规定。

我国国徽的图案于1950年6月由中国人民政治协商会议第一届全国委员会第二次会议提出，中央人民政府委员会第八次会议通过，由中央人民政府主席毛泽东同志于当年9月20日向全国颁发了公布国徽的命令。我国宪法也以专条规定了国徽问题。为了维护国徽尊严和正确使用国徽，我国还于1991年3月2日颁布了《中华人民共和国国徽法》，于1991年10月1日起施行。

（二）我国国徽的含义

我国《宪法》第137条规定：“中华人民共和国国徽，中间是五星照耀下的天安门，周围是谷穗和齿轮。”其图案的具体构成是：国徽呈圆形，其中心部分是红地上的金色天安门城楼。城楼正中上方为一颗大的金色五角星；大星下边，以半弧形状环拱四颗小的金色五角星。国徽四周，由金色谷穗组成正圆形的环；在谷秸的交叉点上，为一个圆形齿轮。在齿轮中心交结着红色绶带；绶带左右绾住谷秸而下垂，把齿轮分成上下两部。

国徽中的齿轮和谷穗象征工人阶级领导下的工农联盟；天安门表示中国人民从五四运动以来进行新民主主义革命斗争的胜利，同时又标志着人民民主专政的中华人民共和国的诞生，形象地体现了我国各民族人民的革命传统和民族精神。一大四小五颗五角星则代表着在中国共产党领导下的各族人民的大团结。国徽鲜明地反映了新中国的国家性质。

（三）我国国徽的使用

《国徽法》规定，县级以上各级人民代表常务委员会；县级以上各级人民政府；中央军事委员会；各级人民法院和专门人民法院；各级人民检察院和专门人民检察院；外交部，国家驻外使馆，领事馆和其他外交代表机构，应当挂国徽。北京天安门城楼，人民大会堂；县级以上各级人民代表大会常务委员会会议厅；各级人民法院和专门人民法院的审判庭；出入境口岸的适当场所，应当悬挂国徽。《国徽法》规定了印章应有国徽图案的有关机构和应当印有国徽图案的有关文书和出版物。《国徽法》还规定，国徽及其图案不得用于商标、广告，日常生活的陈设布置，私人庆吊活动；不得悬挂破损、污损或者不合格的国徽。在公共场合故意以焚烧、毁损、涂划、玷污、践踏等方式侮辱国徽的，依法追究刑事责任；情节较轻的，参照治安管理处罚法的规定，由公安机关处以15日以下拘留。根据我国《刑法》第299条的规定，在公众场合故意以焚烧、毁损、涂划、玷污、践踏等方式侮辱中华人民共和国国徽的，处3年以下有期徒刑、拘役、管制或者剥夺政治权利。

五、首都

（一）首都的含义

首都，又称国都、首府、首要城市或行政首都，我国古代又称为京城、京师。首都通常是一个国家的政府所在地，政治和经济活动的中心城市，各类国家级机关集中驻扎地，国家主权的象征城市。各国首都一般都以宪法和法律加以确认。然而，在实际生活中有些国家除法定的首都之外，还有实际上的首都。这些国家的法定首都往往只是名义上的国家政治、经济和文化中心，如荷兰王国，法定的首都是阿姆斯特丹，而中央政府却设在海牙；再如玻利维亚共和国法定的首都是苏克雷，而中央国家机构则设在拉巴斯。

在古代，都城不仅是政治中心，而且也是经济、文化、军事、宗教等国家各方面活动的中心。在近代民主制度产生后，首都作为一切社会活动中心的地位逐渐消退了，它最基本功能是作为国家的政治中心，也即作为政府的所在地。无论是国内政治，还是国际政治，对于一国而言，基本上都要在首都进行和完成。所以，历史较短的国家的首都均以政治活动为主旨，如美国首都华盛顿等；但是，有悠久历史的国家，首都则多为大城市或全国最大的都市，如法国首都巴黎、英国首都伦敦等。

（二）我国的首都

北京是我国的首都。北京是历史名城，10世纪初就成了辽代的陪都，以后金、元、明、清几个朝代都在这里建都，总共已有八百多年的建都历史，是我国历史上的古都之一。北京地理位置优越，是中华民族政治中心的理想所在。全球只有极少数城市像北京一样长时间作为一个国家的政治和文化中心。同时北京有着光荣的革命传统，伟大的“五四”运动和“一二九”运动都在这里爆发，她是我国民族解放运动的重要策源地。北京于1949年1月和平解放。1949年9月27日，中国人民政治协商会议第一届全体会议一致通过：中华人民共和国的国都定于北平，即日起北平改名北京。1954年制定的《中华人民共和国宪法》确认了这项决议，但是将“国都”改称“首都”，规定“中华人民共和国的首都是北京”。此后的历部宪法都延续了这一规定。

本章小结

我国的国家性质是工人阶级领导的、以工农联盟为基础的人民民主专政的社会主义国家。我国人民民主专政国家的经济基础是生产资料的社会主义公有制，即全民所有制和劳动群众集体所有制，非公有制经济是社会主义初级阶段市场经济的重要组成部分。人民民主专政国家的阶级基础是工人阶级和农民阶级，现阶段阶级结构的变化并没有改变国家的性质。人民民主专政以共产党领导下的多党合作与政治协商制度以及爱国统一战线为其特色。政治文明与物质文明和精神文明协调发展是人类社会发展的重要规律，推动三个文明协调发展具有重要意义。国旗、国徽、国歌和首都是国家的象征和标志，体现着国家和民族的尊严。

重要概念

国体　　政治文明　　精神文明　　统一战线　　国家标志

材料分析

【材料1】

参加2004年广东人大会议的人大代表李兴浩说，现在国家对民营企业的重视程度空前提高，对所有财产的保护力度越来越大，但是，民营企业因法律地位的不同与国有企业的地位并不平等。他说，《中华人民共和国宪法》中有专门的条款来给国有企业、个体经济、私营经济明确概念，来说明国家保护的态度，但至今尚无“民营企业”的概念，民营企业的定义及在国家经济中的地位应该是怎样的？我们需要国家和法律给一个明确的定位。李兴浩还指出，在《中华人民共和国刑法》中，同样的犯罪情节因为企业性质的不同，而导致立案标准及定罪量刑的不同，甚至有的罪名的主体根本就不包括非国有的公司和企业。他举例说，他的公司有员工为收受他人财物而出卖公司利益，在《刑法》中是以“公司、企业人员受贿罪”在第163条加以认定的，而国有公司的相似事件则是以“受贿罪”在第385条认定的，但这种罪在《刑法》不同的条款上，其量刑却有着巨大的差别。两罪之间的区别仅仅只是主体的不同，一个是国家工作人员或国有公司、企业人员，而另一个是非国有公司、企业人员，但两者之间的刑期差别的巨大是显而易见的。与此同时，民营企业员工贪污、受贿、挪用资金其量刑与国有公司员工也有较大差别。比如《刑法》第168条规定：国有公司、企业直接负责的主管人员，徇私舞弊，造成国有公司、企业破产或者严重亏损，致使国家利益遭受重大损失的，处3年以下有期徒刑或拘役；但对于非国有公司、企业中的类似情况却没有相关的规定。李兴浩说，他的公司每年签订的合同达几十个亿，对此过程中经手人员的渎职行为却不能够找到相关的法律规定来约束，而企业内部的部分主管为一人之利益，徇私舞弊导致企业遭受重大损失，这也是每个企业都不可能完全避免的，更有部分员工在企业工作几年后，就由打工一族转为投资一族，其财产明显与其收入不相当，但法律却并未对非国有企业人员的上述类似情况作出规定。综上所述，李兴浩认为，法律应该向非国有企业提供一个更广阔的空间和更有力的保护来促进其发展。

【问题】

（1）根据我国宪法，民营企业与国有企业的法律地位有无差别？

（2）保护民营企业的宪法规范条款有哪些？

【解析】

（1）“民营企业”虽然在宪法规范条款中没有明确提到，但宪法中的“私营经济”和“非公有制经济”等词的规范含义包括了“民营企业”。根据我国宪法规定，“在法律规定范围内的个体经济、私营经济等非公有制经济，是社会主义市场经济的重要组成部分”。由这一规定可推知，民营企业与国有企业在法律地位上并无差别。

（2）保护民营企业的宪法规范条款应包括：《宪法》第33条规定的“中华人民共和国公民在法律面前一律平等”；《宪法修正案》第16条规定的“在法律规定范围内的个体经济、私营经济等非公有制经济，是社会主义市场经济的重要组成部分。国家保护个体经济、私营经济的合法的权利和利益。国家对个体经济、私营经济实行引导、监督和管理”；2004年《宪法修正案》第22条规定的“公民的合法的私有财产不受侵犯。国家依照法律规定保护公民的私有财产权和继承权”。

【材料2】

我国现行宪法以1982年宪法为基础，此后经过1988年、1993年、1999年和2004年四次修正。我国宪法对非公有制经济的规定经历了一个不断深化的过程。

第一阶段：确认个体经济是我国公有制经济的必要补充。1982年《宪法》第11条明确规定：“在法律规定范围内的城乡劳动者个体经济，是社会主义公有制经济的补充。国家保护个体经济的合法的权利和利益。国家通过行政管理，指导、帮助和监督个体经济。”

第二阶段：确认私营经济是我国公有制经济的必要和有益的补充。1988年《宪法修正案》第1条规定：“国家允许私营经济在法律规定的范围内存在和发展。私营经济是社会主义公有制经济的补充。国家保护私营经济的合法的权利和利益，对私营经济实行引导、监督和管理。”

第三阶段：确认国家实行社会主义市场经济。1993年修宪将市场经济目标模式法律化规定：“国家实行社会主义市场经济”，“国家加强经济立法，完善宏观调控”。

第四阶段：确认非公有制经济是社会主义市场经济的重要组成部分。1999年修宪将《宪法》第11条："在法律规定范围内的城乡劳动者个体经济，是社会主义公有制经济的补充。国家保护个体经济的合法的权利和利益"；"国家通过行政管理，指导、帮助和监督个体经济"；"国家允许私营经济在法律规定的范围内存在和发展。私营经济是社会主义公有制经济的补充。国家保护私营经济的合法的权利和利益，对私营经济实行引导、监督和管理"修改为："在法律规定范围内的个体经济、私营经济等非公有制经济，是社会主义市场经济的重要组成部分"；"国家保护个体经济、私营经济的合法的权利和利益。国家对个体经济、私营经济实行引导、监督和管理"。

第五阶段：2004年3月，十届全国人大二次会议通过的《宪法修正案》第21条明确规定："国家保护个体经济、私营经济等非公有制经济的合法的权利和利益。国家鼓励、支持和引导非公有制经济的发展，并对非公有制经济依法实行监督和管理。"

【问题】

如何认识宪法修改与时代发展的关系？

【解析】

（1）宪法以一定的方式确认适合于经济发展的经济体制，从而进一步促进经济的发展。

（2）1988年宪法修正案把私营经济作为社会主义公有制经济必要的和有益的补充，这是我国对所有制结构认识过程中迈出的至为可贵的一步。

（3）促进非公有制经济的发展，关键是要在观念上和制度上克服对非公有制经济的歧视，各种所有制经济完全可以在市场经济中发挥各自优势，相互促进，共同发展。为此，要把坚持公有制为主体、促进非公有制经济发展统一于社会主义现代化建设的进程中。

（4）2004年的宪法修正案在前三次修改的基础上，进一步规定国家鼓励、支持非公有制经济的发展，表明非公有制经济获得了与公有制经济同等的法律地位。这是一个重大突破，必将极大地推动非公有制经济的繁荣和社会生产力的发展。

（5）党的十八届三中全会通过的《中共中央关于全面深化改革若干重大问题的决定》对落实宪法的规定作出了庄严的承诺。"必须毫不动摇巩固和发展公有制经济，坚持公有制主体地位，发挥国有经济主导作用，不断增强国有经济活力、控制力、影响力。必须毫不动摇鼓励、支持、引导非公有制经济发展，激发非公有制经济活力和创造力。"

同步测练与解析

一、单项选择题

1. 我国的根本制度是（　　）。

A. 人民代表大会制度　　B. 社会主义制度
C. 人民民主专政制度　　D. 民主集中制
2. 国家在社会主义现代化建设新时期的统一战线叫做（　　）。
A. 社会主义统一战线　　B. 人民民主统一战线
C. 爱国统一战线　　D. 革命统一战线
3. 我国的政党制度是（　　）。
A. 一党制
B. 两党制
C. 多党制
D. 共产党领导的多党合作和政治协商制度
4. 国有经济即社会主义全民所有制经济，是国民经济的（　　）。
A. 主导力量　　B. 领导力量　　C. 基础　　D. 依靠
5. 人民民主专政（　　）。
A. 即无产阶级专政　　B. 实质上即无产阶级专政
C. 包括无产阶级专政　　D. 形式上接近无产阶级专政
6. 现阶段我国存在多种所有制经济，从根本上说是由（　　）。
A. 党的政策决定的　　B. 生产力发展水平决定的
C. 对外开放政策决定的　　D. 经济体制改革决定的
7. 我国社会主义经济制度的基础是（　　）。
A. 全民所有制　　B. 集体所有制
C. 生产资料的社会主义公有制　　D. 以公有制为主体的多种所有制经济
8. 在法律规定范围内的个体经济和私营经济都是（　　）。
A. 具有资本主义性质的经济成分　　B. 公有制经济的补充
C. 非社会主义的经济形式　　D. 非公有制经济
9. 人民民主专政的根本标志是（　　）。
A. 工人阶级对国家的领导　　B. 工农联盟为基础
C. 生产资料公有制　　D. 国有经济的主导地位
10. 现行宪法规定，国家保护城乡集体经济组织的合法权利和利益，对集体经济发展的政策是（　　）。
A. 保障　　B. 监督、管理和指导
C. 保护　　D. 鼓励、指导和帮助
11. 正式确定五星红旗是中华人民共和国国旗的是（　　）。
A.《中华人民共和国国旗法》
B.《中华人民政治协商会会议共同纲领》

C.《关于中华人民共和国国都、纪年、国歌、国旗的决议》

D. 1954年《中华人民共和国宪法》

12. 决定恢复《义勇军进行曲》为中华人民共和国国歌是在（　　）。

A. 1949年　B. 1978年　C. 1954年　D. 1982年

13. 一般认为世界上最早的国歌源于16世纪荷兰歌曲（　　）。

A.《马赛曲》　B.《祖国进行曲》

C.《星条旗永不落》　D.《威廉·凡·拿骚》

14. 中华人民共和国国徽，中间是五星照耀下的天安门，周围是（　　）。

A. 镰刀和齿轮　B. 斧头和齿轮　C. 红旗和齿轮　D. 谷穗和齿轮

15.《中华人民共和国国旗法》制定并通过于（　　）。

A. 1950年9月　B. 1982年12月　C. 1990年6月　D. 1991年3月

二、多项选择题

1. 社会主义经济制度的基础包括（　　）。

A. 全民所有制　B. 劳动群众集体所有制

C. 劳动者个体经济　D. 私营经济

E. 外商投资企业

2. 我国的人民民主专政在（　　）方面同无产阶级专政的基本内容相一致，实质上是无产阶级专政。

A. 政权的领导力量和阶级基础　B. 政权的组织形式

C. 政权的专政职能　D. 政权的历史使命

E. 都是一个广泛的统一战线政权

3. 现阶段爱国统一战线的任务是（　　）。

A. 建设富强、民主、文明的社会主义现代化国家

B. 完成祖国和平统一大业

C. 维护世界和平

D. 实行科教兴国和技术支边

E. 进行国际学术交流

4. 中国共产党对待民主党派的基本方针是（　　）。

A. 长期共存　B. 互相监督　C. 政治协商　D. 肝胆相照

E. 荣辱与共

5. 按照现行宪法规定，国家鼓励和支持举办各种医疗卫生设施的组织是（　　）。

A. 集体经济组织　B. 农村集体经济组织

C. 国家企业事业组织　D. 街道组织

E. 村委会和居委会

6. 现行宪法规定，国家发展自然科学和社会科学事业，普及科学和技术知识，奖励（　　）。

A. 勇于献身的精神　　B. 科学研究成果

C. 文学艺术成果　　D. 技术发明创造

E. 发现及发明创造

7. 宪法规定，国家举办各种学校，普及初等义务教育，发展（　　）。

A. 中等教育　B. 职业教育　C. 高等教育　D. 学前教育

E. 法制教育

三、问答题

1. 为什么说我国的人民民主专政实质上是无产阶级专政？
2. 现行宪法是如何确认知识分子的地位和作用的？
3. 分析中国人民政治协商会议的性质、地位和任务。
4. 如何理解国有经济是国民经济的主导力量？
5. 为什么说我国的人民民主专政是新型民主和新型专政的结合？

参考答案

一、单项选择题

1. B　2. C　3. D　4. A　5. B　6. B　7. C　8. D　9. A　10. D　11. C　12. D　13. D　14. D　15. C

二、多项选择题

1. AB　2. ABCD　3. ABC　4. ABDE　5. BCD　6. BD　7. ABC

三、问答题

1. 为什么说我国的人民民主专政实质上是无产阶级专政？

解析：(1) 无产阶级单独掌握国家领导权是无产阶级专政的根本标志。在我国，人民民主专政是由工人阶级（通过中国共产党）来领导的。工人阶级是我们国家的领导阶级，它的先锋队——中国共产党是人民民主专政的领导核心。

(2) 无产阶级专政的最高原则是无产阶级必须同农民结成牢固的联盟。因为只有这样，无产阶级才能最终消灭剥削阶级，完成历史使命。在我国，工农联盟是人民民主专政的阶级基础，是建立、巩固和发展人民民主专政和社会主义制度的重要保证。

(3) 人民民主专政同无产阶级专政的国家职能一样，都是保障人民当家作主权利，捍卫社会主义制度，组织社会主义经济建设和社会主义精神文明建设，以及维护世界和平和促进人类进步事业。

(4) 人民民主专政的历史使命同无产阶级专政的历史使命一样，最终都要消灭阶级、消灭剥削制度，实现共产主义。

2. 现行宪法是如何确认知识分子的地位和作用的？

解析：（1）知识分子是我国工人阶级的重要组成部分。它同工人、农民一起是我国社会主义事业的依靠力量。

（2）由于知识分子是掌握知识的脑力劳动者，是先进生产力的开拓者，因此，在社会主义物质文明、政治文明和精神文明建设中，有着特殊重要的作用。为此，现行《宪法》序言对此作了确认："社会主义建设事业必须依靠工人、农民和知识分子，团结一切可以团结的力量。"宪法的这一规定表明，知识分子是我国建设社会主义的一支基本依靠力量。

（3）为了充分发挥知识分子的作用，《宪法》第23条规定："国家培养为社会服务的各种专业人才，扩大知识分子的队伍，创造条件，充分发挥他们在社会主义现代化建设中的作用。"根据宪法的上述规定，一方面，国家必须切实维护知识分子的法律地位，创造各种条件，发挥知识分子的作用；另一方面，作为知识分子也必须加强学习，提高自己，努力成为先进思想的传播者、科学技术的开拓者和优秀精神产品的生产者，同广大工人、农民一起为中华民族的振兴建功立业。

3. 分析中国人民政治协商会议的性质、地位和任务。

解析：（1）中国人民政治协商会议是我国具有广泛代表性的爱国统一战线组织，是实现中国共产党领导的多党合作和政治协商制度的重要机构，是我国政治生活中发展社会主义民主的重要形式。

（2）《宪法》在序言中作了确认："中国人民政治协商会议是有广泛代表性的统一战线组织，过去发挥了重要的历史作用，今后在国家政治生活、社会生活和对外友好活动中，在进行社会主义现代化建设、维护国家的统一和团结的斗争中，将进一步发挥它的重要作用。"因此，中国人民政治协商会议的根本任务是实现爱国统一战线在新时期的三大任务，即实现社会主义现代化、完成祖国和平统一大业和维护世界和平。

4. 如何理解国有经济是国民经济的主导力量？

解析：国有经济是我国国民经济主导，在社会主义现代化建设中起着决定性作用，是社会主义经济制度的基石，决定着我国社会的稳定和发展。所以《宪法》第7条规定："国有经济，即社会主义全民所有制经济，是国民经济中的主导力量。国家保障国有经济的巩固和发展。"

5. 为什么说我国的人民民主专政是新型民主和新型专政的结合？

解析：（1）人民民主专政是人民民主和人民对极少数敌对分子专政的有机结合，是新型的民主和新型的专政的结合。

（2）在我国，人民民主，即社会主义民主，就是社会绝大多数人享有管理国家和社会的一切权力，就是人民当家作主。《宪法》第2条第1款明确规定："中华人民共和国的一切权力属于人民。"这是我国人民民主专政的根本所在，是我国国家制度的本质特征。

（3）我国的人民民主专政，还有全体人民对极少数敌对分子实行专政的一面。现行《宪法》序言规定“中国人民对敌视和破坏我国社会主义制度的国内外的敌对势力和敌对分子，必须进行斗争”，对内维护社会秩序、对外保卫国家，这是任何一个独立的国家政权所必须具备的条件，体现了国家的专政职能。

（4）对人民实行民主和对敌人实行专政，是我国人民民主专政的两个方面。在人民内部实行民主是实现对敌人专政的前提和基础，而对敌人实行专政又是人民民主的有力保障。民主与专政是统一的辩证关系，两者紧密相连，相辅相成，不可偏废。

第四章

CHAPTER FOUR

国家形式

学习目标

本章主要讨论国家形式问题。掌握政权组织形式、人民代表大会制度、单一制等基本概念；理解我国人民代表大会制度和单一制的建立背景与基本原理；了解我国选举制度的历史演变、基本原则；认清我国民族区域自治制度、特别行政区制度、基层群众性自治组织的内容与特色。

重点难点提示

◉ 课外学习《中华人民共和国宪法》总纲和国家机构相关条文部分。

◉ 主动应用所学知识，分析我国建立人民代表大会制度和实行单一制的必然性。

◉ 结合实际，分析村民委员会在建设社会主义新农村中的地位和作用。

国家形式主要包括国家政权组织形式和国家结构形式，国家权力的横向配置关系实际上是国家政权的组织形式问题，人民代表大会制度是我国的政权组织形式。国家权力的纵向配置关系实际上是国家结构形式问题，我国实行的是单一制的国家结构形式，在中央的统一领导下，充分发挥地方的主动性和积极性。但特别行政区实行高度自治，享有立法权、行政管理权、独立的司法权和终审权。

第一节　政权组织形式概述

一、政权组织形式的概念

政权组织形式，又称“政体”，是指特定社会的统治阶级采取一定原则建立的行使国家权力、实现国家统治和管理职能的政权机关的组织与活动体制。毛泽东指出：“所谓‘政体’问题，那是指的政权构成的形式问题，指的一定的社会阶级取何种形式去组织那反对敌人保护自己的政权机关。没有适当形式的政权机关，就不能代表国家。”①

现代各国的国情不同，其政权组织形式主要有两种：一是君主立宪制。在君主立宪制下，君主的权力不同程度地受宪法和议会的约束。二是共和制。国民享有统治权并选举代表或公职人员行使此项权力，即“共和政体”，采用这种政体的国家叫“共和国”。共和制是近现代立宪国家普遍采用的政体之一。

共和政体下的政权组织形式可分为以下几种：一是总统制。在世界范围内，总统制有两种形式：以美国为代表的比较典型的总统制和以法国为代表的较为特殊的半总统制。总统由公民直接或间接选举产生，总统既是国家元首又是政府首脑或实际上是政府首脑。二是议会内阁制：在英国、日本、联邦德国、意大利等实行议会内阁制的国家，国家元首仅在形式上代表国家。议会由选举产生的议员组成，政府由议会中的多数党或政党联盟组成。政府（内阁）对议会负责，议会可以通过不信任案倒阁，政府也可依宪法程序解散议会，重新组织大选。三是中国等社会主义国家实行的人民代表大会制。

理解政权组织形式的概念，必须了解政权组织形式和国体之间的关系，政权组织形式与国体之间是一种形式与内容的关系。

第一，国体决定政权组织形式。国体即国家的性质决定着政权组织形式的性质，有什么性质的国家就必然有什么性质的政权组织形式；国体决定着政权组织形式的基本类型和发达程度；国体发生了变化，政权组织形式也必然发生变化。当然，国体并不是决定政权组织形式的唯一因素，而只是决定政权组织形式的决定性因素或者说主要因素。

---

① 毛泽东著作选读：上册．北京：人民出版社，1986：364.

第二，政权组织形式对国体具有反作用。当政权组织形式适应国体时，促进国体的发展；当政权组织形式不适应国体时，阻碍国体的发展。

二、人民代表大会制度

（一）人民代表大会制度的概念

人民代表大会制度是中华人民共和国的根本政治制度，是人民民主专政的政权组织形式。它是指我国的一切权力属于人民；人民在普选的基础上选派代表，按照民主集中制的原则，组成全国人民代表大会和地方各级人民代表大会并集中统一行使国家权力；其他国家机关由人民代表大会产生，受人民代表大会监督，对人民代表大会负责；人大常委会向本级人民代表大会负责，人民代表大会向人民负责，并最终实现人民当家作主的一项根本政治制度。

人民代表大会制度同人民代表大会有着密不可分的关系，但是它们是两个不同的概念。人民代表大会是我国的国家权力机关，而人民代表大会制度则是我国的根本政治制度，它包括以人民代表大会为核心的所有国家政权机关的组织形式，还包括有关这些机关的组织和职权以及各个政权机关之间、各个政权机关同人民之间关系的一系列制度和原则。但是人民代表大会不包括其他国家机关，如行政、审判、检察和军事机关的具体制度。

（二）人民代表大会制度的历史发展

1. 根据地时期逐渐形成的政权组织形式

（1）第一次国内革命战争时期，在中国共产党的领导下出现的农民协会、罢工工人代表大会是人民代表大会制的萌芽。随着农民运动的开展，许多地方的农民建立了农民协会。1925 年，毛泽东在广州创办了农民运动讲习所，培养了大批农民运动骨干。当时，农会很快成为东南各省农村革命斗争的组织形式。尽管农会只是农民群众自愿结合起来的群众组织，但由于农会实行“一切权力归农会”的原则，它已具有显著的政权组织形式的特征，并且由选举产生的农会领导人遵循少数服从多数的原则，因而农会是人民代表大会制度的萌芽形态。同一时期，城市的工人阶级组建了罢工工人代表大会。1925 年参加省港大罢工的工人组成了“罢工工人代表大会”，作为领导罢工的权力机构，执行了革命政权的某些职能。1927 年上海工人起义，成立了市民大会，并由市民大会选举市民政府。这是我党在大城市创建人民政权组织形式的最初尝试。

（2）第二次国内革命战争时期根据地的工农兵代表大会和中央执行委员会。为了统一各革命根据地的工农民主政权，1931 年 11 月 7 日，在江西瑞金召开第一次全国工农兵代表大会，通过了《中华苏维埃共和国宪法大纲》。它规定，国家的最高政权为全国工农兵苏维埃代表大会；闭会期间，全国苏维埃中央执行委员会为最高政权机关，由中央执行委员会组织人民委员会，处理日常政务，发布一切法令和决议案。当时，国家的政权组织形式为中华苏维埃共和国工农兵代表大会。1934年1月，召开了第二次工农兵代表大会，选举了新的国家机构，通过了修改后的宪法大纲。

（3）抗日战争时期根据地实行“三三制”的各级参议会和各级政府。政权性质为抗日民主统一战线性质的工农民主专政政权，实行参议会制度。当时的重要宪法性文件是1939年1月召开的陕甘宁边区第一届参议员大会通过的《陕甘宁边区抗战时期施政纲领》。抗日民主根据地的各级参议会主要由人民直接选举的议员组成；同级政府认为必要时，可聘请部分人员为议员，但名额不得超过参议员总数的1/10。各级参议会均为人民的代表机关，是同级政权的权力机关，由它选出的同级政府对它负责并报告工作。为了广泛团结各种抗日力量，各级参议会和政府均实行“三三制”的政权组织形式，即共产党员、党外进步分子、中间分子各占1/3。

（4）解放战争时期的人民代表会议制是由抗日战争时期的参议会制度转变而来的。毛泽东在1940年的《新民主主义论》中曾明确指出，中国现在可能采取全国人民代表大会、省人民代表大会、县人民代表大会、区人民代表大会直到乡人民代表大会的系统，并由各级代表大会选举政府，这种制度即是民主集中制。这在当时是一种设想。随着解放区的扩大和土地制度的改革，在贫农团和农会的基础上建立了区、乡两级人民代表会议和人民政府。人民代表会议是真正基于广大群众意志产生的，它一经建立，就成为当地人民的权力机关。人民代表会议制度后来逐步扩大适用于县、市及至省。它一直延续到1954年，后来发展到人民代表大会制度的政权组织形式。

历史证明，国家权力属于谁，即政权性质问题，具有决定意义，不解决政权性质问题，形式问题就不可能得到解决。可是，这决不意味着一旦人民有了自己的政权，组织形式问题也随之解决了。人大制度就是这样：它不是对任何一个外国制度的简单抄袭，也不是一开始就十分成熟，而是经过根据地政权建设的长期实践，经历了20世纪20年代的萌芽形态、30年代的苏维埃制度、40年代的参议会制度以及后来的人民代表会议制度，逐步总结经验发展起来的，都是我们党为实现人民民主而进行的探索和创造。

2. 建国后我国人民代表大会制度的建立和发展。

中华人民共和国的成立，标志着中国政治实现了向人民民主的伟大跨越，开辟了中国历史上从未有过的人民当家作主的新纪元，亿万中国人民真正成为国家、社会和自己命运的主人。人民代表大会制度作为我国的政权组织形式，在共同纲领中和后来我国的几部宪法中都加以确认。

1949年9月，中国人民政治协商会议第一届全体会议通过的起临时宪法作用的《共同纲领》规定，人民行使国家政权的机关为各级人民代表大会和各级人民政府，国家最高政权机关为全国人民代表大会；在普选的全国人民代表大会召开之前，由中国人民政治协商会议的全体会议执行全国人民代表大会的职权；在普选的地方各级人民代表大会召开之前，由地方各级代表会议代行人民代表大会的职权，从而正式确定人民代表大会制度为我国的政权组织形式。

1953～1954年春，全国进行首次普选，在此基础上相继召开了地方各级人民代表大会，选举产生了地方各级国家政权机关。1954年9月15日，第一届全国第一次会议在北京召开，标志着人民代表大会制度在全国范围内建立起来。这次会议通过的宪法明确规定：中华人民共和国的一切权力属于人民，人民行使权力的机关是全国人民代表大会和地方各级人民代表大会，全国人民代表大会是最高国家权力机关；全国人大设立常委会，为其常设机关；在全国人大闭会期间，由常委会依照宪法的规定行使最高国家权力机关的部分职权；设立国务院，即中央人民政府，它是全国人大的执行机关和最高国家行政机关。1954～1957年，全国人大和地方各级人大，依照宪法和组织法的规定，认真行使各项职权；全国和地方各级人大还特别重视发挥代表的作用，并且逐步建立、健全组织制度与工作机构。

1957年反右斗争严重扩大化以后，各级人大的正常工作也受到了影响，各级人大会议均难以如期举行，即使召开了会议，也多流于形式。1962年以后的几年，各级人大的工作稍有起色，但最终未能恢复到1957年以前的水平。从1966年5月“文革”开始以后，在长达八年半的时间内，从未召开过全国人大及其常委会，直到1975年1月第四届全国人大第一次会议召开，此间最高国家权力机关及其常设机关处于瘫痪的状态。因此，这一阶段的人民代表大会制度也处于名存实亡状态。

1979年7月，第五届全国人大第二次会议通过了《关于修正宪法若干规定的决议》，决定在县和县以上地方各级人大设立常委会；改地方各级革命委员会为地方各级人民政府；将县人大代表改由选民直接选举产生；上下级人民检察院由监督关系改为领导关系。1982年12月4日，现行宪法正式通过并公布实施，进一步健全了全国人民代表大会的组织和各项工作制度，扩大了全国人大常委会的职权，使人民代表大会制度日益健全、发展。

（三）人民代表大会制度的基本内容和特点

人民代表大会制度是我国人民民主专政的政权组织形式，是人民当家作主的根本途径和实现形式。人民代表大会制度的内容主要有以下方面：

1. 各级人民代表大会都由民主选举产生，对人民负责，受人民监督。民主选举是民主集中制的基础。选举权和被选举权是人民行使国家权力的重要标志。选民（在直接选举中）或选举单位（在间接选举中）有权依照法定程序选举代表，并有权依照法定程序罢免自己选出的代表，这对于保证各级人大真正按照人民的意志、代表人民的利益行使国家权力，是非常重要的。

2. 各级人大及其常委会按照民主集中制的原则办事。宪法规定了人大及其常委会的职权。按照宪法规定的民主集中制原则，各级人大及其常委会集体行使国家权力，集体决定问题。全国性的重大问题经过全国人大及其常委会讨论和决定，地方性的重大问题经过地方人大及其常委会讨论和决定，而不是由一个人或少数几个人决定。

3. 国家行政机关、审判机关、检察机关都由人民代表大会产生，对它负责，向它报告工作，受它监督。人民代表大会统一行使国家权力，在这个前提下，明确划分国家的行政权、审判权、检察权。这样，既能使国家的行政、审判、检察机关不脱离人民代表大会或者违背人民代表大会的意志而进行活动，又能使各个国家机关在法律规定的各自职权范围内独立负责地进行工作，形成一个统一的整体。

4. 中央和地方国家机构职能的划分，遵循在中央统一领导下，充分发挥地方的主动性、积极性的原则。全国人大和地方各级人大各自按照法律规定的职权，分别审议决定全国的和地方的大政方针。全国人大对地方人大不是领导关系，而是法律监督关系、选举指导关系和工作联系关系。全国人大及其常委会通过的立法和讨论决定的事情，地方必须遵照执行或保证执行，同时给地方以充分的自主权。这样，既有利于中央统一领导，又有利于发挥地方积极性和主动性。

这里，要注意的是，人民代表大会是一个行使权力的国家机关，而不是人民代表大会制度的全部。在我国，除了人民代表大会外，人民还通过其他法定形式管理国家事务、经济文化事业和社会事务。

人民代表大会制度作为我国的政权组织形式，具有以下一些特点：

第一，人民代表大会制度有它的实践基础，它是在人民革命斗争中创造的，是中国共产党对政权建设历史经验加以总结和提高而确定的，也是中国共产党把马克思主义国家学说运用到我国政治制度中的具体表现。

第二，人民代表大会制度贯彻民主集中制原则。我国是由各级人民代表大会统一行使国家权力的，“一府两院”由人民代表大会产生，对其负责，受其监督。国家权力机关、行政机关、审判机关、检察机关分工不同、职责不同，目标则是一致的，都是在中国共产党领导下，在各自职权范围内贯彻落实宪法、法律、法规以及党和国家的方针政策。人民代表大会统一行使国家权力，但不代行行政权、审判权、检察权。人民代表大会通过制定法律或地方性法规、作出决议，决定国家大政方针，并监督“一府两院”的工作，促进依法行政、公正司法。这与西方国家的“三权分立”制度不同。

第三，人民代表大会制度采取一院制的形式，而不是两院制的形式；而且，人民代表大会制度的范围，不仅是人民代表大会本身，也包括全部国家机关体系。

（四）人民代表大会制度是我国的根本政治制度

《宪法》第2条第1、2款规定：“中华人民共和国的一切权力属于人民。人民行使国家权力的机关是全国人民代表大会和地方各级人民代表大会。”这一规定充分表明，人民代表大会制度是在中国共产党领导下创造的一种政权组织形式。它之所以成为国家的根本政治制度，理由在于：

1. 人民代表大会制度体现了国家一切权力属于人民的本质要求

国家的一切权力属于人民是人民代表大会制度的实质内容和权力基础。权力属于人民是指国家权力属于人民全体。由于国家权力统一不可分割，所以不能把每一个公民单独地看作是部分权力的所有者，而且每个人都来行使权利是不可能的事情，人民只能作为整体成为国家权力的所有者。在我国，十亿多人的文化程度、生活水平、思想素质和各自所从事的职业以及具体的利益与要求等，差异极大。人民只有在民主普选的基础上选派代表，组成全国人民代表大会和地方各级人民代表大会，才能够统一意志，行使权力。由人民将权力授予一定的机关或者公职人员去行使，同时保证对其进行监督，就必须实行民主与集中相结合的政治制度；通过人大的监督，防止权力的滥用。在我国，这样的政治制度就是人民代表大会制度。但是，建立了人民代表大会制度，并不等于一切权力就自然属于人民了。五十多年的实践表明，虽然我们一直实行人民代表大会制度，可是每个历史时期的民主程度，即表现国家权力属于人民的程度并不相同。因此，我们要努力地建设社会主义民主，加强制度建设，务必使人民代表大会制度的每一个具体环节都能充分地体现权力属于人民的原则，使每一个人民代表、每一个政府工作人员都能真正地代表人民，为人民服务，对人民负责；使每一项决策都能完善地体现人民的意志，代表人民的最高利益。有了具体制度的保证，一切权力属于人民的宪法规定才能真正实现。

2. 人民代表大会制度是其他制度赖以建立的基础，是其他国家权力的源泉

人民代表大会制度是中国人民在长期的革命实践中逐步建立起来的，它是我国政权组织形式建设经验的总结。它一旦产生后，就成为其他制度赖以建立的基础。人民代表大会通过行使各项职权，建立起行政制度和司法制度，它可以直接批准或授权批准其他国家机关所建立的各种制度。通过行使它所拥有的重大事务决定权，它可以根据国家和人民的需要，建立它认为应当建立的各项制度，采取各种重大行动，切实维护人民的利益。

全国人民代表大会和地方各级人民代表大会代表人民行使国家权力。这种国家权力在本质上是统一不可分的，但其具体内容还是可以分解的。根据我国宪法的规定，我国的国家权力可以分解为两个部分：一部分是由人民代表大会直接行使的，它体现为宪法和法律规定的各级人民代表大会的职权；另一部分则是经宪法授权给其他国家机关行使的职权，由人民代表大会负责组织和监督。人民代表大会是全权性的国家机关。但是，根据宪法和法律的规定，人民代表大会自己直接行使的职权只是在国家政治生活中具有决定性意义的，是足以表现国家的一切权力属于人民这个最根本的实质，而大量的权力并不亲自去行使。例如，全国人民代表大会行使国家立法权、对重大国家事务的决定权，以及任免权和监督权，这是统一的人民意志的直接表现。人民的意志被全国人民代表大会集中、升华为法律和决议之后，还需要组织行政机关去执行，需要组织审判机关、检察机关去适用法律。通过行使监督权保证法律的贯彻，使其他国家机关严格依法办事。因此，人民代表大

会直接行使的职权虽然并不是无所不包的，但却是决定性的。至于它通过宪法授权给其他国家机关去行使的职权，由于行政机关、审判机关、检察机关等都由人民代表大会产生，向人民代表大会负责，受人民代表大会监督，人民代表大会通过行使立法、监督、决定、任免等职权，保证这些国家机关的活动符合全体人民的利益，因此，人民代表大会是人民行使国家权力的机关。

3. 人民代表大会制度全面反映了我国政治生活的全貌

一方面，人民代表大会制度体现了人民民主专政的国家本质，是我国人民当家作主、行使管理国家事务权力的基本形式。通过依照民主集中制的原则办事，从而使国家权力最终掌握在人民手中，达到维护人民群众根本利益的目的，这也是我国经得起各种风险和克服各种困难的可靠保证。另外，人民代表大会通过行使职权，在维持社会治安、维护国际和平、促进祖国的和平统一等方面发挥着不可替代的作用，这也是实现人民民主专政的一个重要方面。

另一方面，人民代表大会成立以后，它就可以制定各种制度和法律，而其他制度和法律则必须经过人民代表大会批准，或由它所授权的机关批准才能生效。我国有许多制度，诸如行政制度、司法制度、选举制度、公务员制度、社团制度等，只能表示我国政治生活的一个方面，而只有人民代表大会制度，才能反映我国政治力量的源泉来自广大人民群众，因此，人民代表大会制度在我国的政治生活中处于首要的地位，是我国的根本政治制度。相对而言，其他政治制度都是非根本性的，不能与它并列，更不能取而代之。这样就可以把我国的民主政治建设的重点，放在人民代表大会制度的建设上，并不断地完善它、发展它，使其在我国的政治生活中发挥更大的作用。

（五）人民代表大会制度的优越性

第一，人民代表大会制度有利于加强和改善中国共产党对国家事务的领导。人民代表大会通过充分发扬民主，依照法定程序，把党的主张和人民意志统一起来；人大及其常委会根据中国共产党制定的大政方针和提出的立法建议，经过法定程序制定法律、地方性法规，作出决定，使党的主张成为国家意志；按照党组织推荐的干部人选，经过法定程序使其成为国家机关领导人员，并对他们进行监督；国家权力机关围绕党和国家工作大局，依法对“一府两院”的工作进行监督，促进行政机关依法行政、司法机关公正司法，从而从制度上保证了党的路线、方针、政策和重大决策得到贯彻实施。

第二，人民代表大会制度有利于保障人民当家作主。我国各级人民代表大会由民主选举的代表组成，人大代表来自各民族、各党派、各人民团体、各阶层、各地区，具有广泛的代表性。同时，国家保证人民依法实行民主选举、民主决策、民主管理、民主监督，保证人民依法管理国家事务和社会事务、经济和文化事业，保证人民享有宪法和法律规定的广泛的民主、权利和自由。

第三，人民代表大会制度有利于保证国家机关协调高效运转。按照人民代表大会制度，在人民代表大会统一行使国家权力的前提下，明确划分了国家的行政权、审判权、检察权。国家机关这种合理分工，体现了民主和效率的统一，使国家的各项工作协调一致地进行。

第四，人民代表大会制度有利于维护国家统一和民族团结。我国是统一的多民族国家，在中央和地方国家机构职权的划分上，遵循在中央统一领导下，充分发挥地方的主动性、积极性的原则。在少数民族聚居地区实行区域自治，设立自治机关，行使自治权，巩固和发展平等团结互助的社会主义民族关系，实现全国各族人民的大团结。这是国家长治久安的重要制度保证。

在新的历史时期，坚持和完善人民代表大会制度，首先要坚持中国共产党的领导。邓小平指出："在中国这样一个大国，没有共产党的领导，必然四分五裂，一事无成。"① 中国共产党是中国特色社会主义事业的领导核心，人民代表大会制度是中国共产党领导和支持人民当家作主、实现党对国家和社会事务的领导的政权组织形式。坚持党的领导，自觉接受党的领导，是各级人大及其常委会工作的根本保证，也是人民代表大会制度不断发展的政治保证。

其次，要坚持民主集中制的组织原则。我国国家机构的组织和活动原则是民主集中制，而不是"三权分立"。人民代表大会贯彻民主集中制原则，要求对重大问题的立法、监督，对国家事务和社会、经济、文化事务的管理，必须体现广大人民的利益和要求；另一方面，人民代表大会又在民主基础上进行集中，统一行使国家权力，形成正确的国家意志。这样，既有利于充分发挥民主、避免权力过分集中，又可以提高工作效率。

总之，我们要坚持中国特色社会主义政治发展道路，就必须坚持人民代表大会制度。我们要积极借鉴人类社会创造的文明成果包括政治文明的有益成果，但绝不搞多党轮流执政、"三权分立"。

第二节 选举制度

一、选举制度概述

（一）选举和选举制度的概念

选举一般是指一定的社会成员，按照一定的程序和方法选择公职人员或代表的行为。我国宪法学上所讲的选举则指选民、选举单位或国家机关按照国家法律规定的程序和方式

① 邓小平文选：第2卷．北京：人民出版社，1994：358.

选定国家代表机关代表和国家公职人员的行为。

选举制度是由法律规定的关于选举国家代表机关代表和国家公职人员的各项制度的总称。它的内容主要包括选举的基本原则，选举权利的确定，选举的组织、程序和方法，候选人提名与竞选，选民资格，选举经费，投票及选票计算，选民和代表的关系，以及对破坏选举行为的认定与制裁，等等。选举制度的概念可分为广义与狭义两种。广义选举制度包括选举代表机关代表与特定公职人员，选举主体的范围比较广泛。狭义选举制度是指选民依据选举法的规定选举代表机关代表的制度。我国选举法调整的对象限于全国人大代表与地方人大代表的选举，采用狭义选举制度概念。

选举制度是国家政治制度的重要组成部分，是衡量一个国家政治民主程度的重要标志，其具体内容通常由选举法规定。

（二）选举法

选举法是确认国家选举制度的法律，它是规定选举国家代表机关的代表和国家公职人员制度的法律规范的总和。

由于经过选举产生各种社会利益和意志的代表者、维护者及推行者，一旦某人当选，则意味着以宪法所赋予的权力或以国家的名义将其所代表的意志和利益变为国家的政策而予以社会化，所以，各种国家的选举活动必须按照选举法的规定来组织进行，用法的平等性和公正性来证明当选者的民意基础。

选举法可以分为狭义的和广义的两种。在我国，狭义的选举法仅指由全国人民代表大会制定的《中华人民共和国全国人民代表大会和地方各级人民代表大会选举法》；广义的选举法则还要包括全国人大常委会通过的有关选举工作的决议、决定，以及各省、自治区、直辖市国家权力机关颁布的关于选举工作的细则、决议和其他有关的地方性法规等。

二、我国选举制度的历史发展

（一）1953年第一部选举法

新中国成立后，随着我国繁重的社会改革任务的完成和社会主义建设事业的开始，在全国进行普选，召开各级人民代表大会的条件已经成熟。1953年，中央人民政府委员会通过了《中华人民共和国全国人民代表大会和地方各级人民代表大会选举法》（以下简称《选举法》）。这部选举法是根据解放前各个时期革命根据地的选举经验，根据新中国成立后政权建设经验，结合我国当时的具体情况制定的。它的基本精神是着眼于实际的民主，规定一个真正民主的选举制度。它根据当时的情况，规定了普遍、平等、直接选举和间接选举并用，举手表决和无记名投票并用等基本原则。另外，选举法还规定了实现这些基本原则的具体步骤和措施等。

（二）1979年第二部选举法

随着社会主义民主政治的发展和我国人民代表大会制度建设的需要，十一届三中全会后，我国又于 1979 年制定了新的选举法，并于 1982 年、1986 年、1995 年、2004 年和 2010 年五次进行了修改。

1979 年的选举法与 1953 年选举法相比，主要在三个方面有所发展：一是将直接选举扩大到县级人大代表的选举；二是将等额选举修改为差额选举，三是规定各党派、人民团体和选民，可以用各种形式宣传代表候选人。

1. 1982 年修改

1982 年 12 月 10 日五届全国人大五次会议通过的关于修改选举法的若干规定的决议，修改了代表候选人的介绍程序，并对每个代表所代表的人口数作了有利于少数民族的调整。

2. 1986 年修改

1986 年 12 月 2 日，六届全国人大常委会第十八次会议修改选举法，在以下方面进一步完善了选举制度：

（1）对少数民族和华侨进一步作出照顾。

（2）规定乡、民族乡、镇的选举委员会受上一级选举委员会的领导，改变过去受本级人民政府领导的规定。

（3）规定直接选举代表时，选区全体选民的过半数参加投票，选举有效，代表候选人获得参加选举的选民过半数的选票即可当选。

（4）对罢免代表、补选代表和代表辞职等作了规定。

（5）规定选举委员会应向选民介绍代表候选人的情况；推荐代表候选人的党派、人民团体或选民可以在选民小组会议上介绍所推荐的代表候选人的情况。

3. 1995 年修改

1995 年 2 月 28 日八届全国人大常委会第十二次会议通过修改选举法的决议，将选举法由原来的 44 条扩充为 53 条。修改后的选举法发展主要表现在：

（1）规定在各级人民代表大会的代表中，应逐步提高妇女代表的比例。

（2）规定乡、民族乡、镇的选举委员会受上一级人大常委会领导。

（3）明确规定了地方各级人民代表大会的代表名额及其确定和变更的程序。

（4）规定省级人民代表大会和全国人民代表大会农村每一代表所代表的人口数四倍于城市每一代表所代表的人口数，进一步缩小城乡差别。

（5）规定由全国人民代表大会另行规定香港特别行政区和澳门特别行政区应选全国人民代表大会代表的名额及其产生办法。

（6）规定选区的规模大小及各选区每一代表所代表的人口数应大体相等的原则。

（7）规定选民名单应在选举日 20 天以前公布，并将初步候选人名单的公布改为在选举日 15 天以前公布。

（8）规定县以上地方各级人民代表大会在选举上一级人大代表时，提名和酝酿代表候选人的时间不少于2天，必要时还可以进行预选。

（9）进一步规定代表当选的程序。

（10）规定罢免代表的程序和方法。

（11）规定代表辞职的程序。

4. 2004年修改

2004年10月27日十届全国人大常委会第十二次会议关于修改选举法的决定，是对选举法的第四次修改。这次修改的内容主要是：

（1）进一步保障了提名权。修改后的选举法重新引入了预选程序，规定如下：由选民直接选举的人民代表大会代表候选人，由各选区选民和各政党、各人民团体提名推荐。如果所提候选人的人数超过本法规定的最高差额比例，由选举委员会交各该选区的选民小组讨论、协商，根据较多数选民的意见，确定正式代表候选人名单；对正式代表候选人不能形成较为一致意见的，进行预选，根据预选时得票多少的顺序，确定正式代表候选人名单。

（2）增进选民对候选人的了解。修改后的选举法规定，选举委员会可以组织代表候选人与选民见面，回答选民的问题。但是，在选举日必须停止对代表候选人的介绍。

（3）对罢免代表作了更为实际的规定。修改后的选举法对选民罢免代表的条件作出了具体规定，即对于县级的人民代表大会代表，原选区选民50人以上联名，对于乡级的人民代表大会代表，原选区选民30人以上联名，可以向县级的人民代表大会常务委员会书面提出罢免要求。

（4）对贿选等破坏选举的行为作出更明确、更严厉的惩处规定。修改后的选举法规定：为保障选民和代表自由行使选举权和被选举权，对有下列行为之一的，破坏选举，违反治安管理处罚规定的，依法给予治安管理处罚；构成犯罪的，依法追究刑事责任：以金钱或者其他财物贿赂选民或者代表，妨害选民和代表自由行使选举权和被选举权的；以暴力、威胁、欺骗或者其他非法手段妨害选民和代表自由行使选举权和被选举权的；伪造选举文件、虚报选举票数或者有其他违法行为的；对于控告、检举选举中违法行为的人，或者对于提出要求罢免代表的人进行压制、报复的。并且规定，以金钱或者其他财物贿赂选民或者代表，妨害选民和代表自由行使选举权和被选举权的，其当选无效。

5. 2010年修改

2010年3月14日十一届全国人大三次会议通过对选举法的修改决定，主要内容有：

（1）取消城乡选举差别，实现同票同权。修改决定第7项明确规定，“全国人民代表大会代表名额，由全国人民代表大会常务委员会根据各省、自治区、直辖市的人口数，按照每一代表所代表的城乡人口数相同的原则以及保证各地区、各民族、各方面都有适当数量代表的要求进行分配。”在保障人人平等的基础上，此次修改还体现了地区平等和民族平等，即各行政区域无论人口多少都应有相同的基本名额数，人口再少的民族也要有一名代表。

（2）确保基层代表的数量和代表的广泛性。一方面将乡镇的代表总名额从原来的130名提高到160名；另一方面规定“全国人民代表大会和地方各级人民代表大会的代表应当具有广泛的代表性，应当有适当数量的基层代表，特别是工人、农民和知识分子代表；应当有适当数量的妇女代表，并逐步提高妇女代表的比例”。

（3）增强候选人透明度，保障选民知情权。明确“正式代表候选人名单及代表候选人的基本情况应当在选举日的七日以前公布”；规定“选举委员会根据选民的要求，应当组织代表候选人与选民见面，由代表候选人介绍本人的情况，回答选民的问题”。并且规定“接受推荐的代表候选人应当向选举委员会或者大会主席团如实提供个人身份、简历等基本情况。提供的基本情况不实的，应当向选民或者代表通报”。

（4）禁止一人身兼两地人大代表，规范了代表辞职程序。

（5）规范投票形式，保护选民意愿。

（6）保障依法选举，加大查处力度。

总之，我国的选举制度是伴随着人民民主专政国家政权的建立和社会主义民主的不断发展而建立和发展起来的。随着我国政治、经济形势的变化和发展，为了适应社会主义现代化建设的需要，经过对选举法的多次修改和补充，我国的选举制度无论就其内容还是形式方面都更为完善，更加切实可行，更符合我国现阶段政治、经济、文化等方面的情况，有利于发展我国的社会主义民主，有利于健全人民代表大会制度。

三、我国选举制度的基本原则

选举制度是关于选举代表机关（或国家公职人员）的原则、组织、程序和方式方法的总和。它的基本内容通常由国家的选举法作出规定。选举制度是国家政治制度的重要组成部分，它随着民主制度的发展而发展。根据宪法和法律的规定，我国选举制度的基本原则主要是：

（一）选举权的普遍性原则

选举权的普遍性原则是指年满18周岁、具有中国国籍、依法享有政治权利的公民都可自由地行使选举权和被选举权，不受任何法律上的或人为的剥夺。《宪法》第34条规定：“中华人民共和国年满十八周岁的公民，不分民族、种族、性别、职业、家庭出身、宗教信仰、教育程度、财产状况、居住期限，都有选举权和被选举权；但是依照法律被剥夺政治权利的人除外。”这一规定表明了我国选举权和被选举权的高度普及。在我国，享有选举权的基本资格只有三个：公民资格、法定年龄资格和政治权利状况。从宪法和法律的这种规定来看，我国公民享有选举权的广泛程度是资本主义国家选举制度无法比拟的。

目前，我国选举权主体的范围是十分广泛的，选举权只能在特定条件下予以限制。这主要有两种情况：（1）精神病患者选举权的规定。精神病患者不能行使选举权的，经选举委员会确认，不列入选民名单。精神病患者是选举权的主体，但由于其患病失去行为能力，不具备行使政治权利的实际能力，可暂不行使选举权。（2）因犯危害国家安全罪或者其他严重刑事犯罪案件被羁押，正在受侦查、起诉、审判的人，经人民检察院或者人民法院决定，在被羁押期间停止行使选举权利。

根据1983年第五届全国人大常务委员会第二十次会议通过的《全国人民代表大会常务委员会关于县级以下人民代表大会直接选举的若干规定》，下列人员准予行使选举权：被判处有期徒刑、拘役、管制而没有附加剥夺政治权利的；被羁押、正在受侦查、起诉、审判，人民检察院或者人民法院没有决定停止行使选举权的；正在取保候审或者被监视居住的；正在被劳动教养的；正在受拘留处罚的。上述人员参加选举，由选举委员会和执行监禁、羁押、拘留或者劳动教养的机关共同决定，可以在流动票箱投票，或者委托有选举权的亲属或其他选民代为投票。被判处拘役、受拘留处罚或者被劳动教养的人也可以在选举日回原选区参加选举。保护上述人员依法享有的选举权具有重要的理论与实践意义。这一方面体现了我国选举权的普遍性原则，使依法享有选举权的人能够实际行使选举权；另一方面，扩大了社会主义民主的范围，有利于改造和教育罪犯，发挥各方面的积极性。

《选举法》第6条第3款规定："旅居国外的中华人民共和国公民在县级以下人民代表大会代表选举期间在国内的，可以参加原籍地或者出国前居住地的选举。"旅居国外的华侨同居住在国内的公民一样享有选举权，但因他们居住在国外，具体行使选举权存在实际困难。为保障华侨的选举权，《选举法》根据华侨的实际情况，规定华侨在选举期间在国内时，可以参加出国前居住地或原籍地的县、乡两级选举。

（二）选举权的平等性原则

选举权平等性的基本含义是：每一选民在一次选举中只能有一个投票权，不能同时参加两个或两个以上地方的选举；每一选民所投的票的价值与效力是一样的，不允许任何选民享有特权，禁止对选民投票行为的非法的限制与歧视。

《选举法》第4条规定："每一选民在一次选举中只有一个投票权。"因此，选举权的平等性主要有两个表现：一是一人一票，二是选票价值相等。选举权平等原则是法律面前人人平等原则在选举制度中的具体体现。

2010年3月14日十一届全国人大三次会议通过关于修改选举法的决定，规定全国人民代表大会代表名额，由全国人大常委会根据各省、自治区、直辖市的人口数，按照每一代表所代表的城乡人口数相同的原则，以及保证各地区、各民族、各方面都有适当数量代表的要求进行分配。地方各级人民代表大会也实行城乡按相同人口比例选举代表。此外，《选举法》还体现了地区平等和民族平等，即各行政区域无论人口多少都应有相同的基本名额数；人口特少的少数民族，在全国人大中"至少应有代表一人"。

（三）直接选举与间接选举并用的原则

直接选举是由选民直接投票选举代表机关代表或其他公职人员的选举；间接选举是由选民先选出代表或选举人，再由代表或选举人投票选举上一级代表机关代表或其他公职人员的选举。

《选举法》第2条规定："全国人民代表大会的代表，省、自治区、直辖市、设区的市、自治州的人民代表大会的代表，由下一级人民代表大会选举。不设区的市、市辖区、县、自治县、乡、民族乡、镇的人民代表大会的代表，由选民直接选举。"可见，我国县级以下的基层人大采取直接选举的方式产生代表，而县级以上的人大则采取间接选举的方式，二者并用。

（四）差额选举原则

我国各级人大代表的选举，都实行差额选举的原则，这构成了我国选举制度的一个特色。所谓差额选举，也叫做不等额选举，是指候选人的名额多于应选名额的选举。与之相对应的方式叫做等额选举，即候选人名额与应选名额相等的选举。《选举法》第30条规定："全国和地方各级人民代表大会代表候选人的名额，应多于应选代表的名额。由选民直接选举的代表候选人名额，应多于应选代表名额三分之一至一倍；由地方各级人民代表大会选举上一级人民代表大会代表候选人的名额，应多于应选代表名额五分之一至二分之一。"

我国1953年选举法曾规定我国各级人民代表大会的选举采用等额选举的方式。1979年选举法首次规定各级人民代表大会的选举采用差额选举的方式。1982年我国对1979年选举法作了进一步修改，规定选举可以采取候选人数多于应选人数的办法，也可以经过预选产生候选人名单，然后进行选举。实行差额选举的好处在于：一是差额选举给了选民或者代表以多种选择机会，有利于更好地发扬民主，以便选出满意的代表。二是差额选举的结果必然使一部分候选人落选，因此可以使候选人增强公仆意识和责任心，努力向选民负责。

（五）无记名投票原则

无记名投票是指选民在投票时只需在选票所列候选人姓名下以符号形式注明同意或不同意，无需署名，并且在填写选票后亲自投入票箱的投票方式。完整的无记名投票方式包括选民不署名、只标明选择意愿和亲自投票三个方面的权利，使选民的选择意愿不受任何外来干涉和影响，也使别人无法知悉选民的选择，因此也叫做秘密投票方式。它是与起立、举手、鼓掌等公开表达自己选择意向的方式相对应的一种投票方法。修改前的《选举法》在第36条第1款规定："全国和地方各级人民代表大会代表的选举，一律采用无记名投票的方法。"2010年修改的《选举法》增加规定："选举时应当设有秘密写票处。"无记名投票原则的实行是提高选举制度的民主性，尊重选民意志的重要保障。

不过，为了体现选举制度的民主性与科学性，我国《选举法》第36条第2款规定，"选民如果是文盲或者因残疾不能写选票的，可以委托他信任的人代写"；第38条还规定，"选民如果在投票期间外出，经选举委员会同意，可以书面委托其他选民代为投票"。

（六）选举的物质保障和法律保障原则

在我国选举制度中，为保障选举制度的民主性，使每个选民都能参加选举，自由表达意愿，所以选举法规定了对选民行使选举权的物质上和法律上的保障。

就物质保障而言，《选举法》第8条规定“全国人民代表大会和地方各级人民代表大会的选举经费，由国库开支”。选举经费是参加选举的必要开支，包括选举组织经费、竞选经费和投票费用等。选举组织经费是国家必须支付的，投票费用是选民为参加选举而支付的必要开支，竞选经费是作为候选人为当选而进行报名、宣传、旅行等活动所支付的费用。竞选经费原则上应由候选人个人支付，即使在西方国家也属于一笔不小的开支，一般公民是无力承担的。在我国，竞选经费由国家支付，以使候选人不因占有财产的多寡而在选举中受到限制或处于不利的地位，也保证他们在当选后能做到公正代表，真正反映民意。

在法律保障方面，任何国家都要建立各种选举的法律保障制度，以使选举能公正、公开和合法地进行，使真正得到人民支持的候选人能够当选，使人民多数的意志能够得到真实的反映。所以，我国《选举法》第52条规定，为保障选民和代表自由行使选举权和被选举权，对有下列违法行为的，应当依法给予行政处分或者刑事处分：（1）用暴力、威胁、欺骗、贿赂等非法手段破坏选举或者妨害选民和代表自由行使选举权和被选举权的；（2）伪造选举文件、虚报选举票数或者有其他违法行为的；（3）对于控告、检举选举中违法行为的人，或者对于提出要求罢免代表的人进行压制、报复的。《刑法》第256条对破坏选举的犯罪行为相应地作出了规定：“在选举各级人民代表大会代表和国家机关领导人员时，以暴力、威胁、欺骗、贿赂、伪造选举文件、虚报选举票数等手段破坏选举或者妨害选民和代表自由行使选举权和被选举权，情节严重的，处三年以下有期徒刑、拘役或者剥夺政治权利。”

四、我国选举的组织和程序

（一）主持选举的组织机构

主持选举的机构是完成选举工作的组织保证。由于我国采取直接选举和间接选举两种选举方式，所以负责选举工作的机构也不同，主要有各级人大常委会和选举委员会两种形式。

按照人大组织法和选举法的规定，实行间接选举时，选举工作由本级人大常委会主持，即全国人大常委会主持全国人大代表的选举，省级、设区的市、自治州的人大常委会主持本级人大代表的选举。

实行直接选举的地方，设立选举委员会主持选举工作，即县级和乡级设立选举委员会，主持本级人大代表的选举。选举委员会分县、乡两类：不设区的市、市辖区、县、自治县的选举委员会由本级人大常委会任命，并受本级人大常委会领导；乡、民族乡、镇的选举委员会也由县级人大常委会任命，并受县级人大常委会领导。选举委员会是组织和承担选举工作的办事机构。根据选举活动的具体情况，选举委员会下设若干分支机构，如在大的选区或工矿区、机关、学校等地方设立选举委员会分会、选民小组等。

鉴于选举委员会在直接选举中的重要作用，2010 年修改的《选举法》增设“选举机构”专章（第二章），对选举委员会的产生和职责分别作出规定。新《选举法》规定，不设区的市、市辖区、县、自治县的选举委员会的组成人员由本级人民代表大会常务委员会任命；乡、民族乡、镇的选举委员会的组成人员由不设区的市、市辖区、县、自治县的人民代表大会常务委员会任命。选举委员会履行下列职责：（1）划分选举本级人民代表大会代表的选区，分配各选区应选代表的名额；（2）进行选民登记，审查选民资格，公布选民名单；受理对于选民名单不同意见的申诉，并作出决定；（3）确定选举日期；（4）了解核实并组织介绍代表候选人的情况，根据较多数选民的意见，确定和公布正式代表候选人名单；（5）主持投票选举；（6）确定选举结果是否有效，公布当选代表名单；（7）法律规定的其他职责。

选举法还规定，省级、设区的市级、自治州级的人大常委会指导本行政区域内县级以下人大代表的选举工作，这实际上是对选举委员会的工作进行监督和指导。

（二）选区的划分

选区是以一定数量的人口为基础划分的、进行直接选举以产生人民代表的区域，同时也是人民代表联系选民的基本单位。划分选区的目的主要是在特定地区的人大代表与选民间建立起代表关系及责任关系。特定人大代表是一个地区选民参与国家管理的代理人，但同时，根据一般代理原理，人大代表的代理活动又不受本地区选民的约束，为使代表能成为选民的利益代言人，就必须使其对选民负责。选区就是代表产生并联系选民的基本单位。在实行间接选举时，无所谓选区划分。

我国《选举法》第 24 条第 1 款规定：“不设区的市、市辖区、县、自治县、乡、民族乡、镇的人民代表大会的代表名额分配到选区，按选区进行选举。选区可以按居住状况划分，也可以按生产单位、事业单位、工作单位划分。”据此，选区划分要考虑并遵循以下原则：（1）便于选民就近参加选举，方便选民行使权利；（2）便于选举的组织工作；（3）便于选民了解代表候选人的情况；（4）便于代表联系选民，对选民负责，也便于选民对代表进行监督。所以，《选举法》第 24 条第 2 款规定“选区的大小，按照每一选区选一名至三名代表划分”。具体而言，我国选区划分的一个特色就是，不像西方国家那样，仅按居住状况划分选区，我国还可以按生产或工作单位划分。在城市中，按单位划分选区的情况非常普遍，而候选人往往也来自于各个单位，所以我国人大代表的职业代表性非常强，构成了我国各级人大代表成分的一个重要特色。同时，每一选区的大小按选一至三名代表划分，近似于西方国家的中选区制，一个单位既可以作为一个选区，也可以根据单位的大小划分为若干个选区，比较灵活。

（三）选民登记

选民是指具有中国国籍、年满18周岁的有选举权的自然人。在某一国家特定地区居住的居民不能自动享有选举权，特定公民也不能自动成为选民。由于选举是国家的一项政治活动，选举权是政治权利，所以外国人或依法被剥夺政治权利的公民，没有选举权；享有选举权的公民可以成为选民，但在某一特定地区，彼地的选民不能成为此地的选民。因此，在一次选举中，公民必须进行选民登记，被列入选民名单并取得选民证，方能成为选民并参加投票活动。选民登记就是确定某人享有选举权和投票权的必要程序。

选民登记是对公民选举权利的确认和保障，直接关系到公民选举权能否得到行使的大问题。《选举法》第26条规定“选民登记按选区进行”，因为选区是组织选举的基本单位，这样不容易发生漏登、重登、错登的现象，也便利选民进行登记。

选民登记是一项政策性很强的工作。它的根本要求是：必须做到不让一个有选举权的人错误地被剥夺了选举权，也决不能让一个被剥夺了选举权的人窃取了选举权。选民资格只有经登记确定之后，才能行使选举权和被选举权。《选举法》第26条规定，“经登记确认的选民资格长期有效”，“精神病患者不能行使选举权利的，经选举委员会确认，不列入选民名单”；“每次选举前对上次选民登记以后新满十八周岁的、被剥夺政治权利期满后恢复政治权利的选民，予以登记。对选民经登记后迁出原选区的，列入新迁入的选区的选民名单；对死亡的和依照法律被剥夺政治权利的人，从选民名单上除名”。此外，正在服刑和被羁押、拘役、管制的下列人员准予行使选举权利：（1）被判处有期徒刑、拘役、管制而没有附加剥夺政治权利的；（2）被羁押，正在受侦查、起诉、审判，人民检察院或者人民法院没有决定停止行使选举权利的；（3）正在取保候审或者被监视居住的；（4）正在被劳动教养的；（5）正在受拘留处罚的。

在进行直接选举的地方进行的选民登记，是对选民资格和投票资格进行确认的法律程序，任何公民只有经过选民登记，才能享有特定地区的选民资格。根据选举法的规定，选民登记有这样一些内容：（1）选民登记按地区进行，由选举委员会负责组织登记工作。（2）凡年满18周岁、未被剥夺政治权利的公民都应列入选民名单；精神病患者不能行使选举权利的，经选举委员会确认，不列入选民名单。（3）经登记确认的选民资格长期有效。每次选举前对上次选民登记以后新满18周岁的、被剥夺政治权利期满后恢复政治权利的选民，予以登记；对选民经登记后迁出原选区的，列入新迁入的选区的选民名单；对死亡的和依照法律被剥夺政治权利的人，从选民名单上除名。（4）选民名单应在选举日的20日以前公布，实行凭选民证参加投票选举的，应当发给选民证。（5）对于公布的选民名单有不同意见的，可以向选举委员会提出申诉。选举委员会对申诉意见，应在3日内作出处理决定。申诉人如果对处理决定不服，可以在选举日的5日以前向人民法院起诉，人民法院应在选举日以前作出判决。人民法院的判决为最后决定。

（四）代表候选人的产生

1. 推荐代表候选人

按照《选举法》的规定，我国实行差额选举。全国和地方各级人民代表大会代表候选人的名额，应多于应选代表的名额。由选民直接选举人民代表大会代表的，代表候选人的人数应多于应选代表名额1/3至1倍；由县级以上的地方各级人民代表大会选举上一级人民代表大会代表的，代表候选人的人数应多于应选代表名额1/5至1/2。

《选举法》规定，全国和地方各级人大代表候选人按选区或者选举单位提名产生。由选民直接选举的代表候选人由各选区选民和各政党、各人民团体提名推荐；县级以上地方各级人大在选举上一级人大代表时，其代表候选人由代表和各政党、各人民团体提名推荐，被提名者不限于各该级人大的代表。由此可见，推荐候选人的主体包括选民或代表、各政党和各人民团体两大类，其中选民或代表10人以上联名，可以推荐代表候选人；各政党和各人民团体可以联合或者单独推荐代表候选人。推荐者应向选举委员会或者人大大会主席团介绍候选人的情况。

2. 确定正式代表候选人

在实行直接选举的地方，正式候选人的确定基本上分为两个步骤：第一，由选举委员会汇总各选区选民和各政党、各人民团体提名推荐的代表候选人，制成名单，在选举日的15日以前公布。第二，公布的提名名单如果少于或刚好符合选举法规定的差额比例，就在选举日的5日以前直接公布正式候选人名单。如果所提候选人的人数超过本法规定的最高差额比例，由选举委员会交各该选区的选民小组讨论、协商，根据较多数选民的意见，确定正式代表候选人名单；对正式代表候选人不能形成较为一致意见的，进行预选，根据预选时得票多少的顺序，确定正式代表候选人名单。

县级以上实行间接选举的地方，在选举上一级人大代表时，提名、酝酿代表候选人的时间不得少于2天。各该级人大主席团将代表、各政党或各人民团体提出的候选人名单印发全体代表，由全体代表酝酿、讨论，如果所提代表候选人的人数符合差额选举比例，就直接进行投票选举；如果所提候选人的人数超过选举法规定的最高差额比例，就要进行预选，根据预选时得票多少的顺序，按照本级人大的选举办法根据选举法确定的具体差额比例，确定正式代表候选人名单，进行投票选举。

3. 介绍代表候选人

介绍代表候选人的目的在于使选民或选举单位了解候选人的基本情况，知悉其政治态度，以利于选民或代表的选择。这一过程实际上就是公民政治意愿的形成过程，也只有在这一过程中才有可能形成公民政治意愿。在选举中某一候选人如得到多数选票，也就表明候选人的主张符合多数选民的要求，即形成了多数人的政治意愿。

为了增强代表候选人“透明度”，修改后的《选举法》明确规定：“选举委员会或者人民代表大会主席团应当向选民或者代表介绍代表候选人的情况。推荐代表候选人的政党、人民团体和选民、代表可以在选民小组或者代表小组会议上介绍所推荐的代表候选人的情况。选举委员会根据选民的要求，应当组织代表候选人与选民见面，由代表候选人介绍本人的情况，回答选民的问题。但是，在选举日必须停止代表候选人的介绍。”

（五）代表的产生

1. 投票程序

选民投票是选举过程的决定性阶段，它是衡量选举工作好坏的尺度。修改后的《选举法》规定：“选举委员会应当根据各选区选民分布状况，按照方便选民投票的原则设立投票站，进行选举；选民居住比较集中的，可以召开选举大会，进行选举；老弱病残或者居住分散并且交通不便的选民，可以在流动票箱投票。”

代表由选民直接选举产生的县、乡两级的投票活动由选举委员会主持，在各选区设立投票站、流动票箱或者召开选举大会，通常情况下选民都到投票站投票，在人口稀少、交通不便或选民人身自由依法受限制的地方设立流动票箱，单位选区或军队选区往往采用召开选举大会的方式。县级以上采取间接选举方式的地方，地方各级人大在选举上一级人大代表时，由地方各级人大主席团主持。

全国和地方各级人大代表的选举，一律采用无记名投票的方法。在直接选举的情况下，选民凭身份证或选民证领取选票，自行填写后投入票箱，投票即告完成；如果选民是文盲或因残疾等原因不能写票的，可以委托他信任的人代写；如果选民实际上已经迁居本选区但尚未转出户口，在取得原选区选民资格证明后，可以在现居住地的选区参加投票，其中也包括外地民工在工作地参加选举的情况；如果选民在选举期间外出，可以委托他人代为投票，但必须符合四个条件：（1）需经选举委员会认可；（2）必须有书面的委托；（3）受委托人必须具有选举权和被选举权并已登记为该选区的选民；（4）受委托人最多只能接受3人委托。在间接选举的情况下，一般不存在代为投票的情况。

选民或代表对于代表候选人可以投赞成票，也可以投反对票、弃权票或者另选他人。

2. 选举结果的确定

第一步，要确定选举日的选举活动在形式上是否有效。在直接选举的地方，选区全体选民的过半数参加投票，选举有效；在间接选举的情况下，对选举的法定人数没有特别规定，但也应全体代表过半数参加投票。

第二步，要确定有效票的票数。投票结束后，由选民或者代表推选的监票、计票人员和选举委员会或者人民代表大会主席团的人员将投票人数和票数加以核对，作出记录，并由监票人签字。对选票的有效性应作这样的认定：每一选票所选人数，多于规定应选人数的无效；等于或少于规定应选代表人数的有效。

第三步，有效票的票数统计出来后，就要确定选举在实质上是否有效，选举中所投票数多于投票人数的，选举无效；等于或少于投票人数的，选举有效。

第四步，要确定当选。在直接选举的地方，代表候选人获得参加投票的选民过半数的有效选票即为当选；在间接选举的情况下，代表候选人获得全体代表过半数的有效选票即为当选。在确定当选的过程中，会出现两种特殊情况：第一种情况是，获得过半数选票的代表候选人的人数超过应选代表名额时，以得票多的当选；如果遇到票数相等无法确定当选人时，应当就票数相等的候选人再次投票，以得票多的当选。第二种情况是，当选代表的人数少于应选名额时，就要另行组织选举。另行选举时，根据第一次投票时得票多少的顺序，按照选举法规定的差额比例，确定候选人名单，例如，只差 1 人，候选人就应为 2 人；另行选举县级和乡级人大代表时，以得票较多的当选，但其得票数不得少于选票的 1/3；县级以上人大在另行选举上一级人大代表差额时，候选人获得全体代表过半数的选票，始得当选。

最后，选举结果由选举委员会或者人大主席团根据选举法的规定确定是否有效，并予宣布。至此，选举结束。但当选者还只是“当选代表”，而非“在任代表”，在新一届人大召集时，经过代表资格委员会的确认，才能成为正式的人大代表。

（六）代表的罢免、辞职和补选

1. 代表的罢免

我国宪法和选举法规定，全国和地方各级人民代表大会的代表，受选民和原选举单位的监督。选民和原选举单位有权罢免自己选出的代表是监督代表的一种重要方式。选举法具体规定了罢免的法律程序。

对于县级的人民代表大会代表，原选区选民 50 人以上联名，对于乡级的人民代表大会代表，原选区选民 30 人以上联名，可以向县级的人民代表大会常务委员会书面提出罢免要求。县级以上的地方各级人民代表大会举行会议的时候，主席团或者 1/10 以上代表联名，可以提出对由该级人民代表大会选出的上一级人民代表大会代表的罢免案。在人民代表大会闭会期间，县级以上的地方各级人民代表大会常务委员会主任会议或者常务委员会 1/5 以上组成人员联名，可以向常务委员会提出对由该级人民代表大会选出的上一级人民代表大会代表的罢免案。

提出罢免要求时，应当写明罢免理由，其内容包括被罢免者违法乱纪及不履行代表义务的事实情况及有关材料、涉及的法律条文等。选民联名提出罢免请求后，被提出罢免的代表有权在选民会议上提出申辩意见，或者书面提出申辩意见，由主席团印发会议。县级以上的地方各级人民代表大会举行会议的时候，被提出罢免的代表有权在主任会议或者常务委员会全体会议上提出申辩意见。为了尊重被提出罢免者的合法权益，县级的人大常务委员会应当将罢免要求和被提出罢免的代表的书面申辩意见印发给原选区选民，以便选民讨论。罢免代表采用无记名投票的表决方式。罢免县级和乡级的人民代表，须经原选区过半数的选民通过；罢免县级以上的地方各级人民代表大会选出的代表，须经各该级人民代表大会过半数的代表通过；在代表大会闭会期间，须经常务委员会组成人员的过半数通过。罢免的决议须报送上一级人民代表大会常务委员会备案。

依法定程序通过的罢免决议产生法律效力。县级以上的各级人民代表大会常务委员会组成人员，全国人民代表大会和省、自治区、直辖市、设区的市、自治州的人民代表大会专门委员会成员的代表职务被罢免的，其常务委员会组成人员或者专门委员会成员的职务相应被撤销。乡、民族乡、镇的人民代表大会主席、副主席的代表职务被罢免的，其主席、副主席的职务相应撤销。

2. 代表的辞职

按照选举法的规定，各级人大代表都可以提出辞去代表职务的请求。县级以上各级人大代表可以向选举他的人大常委会提出辞职请求；县级人大代表可以向本级人大常委会提出辞职请求；乡级人大代表可以向本级人大提出辞职请求。辞职请求必须以书面形式提出。辞职属于代表的一种权利，所以无须选民或选举单位同意。

辞去代表职务的相应结果是，县级以上的各级人大常委会组成人员，全国人大和省、自治区、直辖市、设区的市、自治州的人大的专门委员会成员，辞去代表职务的请求被接受的，其常委会组成人员、专门委员会成员的职务相应终止，由常委会予以公告；乡、民族乡、镇的人大主席、副主席辞去代表职务的请求被接受的，其主席、副主席的职务相应终止，由主席团予以公告。

3. 代表的补选

代表的被罢免、辞职以及其他原因，或者因代表在任期内调离或迁出本行政区而使其代表资格自行终止，都可以造成代表职位的空缺，因此产生代表的补选问题。一般情况下，代表补选由原选区或原选举单位进行；县级以上地方各级人大闭会期间，也可以由本级人大常委会补选上一级人大的代表。

补选代表时，代表候选人的名额可以多于应选代表的名额，或同应选代表的名额相等，也可以在差额选举和等额选举中进行选择。可见，补选的程序相对不太严格。补选的具体办法由省级人大常委会规定。

第三节　国家结构形式

一、国家结构形式的概念和分类

（一）国家结构形式的概念

国家结构形式是指特定国家的统治阶级所采取的，按照一定原则来划分国家内部区域，调整国家整体和组成部分、中央和地方之间相互关系的国家外部总体形式。国家结构形式所要解决的问题，就是统治阶级对国家的领土如何划分，以及划分以后如何规范国家整体和组成部分、中央和地方之间权限的问题。

国家结构形式与国家政权组织形式密切相关。国家结构形式与政权组织形式都是实现国家统治权力的途径，它们在不同的方面体现着国家权力关系，即职权划分关系。国家结构形式是在政权体系的纵向方面，即同领土结构相适应的上下层次之间体现国家权力关系；政权组织形式则是着重从政权体系横向方面，即权力机关（立法机关）同行政机关、司法机关以及其他国家机关之间，权力机关同人民群众之间体现国家权力关系。这两种形式是实现国家职能不可缺少的表现形式。

（二）国家结构形式的分类

近现代国家主要采用单一制或联邦制①两种国家结构形式。

1. 单一制

所谓单一制，就是由若干普通的行政区域或自治区域构成统一主权国家的国家结构形式。单一制国家在形式上比较简单，是一个统一完整的政治实体，其主要特征是：（1）从国家的法律体系看，国家只有一部宪法，由统一的中央立法机关根据宪法制定法律；（2）从国家机构的组成看，国家只有一个最高立法机关，一个中央政府，一套完整的司法体系；（3）从中央与地方的权力划分看，地方接受中央的统一领导，地方政府的权力由中央通过宪法授予，地方行政区域单位和自治单位没有脱离中央而独立的权力；（4）从对外关系看，国家是一个独立的主体，公民具有统一的国籍。② 当今世界多数国家实行单一制。

按照中央与地方权力分配的程度差异，单一制又可分为中央集权型单一制和地方分权型单一制两种类型：（1）中央集权型单一制。地方政府受中央政府的控制和监督，国家权力高度集中于中央政府。（2）地方分权型单一制。地方政府享有较大的行政自治权，中央对地方的控制力较弱，一般只能通过立法监督、行政监督和财政监督等间接手段来实现，但是军事、外交等方面的全国性政务则由中央政府单独执掌。

2. 联邦制

联邦是由两个或多个成员国（州、邦、共和国等）组成的联盟国家。联邦的主要特征是：（1）从国家的法律体系看，除有联邦宪法外，各成员国还有自己的宪法。（2）从国家机构的组成看，除联邦设有联邦立法机关、行政机关和司法系统外，各成员国还设有自己的立法机关、行政机关和司法系统。（3）从联邦与各成员国的职权划分看，其职权由联邦宪法作出具体划分。至于所谓剩余权力，有的宪法将它授予联邦，如加拿大；有的宪法将它授予各州，如美国。（4）从对外关系看，有些国家还允许其成员国享有一定的

---

① 与联邦制相类似的是邦联的结构形式，即两个以上的主权国家为了某种共同利益而组成的国家联盟。邦联不是真正意义上的国家，而是一种比较松散的国家联盟。现今已没有国家采取这种结构形式。

② 这四个特征是从单一制国家的一般表现中总结出来的。单一制和联邦制国家的分野不一定是纯粹的，如英国为单一制国家，但其组成单位苏格兰另有一套立法体系和司法体系，其权力也不都是基于中央的授予，而有基于传统的权力，但总体说来，英国仍为单一制国家。

外交权，可同外国签订某些方面的协定，如印度、巴西、德国、瑞士等。联邦国家的公民既有联邦的国籍，又有成员国的国籍。

联邦国家与联邦成员之间通常建立的是分享国家权力的关系，这种关系构成了联邦制国家结构形式的具体内容。从共同遵守联邦宪法、基本法律和接受联邦政府进行法定管理的角度看，联邦是一个统一的主权国家；从拥有各自的宪法和法律、独立享有管理本区域公共事务的权力并保留联邦宪法规定以外的全部权力的角度看，联邦成员又是具有相当独立性的政治实体。在典型的联邦制国家中，联邦权力被视为联邦成员权力的让与，因而联邦与其成员之间并非领导与服从的关系，而是契约与合作的关系，这与地方分权型单一制国家有着根本的不同。

二、我国的国家结构形式

（一）我国是统一的多民族国家

《宪法》在序言中指出："中华人民共和国是全国各族人民共同缔造的统一的多民族国家。平等、团结、互助的社会主义民族关系已经确立，并将继续加强。"在第4条中又明确规定，各民族自治地方都是中华人民共和国不可分离的部分。由此可见，我国实行的是单一制的国家结构形式。我国采用单一制国家结构形式的理由在于：

1. 历史原因

在中国社会历史发展过程中，尽管未能完全消除政权割据状态，从秦汉到明清，几经分合，但是，国家的统一始终是历史发展的主流，"大一统"思想是中国历史上各民族关系发展的共同思想基础。正是由于这一思想的影响，才出现了各民族共同缔造的一个统一的国家。各民族人民在统一的国家内共同生活，共同发展，创造了伟大祖国的光辉历史和灿烂文明。历史证明，中华民族具有强大的向心力和凝聚力。长期的历史传统决定了我国建立单一制的多民族国家，不仅是可能的，而且也是必要的。

2. 民族原因

我国有56个民族，各民族统称中华民族。其中，汉族人口占绝大多数，其他少数民族的人口数不到全国总人口数的1/10，而且，各少数民族分布的地区很广，占全国土地面积的60%左右。这种人口少而分布地区广的状况，必然产生一种大分散、小集中、大杂居、小聚居的局面。交叉居住的各民族互相影响、互相融合，建立了团结互助的关系。这样的人口结构、居住状况是不可能建立各自单一的民族共和国的，而适宜于建立统一的多民族国家。

3. 社会稳定的需要

从各民族国家的发展历史来看，社会要发展，稳定是第一位的。对于多民族的中国来说，国家的统一，国内各民族的团结，是中国社会稳定的首要标志。新中国建立后，我国各族人民开始走上社会主义道路，走上发展经济、共同繁荣的道路，这就需要社会稳定、边疆稳定。而单一制的国家结构形式有利于维护各民族的团结、促进整个社会的稳定。

4. 社会主义现代化建设的需要

我国的社会主义现代化建设，需要各民族地区之间互助合作，互通有无，共同发展。单一制的国家结构形式有利于调动各方面的积极因素，使人尽其力，物尽其用，共同建设伟大的社会主义祖国。

总之，我国历史发展和民族关系的现实情况，为我国各族人民提供了建立单一制国家的政治和经济基础。在中国共产党的领导下，建立统一的多民族国家是我国历史发展的必然选择，也是各族人民的共同愿望。在我国人民民主专政条件下，维护社会主义祖国的统一和各民族的团结，是各族人民的神圣职责，也是中国特色社会主义事业发展的基本保证。

（二）我国采取单一制国家结构形式的优越性

我国采取单一制国家结构形式有以下优越性：

1. 有利于国家的独立和统一

现在的独立统一的单一制国家结构形式是我国各族人民近百年来奋斗的胜利成果，我们必须珍惜，使它在社会主义革命和建设时期更加巩固和加强。由于国外扩张势力还企图在边疆地区挑起事端，制造民族分裂，如果不采取单一制国家结构形式就有可能给敌对势力造成可乘之机。单一制有利于保证各民族在独立统一的国家内团结互助，造就社会主义国家和平建设的政治环境。在我国，单一制是保障各民族享有自决权的最好形式，在中央集中领导下，在少数民族聚居地区实行区域自治，既保障了国家的统一，又照顾了少数民族的特殊利益。由此可见，只有建立统一的多民族国家才能加强民族团结，凝聚力量，外御强敌，共同改变半封建、半殖民地遗留下来的民穷国弱的局面，把我国建设成强大的社会主义国家。

2. 有利于国家的发展和社会主义现代化建设

我国的社会主义现代化建设不仅需要大量的人力、物力、技术、资金和资源，而且需要国家统筹兼顾，适当安排。我国少数民族地方地大物博，而内地和沿海人力财力丰富，科技水平较高，单一制的国家结构形式可以从宏观上缩小地区间的不平衡，调剂资源、资金和劳动力，形成合理的市场体系，使人尽其力，物尽其用，因而它有利于调动各方面的积极因素，发展社会主义经济，实现现代化的总体战略。

3. 有利于各民族的共同繁荣和发展

在我国的单一制国家结构形式中，建立民族区域自治制度，有利于保障各民族平等的政治、经济、文化权利。一方面单一制国家要保障各少数民族根据本民族区域的特点，行使自治权，制定特殊的政策；另一方面还要保障各民族的共同繁荣，后进的民族可以得到国家和其他先进民族的援助。建国初期，我国绝大多数民族处在资本主义前的不同发展阶段，针对这种情况，社会改革必须分两步走：第一步是民主改革，即对封建土地所有制进行改革；第二步是社会主义改造，即对农业、牧业、手工业和资本主义工商业进行社会主义改造。由于有单一制国家结构形式作保障，我国根据少数民族地区不同的民族特点和地区特点，采用不同的方法，在民主改革和社会主义改造中取得了巨大的成就。当然由于历史的原因，目前大多数少数民族地区还很落后，所以，《宪法》第4条第2款规定“国家根据各少数民族的特点和需要，帮助各少数民族地区加速经济和文化的发展”。在《宪法》序言中还规定“国家尽一切努力，促进全国各民族的共同繁荣”。

三、行政区划

（一）行政区划的概念

行政区划，全称行政区域划分，是指国家把自己的领土依据一定的原则划分成若干大小不同、层次不同的区域，建立相应的地方国家机关，以便进行管理的一种领土结构。行政区域划分是人为的，不是自然形成的，它是阶级社会的产物，反映着国家的阶级本质。

行政区划是国家结构形式中的一项重要内容，是国家结构形式在地理上的表现。不论国家采取何种国家结构形式，都必须有一定的领土作为其行使权力的范围和空间；同时也必须把领土划分成若干部分和层级，设立各级国家机关，以实现其国家职能，实施有效的管理，实现国家的目的。

行政区划虽然属于国家结构形式的重要组成部分，但两者是有区别的：（1）国家结构形式是国家管理的形式之一，而行政区划则是一个国家的领土结构；（2）国家结构形式主要解决整体与组成部分、中央与地方的权限问题，而行政区划则是依法确立地方行政区域层次和地方行政管理权；（3）国家结构形式具有相对稳定性，而行政区划则为适应政治、经济、文化等发展的需要而时有增减。

（二）行政区域的原则

一个国家如何划分行政区域，不能离开本国的国情。我国作为人民民主专政的社会主义国家，为了实现民族平等和民族团结，便于人民群众参加国家管理，有利于经济的发展及社会主义现代化建设，在划分行政区域时，一般坚持下列基本原则：

1. 有利于经济发展的原则

有利于经济发展是划分行政区域的重要原则。这个原则要求在划分行政区域时，要考虑到所划分的区域内的经济条件和状况，既要有利于该地区当前的经济发展，又要着眼于其将来经济发展的方向和布局，尤其是不能将有内在联系或已经形成的一定经济区域人为地分割开来，以免影响该地区的经济发展和繁荣。

2. 有利于民族团结的原则

我国是多民族的国家，民族的分布又具有大杂居、小聚居的特点，行政区域的划分就要充分地照顾这一特点和状况。一方面，要尽量地将一定范围内历史传统、风俗习惯相同或接近的民族划分到一个行政区域内，这样既有利于各民族间的团结、合作，又便于建立和实行民族区域自治。另一方面，为加速少数民族地区的经济发展，改变其落后的面貌，划分行政区域时也要有利于少数民族与发达地区的经济、文化交流，促进各民族的共同繁荣。

3. 便于管理的原则

便于管理的原则包含着两方面：一是便于人民群众参加国家管理，为此在划分行政区域时，要考虑到所划分区域的人口数量和密度，并照顾交通状况及历史上形成的政治、经济、文化中心等因素，最大限度地有利于人民群众充分地行使当家作主的民主权利，对国家事务和社会事务实施管理。二是便于国家机关实施行政管理。行政管理的水平取决于众多因素，但行政区域划分得是否合理、科学却是一个重要的方面。

4. 照顾自然条件和历史状况的原则

自然条件主要是指自然资源，这是经济发展的必备条件，也是实现民族繁荣和人民群众对国家管理的物质基础。历史状况则是指历史上形成的行政区域，由于我国的历史悠久，很多的行政区域存在的历史较长，对人们的心理、感情、习惯都产生了重要的影响，因此，在划分行政区域时要给予充分地照顾，能保留的就保留，通过做小的调整就能解决问题的，就尽量不要进行大的变动，以维护一定区域内社会的稳定。

（三）我国目前行政区域划分

按照《宪法》第30条的规定，中华人民共和国的行政区域划分如下：（1）全国分为省、自治区、直辖市；（2）省、自治区分为自治州、县、自治县、市；（3）县、自治县分为乡、民族乡、镇；（4）直辖市和较大的市分为区、县；（5）自治州分为县、自治县、市。

另外，《宪法》第31条规定"国家在必要时得设立特别行政区"。特别行政区也是我国中央人民政府领导下的一级地方行政区域。它和省、自治区、直辖市同属于一个等级，是我国新的行政区划形式。1997年7月1日香港回归，香港成为我国第一个特别行政区。1999年12月20日澳门回归，澳门成为我国第二个特别行政区。

按照宪法规定，概括起来我国的行政区域一般分为三级：省（自治区、直辖市）、县、乡。有的地方分为四级，如设区的市、自治州在省之下，在县、自治县和市辖区之上，这就是说在省和县之间又有一级行政区划。在我国的市，除了设区的市外，还有不设区的市，也叫县级市，是我国近些年来增长速度最快的行政区域，我国目前有660多个市，设区的市仅有200多个，大部分都是县级市，之所以称其为县级市，就是因为它在行政区划上与县同级。在设区的市中，从其政治、经济的地位，又可以分为省会市、经济特区所在地的市和经国务院批准的较大的市。全国有3万多个乡，民族乡、镇与乡同级。

（四）行政区划变更的法律程序

行政区划并非一成不变，当国家的政治和经济发生变化时，行政区划也要随之予以变更。但是，行政区划的变更涉及面广，影响较大，与国家经济的发展和政治稳定息息相关，故而必须慎重对待，以保持行政区划的严肃性和权威性。行政区划的变更，包括行政区的设立、撤销、更名、行政区行政中心驻地迁移。根据宪法和行政法规的规定，应遵循下列程序：

（1）省、自治区、直辖市的设立、撤销、更名和特别行政区的设立由全国人大审议决定。

（2）下列行政区划的变更由国务院审批：省、自治区、直辖市的行政区域界线的变更，省、自治区、直辖市政府驻地的迁移；自治州、县、自治县、市、市辖区的设立、撤销、更名和隶属关系的变更以及自治州、县、自治县、市政府驻地的迁移；自治州、自治县的行政区域变更，县、市的行政区域界线的重大变更；涉及海岸线、海岛、边疆要地、重要资源地区及特殊情况地区的隶属关系或行政区域界线的变更。

（3）县、市、市辖区的部分行政区域界线的变更，国务院授权省、自治区、直辖市人民政府审批；批准变更时，同时报送民政部备案。乡、民族乡、镇的设立、撤销、更名和行政区域界线的变更，乡、民族乡、镇政府驻地的迁移，由省、自治区、直辖市政府审批。

（4）行政公署、区公所、街道办事处的撤销、更名、驻地迁移，由依法批准设立该派出机关的政府审批。

第四节　民族区域自治制度

一、民族区域自治制度概述

（一）民族区域自治制度的概念

民族区域自治制度是指在国家的统一领导下，以少数民族聚居区为基础，建立相应的民族自治地方，并设立民族自治机关，行使宪法和法律规定的自治权的制度。

这一概念可以分解出以下几个要点：（1）各民族自治地方都是中华人民共和国不可分离的组成部分；（2）民族区域自治地方是实行区域自治的民族在其聚居地区实行自治；（3）自治地方的少数民族，依照宪法和法律的规定，通过自治机关行使自治权。总之，民族区域自治是国家的统一领导和自治机关的自治权的有机统一。

我国《宪法》第4条第3款明确规定："各少数民族聚居的地方实行区域自治，设立自治机关，行使自治权。"我国的民族区域自治制度是从本国的具体情况出发，把民族因素和区域因素，政治因素和经济、文化因素正确地结合起来，在中央的统一领导下，少数民族在聚居地区建立自治地方，设立自治机关，行使自治权利。这是我国解决民族问题的一大创举，在我国民族关系史上谱下了光辉的篇章。建国以来的实践表明，民族区域自治制度既维护了我国各民族的平等、团结、互助关系，又保障了少数民族的基本权利和地位，有力地推动了少数民族地区政治、经济和社会的全面进步，巩固了祖国的统一，促进了整个中华民族的振兴和发展。

（二）民族区域自治制度的特点

民族区域自治作为解决我国民族问题的基本政策，已被我国宪法确认为国家的一项重要政治制度。这个制度的特点主要是：

1. 国家统一与民族自治相结合

在多民族社会主义国家，如何既保持国家的集中统一，同时又充分保障各少数民族平等自治权利，这是无产阶级革命政党面临的重大理论问题和现实问题。中国共产党根据中国的国情和历史条件，决定中国实行民族区域自治，建立了集中统一的中华人民共和国，同时，又充分发扬社会主义民主，用法律保障各少数民族的平等自治权利。从 20 世纪 50 年代开始，不断发展和完善民族区域自治制度，能够建立自治地方的少数民族地区都建立了自治地方。人口较少和居住分散的少数民族都先后建立了民族乡，如赫哲族，解放初期只有 300 余人，而且居住分散，即使如此，也建立了三个赫哲族乡，在一定程度上满足了赫哲族平等自治的要求。

2. 政治因素与经济因素相结合

我国的民族区域自治，主要是满足各少数民族政治上当家作主、自己管理本民族内部事务的强烈愿望。然而民族自治地方既是一级地方国家政权，同时又是经济建设的实体。所以，建立民族自治地方既要有利于各少数民族的平等自治，又要考虑有利于民族地区经济的发展，二者缺一不可。例如，广西成立自治区时，曾经发生过激烈的争论，一部分人主张以经济文化落后壮族聚居的桂西山区建立自治区，满足广大壮族人民政治上当家作主的要求，桂东主要是汉族聚居区，历史上经济文化比较发达，仍然保留广西省的建制。这种观点，实际上是按民族和地区将广西一分之二。党中央考虑到广西历史上就是一个统一的整体，壮族、汉族人民有着传统的联系与友谊，周恩来代表党中央和国务院明确表示，广西壮族自治区“分则两害，合则两利”；经过协商后，取得一致意见，决定在广西省的区划内建立广西壮族自治区。1958 年 3 月 15 日，广西壮族自治区成立。其他民族自治地方也都考虑经济文化建设的需要和历史上的经济联系，将一部分汉族聚居的城镇和经济文化比较发达的汉族地区划归民族自治地区，以带动和促进民族自治地方经济文化的发展。实践证明，政治因素与经济因素相结合是完全正确的，如广西金秀瑶族自治县，由于缺乏经验，1952 年成立自治县时，只考虑在瑶族世居的地域建立全国第一个瑶族自治县，忽视了重要的经济因素，人为地割断了其历史上与汉族平坝地区的经济联系，造成了金秀瑶族自治县的社会、经济文化严重滞后，相当一部分瑶族群众长期解决不了温饱问题。所以，建立民族自治地方，只考虑政治需要，而忽视经济因素是不符合中国各民族实际的。

3. 民族自治与区域自治相结合

我国的民族区域自治，与其他国家的“自治”有很大的不同，不是单一的民族自治或地方自治，而是民族自治与区域自治相结合。凡少数民族聚居的地方，无论是较大的聚居区还是较小的聚居区，是单一的少数民族聚居区还是几个民族共同居住的居住区，只要符合建立自治区、自治州、自治县的条件，都可以建立相应的自治地方；在一个民族自治地方内，其他少数民族也可以在其聚居区内建立相应的自治地方。

在我国，民族区域自治制度的实行，合乎国情，顺乎民意。坚持和完善民族区域自治制度，维护祖国统一，增强中华民族的凝聚力，是建设中国特色社会主义的一项重要内容。

二、民族区域自治地方的建立原则与类型

（一）民族区域自治地方的建立原则

我国实行民族区域自治的目的，是在维护祖国统一的前提下，使有或大或小聚居区（可以构成一级行政自治单位）的少数民族人民，既能管理国家，又能自主地管理本民族内部地方性事务，实现各民族的平等、团结和共同繁荣。实行民族区域自治，首先就是要建立民族自治地方，这涉及民族构成、民族人口和民族分布情况，民族特点和当地各民族之间在政治、经济、文化和社会生活各方面的相互关系，各民族聚居地区的历史传统情况以及各民族经济发展情况等具体问题。我国宪法和民族区域自治法在总结历史经验的基础上，规定了建立民族区域自治地方的以下基本原则：

1. 以少数民族聚居区为基础

所谓以少数民族聚居区为基础，有两层含义：其一是建立自治地方以少数民族聚居为基础，而不是以少数民族所占当地人口的一定比例为基础。我国法律没有对实行自治的民族所占人口比例作出具体规定，也就是说民族人口比例不是建立民族自治地方的前提条件；其二是建立民族自治地方是以少数民族聚居的地区为基础，而不是单纯以民族成分为基础。由于民族区域自治是民族在一定“地区”范围内的自治，离开一定地域基础就会变成空中楼阁；同时，民族区域自治是“民族”在一定地区的自治，离开实行自治的主体——民族，所谓民族自治就是一句空话，所以，我国的民族区域自治既不是单纯的民族自治，也不是单纯的区域自治，而是两者的有机结合。根据我国宪法和民族区域自治法的规定，依据各民族聚居的具体情况，我国建立了以一个少数民族聚居区为基础的自治地方，两个或两个以上的少数民族聚居区为基础联合建立的自治地方，以及一个较多的少数民族聚居区为基础，包括其他一个或几个人口较少的少数民族聚居区建立的自治地方。同时，依据一个少数民族聚居的情况可以建立多个自治地方；民族自治地方内其他少数民族聚居的地方，可以建立相应的自治地方；民族自治地方内依据本地方的实际情况，可以包括汉族或者其他民族的聚居区和城镇。例如，回族不仅建立了宁夏回族自治区，在其他省、区还有2个自治州，11个自治县；蒙古族不仅建立了内蒙古自治区，在其他省、区还有3个自治州、7个自治县；藏族不仅建立了西藏自治区，在其他省、区还有10个自治州、2个自治县。在自治地方内建立其他民族的自治地方的，如内蒙古自治区境内还有鄂伦春自治旗等3个自治旗。

2. 尊重历史传统

在长期的历史发展中，我国各民族人民之间互相杂居，在政治、经济、文化、社会生活各方面已经形成了密不可分的亲密关系。各民族共同开拓了祖国的疆域，共同创造了悠久的历史和灿烂的文化，形成了汉族离不开少数民族、少数民族也离不开汉族的经济社会格局。因此，建立民族自治地方必须考虑历史因素，以便加强民族团结，促进各民族共同繁荣。

3. 各民族共同协商

建立什么样的自治地方，直接关系到当地有关民族人民的切身利益。因此，在自治地方的建立、区域界限的划分、名称的组成等一系列问题上，必须同当地有关民族的代表充分协商后，按照法律规定的程序报请批准。根据宪法的规定，自治区的建置由全国人民代表大会批准；自治州、自治县的建置由国务院批准。

（二）民族区域自治地方的类型

全国解放后，根据过去的经验和《共同纲领》的有关规定，1952 年我国制定和颁布了《中华人民共和国民族区域自治实施纲要》。此后，在 1954 年我国第一部宪法中，又明文规定保障各少数民族在他们聚居地区分别建立自治区、自治州和自治县，设立民族自治机关，行使宪法所赋予的自治权。在总结经验的基础上，1984 年 5 月，根据现行宪法的规定，六届全国人大第二次会议又制定了《民族区域自治法》。根据宪法和法律的规定，党和国家在少数民族聚居区逐步推行了民族区域自治制度。截至 2010 年底，我国共建立了 155 个民族自治地方，其中包括 5 个自治区、30 个自治州、120 个自治县（旗）。民族自治地方的面积占全国国土总面积的 64% 左右。已经建立起来的这些民族自治地方，按其民族组成来看，主要有如下四种基本类型：

（1）以单一的少数民族聚居区为基础建立的少数民族自治地方，如西藏自治区、宁夏回族自治区、四川省凉山彝族自治州等。其特点是区域自治的民族只有一个，在所辖区域内一般也未设立其他少数民族自治地方。

（2）以一个大的少数民族聚居区为基础，同时包括其他一些小的少数民族聚居区，共同建立的民族自治地方，如新疆维吾尔自治区，它是以维吾尔族聚居区为主体，同时还包括有回族、哈萨克族、锡伯族等较小的少数民族聚居区，维吾尔族作为整个自治区实行区域自治的大的少数民族，其他少数民族又建立了相应的自治州和自治县。

（3）以两个或两个以上范围大致相等的少数民族聚居区联合建立的民族地方，如湖南湘西土家族苗族自治州。

（4）一个民族有多处规模不等的聚居区的，可以建立多个不同行政地位的自治地方。例如，回族在全国建立有宁夏回族自治区、甘肃省临夏回族自治州、河北省孟村回族自治县等多个不同行政地位的民族自治地方。

此外，鉴于一些少数民族聚居地域较小、人口较少并且较为分散，不宜建立自治地方，现行宪法规定，通过设立民族乡的办法，使这些少数民族也能行使当家作主、管理本民族内部事务的权利。截止2009年12月31日，中国有相当于乡的少数民族聚居地方共建立了1 099个民族乡。

三、实行民族区域自治制度的意义

第一，保障各少数民族当家作主的权利。人民当家作主，是建设社会主义政治文明的核心内容和本质要求。民族区域自治制度的建立和发展，保障各少数民族享有与汉族人民同等的民主权利，并且享有自主管理本民族内部事务的权利。根据宪法规定，少数民族与汉族同样享有参与国家和地方事务管理的权利。我国建立了包括自治区、自治州、自治县等多层次的自治地方，颁布实施了《民族区域自治法》，使少数民族人民得以依法实现自治和管理本民族内部事务。

第二，促进民族关系的巩固和发展。通过实行民族区域自治制度，各民族之间互助合作不断加强，相互了解不断加深，少数民族和民族地区经济发展、社会进步、宗教信仰和风俗习惯得到尊重。实践证明，坚持和完善民族区域自治制度，有利于妥善处理汉族与少数民族、少数民族与少数民族以及各民族内部之间的关系，使各民族和睦相处、和衷共济、和谐发展。

第三，维护国家统一。民族区域自治是在维护国家统一的前提下实行的自治。只有实行民族区域自治制度，广大少数民族才能真正实现当家作主，才能有利于维护国家统一。根据现行宪法规定，中华人民共和国是全国各族人民共同缔造的统一的多民族国家，各民族自治地方都是中华人民共和国不可分割的一部分。民族自治地方的自治机关必须维护国家的统一，保证宪法和法律在本地方的遵守和执行。

第四，促进少数民族地区政治、经济、文化和社会事业的发展。我国实行民族区域自治制度以来，国家积极促进少数民族地区的经济发展和社会进步。少数民族地区的经济迅速发展，社会不断进步，人民生活幸福安定，精神面貌发生翻天覆地的变化，民族区域自治制度的发展取得了巨大成就。

四、民族自治地方的自治机关

（一）民族自治地方自治机关的概念和特征

民族自治机关是指在我国少数民族自治地方设立的行使同级相应地方国家机关职权并同时行使自治权的地方国家机关，是我国的一级地方国家机关，包括自治区、自治州、自治县的人民代表大会和人民政府。民族自治机关具有双重性质：一方面，它们在法律地位上是国家的一级地方政权机关，在产生方式、任期、机构设置和组织活动原则方面，与一般地方国家机关完全相同，并行使相应的一般地方国家机关的职权；另一方面，它们是民族自治地方行使宪法和有关法律授予的自治权的国家机关。

根据宪法和《中华人民共和国民族区域自治法》的规定，民族自治地方的自治机关由人民代表大会和人民政府组成。可见，自治区、自治州、自治县的人民代表大会及其常务委员会是民族自治地方的国家权力机关，人民政府是它的执行机关，设在各民族自治地方的各级人民法院和人民检察院不是自治地方的自治机关。

民族自治地方的自治机关是我国国家机构体系的组成部分。但是现行宪法并没有把它规定在第三章第五节“地方各级人民代表大会和地方各级人民政府”里，而是单列一节，作为第三章第六节。这说明民族自治机关具有它的特殊性，它落实了我国的民族区域自治制度，体现了聚居的少数民族实现当家作主的权利。

我国民族自治地方的自治机关有以下几个方面的特征：

第一，民族自治地方的自治机关是自治区、自治州、自治县的人民代表大会和人民政府。同级的人民法院和人民检察院不是自治机关，因为人民法院和人民检察院是在该民族自治地方代表国家统一行使审判权和检察权的机关，不属于少数民族行使自治权的范围。

第二，自治区、自治州、自治县的自治机关既行使宪法规定的地方国家机关的职权，同时又依照宪法、民族区域自治法和其他法律规定的权限行使自治权。因此，民族自治地方的自治机关除行使一般的省、市、县地方国家机关的职权外，还行使宪法赋予的自治权。

第三，民族自治地方的自治机关应当有实行区域自治的民族的公民担任领导职务。自治区、自治州和自治县的人民代表大会常务委员会中应当有实行区域自治的民族的公民担任主任或者副主任。自治区主席、自治州州长、自治县县长由实行区域自治的民族的公民担任。自治机关所属各工作部门也应尽量配备实行区域自治的民族和其他少数民族的人员。因此，它充分地贯彻了民族平等和民族团结原则。

（二）民族自治地方自治机关的性质、组成和任期

1. 民族自治地方的人民代表大会及其常务委员会

民族自治地方的人民代表大会是各民族自治地方的地方国家权力机关。它的常设机关是本级人大常委会，在本级人大闭会期间行使自治地方的国家权力。民族自治地方的地方国家行政机关、审判机关和检察机关都由本级人大产生，对它负责，受它监督。

自治区、自治州的人民代表大会代表由下一级人民代表大会选举产生，自治县的人民代表大会代表由选民直接选举产生。自治区人民代表大会代表的具体名额，由全国人民代表大会常务委员会依照选举法确定。根据《宪法》第113条的规定，民族自治地方的人民代表大会中除实行区域自治的民族的代表外，其他居住在本行政区域内的民族也应当有适当名额的代表。另外，我国有个别民族自治地方，实行区域自治的聚居的少数民族人口较少的，还应给予照顾。为此，根据法律规定，实行区域自治的民族人口特少的自治县，经省、自治区人大常委会决定，该实行区域自治的民族每一代表所代表的人口数可以比当地人民代表大会每一代表所代表的人口数少1/2。

自治区、自治州、自治县的人民代表大会设常务委员会。它由人民代表大会选举产生，是本级人民代表大会的常设机关。根据宪法规定，民族自治地方的人大常委会中应当有实行区域自治的民族的公民担任主任或者副主任。

自治区、自治州的人大常委会由本级人民代表大会在代表中选举主任1人、副主任若干人、委员若干人和秘书长1人组成；自治县的人民代表大会常务委员会由本级人民代表大会在代表中选举主任1人、副主任若干人和委员若干人组成；自治区、自治州和自治县人大常委会组成人员的名额分别与省、设区的市、县相等。民族自治地方的人民代表大会所属工作部门要尽量配备实行区域自治的民族和其他少数民族的人员。

自治区、自治州和自治县的人民代表大会及其常务委员会每届任期均为5年。

2. 民族自治地方的人民政府

民族自治地方的人民政府是本级人民代表大会的执行机关，是民族自治地方的行政机关。它对本级人民代表大会和上级国家行政机关负责并报告工作，在本级人民代表大会闭会期间，对本级人民代表大会常务委员会负责并报告工作。各级自治地方的人民政府都受国务院的统一领导，都服从国务院。

自治区、自治州的人民政府分别由自治区主席、副主席，州长、副州长和秘书长、厅长、局长、委员会主任等组成。自治县的人民政府由县长、副县长和局长、科长等组成。自治区主席、自治州州长和自治县县长必须由实行区域自治的民族的公民担任，自治区、自治州和自治县的人民政府的其他组成人员和所属工作部门的干部中，要尽量配备实行区域自治的民族的公民和其他少数民族的人员。

自治区、自治州和自治县的人民政府由本级人民代表大会选举产生，任期与本级人大相同。自治区、自治州、自治县的人民政府分别实行主席、州长和县长负责制，主席、州长和县长召集和主持本级人民政府全体会议和常务会议，政府工作的重大问题须经政府常务会议或全体会议讨论后作出决定。

3. 民族自治地方自治机关的自治权

自治权是民族区域自治的核心。1952年，我国颁布的《民族区域自治实施纲要》对自治权作过具体的规定。1954年制定的第一部宪法以根本法的形式规定了少数民族实行自治，享有自治权。现行宪法和1984年颁布、2001年修订的《民族区域自治法》，总结了我国实施民族区域自治的经验，详细规定了民族自治地方的自治机关所行使的广泛的自治权。

（1）根据本地区的实际情况，贯彻执行国家的法律和政策。上级国家机关的决议、决定、命令和指示，如有不适合民族自治地方实际情况的，自治机关可以报经该上级国家机关批准，变通执行或者停止执行；该上级国家机关应当在收到报告之日起60日内给予答复。

（2）民族自治地方的人民代表大会有权依照当地民族的政治、经济和文化的特点，制定自治条例和单行条例。《立法法》规定："自治条例和单行条例可以依照当地民族的特点，对法律和行政法规的规定作出变通规定"，"自治条例和单行条例依法对法律、行政法规、地方性法规作变通规定的，在本自治地方适用自治条例和单行条例的规定"。自治条例是指由民族自治地方的人民代表大会制定的、有关本地方实行区域自治的组织和活动原则、自治机关的构成和职权以及其他各种有关的重大问题的规范性文件。单行条例是指民族自治地方的人民代表大会在自治权的范围内，根据当地民族的政治、经济和文化特点，制定的关于某一方面具体事项的规范性文件。民族自治地方的自治机关必须根据宪法和法律规定的程序，制定自治条例和单行条例。自治区的自治条例和单行条例报全国人民代表大会常务委员会批准后生效。自治州、自治县的自治条例和单行条例，报省、自治区、直辖市的人民代表大会常务委员会批准后生效，并报全国人民代表大会常务委员会和国务院备案。截至2008年底，民族自治地方共制定自治条例、单行条例及对有关法律的变通和补充规定637件。①

（3）民族自治地方的自治机关在国家计划的指导下，自主地安排和管理地方性的经济建设事业。这方面的权限有：① 在国家计划的指导下，根据本地方的特点和需要，制定经济建设的方针、政策和计划。② 在坚持社会主义原则的前提下，根据国家法律规定和本地方经济发展的特点，合理调整生产关系和经济结构，努力发展社会主义市场经济。③ 在国家计划的指导下，根据民族自治地方的财力、物力自主地安排地方性的基本建设项目。④ 自主地管理隶属于本地方的企业、事业。⑤ 依照法律规定，管理和保护本地方的自然资源，确定本地方内草场和森林的所有权和使用权；根据法律规定和国家的统一规划，对可以由本地方开发的自然资源，优先合理开发利用。⑥ 采取特殊措施，优待、鼓励各种专业人员参加自治地方各项建设工作。⑦ 自主地安排利用完成国家计划收购、上调任务之外的工农业产品和其他土特产品。⑧ 经国务院批准，可以开辟对外贸易口岸，开展边境贸易，在对外经济贸易活动中享受国家的优待。

（4）自治机关有管理地方财政的自治权。凡是属于民族自治地方的财政收入由自治机关自主地安排使用；地方财政依法享受上级财政的照顾；按照国家规定设机动资金，预算中预备费的比例多于一般地区；在执行国家税法时，对属于地方财政收入的某些税收，自治地方依法可以实行减税或免税。

（5）民族自治地方的自治机关自主地管理本地方的教育、科学、文化、卫生、体育事业，保护和整理民族的文化遗产，发展和繁荣民族文化。其主要内容有：在教育方面，自主地发展民族教育，根据国家教育方针，决定本地区的教育规划、学校的设置、学制、办学形式、教学内容、教学用语和招生办法；为少数民族牧区和经济困难、居住分散的少数民族山区，设立以寄宿为主和助学金为主的公办民族小学和民族中学；招收少数民族学

---

① 国务院新闻办公室．中国的民族政策与各民族共同繁荣发展白皮书，2009－09－27.

生为主的学校（班级）和其他教育机构，有条件的应当采用少数民族文字的课本，并用少数民族语言讲课。在文化方面，自主地发展具有民族形式和民族特点的文学、艺术、新闻、出版、广播、电影、电视等民族文化事业；自主地决定本地方的科学技术发展规划、医疗卫生事业建设规划；发展现代医药和民族传统医药，开展民族传统体育活动，继承和发展少数民族优秀的传统文化。

（6）民族自治地方的自治机关依照国家的军事制度和当地的实际需要，经国务院批准，可以组织本地方维护社会治安的公安部队。

（7）民族自治地方的自治机关在执行职务的时候，依照本民族自治地方自治条例的规定，使用当地通用的一种或者几种语言文字；同时使用几种通用的语言文字执行职务的，可以以实行区域自治的民族语言文字为主。内蒙古、新疆、西藏等民族自治地方，都制定和实施了使用和发展本民族语言文字的有关规定或实施细则。此外，新中国成立后，国家帮助10多个少数民族改进和创制了文字。到2003年底，中国有22个少数民族使用28种本民族文字。在中国，无论在司法、行政、教育等领域，还是在国家政治生活和社会生活中，少数民族语言文字都得到广泛使用。现在，中国共产党全国代表大会、全国人民代表大会和中国人民政治协商会议等重要会议上都提供蒙古、藏、维吾尔、哈萨克、朝鲜、彝、壮等民族语言文字的文件和同声传译。

总之，民族自治地方的自治机关除行使一般地方国家机关的职权外，还可以依照宪法和民族区域自治法的规定行使上述自治权，从而使民族区域自治制度得到真正地落实。

第五节　特别行政区制度

一、设立特别行政区的指导方针

自古以来，只有一个中国。但因为历史的原因，大陆与台湾、香港、澳门长期分离。由于这一问题的存在，国家的统一始终是我国宪法规定的目标。现行宪法在序言中明确宣告：完成祖国统一的大业是全中国人民的神圣职责。

为了完成这一神圣职责，邓小平提出了解决国家统一问题的总的指导方针，即“一个国家，两种制度”。“一国两制”是指在统一的社会主义国家内，在中央的统一领导下，经过最高国家权力机关决定，可以容许局部地区由于历史的原因而不实行社会主义制度和政策，依法保存不同于全国现行制度的特殊制度。

“一国两制”是史无前例的创举，内容非常丰富，归纳起来，主要有以下几个方面：

（1）坚持国家的统一，维护国家主权和领土完整。实现“一国两制”的一个重要目的是完成国家的统一大业，所以国家的统一、主权和领土完整必须坚持。

（2）国家的主体必须是社会主义。在我国，除法律规定的个别地区以外，国家的主体地区（大陆）必须实行社会主义制度。这是实行“一国两制”方针的另一个大前提，没有这个前提，也就谈不上实行“一国两制”。

（3）特别行政区实行高度自治。国家授予特别行政区以高度自治权，中央不去干预这些属于自治范围内的事务。这些自治权包括行政管理权、立法权、独立的司法权和终审权。由于我国是单一制国家，因此，特别行政区的高度自治与民族区域自治在性质上是相同的，都属于地方自治；其不同之处在于，特别行政区的高度自治比我国民族自治地方的自治权要高，在某些方面甚至比联邦制国家中各州或各成员邦的权限要高，如货币发行权，财政独立、税收独立、司法终审权等。

（4）在特别行政区，原有的社会、经济制度不变；生活方式不变；法律基本不变。香港、澳门特别行政区不实行社会主义制度和政策，保持原有的资本主义制度和生活方式，50年不变。因此，我国的特别行政区自治是地区自治和制度自治的结合。这是“一国两制”方针中体现“两制”的最主要内容。

（5）特别行政区的行政机关和立法机关由当地人组成。这里所说的当地人，是指香港或澳门的永久性居民。港澳特别行政区的行政机关和立法机关都由当地人组成，这就表明，香港和澳门特别行政区由香港、澳门当地人自己管理，而不是由内地派人去，中央不派人去香港和澳门地区参与行政管理和立法工作。这就是通常所说的“港人治港”、“澳人治澳”。

1982年12月制定的《中华人民共和国宪法》第31条规定：“国家在必要时得设立特别行政区。在特别行政区内实行的制度按照具体情况由全国人民代表大会以法律规定。”这就为实行“一国两制”、设立特别行政区确立了宪法依据。正如彭真在《关于中华人民共和国宪法修改草案的报告》中指出的，《宪法》第31条的规定，正是因为考虑到台湾实现和平统一后，可作为特别行政区享有高度自治权这种特殊情况的需要而增加的，是我们处理这类问题的基本立场。

我国政府以“一国两制”方针解决香港问题的构想获得英国方面的接纳，从而开始了中英两国政府关于香港问题的外交谈判，并签署了关于香港问题的《中英联合声明》。接着，中葡两国政府从1986年6月30日开始了关于澳门问题的谈判，并于1987年4月13日签署了关于澳门问题的《中葡联合声明》。这样，历史遗留的香港和澳门问题都按照“一国两制”的构想获得圆满的解决。1990年4月4日，由第七届全国人民代表大会第三次会议通过的《中华人民共和国香港特别行政区基本法》（以下简称《香港基本法》）首次将“一国两制”方针法律化。《香港基本法》充分体现了邓小平“一国两制”的方针，是“一国两制”方针在解决香港问题上的具体化、规范化、法制化的体现。《香港基本法》的最大特点在于，它把我国政府在《中英联合声明》中所阐明的对香港的基本方针政策，通过法律的形式固定下来。也就是说，《香港基本法》保证在1997年7月1日香港回归祖国之后，不实行社会主义制度和政策，保持原有的资本主义制度和生活方式50年不变，保持香港作为国际金融中心和自由港的地位不变。这样就能既保证我国收回香港主权，又能维持香港的繁荣和稳定。正因为如此，《香港基本法》是“一部具有历史意义和国际意义的法律”，“是一个具有创造性的杰作”。① 1993年3月31日，八届全国人大一次会议通过了《中华人民共和国澳门特别行政区基本法》（以下简称《澳门基本法》）。两部基本法的制定，为“一国两制”的运作与实施奠定了基本的法治前提。

二、特别行政区的法律地位和特点

（一）特别行政区的设立

特别行政区是指在我国版图内，根据我国宪法和法律的规定专门设立的具有特殊的法律地位，实行特别的社会、经济制度，直辖于中央人民政府的行政区域。特别行政区是统一的中华人民共和国境内的一级行政区域，是为了通过和平方式解决历史遗留的港澳台问题而设立的特殊的地方行政区域。它是“一国两制”方针的具体体现，是马克思主义国家学说结合中国具体情况的创造性运用。

我国《宪法》第31条规定：“国家在必要时得设立特别行政区。在特别行政区内实行的制度按照具体情况由全国人民代表大会以法律规定。”《宪法》第62条又规定，全国人民代表大会有权“决定特别行政区的设立及其制度”。这些规定为在我国设立特别行政区提供了宪法依据和具体程序。

《香港基本法》、《澳门基本法》分别在序言中宣布：为了维护国家的统一和领土完整，有利于香港、澳门的稳定和繁荣，考虑到香港、澳门的历史和现实情况，国家决定，在对香港、澳门恢复行使主权时，根据我国《宪法》第31条的规定，在香港、澳门分别设立特别行政区，并按照“一国两制”的方针，不在香港、澳门实行社会主义制度和政策。

（二）特别行政区的法律地位

特别行政区的法律地位是指特别行政区在国家政权结构中依法所处的地位。它的实质是如何处理中央与特别行政区的关系，在法律上则表现为如何划分中央与特别行政区的职权。《香港基本法》、《澳门基本法》均在第1条规定，港澳特别行政区是我国不可分离的部分；第12条规定，香港、澳门特别行政区是中华人民共和国的一个享有高度自治权的地方行政区域，直辖于中央人民政府。这就完整地说明了特别行政区的法律地位。具体说来，它包含以下内容：

1. 特别行政区是我国单一制国家不可分离的部分

特别行政区作为单一制国家的组成部分是不能从祖国分离出去的，我国包括特别行政

---

① 邓小平文选：第3卷．北京：人民出版社，1993：352.

区在内理所当然地要维护国家的统一、主权和领土的完整。“一国两制”是国家对特别行政区的方针，“两制”是“一国”之下的“两制”，既不容许破坏“两制”，也不容许破坏“一国”。

2. 特别行政区是我国的一个地方行政区域

特别行政区与中央的关系是一个主权国家内部中央与地方的关系，是领导与被领导、监督与被监督、授权与被授权的关系，不是平行的、并列的伙伴关系。其所享有的高度自治并不是无限自治。根据《香港基本法》、《澳门基本法》的规定，这一高度自治是在全国人民代表大会授权下的自治，不是特别行政区本身固有的权力，高度自治的权力来源于中央。

3. 特别行政区是实行高度自治的地方行政区域

特别行政区之所以“特别”，重要标志就是享有高度自治权。对特别行政区来说，中央负责管理的仅限于涉及特别行政区的外交、防务以及其他属于国家主权和国家整体权益范围内的事务。特别行政区的其他事务，除了《香港基本法》、《澳门基本法》规定须受中央监督的情况外，中央不予过问。

（三）特别行政区的特点

特别行政区与其他一般行政区相比，有许多共同的地方，主要表现在两个方面：第一，都是中华人民共和国不可分离的一部分，是我国地方制度的有机组成部分。特别行政区的设立有个大前提，就是要承认世界上只有一个中国，即中华人民共和国。各个特别行政区都是中华人民共和国领土不可分割的组成部分，不能脱离统一的国家管辖。因此，特别行政区和一般行政区一样，都是我国地方制度的有机组成部分。第二，特别行政区是中华人民共和国的一级地方行政区域，直辖于中央人民政府。特别行政区是中华人民共和国的一个享有高度自治权的地方行政区域，该区域建立的地方政权机关，自然是我国的一级地方政权，受中央人民政府的统一管辖。第三，特别行政区和其他一般行政区一样，选举全国人大代表参加全国人民代表大会。

特别行政区与其他一般行政区相比，又有其特殊性。这主要表现在以下几个方面：

1. 特别行政区享有高度的自治权

根据《香港基本法》和《澳门基本法》规定，特别行政区享有高度自治权，包括行政管理权、立法权、独立的司法权和终审权，可以依法行使中央授予的有关对外事务权；保持财政独立，其财政收入全部用于自身需要，不上缴中央人民政府；以及中央授予的其他权力等。特别行政区享有自治权范围明显大于我国一般地方行政区域和民族自治地方，其中有些权力，如司法终审权、货币发行权、出入境管制权等，都是在联邦制下的地方政府所不能享有的应由中央掌握的权力。

2. 特别行政区保持原有资本主义制度和生活方式50年不变

《香港基本法》和《澳门基本法》都规定，在香港（澳门）特别行政区“不实行社会主义的制度和政策，保持原有资本主义制度和生活方式，50年不变”。这一规定，体现了“一国两制”方针。它意味着中央人民政府在50年内不改变港澳的资本主义制度，不能把社会主义制度和政策推行到香港、澳门去。当然，保证香港、澳门现行的资本主义制度和生活方式50年不变，50年后更没有变的必要。

3. 特别行政区实行港人治港、澳人治澳的方针

《香港基本法》和《澳门基本法》都规定，特别行政区的行政机关和立法机关由该区永久性居民依照基本法的有关规定组成。所谓“永久性居民”，是指在特别行政区享有居留权和有资格依照当地法律取得载明其居留权的永久性居民身份证的居民。这一特点表明，香港特别行政区和澳门特别行政区由当地人自己管理，中央不派人去管理。这样，有利于充分发挥港澳同胞的积极性和当家作主的精神，有利于香港、澳门地区的进一步稳定和繁荣。

4. 特别行政区原有的法律基本不变

《香港基本法》第8条规定，香港原有法律，即普通法、衡平法、条例、附属立法和习惯法，除同基本法相抵触或经香港特别行政区的立法机关作出修改者外，予以保留。《澳门基本法》第8条规定，澳门原有的法律、法令、行政法规和其他规范性文件，除同基本法相抵触或经澳门特别行政区的立法机关或其他有关机关依照法定程序作出修改者外，予以保留。基本法的这一规定，体现了“一国两制”的构想。原有法律基本不变，是指除属于殖民统治性质或带有殖民色彩，以及除同基本法相抵触或经澳门特别行政区的立法机关作出修改者外，原有法律予以保留。基本法的这一规定，既有利于维护我国的国家主权，又有利于特别行政区的繁荣和稳定。

三、中央与特别行政区的关系

中央与特别行政区的关系是指中央对特别行政区实行管辖和特别行政区在中央监督下实行高度自治而产生的相互关系。

中央与特别行政区的关系，同一般的中央和地方关系相比较，有其共同性，也有其特殊性。国家对特别行政区享有主权，由中央代表国家行使，在这方面，它同一般的中央和地方关系完全一样。由于国家赋予特别行政区高度自治权，中央对它的管辖与对其他地方的管辖有所不同，因而使中央与特别行政区的关系具有不同的特点。概括地说，就是既要体现国家对特别行政区的主权，也要体现特别行政区的高度自治。中央和特别行政区的关系的核心是权力划分和行使，即中央对特别行政区行使哪些权力，特别行政区被授予哪些权力以及中央对特别行政区行使权力的监督等。

（一）中央管理的有关特别行政区的事务

1. 负责管理与特别行政区有关的外交事务

香港、澳门特别行政区作为非主权的地方行政区域，其本身并没有外交事务，只是在

我国的整体外交工作中，有一些涉及香港、澳门特别行政区的外交事务。中央人民政府负责管理与特别行政区有关的外交事务。

2. 负责特别行政区的防务

《香港基本法》明确规定：中央人民政府派驻香港特别行政区负责防务的军队不干预香港特别行政区的地方事务；香港特别行政区政府在必要时，可向中央人民政府请求驻军协助维持社会治安和救助灾害；驻军人员除须遵守全国性的法律外，还须遵守香港特别行政区的法律。1996 年 12 月 30 日全国人大常委会通过的《香港特别行政区驻军法》、1999 年 6 月 28 日全国人大常委会通过的《澳门特别行政区驻军法》，分别对香港、澳门驻军的职责、义务以及与特别行政区的关系作了具体规定。香港、澳门驻军的职责是，维护国家的主权统一、领土完整和香港、澳门的安全。

3. 任命行政长官和主要官员

中央人民政府有权任免香港与澳门特别行政区的行政长官和主要官员。此外，《澳门基本法》还规定中央人民政府有权任免澳门特别行政区检察院检察长。所谓“主要官员”，根据《香港基本法》的规定，是指各司司长、副司长，各局局长，廉政专员，审计署署长，警务处处长，入境事务处处长，海关关长。根据《澳门基本法》的规定，是指各司司长、廉政专员、审计长、警察部门主要负责人和海关主要负责人。

4. 决定特别行政区进入紧急状态

全国人大常委会决定宣布战争状态或因特别行政区内发生特别行政区政府不能控制的危及国家统一和安全的动乱而决定特别行政区进入紧急状态，中央人民政府可发布命令将有关全国性法律在特别行政区实施。这里所说的“有关全国性法律”，是指同紧急状态有关的全国性法律，并不是指所有的全国性法律都在特别行政区实施。

5. 解释特别行政区基本法

基本法的解释权属于全国人大常委会。全国人大常委会拥有基本法的解释权，是指凡需对基本法有关条文的具体涵义予以明确界定时，应由全国人大常委会作出解释。

6. 修改特别行政区基本法

《香港基本法》、《澳门基本法》的修改权属于全国人民代表大会。

（二）特别行政区行使高度自治权

特别行政区享有的高度自治权，是特别行政区区别于我国民族区域自治地方和普通地方行政区域的主要标志，是特别行政区法律地位独特性的重要表现。按照《香港基本法》和《澳门基本法》的规定，特别行政区享有的高度自治权主要包括以下四个方面：

1. 行政管理权

特别行政区享有行政管理权，依照基本法的有关规定自行处理特别行政区的行政事务。凡属香港、澳门特别行政区自治范围内的行政事务，均由特别行政区政府负责管理或处理。香港、澳门特别行政区享有的行政管理权主要包括：（1）决定政策和发布行政命令权。香港、澳门特别行政区行政长官有权决定政府的政策，特别行政区政府有权制定并执行政策。行政长官有权发布行政命令。（2）人事任免权。香港、澳门特别行政区行政长官有权依法任免行政会或行政会议成员；任免各级法院法官；任免公职人员。行政长官还有权提名并报请中央人民政府任免主要官员。（3）社会治安管理权。特别行政区的社会治安由香港、澳门特别行政区政府负责维持。（4）有关财政、金融、贸易、土地、工商业、航运、民航、教育、科学、文化、体育、宗教、劳工、社会福利等领域的管理权。

2. 立法权

特别行政区享有立法权。除了有关外交、国防和其他按《香港基本法》、《澳门基本法》规定不属于特别行政区自治范围的法律，特别行政区不能自行制定外，它们可以制定所有民事的、刑事的、商事的和诉讼程序方面的适用于特别行政区的法律。它们所制定的法律只须报全国人大常委会备案，备案不影响该法律的生效。对特别行政区制定的法律如果不符合基本法中关于中央管理的事务及中央与特别行政区关系的条款，全国人大常委会可将有关法律发回，但不作修改，经发回的法律立即失效。全国人大常委会将违背《香港基本法》、《澳门基本法》的法律发回，既不修改，也不撤销，这就把如何修改的问题完全交由特别行政区立法机关去决定，使它们享有完整的立法权。

3. 独立的司法权和终审权

香港、澳门特别行政区享有独立的司法权和终审权。特别行政区各级法院依法行使审判权，不受任何干涉；终审权属于特别行政区终审法院。

4. 中央人民政府授权特别行政区依照基本法自行处理的对外事务权

特别行政区在对外事务方面享有下列权力：参加与香港、澳门特别行政区直接有关的外交谈判；在经济、文化、体育等领域发展对外关系，签订和履行有关协议；以适当形式参加有关的国际组织和国际会议；对国际协议是否适用于特别行政区发表意见；签发护照和其他旅行证件，有权实行出入境管制；经中央协助或授权，与各国或各地区缔结互免签证协议；可在外国设立官方或半官方经济和贸易机构，报中央备案；经中央批准，可允许外国在特别行政区设立领事机构或其他官方、半官方机构。

5. 其他权力

香港、澳门特别行政区有基本法的修改提案权；自行立法，禁止任何叛国、分裂国家、煽动叛乱、颠覆中央人民政府及窃取国家机密的行为，禁止外国的政治性组织或团体在特别行政区进行政治活动，禁止特别行政区的政治性组织或团体与外国的政治性组织或团体建立联系。此外，香港、澳门特别行政区可享有全国人民代表大会、全国人民代表大会常务委员会和国务院授予的其他权力。这里所谓“其他权力”，也就是《香港基本法》、《澳门基本法》已经授予特别行政区的各项权力以外的权力。

四、特别行政区的政权机关

（一）特别行政区行政长官

1. 行政长官的性质和地位

根据《香港基本法》、《澳门基本法》的规定，特别行政区行政长官是特别行政区的首长，代表特别行政区；同时他又是行政机关的行政首长，领导特别行政区政府。行政长官一方面依照基本法的规定对中央人民政府负责，另一方面又对特别行政区负责。此外，作为行政机关的行政首长，他还要对立法会负责。

2. 行政长官的产生、任期、资格

行政长官在香港、澳门地区通过选举或协商产生，由中央人民政府任命。每届任期五年，可连任一次。

香港特别行政区行政长官由年满 40 周岁，在香港通常居住连续满 20 年并在外国无居留权的香港特别行政区永久性居民中的中国公民担任。

澳门特别行政区行政长官由年满 40 周岁，在澳门通常居住连续满 20 年的澳门特别行政区永久性居民中的中国公民担任。

3. 行政长官的职权

行政长官领导特别行政区政府，负责执行应在特别行政区实施的法律；决定政府政策，发布行政命令；签署并公布立法机关通过的法律及财政预算决算；提名并报请中央人民政府任命特别行政区主要官员；依法任免特别行政区的公职人员和各级法院的法官（在澳门还任免检察官）；执行中央人民政府发出的有关指令；处理中央授权的对外事务和其他事务；批准向立法机关提出的财政收支动议；决定政府公职人员是否向立法机关作证；赦免或减轻刑事罪犯的刑罚；处理请愿、申诉事项等。

（二）特别行政区政府

1. 政府的性质和组成

特别行政区政府是特别行政区行政机关。行政长官是行政机关的行政首长，领导特别行政区政府。特别行政区行政机关通过行政长官向中央人民政府负责，也向特别行政区立法会负责。特别行政区政府是我国一级地方政府，负责对香港、澳门一切行政事务的组织与管理。

《香港基本法》第 60 条第 2 款规定，香港特别行政区政府设政务司、财政司、律政司和各局、处、署。《澳门基本法》第 62 条规定，澳门特别行政区政府设司、局、厅、处。

2. 政府主要官员的资格

香港特别行政区政府的主要官员必须由在香港通常居住连续 15 年并在外国无居留权的香港特别行政区永久性居民中的中国公民担任。澳门特别行政区政府的主要官员必须由在澳门通常居住连续 15 年的澳门特别行政区永久性居民中的中国公民担任。

3. 政府的职权

特别行政区行政机关，必须遵守法律，对特别行政区立法会负责。其职权包括：制定并执行政策；管理各项行政事务；办理中央人民政府授权的对外事务；编制并提出财政预算、决算；拟定并提出法案、议案、附属法规；委派官员列席立法会并代表政府发言。

（三）特别行政区立法机关

1. 立法机关的性质

根据《香港基本法》、《澳门基本法》规定，特别行政区立法会是特别行政区的立法机关，立法会“依照法定程序制定、修改和废除法律”，立法会制定的法律只须报全国人大常委会备案，备案并不影响该法律的生效。这些规定表明，特别行政区立法会是真正拥有立法权力的名副其实的立法机关。

2. 立法机关的组成

立法会议员是特别行政区立法机关的主体。《香港基本法》第67条规定：“香港特别行政区立法会由在外国无居留权的香港特别行政区永久性居民中的中国公民组成。但非中国籍的香港特别行政区永久性居民和在外国有居留权的香港特别行政区永久性居民也可以当选为香港特别行政区立法会议员，其所占比例不得超过立法会全体议员的百分之二十。”这说明香港特别行政区立法会议员在资格上有以下限制：（1）是香港特别行政区永久性居民；（2）在外国无居留权的中国籍永久性居民是立法会议员的主体组成部分；（3）限制非中国籍和在外国有居留权的议员数额。

《澳门基本法》第68条则规定：“澳门特别行政区立法会议员由澳门特别行政区永久性居民担任。立法会多数议员由选举产生。”行政长官有权委任部分立法会议员。

3. 立法机关的任期

《香港基本法》第69条规定：“香港特别行政区立法会除第一届任期为2年外，每届任期4年”；《澳门基本法》第69条规定：“澳门特别行政区立法会除第一届另有规定外，每届任期4年”。

4. 立法机关的职权

特别行政区立法会的性质和地位，决定了它必然拥有广泛的权力，归纳起来有下列几个方面：

（1）立法权。立法会有权根据基本法规定并依照法定程序制定、修改和废除法律。立法会行使立法权的具体范围是：① 制定属于特别行政区自治范围以内的所有法律。立法会制定法律必须遵守法定立法程序，它所通过的法案经行政长官签署、公布后才能生效，并报全国人大常委会备案；② 修改和废止法律。这既包括修改、废止立法会自身通过的法律，也包括基本法规定的在特别行政区成立后修改或废止与该基本法相抵触的原有法律。③ 参与提议修改基本法。

（2）财政控制权。《香港基本法》第73条规定，根据政府的提案，立法会有权审核、通过财政预算；有权批准税收和公共开支。《澳门基本法》第 71 条规定，澳门特别行政区立法会有权审核、通过政府提出的财政预算案；审议政府提出的预算执行情况报告；根据政府提案决定税收，批准由政府承担的债务。这是立法会控制财政收支、制约行政权力的主要方式和最有效手段。

（3）行政监督权。这种监督权既包括对行政机关的施政政策的监督，也包括对行政机关施政工作的监督；就其方式来讲，一是质询，即对政府的工作提出质询和询问并要求答复；二是辩论，即对行政长官的施政报告或任何有关公共利益问题进行辩论。立法会在行使监督权的过程中，有传召有关人士出席作证和提供证据的权力，并有接受居民申诉及作出处理的权力。但是，基本法还规定，政府官员或其他负责政府公务的人员是否向立法会或其下属的委员会作证和提供证据，要由行政长官决定，这主要是基于事关地区安全和重大公共利益的考虑。

（4）对行政长官的制衡权。立法会对行政长官具有制约与平衡的权力，是特别行政区政制设计的一个特点。根据基本法的规定，立法会对行政长官的制衡权力有两项：① 弹劾行政长官。如果立法会全体议员的 1/4（香港）或者 1/3（澳门）联合动议，指控行政长官有严重违法或渎职行为而不辞职，经立法会通过进行调查，立法会可委托终审法院首席法官（香港）或者终审法院院长（澳门）负责组成独立的调查委员会，并担任主席。如该调查委员会认为有足够证据构成上述指控，立法会以全体议员 2/3 多数通过，可提出弹劾案，报请中央人民政府决定。② 迫使行政长官辞职。这主要是针对行政长官有条件解散立法会的权力的制衡。在两种情况下，立法会可迫使行政长官辞职：一是行政长官因两次拒绝签署立法会通过的法案而解散立法会，重选的立法会仍以全体议员 2/3 多数通过所争议的原案，而行政长官仍拒绝签署；二是行政长官因立法会拒绝通过财政预算案或其他重要法案而解散立法会，重选的立法会继续拒绝通过所争议的原案。

（四）特别行政区司法机关

根据《香港基本法》、《澳门基本法》的规定，特别行政区各级法院是特别行政区的司法机关，行使特别行政区的审判权。特别行政区法院独立进行审判，只服从法律，不受任何干涉。

香港特别行政区设立终审法院、高等法院、裁判署法庭和其他专门法庭。高等法院设上诉法庭和原讼法庭。原在香港实行的司法体制，除因设立香港特别行政区终审法院而产生变化外，予以保留。

澳门特别行政区行使司法职能的机关主要是法院和检察院。从法院系统来说，特别行政区设立初级法院、中级法院和终审法院，同时设立行政法院，行政法院是管辖行政诉讼和税务诉讼的法院。不服行政法院裁决者，可向中级法院上诉。初级法院可根据需要设立若干专门法庭，原刑事起诉法庭的制度继续保留。

特别行政区设置终审法院是港澳回归祖国后在司法制度上的重大变化。基本法明确规定，中华人民共和国全国人民代表大会授权特别行政区依照本法的规定实行高度自治，享有行政管理权、立法权、独立的司法权和终审权。基本法明确规定特别行政区设置终审法院，行使终审权，是以法律的方式保障国家赋予特别行政区高度自治的切实实现。终审法院的设立和运作，意味着国家的最高人民法院不对属于特别行政区自行管辖的案件行使终审权。

香港特别行政区不设检察院。根据《香港基本法》第63条的规定，香港特别行政区设律政司，主管刑事检察工作。澳门特别行政区设检察院，独立行使法律赋予的检察职能。《澳门基本法》明确了特别行政区检察院的地位和性质。该法第90条第1款规定："特别行政区区检察院独立行使法律赋予的检察职能，不受任何干涉。"

第六节　基层群众自治制度

一、基层群众自治制度的概念

基层群众自治制度是我国的一项基本政治制度，指的是依照宪法和有关法律规定，由居民（村民）选举的成员组成村民委员会和居民委员会，实行自我管理、自我教育、自我服务、自我监督的制度。实行基层群众自治制度的基础是基层群众性自治组织的建立，现行《宪法》第111条规定："城市和农村按居民居住地区设立的居民委员会或者村民委员会是基层群众性自治组织。"宪法的这一规定奠定了基层群众自治制度的宪法基础，从而为基层群众性自治组织的设立和相关法律制定提供了现实依据。

根据宪法和《村民委员会组织法》、《居民委员会组织法》的规定，我国基层群众自治制度具有以下几个主要特点：

第一，基层群众自治制度以村民委员会和居民委员会为组织载体，不同于国家政权组织和其他政治、经济等组织，具有群众性的特点。

第二，从村民委员会、居民委员会与国家以及村民、居民的关系来看，基层群众自治制度具有自治的特点。

第三，从村民委员会、居民委员会的组织架构和任务来看，基层群众自治制度具有基层性的特点。

二、基层群众性自治组织的建立和发展

在我国，基层群众性自治组织的建立和发展是我国社会主义民主最广泛的实践，是人民当家作主最直接的实际体现，它具有鲜明的中国特色。居民委员会和村民委员会就是城市和农村广大居民实行基层社会直接民主的一种重要组织形式。

早在20世纪50年代，我国城市就建立了居民委员会。1950年天津市人民政府就在派出所辖区内设立居民委员会组织，居民委员会正、副主任由区公所和派出所的专职干部担任，其他委员则在当地居民中聘任。1951年上海市人民政府决定，在上海普遍建立居民委员会组织，并且指出这是群众性自治组织，居民委员会的成员由居民民主选举产生。1954年，全国人大常委会通过了《城市居民委员会组织条例》，其中明确规定“居民委员会是群众自治性的居民组织”。该条例的颁布实施，使城市居民委员会很快在全国各城市普遍建立起来。

1954年颁布的《城市居民委员会组织条例》，全国人大常委会于1980年又重新予以公布，并重申了该条例的精神仍然适用。1982年宪法在总结城市居民委员会经验的基础上明确规定，在城市按居民居住地设立居民委员会，并且对居民委员会的性质、任务和组织原则作出具体的规定。这是我国发展社会主义民主、健全社会主义法制方针的结晶，也是设立居民委员会的根本法律依据。随着我国城市基层群众性自治组织的不断发展、健全以及经验积累和制度建设的不断丰富和完善，1989年，七届全国人大常委会通过了《中华人民共和国城市居民委员会组织法》，这对加强居民委员会的建设，促进城市基层社会主义民主和社会主义物质文明、政治文明和精神文明建设的发展，提供了有力的法律保障。

在农村，由于20世纪50年代经济社会结构急剧变化未能建立农民自治制度。1955年以后，农村人民公社成了政社合一的组织，而大队、生产队则成了公社下面的“车间”和“连队”，村民自治既没有政治基础，也没有经济基础。1978年以后，农村人民公社开始解体，公社下面的生产大队开始向村演变，这使村民自治有了政治条件；由于土地承包制的实行，使农民真正成了土地的主人，为村民自治提供了经济基础。于是，村民自治制度就在20世纪70年代末、80年代初开始产生了。

20世纪80年代，农村村民委员会的出现不是偶然的，它是在总结我国农村组织管理经验的基础上，适应农村经营体制改革的需要而产生的。农村实行家庭联产承包责任制，导致农村经济体制发生了重大变革。农民摆脱了过去“政社合一”的集体经济组织的束缚，获得了生产经营自主权，改变了农民在经济组织中的地位；与此同时，农村取消了阶级成分制度，过去的地、富、反、坏、右分子都已成为普通的平等的村民，农民开始实现了政治平等。农村经济、政治关系的变革，农民自由、平等的实现，一方面极大地调动了农民的积极性，增强了农民的主人翁责任感；另一方面农民也强烈要求保护和实现自己的经济利益和政治参与权利，使自己直接管理本村的一切公共事务。而农业的分散经营和自愿联合以及经济组织从政治体系中划分出来，又迫切需要建立一种群众性的社会自治组织，从社会生活的联合方面来调整和处理人们在生产和生活中的相互关系，于是，村民委员会便随之产生、发展起来。

1982年12月颁布的新宪法第一次确定了村民自治的制度。从此，村民自治有了宪法上的依据，成了宪法上的一种制度。1987年11月，六届全国人大常委会第二十三次会议颁布了《中华人民共和国村民委员会组织法（试行）》，对村民自治组织和自治权作了具体、明确的规定，促进了村民自治制度的进一步发展。1998年11月，九届全国人大常委会第五次会议又正式通过了《中华人民共和国村民委员会组织法》。2010年10月28日，十一届全国人大常委会第十七次会议修订通过《中华人民共和国村民委员会组织法》。至此，我国村民自治制度已经基本成熟。

三、基层群众自治制度的内容

（一）基层群众性自治组织

根据我国宪法的规定，在农村基层的村民委员会、在城市基层的居民委员会，是基层群众性自治组织的两种基本形式。

1. 村民委员会

（1）村民委员会的设置。按照《村民委员会组织法》的规定，村民委员会的设置包括设置的原则、设置的范围和设置的机关三个方面的内容。

第一，村民委员会设置的原则：根据《村民委员会组织法》第8条第1款的规定，村民委员会设置的原则是根据村民居住状况、人口多少，便于群众自治。此外，根据该条第2款的规定，村民委员会的设置还应遵守经村民会议讨论同意的原则。

第二，村民委员会设置的范围：《村民委员会组织法》对此未作明确规定，主要是以自然村为范围设立并根据人口多少进行适当调整。

第三，村民委员会设置的机关：根据《村民委员会组织法》第8条第2款规定，村民委员会的设置包括村民委员会的设立、撤销、范围调整，其机关是县级人民政府。村民委员会的设置，先由乡、民族乡、镇的人民政府提出，经村民会议讨论同意后，报县级人民政府批准。

（2）村民委员会的组织。根据《村民委员会组织法》的规定，村民委员会的组织涉及村民委员会的组成、产生、任期、活动方式、有关机构和经费来源等几个方面。

第一，村民委员会的组成、产生和任期：村民委员会由主任、副主任和委员共3～7人组成。村民委员会主任、副主任和委员，由村民直接选举产生，除依照法律规定被剥夺政治权利的人外，凡年满18周岁的村民都有选举权和被选举权。村民委员会每届任期3年，其成员可以连选连任。

第二，村民委员会的活动方式、原则和有关机构：村民委员会进行工作，应当坚持群众路线，充分发扬民主，认真听取不同意见，不得强迫命令，不得打击报复。村民委员会决定问题的时候，采取少数服从多数的原则。村民委员会实行村务公开制度。村民委员会根据需要设人民调解、治安保卫、公共卫生等委员会。

第三，村民会议和村规民约：村民会议是村民群众自治的最高组织形式，村民委员会向村民会议负责并报告工作。村规民约是具有公约性质的规范文件，具有群众性、合法性、针对性和规范性等特点，是实行村民自治，进行自我管理、自我教育、自我服务的重要形式和依据。

（3）村民委员会的任务，主要包括：宣传宪法、法律、法规和国家的政策，教育和推动村民履行法律规定的义务，维护村民的合法权利和利益；办理本村的公共事务和公益事业，调解民间纠纷，协助维护社会治安，向人民政府反映村民的意见、要求和提出建议；协助乡、民族乡、镇的人民政府开展工作；支持和组织村民依法发展各种形式的合作经济和其他经济，承担本村生产的服务和协调工作；尊重集体经济组织依法独立进行经济活动的自主权，维护以家庭承包经营为基础、统分结合的双层经营体制，保障集体经济组织和村民、承包经营户、联户或者合伙的合法的财产权和其他合法的权利和利益；依照法律规定，管理本村属于村民集体所有的土地和其他财产，教育村民合理利用自然资源，保护和改善生态环境；多民族居住的村，村民委员会应当教育和引导村民加强民族团结，互相帮助，互相尊重；村民委员会实行村务公开制度，应当保证公布内容的真实性，并接受村民的查询。此外，村民委员会还应当协助有关部门，对被依法剥夺政治权利的村民进行教育、帮助和监督。

2. 居民委员会

（1）居民委员会的设置。根据《城市居民委员会组织法》的规定，有关居民委员会的设置包括三个方面：

第一，居民委员会设置的原则：根据居民居住状况、便于居民自治是设立居民委员会的原则。

第二，居民委员会的范围：现行《城市居民委员会组织法》根据我国城市生活实际，将居民委员会的设置范围规定为为“100～700”户。

第三，居民委员会设置的机关：《城市居民委员会组织法》第6条第2款规定“居民委员会的设立、撤销、规模调整，由不设区的市、市辖区的人民政府决定”。

（2）居民委员会的组织。根据《城市居民委员会组织法》的规定，居民委员会的组织包括居民委员会的组成、产生、任期、活动方式、有关机构和经费来源等问题。

第一，居民委员会的组成、产生、任期：居民委员会由主任、副主任和委员5～9人组成。居民委员会的组成人员，由选举产生。居民委员会每届的任期为3年，其成员可以连选连任。

第二，居民委员会的工作方式、原则和有关组织：居民委员会进行工作，应当采取民主的方法，决定问题采取少数服从多数的原则。居民委员会根据需要可以设人民调解、治安保卫、公共卫生等委员会。

第三，居民会议和居民公约：居民会议是由居民委员会辖区范围内18周岁以上的居民组成的居民自治的民主决策机构。居民委员会向居民会议负责并报告工作，凡涉及全体居民利益的重大问题，居民委员会必须提请居民会议讨论决定。居民公约由居民会议讨论制定，报不设区的市、市辖区的人民政府或者它的派出机关备案，由居民委员会监督执行。

第四，居民委员会的经费来源：居民委员会办理本居住地区公益事业所需的费用，经居民会议讨论决定，可以根据自愿原则向居民筹集，也可以向本居住地区的受益单位筹集，但是必须经受益单位同意，收支账目应当及时公布，接受居民监督。

（3）居民委员会的任务。根据宪法的规定，居民委员会的任务是办理本居住地区的公共事务和公益事业，调解民间纠纷，协助维护社会治安，并且向人民政府反映群众的意见、要求和提出建议。《城市居民委员会组织法》将居民委员会的任务具体列举为以下几个方面：宣传宪法、法律、法规和国家的政策，维护居民的合法权益，教育居民履行依法应尽的义务，爱护公共财产，开展多种形式的社会主义精神文明建设活动；办理本居住地区的公共事务和公益事业；调解民间纠纷；协助维护社会治安；协助人民政府或者它的派出机关做好与居民利益有关的公共卫生、计划生育、优抚救济、青少年教育等项工作；向人民政府或者它的派出机关反映居民的意见、要求和提出建议；对编入居民小组的被依照法律剥夺政治权利的人进行监督和教育。

（二）基层群众性自治组织与基层政权的关系

现行《宪法》第111条第1款规定："居民委员会、村民委员会同基层政权的相互关系由法律规定。"这一个非确定性的宪法规范，将基层群众性自治组织与基层政权之间的关系纳入宪法调整的范围。基层政权作为国家在基层行政区域内设立的国家机关及其行使职权的统一体，在农村指的是乡、镇人民代表大会和人民政府及其职权的统一体，在城市指的是不设区的市、市辖区的人民代表大会及其常委会和人民政府及其职权的统一体。因此，基层群众性自治组织与基层政权的关系，包括基层群众性自治组织与有关人民代表大会的相互关系以及同有关人民政府的相互关系。

1. 基层群众性自治组织与有关人民代表大会的相互关系

基层群众性自治组织与有关人民代表大会及其常委会的相互关系，在我国现行的宪法和相关法律中没有明确的规定，只能从二者的性质、职权中予以考察。

就基层群众性自治组织而言，二者的关系表现为：（1）基层群众性自治组织要严格遵守和贯彻有关人民代表大会及其常委会的决议和决定。基层群众性自治组织在遵守和贯彻有关人大决议和决定的情况下，开展自治活动。（2）基层群众性自治组织可以依法参与有关人民代表大会的活动。（3）基层群众性自治组织可以向有关人民代表大会反映居民（村民）的意见及要求。

就有关人民代表大会而言，二者的关系表现为：（1）有关人民代表大会及其常委会要依法对基层群众性自治组织进行监督，保证宪法、法律、法规以及有关决定、决议在基层群众性自治组织的实施，尤其是《居民委员会组织法》或《村民委员会组织法》的实施情况。（2）有关人民代表大会要帮助基层群众性自治组织开展自治活动。一方面要对基层群众自治的工作给予指导、帮助和支持，另一方面要对其他机关或组织妨碍基层群众自治的进行有效干预，保障基层群众自治的实现。

2. 基层群众性自治组织与有关人民政府的相互关系

根据宪法的规定，《居民委员会组织法》和《村民委员会组织法》分别对基层群众性自治组织与有关人民政府之间的相互关系作了规定，这也是现实中实现基层群众自治必须面对和处理的重要关系。能否处理好基层群众性自治组织与有关人民政府之间的关系，则是基层群众性自治组织能否真正成为自治组织的关键。

《居民委员会组织法》第 2 条第 2 款规定："不设区的市、市辖区的人民政府或其派出机关对居民委员会的工作给予指导、支持和帮助。居民委员会协助不设区的市、市辖区的人民政府或者它的派出机关开展工作。"《村民委员会组织法》第 5 条规定："乡、民族乡、镇的人民政府对村民委员会的工作给予指导、支持和帮助，但是不得干预依法属于村民自治范围内的事项。村民委员会协助乡、民族乡、镇的人民政府开展工作。"由此可见，基层群众性自治组织与有关人民政府之间的关系主要表现为两个方面：（1）人民政府对基层群众性自治组织工作的指导、支持和帮助。人民政府有责任对基层群众性自治组织的工作给予指导，但这种指导不具有拘束力，基层群众性自治组织可以根据实际选择接纳。（2）基层群众性自治组织对有关人民政府工作的协助。

（三）基层群众自治制度的实践及其发展

为贯彻实施宪法确定的基层群众性自治制度，我国先后于 1989 年通过了《城市居民委员会组织法》，1987 年通过了《村民委员会组织法（试行）》，并在城乡普遍建立了居民委员会和村民委员会，促进了基层群众性自治制度的建立。1998 年修订通过的《村民委员会组织法》在总结村民自治经验的基础上，进一步完善了村民自治的民主选举、民主决策、民主管理、民主监督等制度，有力推进了基层群众性自治制度的发展。

2007 年，党的十七大报告首次将"基层群众自治制度"写入其中，并将其与人民代表大会制度、中国共产党领导的多党合作和政治协商制度、民族区域自治制度一起纳入了中国特色政治制度的范畴。党的十七大报告指出：人民依法直接行使民主权利，管理基层公共事务和公益事业，实行自我管理、自我服务、自我教育、自我监督，是人民当家作主最有效、最广泛的途径，必须作为发展社会主义民主政治的基础性工程重点推进。党的十八大报告再次明确指出：在城乡社区治理、基层公共事务和公益事业中实行群众自我管理、自我服务、自我教育、自我监督，是人民依法直接行使民主权利的重要方式；要健全基层党组织领导的充满活力的基层群众自治机制。根据党的十七大报告、十八大报告的精神和我国社会经济政治发展的要求，我国基层群众自治制度已经进入一个新的历史发展时期。

本章小结

国家结构形式是指特定国家的统治阶级所采取的，按照一定原则来划分国家内部区域，调整国家整体和组成部分、中央和地方之间相互关系的国家外部总体形式。它由国体决定，并反映国体，对国体有能动的反作用。人民代表大会制度是实现人民当家作主权利的一种政治制度，它是我国的政权组织形式，也是我国根本的政治制度。在我国，选举制度是指选择、推举人民代表的各种原则、程序和方法的总和。我国选举法明确规定了普遍、平等、直接选举与间接选举相并用、无记名投票、对代表的监督罢免和对选举权的保障原则，并明确规定了选举的程序和方法。

国家结构形式是国家制度的重要内容之一，它包括单一制和联邦制两种基本形式。我国是统一的多民族国家，实行单一制的国家结构形式。民族区域自治制度是具有中国特色的解决民族问题的基本政治制度，民族自治地区是我国不可分割的组成部分，依法设立自治机关，行使自治权。特别行政区制度是依据“一国两制”原则建立的实现国家统一的重要制度，特别行政区是我国不可分割的组成部分，特别行政区依法行使高度自治权。居民委员会和村民委员会分别是城市居民和农村村民进行自我管理、自我教育、自我服务的基层群众性自治组织，依照宪法和法律办理本居住地区或者本村的公共事务和公益事业，调解民间纠纷，协助维护社会治安，向人民政府反映居民或者村民的意见、要求和提出建议。

重要概念

政治组织形式　人民代表大会制度　选举制度　差额选举　单一制　联邦
行政区域自治制度　“一国两制”　特别行政区　基层群众性自治组织

材料分析

【材料1】

内地中国公民在港所生子女的居港权问题——庄丰源案

庄丰源是在香港出生的中国公民。他的父母都是内地的中国公民，于1997年持双程证从内地到香港探亲，1997年9月29日，其母在香港生下庄丰源。由于其父母均不是香港永久性居民，不能在香港长期逗留，而必须回到内地，但他们将庄丰源留在香港，由其在香港的祖父照顾，并长期不归。香港政府认为庄丰源不能获得香港永久性居民的身份，因而决定将其遣返。但庄丰源家长不服，认为根据《香港特别行政区基本法》第24条第2款第（1）项有关“在香港特别行政区成立以前或以后在香港出生的中国公民”属于香港特别行政区永久性居民的规定，庄丰源具备构成永久性居民的条件，遂向香港法院提起诉讼，要求承认其永久性居民的身份。香港高等法院原诉庭法官司徒敬经审理后认为，香港法例115章《人民入境条例》附表1第2（a）有关父母的规定与《香港特别行政区基本法》第24条第2款第（1）项相抵触。所以他裁决庄丰源具备香港特别行政区永久性居民的资格，享有香港特别行政区居留权。

香港特别行政区政府不服，上诉至香港高等法院上诉庭。上诉庭法官梅贤玉、梁绍中和罗杰志驳回香港政府的上诉，维持原审法官的判决。香港特别行政区政府遂上诉至香港终审法院。

《香港特别行政区基本法》第24条第2款第（1）项成为本案争议的焦点，特别行政区政府认为，基本法第24条第2款是界定谁是香港特别行政区永久性居民，而第24条第3款则赋予其居留权。根据该定义，某些人士会包括在内，那些不包括在内的会被排除在外。在这种意义上，第24条第2款的目的可说是要界定香港特别行政区永久性居民的范围，从而限制特别行政区的人口。

但香港终审法院认为，如以第24条第2款其他各项作为第24条第2款第（1）项的立法背景来看就会发现根据第24条第2款其他各项取得永久性居民身份取决于有关人士的父母任何一方的身份，即必须是至少有一方是香港永久性居民。但第24条第2款第（1）项并未提及这一点，由此观之，父母的身份并不是该项所要求的。

基于此，终审法院的最终结论是：参照第24条第2款第（1）项的立法背景及目的来考虑这项条款所用的文字后，可见其含义清楚明确，就是在1997年7月1日前后在香港出生的中国公民享有永久性居民的身份。这项条款的含义没有含糊不清之处，亦即在合理的情况下不能得出另一对立解释。所以庄丰源享有香港特别行政区永久性居民的身份。

该判决作出后，香港政府表示尊重法院判决。1999年6月26日全国人大常委会对《中华人民共和国香港特别行政区基本法》第22条第4款和第24条第2款第（3）项进行解释，该解释指出，《香港特别行政区基本法》第24条第2款前3项规定：香港特别行政区永久性居民为：（1）在香港特别行政区成立以前或以后在香港出生的中国公民；（2）在香港特别行政区成立以前或以后在香港通常连续居住7年以上的中国公民；（3）第（1）（2）两项所列居民在香港以外所生的中国籍子女。其中第（3）项的规定是指无论本人是在香港特别行政区成立以前或以后出生，在其出生时，其父母双方或一方须是符合《香港特别行政区基本法》第24条第2款第（1）项或第（2）项规定条件的人。

1999年6月26日全国人大常委会对《香港基本法》有关条款作出解释以来，香港特别行政区法院在涉及局港权的案件的判决中，多次强调全国人大常委会对《香港基本法》的解释对香港特别行政区法院具有约束力，并以此作为对一些案件判决的依据。但是香港特别行政区终审法院7月20日对庄丰源案的判决，与全国人大常委会的有关解释不尽一致。可见，全国人大常委会强调的是子女出生时必须父母双方或一方已经是香港永久性居民，子女才能取得居港权。而特别行政区终审法院对此有不同的理解。

【问题】

如何正确理解全国人大常委会对《香港基本法》的解释权？

【解析】

（1）《香港特别行政区基本法》的解释权问题。隐藏在内地儿童居港权的问题是《香港特别行政区基本法》的解释权之争。在各具体案件中，对《香港特别行政区基本法》相关条款的解释直接影响到案件的审理和判决。《香港特别行政区基本法》第158条规定了《香港特别行政区基本法》的解释制度，具体包括如下内容：①《香港特别行政区基本法》的解释权属于全国人民代表大会常务委员会。② 全国人民代表大会常务委员会授权香港特别行政区法院在审理案件时对本法关于特别行政区自治范围内的条款自行解释。③ 香港特别行政区法院在审理案件时对本法的其他条款也可解释，但如需要对本法关于中央人民政府管理的事务或中央和特别行政区关系的条款进行解释，而该条款的解释又影响到案件的判决，在对案件作出不可上诉的判决前，应由香港特别行政区终审法院提请全国人民代表大会常务委员会对有关条款作出解释。如全国人民代表大会常务委员会作出解释，香港特别行政区法院在引用该条款时，应以其为准。但此前作出的判决不受影响。

（2）妥善协调内地和香港两地不同的立法解释制度。《香港特别行政区基本法》第158条的规定表明，同中国的所有法律一样，《香港特别行政区基本法》的解释权属于全国人民代表大会常务委员会，这就与内地的法律解释制度统一了起来，体现了“一国”的要求。同时，对《基本法》的解释作了不同的规定，实质是试图协调内地和香港两地不同的解释制度，是精心设计的特别的法律制度，它把内地由立法机关解释法律的制度和香港由法院解释法律的制度融合在一起，从而同时满足了“一国”和“两制”的要求。这是一个新的独特的宪法制度安排。

【材料2】

《香港基本法》附件一规定：“2007年以后各任行政长官的产生办法如需修改，须经立法会全体议员2/3多数通过，行政长官同意，并报全国人民代表大会常务委员会批准。”附件二规定：“2007年以后香港特别行政区立法会的产生办法和法案、议案的表决程序，如需对本附件的规定进行修改，须经立法会全体议员2/3多数通过，行政长官同意，并报全国人民代表大会常务委员会备案。”2003年下半年以来，香港“民主派”人士不断要求在2007年普选行政长官和在2008年普选立法会的全部议席。

对此，2004年4月6日，第十届全国人民代表大会常务委员会第八次会议通过了关于《香港特别行政区基本法》附件一第7条和附件二第3条的解释，指出：

（1）上述两个附件中规定的“2007年以后，含2007年。”

（2）上述两个附件中规定的2007年以后各任行政长官的产生办法、立法会的产生办法和法案、议案的表决程序，“如需”修改，是指可以进行修改，也可以不进行修改。

(3) 上述两个附件中规定的须经立法会全体议员2/3多数通过，行政长官同意，并报全国人大常委会批准或者备案，是指行政长官的产生办法和立法会的产生办法及立法会法案、议案的表决程序修改时必经的法律程序。只有经过上述程序，包括最后全国人大常委会依法批准或者备案，该修改方可生效。是否需要进行修改，行政长官应向全国人大常委会提出报告，由全国人大常委会根据香港特别行政区的实际情况和循序渐进的原则确定。修改行政长官产生办法和立法会产生办法及立法会法案、议案表决程序的法案及其修正案，应由香港特别行政区政府向立法会提出。

(4) 上述两个附件中规定的行政长官的产生办法、立法会的产生办法和法案、议案的表决程序如果不作修改，行政长官的产生办法仍适用附件一关于行政长官产生办法的规定；立法会的产生办法和法案、议案的表决程序仍适用附件二关于第三届立法会产生办法的规定和附件二关于法案、议案的表决程序的规定。

【问题】

(1) 如何正确理解全国人大常委会对行政长官和立法会产生办法的解释?

(2) 谁享有修改有关产生办法的启动权或主导权?

【解析】

(1) 自从2003年以来，香港社会对基本法附件一和附件二，关于行政长官和立法会两个产生办法在2007年以后是否需要修改的问题，产生了不同的理解和认识，实质是对香港特区未来政治体制发展问题产生了分歧意见，由于这个问题关系到“一国两制”方针和香港基本法的贯彻实施，关系到中央与香港特别行政区的关系，关系到香港社会各阶层、各界别、各方面的利益，关系到香港的长期繁荣稳定，因此，全国人大常委会依照宪法和香港基本法的规定行使解释权，对香港基本法附件一和附件二有关规定的含义作出解释，是十分必要、非常及时的。

(2) 香港特别行政区是直辖于中央人民政府的一个地方行政区域，其自治权来源于中央的授权，全国人大常委会行使基本法解释权，对基本法实施中遇到的不同理解和认识作出澄清，不仅不会影响香港特别行政区的高度自治，而且有利于香港特别行政区按照基本法规定实行高度自治。

(3) 全国人大常委会的解释，明确行政长官和立法会两个产生办法是否需要修改的确定权属于全国人大常委会，在全国人大常委会确定需要修改时，修改法案及其修正案应由香港特别行政区政府向立法会提出，以及其他各项解释，都是对基本法附件一和附件二有关规定的原有含义所作出的阐述，是与基本法其他关于香港特别行政区政治体制的规定相一致的。

【材料3】

2004年5月23日，国务院新闻办公室发表了《西藏的民族区域自治》白皮书。白皮书指出：根据《民族区域自治法》的规定，上级国家机关的决议、决定、命令和指示，如有不适合西藏自治区实际情况的，自治区可以报经上级国家机关批准，变通执行或者停止执行。如在执行全国性法定节假日的基础上，西藏自治机关还将“藏历新年”、“雪顿节”等藏民族的传统节日列入自治区的节假日。又如，根据西藏特殊的自然地理因素，西藏自治区将职工的周工作时间规定为35小时，比全国法定工作时间少5小时。此外，西藏自治区人大还可以根据授权，结合当地实际情况，制定实施国家有关法律的变通条例和补充规定。如1981年，西藏自治区人民代表大会常务委员会从西藏少数民族历史婚俗等实际情况出发，通过了《西藏自治区施行〈中华人民共和国婚姻法〉的变通条例》，将婚姻法规定的男女法定婚龄分别降低两岁，并规定对执行变通条例之前已经形成的一妻多夫和一夫多妻婚姻关系，凡不主动提出解除婚姻关系者，准予维持。

【问题】

（1）结合以上材料，谈谈民族自治地方的立法职权范围。

（2）自治条例和单行条例所作出的变通规定是否存在限制？

（3）比较民族自治地方的自治立法权与特别行政区的立法权的不同。

【解析】

（1）民族自治地方的人大享有的立法职权包括两个方面：一是与其他非民族自治地方的人大享有同样的职权；二是民族自治地方的人大享有的自治立法职权。

（2）首先，对于宪法的规定不能变通。因为宪法是中国的根本法，变通宪法规定的内容，就可能危及中国国体和政体的各项基本制度，削减公民的基本权利，增设公民的基本义务；宪法已对少数民族聚居的地方实行区域自治作了专门的规定，自治地方没有理由要对宪法的具体条款进行变通。

其次，对有些法律、行政法规不能变通。自治条例和单行条例可以对国家法律、行政法规变通，但也应当有一些例外，包括：对民族区域自治法和其他授予民族自治地方以特殊权力的法律、行政法规，自治地方不能变通；对于需要变通的内容已作了限制性规定的法律、行政法规，自治法规不能再进行变通；法律、行政法规对允许变通的内容专门作了允许变通的规定，则对于未规定允许变通的部分，自治法规不能进行变通。

最后，对法律、行政法规的变通应有必要的限制。自治法规的变通应当受到必要限制，包括：① 变通的合目的性。自治法规对国家法律、行政法规的变通，应当是为了适应当地民族的政治、经济和文化特点的需要，而不能为了其他目的。② 变通的合法性。自治法规对国家法律、行政法规的变通，应当符合宪法、法律、行政法规的实体性和程序性规定，不得以违法方式实施变通。③ 变通的有限性。自治法规对国家法律、行政法规的变通，不应超出其自治权限，而且凡属中央专属立法权限范围的事项，如无特别的专门授权，自治法规不能进行变通。

自治条例和单行条例可以变通和补充规定的内容，主要包括两个方面：一是法律已作出规定的，民族自治地方根据本民族地区的实际情况制定的有关法律的变通规定和补充规定，如全国有30多个民族自治地方在自己的自治条例或者单行条例中对结婚年龄作了变通规定，将婚姻法规定的结婚年龄提前了2岁；二是法律尚未作出规定或者法律不可能也不必作出规定的，民族自治地方根据当地实际需要以单行条例的形式作出的规定。

（3）中国民族自治地方的自治立法职权，属一般自治性质，与其他非民族自治地方的立法职权相比，它的权限内容体现了自治性和自主性的特点。与香港特别行政区的高度自治相比，它的权限内容又要少许多。香港特别行政区在立法、司法、行政管理和对外事务方面，享有高度自治权，包括立法权、独立的司法权和终审权、自行制定货币金融政策、货币发行权、财政收入不上缴中央、可以“中国香港”的名义单独地同世界各国、各地区及有关国际组织保持和发展关系、实行自由贸易政策，等等。

【材料4】

在一次人民代表换届选举中，某市劳改局提出：对判处10年以上有期徒刑未附加剥夺政治权利，改造表现不好和对判处10年以下有期徒刑，改造表现极坏的罪犯，除依照审判监督程序判处附加剥夺政治权利外，对其中一部分对象拟由劳改局提请人民检察院决定，停止其行使选举权利，以有利于改造工作顺利进行，促进罪犯的改造。

【问题】

未被判处附加剥夺政治权利的罪犯因改造不好能否由劳改局或检察院决定停止其行使选举权？

【解析】

（1）选举权是我国公民的政治权利。根据我国现行法律规定，只有人民法院才是剥夺公民政治权利的主体，其他任何机关都无权作出剥夺公民政治权利的决定。

（2）劳改局提请检察院决定停止罪犯行使选举权利也无法律依据。

【材料5】

根据十届全国人大常委会第六次会议2003年12月27日发布的公告，因涉嫌贿选，来自湖南的陈满生被终止全国人大代表资格。经查证：原任湖南省计划生育委员会主任、第十届全国人大代表的陈满生在湖南省十届人大一次会议期间，违反规定，利用职务上的便利，通过请客、送礼，组织和动员本机关及本系统的干部，为自己当选全国人大代表拉选票。湖南省人大常委会9月28日通过决定，罢免其全国人大代表职务，并将决定提请全国人大常委会代表资格审查委员会审查。

【问题】

（1）我国关于惩治贿选的法律规定有哪些？

（2）结合现实，谈谈目前贿选的主要形态及社会危害。

【解析】

（1）《选举法》第52条规定，对用贿赂等非法手段破坏选举或者妨害选民和代表自由行使选举权和被选举权的违法行为，应当依法给予行政处分或者刑事处分。《刑法》第256条规定，在选举各级人大代表和国家机关领导人员时，以贿赂等手段破坏选举或者妨害选民和代表自由行使选举权和被选举权，情节严重的，处3年以下有期徒刑、拘役或者剥夺政治权利。最高人民检察院1999年9月公布的《关于人民检察院直接受理立案侦查案件立案标准的规定（试行）》，提出了破坏选举罪的立案标准是：以贿赂等手段，妨害选民、各级人大代表自由行使选举权和被选举权，致使选举无法正常进行或者选举结果不真实的行为。

（2）现实生活中的贿选有三种表现形式：第一，间接选举中向代表行贿。人们最为强烈反对的贿选，也是数量最多的人反对的贿选，是间接选举中向代表或工作人员行贿。它的危害表现在：这是一种用公共权力谋取私利的行为，该行为事实上剥夺了公民间接选举的权利，同时也造成了候选人之间的机会不平等。第二，直接选举中用财物购买选票。其危害表现在同样一张选票在不同选民之间变得不等值。第三，直接选举中，公开地给选区内所有选民以金钱或物质利益从而影响选举结果。贿选危害了社会主义民主法制建设，败坏了社会风气，造成了十分严重的政治后果。

同步测练与解析

一、单项选择题

1. 我国的根本政治制度是（　　）。

A. 人民代表大会　　B. 人民代表大会制

C. 社会主义制度　　D. 民主集中制

2. 中华人民共和国的一切权力是属于（　　）。

A. 全体公民

B. 人民

C. 人民代表大会

D. 全国人民代表大会和地方各级人民代表大会

3. 人民代表大会制度的核心内容和实质是（　　）。
   A. 少数服从多数　　B. 集体行使职权
   C. 国家的一切权力属于人民　　D. 平等原则
4. 人民代表大会制度是我国社会主义民主的（　　）。
   A. 唯一形式　　B. 唯一途径
   C. 普通形式中的一种　　D. 最基本的形式
5. 我国第一部社会主义的选举法是（　　）。
   A.《中华苏维埃共和国选举细则》　　B.《苏维埃暂行选举法》
   C. 1953 年选举法　　D. 1979 年选举法
6. 推荐代表候选人的政党、人民团体和选民、代表可以在（　　）介绍所推荐的代表候选人的情况。
   A. 选民小组或者代表小组会议上　　B. 全体选民大会上
   C. 代表大会会议上　　D. 选举大会上
7. 在实行直接选举人民代表大会代表的地方，代表候选人获得（　　）的选票时，始得当选。
   A. 参加投票的选民的过半数　　B. 选区全体选民的过半数
   C. 选区全体选民的 2/3 以上　　D. 参加投票的选民的 2/3 以上
8. 现行选举法规定，由选民直接选举的代表候选人名额，应多于应选代表名额的（　　）。
   A. 1/2 至 1 倍　　B. 1/3 至 1 倍　　C. 1 倍以上　　D. 1 倍
9. 我国的国家结构形式属于（　　）。
   A. 单一制　　B. 民族区域自治制　　C. 准联邦制　　D. 一国两制
10. 国家结构形式主要是调整（　　）。
    A. 国家的民族关系　　B. 国家局部之间的关系
    C. 国家整体和部分之间的关系　　D. 国家的阶级关系
11. 特别行政区是根据我国宪法和基本法所设立的，具有特殊的法律地位（　　）。
    A. 实行特别的经济制度的行政区域
    B. 实行特别的政治制度的行政区域
    C. 实行特别的法律制度的行政区域
    D. 实行特别的政治、经济制度的行政区域
12. 有权决定特别行政区进入紧急状态的机关是（　　）。
    A. 全国人民代表大会　　B. 全国人大常委会
    C. 特别行政区行政长官　　D. 国务院

13. 现行宪法规定，在特别行政区内实行的制度按照具体情况，由（　　）。

A. 全国人民代表大会以法律规定　　B. 全国人大常委会以法律规定

C. 国务院以行政法规规定　　D. 特别行政区立法会以法律规定

14. 有权修改特别行政区基本法的机关是（　　）。

A. 全国人民代表大会　　B. 全国人大常委会

C. 特别行政区立法会　　D. 国务院

15. 村民委员会和居民委员会是（　　）。

A. 基层群众性组织　　B. 基层政权机关的派出机关

C. 基层群众性自治组织　　D. 基层政权组织

16. 我国农村的基层行政区域是指（　　）。

A. 区公所　　B. 乡、民族乡、镇

C. 村民委员会　　D. 自然村

二、多项选择题

1. 国家形式包括（　　）。

A. 国家结构形式　　B. 国家文明形式　　C. 政权组织形式

D. 国家审判形式　　E. 国家检察形式

2. 决定国家结构形式的要素有（　　）。

A. 历史传统　　B. 民族的组成及其分布状况

C. 经济发展状况　　D. 政治文化影响

E. 自然地理特点

3. 人民代表大会制度是我国的根本政治制度，这是因为（　　）。

A. 它直接反映着我国国家的阶级本质

B. 它体现我国政治生活的全貌

C. 它是国家的其他制度赖以建立的基础

D. 它是由我国宪法规定的

E. 它的基础是社会主义公有制经济

4. 我国选举法规定，享有选举权的基本条件是（　　）。

A. 具有中华人民共和国国籍　　B. 年满18周岁

C. 享有政治权利　　D. 无精神病

E. 在本选区居住半年以上时间

5.（　　）有选举权利。

A. 判处有期徒刑、拘役、管制而没有附加剥夺政治权利的人

B. 正在取保候审或者监视居住的人

C. 被羁押，正在受侦查、起诉、审判的人

D. 正在劳动教养的人

E. 正在受拘留处罚的人

6. 选区的划分标准是（　　）。

A. 按照行政区域划分

B. 按照每一选区选 1～3 名代表划分

C. 按照生产单位、事业单位、工作单位划分，也可以按照居住状况划分

D. 按照居住状况划分

E. 按照居住状况划分，也可以按生产单位、事业单位、工作单位划分

7. 现行选举法规定，（　　）由选民直接选出。

A. 不设区的市、市辖区的人民代表大会代表

B. 设区的市的人民代表大会代表

C. 县、自治县的人民代表大会代表

D. 乡、民族乡、镇的人民代表大会代表

E. 自治州的人民代表大会代表

8. 现行选举法规定，（　　）实行间接选举。

A. 全国和省、自治区、直辖市人民代表大会代表

B. 设区的市人民代表大会代表

C. 自治州人民代表大会代表

D. 不设区的市、市辖区人民代表大会代表

E. 县、自治县人民代表大会代表

9. 单一制国家结构形式的特征是（　　）。

A. 国家只有一部宪法　　B. 剩余权力归中央

C. 公民具有统一的国籍　　D. 国家只有一个最高立法机关

E. 国家只有一个中央政府

10. 联邦制国家结构形式的特征是（　　）。

A. 地方政府的权力由中央政府授予

B. 国家只有一部宪法

C. 公民具有双重国籍

D. 各成员国与联邦的职权划分，由联邦宪法作出具体规定

E. 除联邦立法、行政、司法系统外，成员国也有自己的立法、行政、司法系统

11. 根据现行宪法规定，须经全国人民代表大会批准的设立、撤销、变更的行政区域包括（　　）。

A. 省　　B. 自治区　　C. 直辖市　　D. 县

E. 乡

12. 我国的行政区域的类型有（　　）。

A. 一般行政区域　B. 民族自治地方　C. 经济特区　D. 特别行政区

E. 新技术开发实验区

三、问答题

1. 如何理解人民代表大会制度的含义和内容？

2. 人民代表大会制度有哪些优越性？

3. 我国选举制度的基本原则有哪些？

4. 单一制的特征有哪些？

参考答案

一、单项选择题

1. B　2. B　3. C　4. D　5. C　6. A　7. A　8. B　9. A　10. C　11. D　12. B　13. A　14. A　15. C　16. B

二、多项选择题

1. AC　2. ABCD　3. ABC　4. ABC　5. ABDE　6. BE　7. ACD　8. ABC　9. ACDE　10. CDE　11. ABC　12. ABD

三、问答题

1. 如何理解人民代表大会制度的含义和内容？

解析：人民代表大会制度是我国的政权组织形式，是我国的根本政治制度，是人民实现国家权力的组织形式。（1）国家的一切权力属于人民。（2）人民在民主普选的基础上选派代表，组成全国人民代表大会和地方各级人民代表大会。（3）其他国家机关比如行政机关、审判机关、检察机关等，由人民代表大会产生，受它监督，向它负责。（4）人民代表大会常务委员会向本级人民代表大会负责，人民代表大会向人民负责。

2. 人民代表大会制度有哪些优越性？

解析：半个世纪以来，人民代表大会制度不断得到巩固和完善，显示出巨大的优越性，表现为：（1）人民代表大会制度保障了人民当家作主。（2）人民代表大会制度动员了全体人民以国家主人翁的地位投身社会主义建设。（3）人民代表大会制度保证了国家机关协调高效运转。（4）人民代表大会制度维护了国家统一和民族团结。

3. 我国选举制度的基本原则有哪些？

解析：选举制度的基本原则即选举活动所实行的基本原则，是选举制度的重要组成部分，包括：（1）选举权的普遍性原则；（2）选举权的平等性原则；（3）直接选举与间接选举并用的原则；（4）差额选举原则；（5）无记名投票原则；（6）选举的物质保障和法律保障原则。

4. 单一制的特征有哪些？

解析：单一制具有以下特征：(1) 从法律体系看，国家只有一部宪法，由统一的中央立法机关根据宪法制定法律。(2) 从国家机构组成看，国家只有一个最高立法机关，一个中央政府，一套完整的司法系统。(3) 从中央与地方的权力划分看，地方政府的权力由国家以法律的形式规定或认可。地方接受中央的统一领导，地方行政区域单位没有脱离中央而独立存在的权力。(4) 从对外关系看，国家是国际法的主体，公民具有统一的国籍。

第五章

CHAPTER FIVE

公民的基本权利和义务

学习目标

通过本章的学习，了解公民、国籍、人权、公民基本权利和义务的含义；掌握我国公民基本权利的具体内容；理解我国公民基本义务的范围；了解我国宪法对外国人合法权利和利益保护的规定。

重点难点提示

◉ 课外学习《中华人民共和国宪法》第二章公民的基本权利和义务部分。

◉ 联系实际，分析宪法关于公民基本权利的规定在我们生活中的作用。

◉ 主动应用所学知识，分析公民应当如何正确认识和行使公民基本权利。

公民的权利和义务是宪法的核心和内容。我国宪法明确规定，国家尊重和保障人权。任何公民享有宪法和法律规定的权利，同时必须履行宪法和法律规定的义务。权利与义务密切相关，没有无义务的权利，也没有无权利的义务。现行宪法在规定公民享有各项基本权利的同时，对公民应履行的各项基本义务也作了规定，体现了权利与义务的一致性。

第一节 公民的基本权利和义务概述

一、公民的含义

公民，通常是指具有某个国家国籍的个人或自然人。

公民一词在不同历史时代的国家有着不同的含义。在古希腊、古罗马国家，公民只是专指由奴隶主、自由职业者和外来居民构成的少数市民。广大奴隶作为奴隶主的财产，即“会说话的工具”，并不享有市民的任何权利。古罗马时的罗马公民是一种身份，表明在社会和国家生活中享有政治、经济、文化等各方面的全部权利，而被征服地的居民，即使本身是自由民，甚至是奴隶主，在法律地位上仍然属于罗马人的奴隶。直到公元4世纪，全体帝国的自由民才获得罗马公民的身份。所以，公民一词从产生时起，就表明一种居民在国家生活特别是政治生活中的法律地位。在欧洲封建的君主制国家，隶属或臣服于君主的不同等级身份的人们，被称为臣民，公民或市民这个称谓只是作为对臣民中居住于城市中的一部分人的称呼，也即对工商业者等中产阶级或资产阶级的称谓。公民这个称谓普遍地适用于社会全体成员，是从资产阶级革命和资产阶级国家建立时开始的。法国大革命时的共和派为反对封建专制制度，提出了“自由、平等、博爱”的口号和“主权在民”的原则，主张国家的每一成员都是平等的公民，国家属于公民全体。随着封建制度的瓦解，公民这一称谓逐渐为世界各国宪法所确认，并得到普遍使用。但通常情况下，君主制国家仍然使用“臣民”一词，或者使用“国民”，如日本现行宪法就宣布“主权属于国民”。

在中国，公民一词是在近代鸦片战争以后才从国外引进的，其称谓在我国宪法中也有其变化过程。在解放前，“公民”与“国民”常常混用，如1946年国民党宪法规定“主权属于国民”。建国初期，我国曾经将“国民”作为“公民”的同义语使用。《中国人民政治协商会议共同纲领》中使用的是“国民”的称谓。从1953年《全国人民代表大会和地方各级人民代表大会选举法》开始，才用“公民”取代了“国民”的称谓。1982年宪法对公民这一概念的内涵作了明确的规定：“凡具有中华人民共和国国籍的人都是中华人民共和国公民”（第33条第1款）。这就是说，成为我国公民除了要求具有我国国籍以外，没有其他资格的限制。可见，在我国，公民和国籍是分不开的。

二、宪法和人权

（一）人权的提出和发展

公民的基本权利和义务是由资产阶级最先以宪法的形式确认的。资产阶级把公民基本权利称作人权和公民权，并把它作为资产阶级宪法的核心内容。

权利与人权是既有联系又有区别的概念。人权一般是指作为一个人应当享有的权利和自由，既包括法定的权利，又包括法律之外的权利，如道德权利、习惯权利等。人权具有自然权利的性质，而权利具有法定的性质，即我们所说的权利是法定范围内的权利。由于宪法和法律保障的权利受一个国家经济与文化发展水平的限制，所以人权的内容转化为权利形态，需要逐渐发展的过程。

人权是全人类共同追求的理想。人权，起初是欧洲资产阶级反对封建专制和宗教特权而提出来的一个口号。实际上当欧洲文艺复兴运动提出以人为中心的时候，就预示着人权概念的产生将是政治学发展的必然了，不过当时的人们并没有探讨它的具体内容。人文主义法学派的代表人士就提出了以人为中心，一切为了人的思想。他们提倡人权和个性解放，反对神权和教会的蒙昧主义。到了17、18世纪，以英国人洛克和法国人卢梭等人为代表的启蒙思想家，进一步提出了“天赋人权论”，主张人生来具有生存、自由、平等、追求幸福、财产以至反抗暴政的权利；认为放弃自己的自由，就是放弃自己作人的资格，就是放弃人类的权利。

世界上第一个把人权写入政治纲领性文件的是1776年美国的《独立宣言》，其中宣布：“一切人生来都是平等的，他们都享有不可剥夺的权利，包括生命、自由和追求幸福。”正因为《独立宣言》第一次赋予人权以具体内容，所以马克思称它为“第一个人权宣言”①。1789年8月，法国大革命中的制宪会议或制宪国民公会通过了第一个直接以“人权”为名的《人权和公民权利宣言》，即通称的《人权宣言》。其中宣布：“在权利方面，人们生来而且始终是自由平等的”；“任何政治联盟的目的，都是保护人的不可剥夺的自然权利。这些权利是：自由、财产、安全和反抗压迫”。之后，随着宪法的普遍制定，这些国家的宪法也大都把“人权”具体化为“公民权利”。由于资产阶级革命主要以人权为口号和目标，并在革命后将其写入宪法，因此，西方国家的学者有时也把宪法称为“权利保障书”。

在经过第二次世界大战德、日、意法西斯统治和侵略过程中肆意践踏各国人民的民主自由权利后，基于各国人民反对战争，要求民主、和平，保障人权的愿望，人权重获各国重视并进入了国际法范围，成为《联合国宪章》的支柱之一。《联合国宪章》宣告：“为免后世再遭今代人类两度身历的惨不堪言之战祸，重申对于基本人权、人格尊严和价值以及男女平等和大小各国平等权利的信念。”1948年，联合国大会又通过了《世界人权宣

① 马克思恩格斯全集：第16卷．北京：人民出版社，1964：26.

言》，庄严宣告世界各地所有男女毫无区别地享有基本人权和自由，并明确规定人类享有的权利不仅包括公民权利和政治权利，还包括经济、社会、文化权利和自由。

随着殖民地的民族民主革命的蓬勃发展，世界上相继出现了许多摆脱了殖民主义统治的独立国家。在他们的促使下，联合国于1966年通过了《公民权利和政治权利国际公约》、《经济、社会、文化权利国际公约》。1977年通过了关于人权新概念的决议案。决议指出，人权不仅是个人的权利和基本自由，而且包括民族和人民的权利和基本自由。1979年联合国人权委员会又通过了有关人权的决议，强调国家主权、民族自决权、发展权和基本人权。因而，现代国际法上的人权概念既包括个人人权，也包括集体人权，即民族自决权和社会发展权等；既包括传统的自由平等权利，也包括社会经济权利，还包括社会及个人的发展权等。

（二）我国2004年《宪法修正案》增加规定国家尊重和保障人权的重大意义

在我国，早在抗日战争时期，中国共产党领导的陕甘宁边区制定的《陕甘宁边区施政纲领》这份宪法性文件中就提出了人权保护的主张。建国以后，由于“左”的思想的影响，除外交文件外，国内的政治法律文件中以及学术著作中很少提及人权问题，主要以批判的态度来看待人权。对“文革”中侵犯人的尊严和基本权利的反思，导致了人权思想的复苏。邓小平同志在1985年最先论述了对人权的看法，首次明确表示了中国也承认人权的观点。他指出：“什么是人权？是多少人的人权？是多数人的人权，还是少数人的人权，还是全国人民的人权？西方世界所谓‘人权’和我们讲的人权是两回事，观点不同。”① 1991年，中国政府发表了《中国的人权状况》白皮书，阐述了中国政府对于人权问题的原则立场和基本政策，同时，也澄清了“只有资本主义国家讲人权，社会主义国家不讲人权”的模糊认识；并申明了中国政府的人权观念，指出生存权是首要人权，公民的政治权利，经济、文化和社会权利，人身自由权利，宗教信仰自由等，都是人权的基本内容，是宪法和法律所保护的。中国的人权具有广泛性、公平性、真实性的显著特点。之后，每年至少发表一份人权白皮书，向国际社会介绍中国人权保护的发展，反驳外国敌对势力对中国的攻击。

目前，我国已经加入了大部分人权国际公约，截止到2003年底，我国已经加入了21个国际人权公约，特别是分别于1997年和1998年加入了《经济、社会、文化权利国际公约》和《公民权利和政治权利国际公约》。其中，《经济、社会、文化权利国际公约》业已于2001年2月28日经第九届全国人民代表大会常务委员会第二十次会议审议批准，并且于2003年底向联合国递交了关于履行《经济、社会、文化权利国际公约》的第一份履约报告。这无疑是我国在人权领域采取的一项重大举措，进一步体现了我国积极参与人权领域国际合作的一贯立场。

---

① 邓小平文选：第3卷．北京：人民出版社，1993：125.

2004 年第十届全国人大二次会议通过的《宪法修正案》，在宪法第二章“公民的基本权利和义务”第 1 条即第 33 条中增加了一款作为第 3 款即“国家尊重和保障人权”。这一规定有着重大的现实意义：一是尊重和保障人权是我国的一贯方针，这次把它写入宪法，是党和国家高度重视人权建设的集中体现，也是进一步加强社会主义民主与法治建设、充分保障人权实现的宪法依据。二是在宪法中作出尊重和保障人权的宣示，体现了社会主义制度的本质要求，有利于推进我国社会主义人权事业的发展，有利于我国在国际人权事业中进行交流和合作，开展对话，摒弃对抗，寻求共识，进行合作，共同实现世界人权事业的进步。

三、公民的基本权利和基本义务

（一）基本权利

宪法上所规定的“公民的基本权利”，顾名思义，可简单理解为公民所应享有的基本的、具有重要意义的权利。许多国家的宪法或宪法学把“基本权利”称之为“人权”（Human Rights），以表明它们是人所固有的权利。我国宪法长期沿用“公民的基本权利”这一用语，但通过 2004 年现行宪法的第四次修改，也已明确宣明“国家尊重和保障人权”（现行《宪法》第 33 条第 3 款）。至此，尽管用语背后的思想观念在当下仍然有所差异，但其中的“人权”这一概念，在解释学上也可大致理解为我国“公民的基本权利”的另一种称谓。

在我国，部分学者还曾将“公民的基本权利”简称为“公民权”，甚至在此延伸意义上把人权称之为“公民权利”。但与此不同，在许多其他国家，包括在我国宪法历史上，“公民权”仅仅指的是作为国籍法意义上的公民的资格，尤其指的是通过选举权、被选举权等政治权利，参加地方政治乃至国家政治活动的权利。而“公民权利”这一称谓虽然也见诸于国际人权公约之一的《公民权利和政治权利国际公约》的中译表述之中，但显然也只是指代部分的人权，而非其概称。

当今国际宪法学界又出现了从人权历史发展的角度对各种基本权利进行分类的方法，其中最典型的有所谓的“三代人权分类方法”。根据这种方法，人权有三个世代之分，其中，第一代人权即近代西方资产阶级革命中所确立的权利，主要包括近代宪法中的人身自由、精神自由和经济自由这三大自由；第二代人权即在 19 世纪末 20 世纪初社会主义运动中提倡的权利，主要是社会权利；而第三代人权则是二战之后反对殖民主义压迫的民族解放运动中所提倡的各种权利，其中包括各个国家或民族的生存权、发展权和民族自决权等所谓的“集体权利”。

长期以来，我国宪法学界通常把我国公民的基本权利分为：（1）平等权；（2）政治权利和自由；（3）宗教信仰自由；（4）人身自由；（5）批评、建议、申诉、控告、检举权和取得赔偿权；（6）社会经济权利；（7）文化教育权利和自由；（8）妇女的权利和自由；（9）有关婚姻、家庭、老人、妇女和儿童的权利；（10）华侨、归侨和侨眷的权利。

此外，理论界又提出了更具概括性的分类方法，其中主要有把基本权利分为参政权、人身自由和信仰自由、经济和教育文化权与特定人的权利四种权利的四大分类法①，以及分为平等权、政治权利和自由、人身自由和信仰自由、社会经济文化权利与特定人的权利等五种权利的五大分类法。②

（二）基本义务

宪法所规定的公民的义务，即公民的基本义务。

义务和权利一样，都是构成特定的法律关系所不可或缺的要素。基本权利是公民对国家的权利，基本义务也是公民对国家的义务，二者基本上都反映了公民对国家权力的关系。自从近代宪法以来，宪法的人权保障体系的价值目标在于确定国家对全体公民行使统治权的界限，以保障公民的基本权利。然而，为了行使这种统治权，其中尤其是为了实现对各种可能互相发生冲突的公民的基本权利的调整以及增进社会公共利益，国家就不得不对全体公民要求履行一定的基本义务。由此看来，从某种意义上说，公民的基本义务并非直接基于其所享有的基本权利而产生的，而是通过国家权力这一媒介的作用而形成的。概言之，公民的基本义务是以基于公民的基本权利而产生的国家权力的作用为条件而生成的。

（三）基本权利与基本义务之间的关系

公民的基本权利与基本义务之间的关系颇为复杂，可从以下方面加以分析。

1. 基本权利的享有主体与基本义务的承担主体之间的关系

（1）一般情形下的同一关系。任何公民既是基本权利的享有主体，同时又是一定的基本义务的承担主体。我国现行《宪法》第33条第3款规定："任何公民享有宪法和法律规定的权利，同时必须履行宪法和法律规定的义务。"在这个意义即一般意义上，权利享有主体与义务承担主体具有同一性。这种同一性排除了那种只享有权利而不履行义务的特权，体现了公民在法律面前一律平等原则的一个重要侧面。

（2）具体情形下的对角关系。上述的基本权利享有主体与基本义务承担主体在一般意义上的同一性，并不同时意味着基本权利享有主体与基本义务承担主体所处于的法律关系的同一性。实际上，作为基本权利享有主体的公民与作为基本义务承担主体的公民其所处于的法律关系虽然都反映了公民与国家权力之间的关系，即在公民作为基本权利的享有主体时，必须承担相应义务的主体主要是国家而非其他公民；而公民所承担的宪法上的义务同样也主要是对国家或整个社会的义务。但这里分别存在两种法律关系：一种是由公民作为基本权利的享有主体，而国家作为承担相应义务的主体而构成法律关系；另一种则是公民作为承担基本义务的主体而对国家或社会履行宪法上所规定的那些基

① 参见魏定仁. 宪法学. 北京：北京大学出版社，1994：172－196.

② 参见许崇德. 中国宪法. 修订本. 北京：中国人民大学出版社，1996：407－430.

本义务所构成的法律关系。由此可见，无论是作为基本权利的享有主体，还是作为基本义务的承担主体，公民与国家之间都存在着相互对峙的关系，而在这两种不同的对峙关系中，基本权利的享有主体（公民）与基本义务的承担主体（公民）之间则构成了一种交叉的对角关系。

2. 基本权利的内容与基本义务的内容之间的关系

（1）一般情形下的非对等性。由于基本权利的享有主体（公民）与基本义务的承担主体（公民）是处在两个不同的具体法律关系之中的，所以其二者在一般意义上的同一性，也并不意味着基本权利的享有主体（公民）所享有的基本权利与基本义务的承担主体（公民）所承担的基本义务之间具有对等性或对应性。一方面，从笼统的角度看，宪法所规定的基本权利可能多于也可能少于基本义务，如我国现行宪法所规定的公民的基本权利就大大多于公民的基本义务；另一方面，从具体的角度看，公民享有某些基本权利（如内心的自由）并不必然意味着必须履行某种相应的基本义务，而即使享有某些基本权利必然伴随着某种相应的基本义务，二者的内容也并非绝对均等。

（2）特定情形下的统一性。在一些特定的情形下，公民的基本权利和义务在内容上具有统一性。如我国《宪法》第 42 条规定公民有劳动的权利和义务，第 46 条同样规定公民有受教育的权利和义务。在这里，公民的基本权利与公民的基本义务是相互统一的。

第二节　公民的基本权利

一、平等权

《宪法》“公民的基本权利和义务”一章中规定的第一项宪法权利是“中华人民共和国公民在法律面前一律平等”。法律面前人人平等是我国宪法和法律权利义务关系的基本原则。从权利角度看，法律面前一律平等是一切其他权利实现的基本要求。所以，它不仅是我国公民的一项基本权利，也是社会主义法制的一个基本原则。

公民在法律面前一律平等包含以下三方面的内容：（1）公民不分民族、种族、性别、职业、家庭出身、宗教信仰、教育程度、财产状况、居住期限，都一律平等地享有宪法和法律规定的权利；（2）任何人的合法权益都一律平等地受到保护，对违法行为一律依法予以追究，不允许任何违法犯罪分子逍遥法外；（3）在法律面前，不允许任何公民享有法律以外的特权，任何人不得强迫任何公民承担法律以外的义务，不得使公民受到法律以外的处罚。这一宪法原则既包括司法平等，即公民在适用法律上一律平等，又包括公民在守法上一律平等。

公民在法律面前一律平等的口号和原则，是资产阶级在反对封建专制的资产阶级革命中提出来的。资产阶级在取得政权之后，用根本法的形式把这一原则确定了下来。最早确认这一原则的是法国1789年的《人权宣言》。它规定："法律对于所有的人，无论是施行保护和处罚都是一样的。在法律面前，所有的公民都是平等的。"其后，其他资本主义国家大多数肯定了这一原则。社会主义国家更加明确了这一原则。

对于我国公民平等权的理解，有几点需要注意：第一，1982年宪法与1954年宪法在平等权上的一个重要区别就在于，前者明确了立法不平等。作为一个社会主义国家，我国的一切权力属于人民，敌对分子不能与人民享有平等的立法权。法律必须只能反映在经济上、政治上和社会上占统治地位的人们的意志，也即只能反映人民的意志。所以，在立法上，人民与敌人是不能讲平等的。第二，平等是指法律规定的同等对待，不是指权利和义务的对等。权利义务对等在现实中是不可能的，人们只能要求在同等条件下的法律的公正对待。第三，我国公民的平等权还包括民族平等、男女平等内容。这些内容无疑属于平等权范畴，但基于特定主体的因素和传统因素，它们容易为人们所忽视或为人们所侵犯，会对我国的社会和谐产生消极影响，因而宪法和法律特别强调对它们的确认和保护，成为社会生活、政府决策和各项工作必须予以考虑的因素和予以确保的权利。

二、公民参与政治方面的权利和自由

（一）选举权和被选举权

政治权利在我国主要表现为选举权与被选举权。我国《宪法》第34条规定："中华人民共和国年满十八周岁的公民，不分民族、种族、性别、职业、家庭出身、宗教信仰、教育程度、财产状况、居住期限，都有选举权和被选举权；但是依照法律被剥夺政治权利的人除外。"

所谓选举权，是指选民依法选举代议机关代表的权利。所谓被选举权，是指选民依法被选举为代议机关代表的权利。

在我国，人民是国家的主人，人民有当家作主的权利，但并不是每一个人都直接行使国家权力、参加国家的重大决策和日常事务的管理，而是通过选举代表的方式，选出代表自己意愿的代表，参与各级国家权力机关，间接地管理国家、行使国家权力。因此，选举权和被选举权是人民当家作主权利的直接体现，是人民参与国家管理的基本手段，也是行使国家权力的基本形式。正因为选举权是人民的政治权利，因此依照法律被剥夺政治权利的人不能享有选举权和被选举权。

（二）政治自由

政治自由是公民表达自己政治意愿的自由。我国《宪法》第35条规定："中华人民共和国公民有言论、出版、集会、结社、游行、示威的自由。"

1. 言论自由

言论自由是公民对于政治和社会的各种问题有通过语言方式表达其思想和见解的自

由。言论是公民表达意愿、交流思想、传播信息的必要手段和基本工具，也是形成人民意志的基础，所以言论自由在公民的各项政治自由中居于首要地位。可以说，言论的自由程度从一个侧面上反映了一国民主化的程度。

我国是人民民主专政的社会主义国家，十分重视保障公民的言论自由。目前我国公民言论自由的实现途径主要有：第一，人民群众对国家生活中的问题发表各种意见、提出各种建议。人们在国家政治和社会生活问题上可以畅所欲言，作出善意的批评和评价。第二，人民群众对国家重大决策发表意见、进行讨论。第三，通过来信来访工作，使广大人民群众的意见能够直接转达到国家机关中去。第四，人民群众可以通过各种途径和形式向有关国家机关反映问题，提出批评，进行申诉、控告、检举。随着社会主义民主的发展，实现公民言论自由的形式也会逐步完善，对它的保护也将进一步加强。

与任何法律权利一样，公民的言论自由也必须在法律的范围内行使。具体而言，这就是：第一，不得利用言论自由煽动群众反对政府，扰乱社会秩序，危害国家和社会安宁；第二，不得利用言论自由侵犯他人的人格尊严，对他人进行侮辱、诽谤和诬告陷害；第三，不得利用言论自由泄露国家或商业秘密及他人的隐私。在我国的社会主义条件下，法律上的这种限制是保障公民言论自由的一种必要手段。

2. 出版自由

出版自由是公民以出版物形式表达思想和见解的自由。人们为了长久保存自己的思想和见解，并为了与他人分享观点，就要把自己的思想见解付诸文字，以利于传播。因此，出版自由是言论自由的自然延伸。

公民出版自由的实现，除了社会精神文明程度的提高外，还依赖于两个基本条件：第一，客观上国家物质文明不断取得进步，促进出版事业的发展；第二，主观上切实保障公民出版自由权的享有，从法制建设方面加强保护。1990 年我国通过了《中华人民共和国著作权法》对公民的出版自由作出了实际的保障和规范。

与言论自由一样，出版自由的行使也不能损害社会整体利益。所以，各国都有法律规范出版物的发行和传播。对于出版物的管理有两种制度，一是预防制或事前审查制，即在出版物出版前审查其内容是否合法的制度；二是追惩制，即在出版物出版后根据其社会效果决定是否予以禁止和处罚的制度。我国目前实行预防制和追惩制相结合的方法，对出版进行限制，但事前审查主要由出版单位承担，国家一般不予干涉。1997 年国务院通过了《出版管理条例》，列明了不属于出版自由保护范围内八类出版物：反对宪法基本原则的；危害国家主权和统一的；危害国家安全的；破坏民族团结的；泄露国家机密的；有黄色或暴力及不道德内容的；侮辱诽谤的和其他有害的出版物都属禁止发行之列。2011 年修订的《出版管理条例》第 5 条第 2 款规定："公民在行使出版自由的权利的时候，必须遵守宪法和法律，不得反对宪法确定的基本原则，不得损害国家的、社会的、集体的利益和其他公民的合法的自由和权利。"这是出版管理过程中必须遵循的基本原则，也是确定出版自由的重要依据。

3. 结社自由

结社自由是有着共同意愿或利益的公民，为长久分享共同观点或利益而组成具有持续性的社会团体的自由。结社是一定数量的公民长久保有共同观点和维护共同利益的行为，故而结社自由也是言论自由的进一步发展；同时它也是若干公民集合起来方能实现的自由权。

公民的结社因目的不同，可以分为两种：一是以营利为目的的结社，如商业结社中的公司、集团、中心等，通常由民法、商法、公司法来调整权利义务关系。二是非营利性的结社，其中又分为政治性结社，如政党、政治团体等；非政治性结社，如宗教、慈善、文化艺术等团体。宪法中所规定的结社自由主要是指组成政治性团体的自由，各国法律通常对此予以严格的控制，对反社会的、反宪法秩序的、反国家的结社，如法西斯主义的结社，予以取缔。

对结社自由的限制，主要表现在凡结社必须申请登记，否则便是非法组织。在我国，凡符合宪法和法律规定的条件，并依法登记的组织，便成为合法的社会团体，受到国家的保护。除了已有的政治性社团，如中国共产党、八个民主党派以及工会、青年团、妇女联合会等全国性社会团体外，1998 年国务院发布的《社会团体登记管理条例》列举了其他结社的范围，规定了申请成立和解散的程序，对人民群众参与社会政治经济生活、繁荣科学文化教育事业等方面起到了积极的作用。

4. 集会、游行、示威自由

集会自由是公民为共同目的临时集合在一定露天场所，讨论问题或表达意愿的自由。它也是言论自由的自然延伸，是扩大了的言论自由。具有共同意愿的人们，通过集会，可使共同观点为更多的人所知晓，从而能够更好地实现言论自由所要达到的目的。

结社和集会都是不特定的多数人聚集起来表达意愿、维护共同利益的活动或组织形式，所以二者常常相提并论。二者的区别在于，集会是临时性的聚集；而结社则是长期的、相对固定的聚集，有着更严格的组织、章程和制度。

游行自由是公民在公共道路或露天场所以和平的方式聚会、行进、静坐，以表达其强烈意愿的自由。

示威自由是公民在公共道路或露天场所以和平的方式聚集在一起，以显示决心和力量的自由。

集会、游行、示威自由都来自于公民的请愿权。它们的共同之处：一是在于都是公民表达强烈意愿的自由；二是主要都在公共场所行使；三是必须是多个公民共同行使，属于集合性的权利，单个公民的行为通常不能形成法律意义上的集会、游行和示威。三者的不同之处在于表达意愿的程度、方式和方法有所差异。

由于这三项自由权的行使多发生在公共道路或露天场所，参加或观看的人数众多，情绪感染性强，也容易发生与政府管理部门或其他公民的对抗，对社会影响较大。所以，公民在行使这些权利时，既要符合法律规定的条件，又要注意不得损害国家的、社会的、集体的和其他公民的合法的自由和权利。凡借此进行暴力活动的，或者引起暴力冲突的集会、游行和示威，就丧失了受到法律保护的资格，并要受到法律的制裁。为了更好地保障公民正确行使集会、游行、示威的权利，维护社会的安定团结，1989 年第七届全国人大常委会通过并公布了《集会游行示威法》。该法对集会、游行、示威的概念和标准、主管机关和具体管理程序及措施、申请和获得许可的程序、违法行为及应承担的法律责任等，作出了明确的规定。

（三）公民的诉愿权

诉愿权也叫请愿权。在我国，公民的诉愿权是对一类宪法权利的统称，即批评权、建议权、申诉权、控告权、检举权以及国家赔偿请求权。《宪法》第 41 条第 1 款规定："中华人民共和国公民对于任何国家机关和国家工作人员，有提出批评和建议的权利。对于任何国家机关和国家工作人员的违法失职行为，有向有关国家机关提出申诉、控告或者检举的权利，但是不得捏造或者歪曲事实进行诬告陷害。"

批评权是公民对国家机关和国家工作人员在工作中的缺点和错误提出批评意见的权利。建议权是公民对国家机关和国家工作人员的工作提出建设性意见的权利。二者的区别在于前者是针对国家机关和国家工作人员工作中的缺点和错误，而后者是针对工作本身。我国公民可以通过新闻报刊、来信来访、座谈讨论会等多种形式和途径来行使这两项权利。

申诉权是公民的合法权益因行政机关或司法机关作出的错误的、违法的决定或裁判，或者因国家工作人员的违法失职行为而受到侵害时，向有关机关申述理由，要求重新处理的权利。我国公民申诉权主要在以下三种情况下行使：第一，公民对于行政机关作出的行政处罚决定不服时，可以向其上级机关或者有关国家机关提出申诉，要求改正或者撤销原决定；第二，对已经发生法律效力的判决或裁定，当事人、被告人及其家属或者其他公民，可以向人民法院、人民检察院以至向国家权力机关提出申诉，要求前两个单位改正或者撤销原判决或裁定；第三，公民在认为受到不公正对待后，有权向任何国家机关提出申诉。我国于 1999 年 4 月由第九届全国人大常委会通过了《行政复议法》，以利于公民行政申诉权的保护。其他诉讼法则都规定了对公民申诉权的相应保护，主要是审判监督程序的规定等。第三种申诉是典型的申诉权形式，公民的这种申诉行为直接受到宪法的保护。

控告权是公民对任何国家机关和国家工作人员的违法失职行为，向有关机关进行揭发和指控的权利。检举权是公民对于违法失职的国家机关和国家工作人员，向有关机关揭发事实，请求依法处理的权利。二者的共通之处在于是同违法失职行为作斗争。二者的区别在于：第一，控告人通常是直接受到不法侵害的人，而检举人则不一定与事件有直接关系；第二，控告是为了保护自己的权益而要求对违法失职行为进行处理，检举则多为出于正义感和维护公共利益的目的。公民可通过如下途径行使控告权和检举权：（1）对违法犯罪行为向司法机关提出；（2）对违反政纪的行为向主管单位、上级单位或监察机关提出；（3）对国家机关的违法决定向同级权力机关或者上级权力机关提出；（4）对国家机关中党的组织或党员的违法犯罪行为向同级或上级党的纪律检查委员会提出。

由于上述诉愿权都是公民针对国家机关及国家工作人员的，而后者又掌握着管理、处罚和制裁的权力，所以，《宪法》在第41条第2款对公民的诉愿作出了特别的保护："对于公民的申诉、控告或者检举，有关国家机关必须查清事实，负责处理。任何人不得压制和打击报复。"我国的刑法和其他法律也都规定了对公民诉愿及其行使的保护。

国家赔偿请求权是指由于国家机关和国家工作人员侵权而受到损失的公民，依照法律规定取得赔偿的权利。《宪法》第41条第3款规定："由于国家机关和国家工作人员侵犯公民权利而受到损失的人，有依照法律规定取得赔偿的权利。"目前，我国的国家赔偿分为行政赔偿和司法赔偿或冤狱赔偿两种形式。1989年4月第七届全国人大第二次会议通过的《行政诉讼法》规定了行政赔偿的原则和制度。1994年5月第八届全国人大第七次会议通过了《国家赔偿法》，使公民的这一宪法权利得到了切实的保障。《国家赔偿法》第2条规定："国家机关和国家机关工作人员行使职权，有本法规定的侵犯公民、法人和其他组织合法权益的情形，造成损害的，受害人有依照本法取得国家赔偿的权利。"2010年4月29日，十一届全国人大常委会第十四次会议通过《国家赔偿法》的修正决定，在完善赔偿程序、畅通赔偿渠道、扩大赔偿范围、保障赔偿费用支付等方面作了修改，同时规定了新的归责原则，公权力侵犯当事人合法权益造成损害的，受害人有依法获得国家赔偿的权利。这意味着国家赔偿从单一的归责原则走向以违法原则为主、过错原则和结果原则为辅的多元归责体系。修改后的《国家赔偿法》首次明确规定，致人精神损害并造成严重后果的，赔偿义务机关应当支付"精神损害抚慰金"。

三、人身自由

人身自由是指公民的人身不受非法侵犯的自由。我国《宪法》第37条第1款规定："中华人民共和国公民的人身自由不受侵犯。"

我国宪法规定的人身自由包括四项内容：人身自由不受侵犯；公民的人格尊严不受侵犯；公民的住宅不受侵犯；公民的通信自由和通讯秘密受法律保护。人身自由不受侵犯是人身自由权的核心。

（一）生命权的保障

现行《宪法》第二章"公民的基本权利和义务"没有明文规定生命权，但从宪法精神来看，生命权受宪法保护。生命权是宪法规定的人身自由的首要前提，同时宪法规定的"国家尊重和保障人权"的规范中也包含着国家对生命权保障的义务。人身自由与生命权具有密切的联系。基本权利主体首先是自然人，而人是以生命的形式存在。生命权是享有生命的权利，体现着人类的基本尊严与价值。在法治社会中，生命权是国家与社会的最高价值，在任何情况下国家不能把人的生命权作为一种工具或手段，应把生命权的维护作为制定法律或制定国家政策的基本出发点。①

生命权的本质是对一切侵害生命权的行为的防御，防止国家把生命权作为达到实现国家目的的一种手段。当生命权受到侵害时，受害者有权向国家提出保护的请求，以得到必要的救济。为了保护生命权，各国通过宪法或刑法等形式为生命权价值的实现提供了各种有效的制度。如在器官移植中，国家应积极通过政策或法律制定有关器官移植的规范，使生命受到威胁的患者得到及时的治疗。但这种请求权并不是绝对的，对生命的请求权国家只能提供必要的保护，以体现国家对生命权的保护义务。比如，国家应积极地制定有关器官移植的法律，但这并不意味着患者有权向国家提出提供特定器官的要求。由于生命权是人的尊严的基础和一切权利的出发点，故生命权具有专属性，只属于特定的个人，但个人主观的生命权同时具有社会共同体价值体系的性质，全社会必须形成尊重生命权的文化。

（二）人身自由不受侵犯

人身自由不受侵犯是指公民不受非法逮捕、拘禁，不被非法剥夺自由和非法搜查身体的权利。可见，人身自由是公民宪法地位的直接体现；任何组织或者个人不得非法剥夺或者限制公民的人身自由；剥夺或者限制公民的人身自由，必须按照法定程序进行。《宪

① 自1954年中华人民共和国第一部宪法通过以来，死刑核准权经历了一个变化的过程。在1954年《人民法院组织法》颁布至“文化大革命”前，死刑核准权由最高人民法院和高级人民法院共同行使。1979年7月1日，五届全国人大二次会议通过了《刑事诉讼法》和《刑法》，规定死刑核准权由最高人民法院统一行使。但1981年6月10日，五届全国人大常委会第十九次会议通过《关于死刑案件核准问题的决定》，规定在1981年至1983年内，对犯有杀人、抢劫、强奸、爆炸、放火、投毒和破坏交通、电力等设备的罪行，由省、自治区、直辖市高级人民法院终审判处死刑的，或者中级人民法院一审判处死刑，被告人不上诉，经高级人民法院核准的，以及高级人民法院判处死刑，被告人不上诉的，都不必报最高人民法院核准。但对反革命犯和贪污犯等判处死刑，仍然按照《刑事诉讼法》关于“死刑复核程序”的规定，由最高人民法院核准。

1983年9月2日六届全国人大常委会二次会议通过《关于修改〈中华人民共和国人民法院组织法〉的决定》，规定：“死刑案件除由最高人民法院判决的以外，应当报请最高人民法院核准。杀人、强奸、抢劫、爆炸以及其他严重危害公共安全和社会治安判处死刑的案件的核准权，最高人民法院在必要的时候，得授权省、自治区、直辖市的高级人民法院行使。”据此，最高人民法院先后授权各省、自治区、直辖市高级人民法院，以及云南、广东、广西、贵州、四川、甘肃（部分毒品犯罪死刑案件）高级人民法院，行使对部分严重危害公共安全和社会治安判处死刑案件（除最高人民法院判处的死刑案件外）的核准权。根据1996年3月17日八届全国人大四次会议、1997年3月14日八届全国人大五次会议先后修改的《刑法》和《刑事诉讼法》，死刑案件的核准权仍由最高人民法院行使。但在新《刑法》实施前，1997年9月26日最高人民法院发布《关于授权高级人民法院和解放军军事法院核准部分死刑案件的通知》，规定自1997年10月1日修订后的刑法正式实施之日起，依据《人民法院组织法》第13条的规定，仍授权各高级人民法院行使其已获得授权的死刑案件核准权。2006年10月31日十届全国人大常委会第二十四次会议通过决定，将《人民法院组织法》第13条修改为：“死刑除依法由最高人民法院判决的以外，应当报请最高人民法院核准。”2006年12月28日最高人民法院公布《关于统一行使死刑案件核准权有关问题的决定》，对最高人民法院发布的关于授权高级人民法院核准部分死刑案件的各项通知予以废止。

法》第37条第2款规定：任何公民非经人民检察机关批准或者决定或者人民法院决定，并由公安机关执行，不受逮捕。禁止非法拘禁和以其他方法非法剥夺或者限制公民的人身自由，禁止非法搜查公民的身体。

（三）人格尊严不受侵犯

人格尊严不受侵犯，是现行宪法总结我国历史经验教训之后，首次确认公民享有的一项基本权利。《宪法》第38条规定："中华人民共和国公民的人格尊严不受侵犯，禁止用任何方法对公民进行侮辱、诽谤和诬告陷害。"

人格，在法律上是指一个人作为权利与义务主体的、独立的资格。人格尊严，是指公民作为法律关系主体的独立资格，应当受到尊重。从我国宪法和法律的规定看，人格尊严的基本内容包括公民的姓名权、肖像权、名誉权、荣誉权等。

（四）住宅不受侵犯

住宅不受侵犯是指公民享有居住处所不受非法侵害的权利。由于住宅是公民人身自由栖息之地，因而，该项权利是保护公民的人身和人身自由不受侵犯的一个重要方面。它包括公民的住宅不得随意侵入、不得随意搜查、不得随意查封。《宪法》第39条规定："公民的住宅不受侵犯。禁止非法搜查或者非法侵入公民的住宅。"住宅不受侵犯是公民参与社会生活、享有人身自由权的重要条件。

（五）通信自由和通信秘密受法律保护

《宪法》第40条规定："中华人民共和国公民的通信自由和通信秘密受法律的保护。除因国家安全或者追查刑事犯罪的需要，由公安机关或者检察机关依照法律规定的程序对通信进行检查外，任何组织或者个人不得以任何理由侵犯公民的通信自由和通信秘密。"

通信是公民参与社会生活、进行社会交流的必要手段，是公民不可缺少的基本自由。由于通信自由依赖通信秘密而存在，通信秘密是通信自由的物质基础，因而《宪法》第40条将公民的通信自由与通信秘密并列规定，二者相辅相成，缺一不可。

通信自由是指公民通过信件、电报、电话、传真等手段，根据自己的意愿自由进行通信，他人不得非法扣押、隐匿、私自拆阅或者窃听。通信自由的基本特征是：（1）通信自由所保护的利益是私生活秘密与表现行为的自由。通信自由与私生活秘密的保护存在一定的交叉，但保护两者自由的侧重点与角度不同。（2）通信自由是表现自由的基础。公民通过行使通信自由，可以自由地进行社会交往，是思想交流的重要手段。（3）通信自由的主体是自然人和法人，外国人在一定条件下也可以成为通信自由的主体。2009年修订的《中华人民共和国邮政法》第3条规定："公民的通信自由和通信秘密受法律保护。除因国家安全或者追查刑事犯罪的需要，由公安机关、国家安全机关或者检察机关依照法律规定的程序对通信进行检查外，任何组织或者个人不得以任何理由侵犯公民的通信自由和通信秘密。除法律规定外，任何组织或者个人不得检查、扣留邮件、汇款。"

（六）宗教信仰自由

1. 宗教信仰自由的含义

宗教信仰自由是人们相信某一超自然神祉的拯救力量及相关神学学说的自由。它在法律上属于精神自由的范畴。由于与国家权力的行使和公民的生活有着相当复杂的联系，所以也可以将之列入政治权利和自由的范围。

《宪法》第36条第1款规定："中华人民共和国公民有宗教信仰自由。"这一自由在我国法律上的含义是指：（1）每个公民都有按照自己的意愿信仰宗教的自由，也有不信仰宗教的自由；（2）有信仰这种宗教的自由，也有信仰那种宗教的自由；（3）有在同一宗教里信仰这个教派的自由，也有信仰那个教派的自由；（4）有过去信教而现在不信教的自由，也有过去不信教而现在信教的自由；（5）有按宗教信仰参加宗教仪式的自由，也有不参加宗教仪式的自由。

宗教是一种对社会生活作出超自然解释的社会意识形态，就其本质而言，是与马克思主义的世界观相对立的。我国社会主义的宪法之所以保护公民的这种信仰自由，是因为：第一，宗教是一种社会历史现象，有其发生、发展和消亡的过程，在它存在的条件未消失的时候，它会继续存在。第二，宗教信仰属于思想范畴的问题，法律必须尊重人们的信仰，只能采取宣传教育、提高人们科学精神的方式予以解决，决不能强迫命令，粗暴压制。第三，宗教的存在具有长期性、国际性、民族性和群众性的特点。世界上一些具有较多信徒的宗教，在我国群众中也有一定数量的信徒。据统计，我国有佛教、道教、伊斯兰教、天主教、基督教等多种宗教。由于佛教、道教没有严格的入教仪式和规定，信教人数难以统计。在各种宗教的信徒中，各少数民族占有较大比重，有的民族甚至全体成员均信仰同一宗教，宗教对这些民族具有较大的影响，其风俗习惯已成为这些民族历史文化不可分割的重要方面。因此，保障这些民族的宗教信仰自由，也即是对他们文化习俗的重视。

2. 国家的基本宗教政策

现行宪法比较详细地规定了国家的基本宗教政策。其基本内容是：

（1）宗教信仰问题是公民个人的私事，国家不干预。《宪法》第36条第2款规定："任何国家机关、社会团体和个人不得强制公民信仰宗教或者不信仰宗教，不得歧视信仰宗教的公民和不信仰宗教的公民。"也就是说，就信仰而言，我国公民的宗教信仰问题是公民个人的私事，不能以任何理由强制公民信仰宗教或者不信仰宗教。

（2）国家保护正常的宗教活动。《宪法》第36条第3款规定："国家保护正常的宗教活动。"公民正常的宗教活动是宗教信仰自由的一项基本内容。例如，做礼拜、参加宗教仪式、布教；在宗教活动场所进行宗教宣传及其他宗教活动；在宗教活动场所内，宗教活动场所管理组织可以按照国家有关规定经营销售宗教用品、宗教艺术品和宗教书刊。

（3）政教分离。《宪法》第36条第3款还规定："任何人不得利用宗教进行破坏社会秩序、损害公民身体健康、妨碍国家教育制度的活动。"在人类历史上，曾经实行过政教合一政策，即国家政权与宗教之间合而为一，国家确定某一宗教为国教，赋予其特权，为统治服务，宗教则干预国家权力的行使。近代资产阶级革命以后，这种政教合一的政策被逐渐废除，而代之以政教分离政策。根据我国宪法的规定，我国也实行政教分离政策。国家保护公民的宗教信仰自由，但不赋予任何宗教以特权，任何人不得利用宗教进行破坏社会秩序、损害公民身体健康、妨碍国家教育制度的活动。

（4）宗教团体和宗教事务不受外国势力的支配。我国《宪法》第36条第4款规定："宗教团体和宗教事务不受外国势力的支配。"我国的宗教团体和宗教界可以与各国宗教界人士进行互访、友好往来，开展宗教学术文化的交流，但应坚持独立自主、自办教会的原则。

四、社会经济、教育和文化方面的权利

（一）财产权

财产权是指公民个人通过劳动或其他合法方式取得财产和占有、使用、处分财产的权利。财产权是公民基本权利的重要内容，是公民社会生活中获得自由与实现经济利益的必要途径。根据现行宪法规定，公民的生活资料和生产资料都应受宪法保护。宪法规定的财产权不同于民法上的财产权。虽然其保障内容与民法财产权高度一致，但宪法上的财产权主要是相对于国家的一项基本权利。而且，作为宪法权利的财产权可为私法上的财产权保障提供宪法基础。

随着社会主义市场经济的发展、公民个人财富的积累，社会成员普遍要求国家加强对私有财产权的保护。2004年《宪法修正案》第22条规定："公民的合法的私有财产不受侵犯。国家依照法律规定保护公民的私有财产权和继承权。"《中华人民共和国物权法》的制定与实施将宪法原则具体化，为保护公民的财产权提供了具体的程序与救济途径。

与其他社会经济权利一样，公民财产权的保护也不是绝对的。《宪法修正案》第22条规定："国家为了保护公共利益的需要，可以依照法律规定对公民的私有财产实行征收或者征用并给予补偿。"对公民财产权的限制必须基于公共利益，即社会整体利益，体现国防、外交等重大的国家利益。公共利益不同于团体、社会组织的利益或商业利益，应进行严格的限定。

（二）劳动权

劳动权是指具有劳动能力的公民，有权要求国家和社会提供参加劳动的机会，并切实保证公民具有按照劳动的质量、数量取得报酬的权利。因而，劳动权既是公民赖以生存的权利，也是享有其他民主权利的物质基础。《宪法》第42条第1款规定："中华人民共和国公民有劳动的权利和义务。"

公民的劳动权是无产阶级反对资产阶级斗争的成果。早在19世纪初，法国工人发出了争取劳动权的号召。1931年里昂工人起义时，曾以"生活、工作或死亡"作为斗争的

口号。到 1948 年，法国临时政府在 2 月 26 日发布的法令中才被迫承认劳动权。第二次世界大战后，西方一些国家的宪法才承认劳动权。

（三）休息权

休息权是指劳动者休息和休养的权利。《宪法》第 43 条第 1 款规定："中华人民共和国劳动者有休息的权利。"宪法赋予劳动者这一基本权利，是为了保障劳动者的精力、体力及时得到恢复，以便不断地提高他们的劳动积极性和创新精神，并保证他们参加政治、文化生活。休息权与劳动权紧密相连，形成完整的统一体。一方面，劳动权是休息权的前提，没有劳动权，则谈不上休息权；另一方面，休息权能得以实现，可进一步激发劳动者的积极性，不断地提高劳动效率。

休息权是实现劳动权的必要条件。劳动者在付出一定的劳动以后，需要消除疲劳，恢复必要的劳动能力，休息权本身是劳动权存在和发展的基础。同时，休息权是劳动者享受文化生活、自我提高的重要权利。休息权不仅为劳动者提供了充分地恢复体力的机会，而且为劳动者参加各种文化与社会生活，提高文化素质提供了机会。因此，休息权是劳动者自我发展所不可缺少的条件。《宪法》第 43 条第 2 款规定："国家发展劳动者休息和休养的设施，规定职工的工作时间和休假制度。"《中华人民共和国劳动法》第 36 条规定："国家实行劳动者每日工作时间不超过八小时、平均每周工作时间不超过四十四小时的工时制度。"国家还实行劳动者的休假制度，主要包括三项：公休日制度、法定节假日制度、带薪年休假制度。

（四）社会保障权

所谓社会保障权，是指一般公民为了维持有尊严的生活而向国家要求给付的请求权。《宪法》第 44 条规定："国家依照法律规定实行企业事业组织的职工和国家机关工作人员的退休制度。退休人员的生活受到国家和社会的保障。"2004 年《宪法修正案》第 23 条规定："国家建立健全同经济发展水平相适应的社会保障制度。"这些规定提供了社会保障权的宪法依据。

退休本身也属于一种权利，即劳动者有权在工作一定年限之后要求离开工作岗位并获得生活保障。除非本人愿意，任何人不得强制劳动者在达到法定退休年龄后继续工作。退休制度是指达到一定年龄的劳动者离开劳动岗位，进行休息或休养，并按规定领取一定的退休金、离休金或退休保险金的制度。现在，随着改革开放政策的实行及多种经济形式的建立和发展，我国劳动者的退休制度也发生了较大变化。最早是建立了以对新中国成立的贡献为基础的离休制度，为国家政权新老交替的顺利进行铺平了道路。现在，在劳动者退休的年龄、退休金的发放、退休者福利的保障等方面，法律规定了较大的弹性范围，允许用人单位根据本单位实际予以确定。

公民社会保障权的实现，不仅使弱者得到必要的社会救济，同时也有助于实现社会公平与正义。社会保障权作为权利体系，由生育保障权、疾病保障权、伤残保障权、死亡保障权与退休保障权等具体权利构成。

（五）获得物质帮助权

物质帮助权是公民因特定原因不能通过其他正当途径获得必要的物质生活手段时从国家和社会获得生活保障、享受社会福利的一种权利。这是一种特殊主体享受的受益权，不一定具备劳动者的身份，也不一定曾对社会作出过贡献；只要是我国公民，在特定条件下，就可以享受这一权利。

《宪法》第45条第1款规定："中华人民共和国公民在年老、疾病或者丧失劳动能力的情况下，有从国家和社会获得物质帮助的权利。国家发展为公民享受这些权利所需要的社会保险、社会救济和医疗卫生事业。"

所谓"年老"的公民，一般是指在国家规定的退（离）休年龄以上，已丧失劳动能力或者不适于继续参加劳动的公民；也包括在一定年龄之上没有参加过正式工作，又无子女赡养的公民。所谓患有"疾病"的公民，是经医院检查证实，且无能力或者不适于继续劳动的公民。"丧失劳动能力"的公民，指的是除上述人员外，因其他原因失去了体力、智力的公民，也包括伤、残、呆、傻等无劳动能力，又无人供养的公民。上述公民，都有从国家和社会获得物质帮助的权利。国家的帮助是通过民政、劳动部门向这些公民提供物质帮助；社会的帮助，是由集体经济组织、人民团体、群众自治组织及社会各界人士所提供的物质帮助。其义务承担者是国家与社会。

（六）受教育权

《宪法》第46条规定："中华人民共和国公民有受教育的权利和义务。国家培养青年、少年、儿童在品德、智力、体质等方面全面发展"。

受教育权是公民在教育领域享有的重要权利，是公民接受文化、科学等方面教育训练的权利。从广义上讲，受教育权包括每个人按照其能力平等地享受受教育的权利，同时也包括要求提供教育机会的请求权。从狭义上讲，受教育权是公民享有的平等的教育权。受教育机会的平等价值的直接体现，反映了维护和平与文化建设的要求。受教育权是自由权与社会权的统一，其中社会权反映了受教育权的实质内容。受教育权的自由权性质要求有能力的公民均等地享有受教育权，而受教育权的社会权性质要求国家为那些有受教育能力但因经济等问题不能享有受教育权的公民所提供的一种条件与环境。受教育权具有双重性，即受教育既是公民的一项权利，同时也是公民的一项义务。国家一方面为公民享有受教育权提供各种机会，另一方面有权要求公民履行教育方面应尽的义务。

（七）文化权利和自由

《宪法》第47条规定："中华人民共和国公民有进行科学研究、文学艺术创作和其他文化活动的自由。"

根据宪法的规定，公民的文化权利包括三个方面的内容：从事科学研究的权利、文艺创作的权利和从事其他文化活动的权利。文化权利和自由的保护，从根本上说取决于经济发展及繁荣的程度，但也取决于国家的文化政策。《宪法》第47条还规定“国家对于从事教育、科学、技术、文学、艺术和其他文化事业的公民的有益于人民的创造性工作，给以鼓励和帮助”，设定了国家在文化发展上的任务和措施。

五、特定人的权利

（一）保障妇女的权利

《宪法》第48条第1款规定：“中华人民共和国妇女在政治的、经济的、文化的、社会的和家庭的生活等各方面享有同男子平等的权利。”这一规定的基本出发点，是为了实现男女平等原则。受封建思想意识的影响，在一定数量的公民中，仍残存着男尊女卑、男女不平等、大男子主义的思想、意识、作风，仍有歧视和虐待妇女的现象，甚至拐卖、迫害妇女的犯罪问题也时有所闻。男女平等是宪法关于“公民在法律面前一律平等”原则的具体内容之一。

为保障妇女的权利，促进男女平等，充分发挥妇女的作用，全国人大常委会于1992年制定了《中华人民共和国妇女权益保障法》，对妇女在政治、经济、文化、社会和家庭生活方面与男子的平等权、平等地位，以及对妇女特殊权益的保护等作出了具体规定，是保障妇女权利的基本法。此外，国家在各项单行法律中，依据宪法和妇女权益保障法的规定，对维护妇女在特定领域的合法权利，也作出了规定。

（二）保护婚姻、家庭、母亲、儿童和老人的权利

《宪法》第49条规定：“婚姻、家庭、母亲和儿童受国家的保护”；“禁止破坏婚姻自由，禁止虐待老人、妇女和儿童”。宪法的这些规定，既是国家立法的依据，也是公民应当遵守的法律规范和道德准则。根据宪法的这一规定，作为特定主体的老人、妇女和儿童有不受虐待的权利。

婚姻是指男女双方在自愿结合的基础上，经国家婚姻登记机关登记批准而结成的夫妻关系。家庭是指由婚姻关系、血缘关系或收养关系而形成的人们共同生活的组织，是最基本的社会单位。国家保护婚姻家庭，就是在法律上承认和保护合法的婚姻家庭关系，从而使社会获得稳定的社会关系基础。宪法规定禁止虐待老人、妇女和儿童，这是因为保护老人、妇女和儿童的合法权益，是与他们的切身利益和下一代的健康成长，与社会主义婚姻家庭制度的巩固和发展，与我们社会主义国家的繁荣昌盛，有着直接的密切关系。在家庭关系中，宪法对老人、母亲、儿童的保护体现了中华民族的传统，同时也是承认作为社会关系相对较弱一方，享有国家特殊保护的地位和权利。因为，第一，老人不仅曾经是社会财富的创造者，而且也是智能和道德的保有者；儿童是祖国的未来；母亲则承担着人口再生产及社会延续的责任。第二，他们容易受到不法侵害，所以必须享有特殊的权利，对抗可能的侵犯。为保护这些特定主体的权利，我国在1991年加入了《儿童权利公约》，同年全国人大常委会通过了《未成年人保护法》，1996年全国人大常委会又通过了《老年人

权益保障法》。

（三）保障残废军人和烈军属的权利

《宪法》第45条第2款规定："国家和社会保障残废军人的生活。抚恤烈士家属、优待军人家属。"这一规定明确了我国对残废军人、烈士家属以及现役军人家属的优待和抚恤的原则。

残废军人是指因参战或者因公负伤致残的现役军人。凭其所在部队评出的残废等级，发给残废军人抚恤证，作为国家与社会向他提供必需的生活保障和各种优待的证明文件。我国兵役法对残废军人、退役军人、烈士家属、牺牲和病故的军人家属以及现役军人家属的优待和安置问题，作了专门规定：（1）烈属、牺牲或病故军属、军属均受社会的尊重与优待；（2）家居农村的义务兵家属，由乡镇人民政府采取平衡负担的办法给予优待，具体办法由当地人民政府规定；（3）家居城镇的义务兵家属，生活困难的，由当地政府给予适当补助；（4）现役军人牺牲、病故，由国家给付其家属一次性抚恤金，其家属无劳动力或者无固定收入而不能维持生活的，再由国家定期发给抚恤金。上述规定在法律上具体保证了宪法规定的贯彻实施。

（四）保护残疾人的权利

《宪法》第45条第3款规定："国家和社会帮助安排盲、聋、哑和其他有残疾的公民的劳动、生活和教育。"

残疾人是指在心理、生理、人体结构上，某种组织、功能丧失或者不正常，全部或者部分丧失以正常方式从事某种活动能力的人。残疾人包括视力残疾、听力残疾、言语残疾、肢体残疾、智力残疾、精神残疾、多重残疾和有其他残疾的人。残疾人作为公民，在政治、经济、文化、社会和家庭生活等方面，享有同其他公民平等的权利。残疾人权益既包括残疾人作为公民的合法权益，也包括其因残疾而需要国家和社会给予关心和照顾的权益。为了维护残疾人的合法权益，发展残疾人事业，保障残疾人平等地充分参与社会生活，共享社会物质文化成果，全国人大常委会于1990年制定了《中华人民共和国残疾人保障法》，具体详细地规定了残疾人享有的应予照顾的合法权益。

（五）保护华侨、归侨、侨眷的正当和合法权益

《宪法》第50条规定："国家保护华侨的正当的权利和利益，保护归侨和侨眷的合法的权利和利益。"

华侨是指定居在国外的中华人民共和国公民，是我国公民的组成部分。华夏祖先自秦汉以来即开始到国外谋生，被侨居国称为"唐人"、"闽粤人"，直到19世纪末，才普遍使用"华侨"一词。归侨是指回国定居的华侨。侨眷是指华侨、归侨在国内的眷属，包括华侨、归侨的配偶，父母、子女及其配偶，兄弟姐妹，祖父母、外祖父母，孙子女、外孙子女，以及同华侨、侨眷有长期抚养关系的其他亲属。

华侨因其居住在他国，与居住在国内的公民的宪法地位有所不同。华侨居住在他国，

应当遵守居住国的宪法和法律，根据居住国的宪法和法律享有权利，并履行相应的义务。如果华侨短时间内居住在国内，则享有我国宪法和法律规定的公民的权利，并履行相应的义务。如选举法规定，旅居国外的中华人民共和国公民在县级以下人民代表大会代表选举期间在国内的，可以参加原籍地或者出国前居住地的选举。宪法关于“保护华侨的正当权利和利益”的规定，其基本精神是指我国中央人民政府根据世界公认的国际法准则，保护我国海外侨民符合有关国际法规定的权利和利益。国家对华侨的保护适用国内法保护和外交保护两种方式，但以外交保护为主。

归侨和侨眷是中华人民共和国公民，并生活在国内，他们享有宪法和法律规定的公民的权利，并履行宪法和法律规定的公民的义务，任何组织或者个人不得歧视。但同时，国家应当根据实际情况和归侨、侨眷的特点，给予适当的照顾。1990 年全国人大常委会通过了《归侨侨眷权益保护法》，规定了一套较为完善的保护制度。

第三节　公民的基本义务

一、公民基本义务的属性

马克思主义认为，世界上没有无义务的权利，也没有无权利的义务。我国《宪法》第 33 条第 3 款规定：“任何公民享有宪法和法律规定的权利，同时必须履行宪法和法律规定的义务。”由此确定了公民的权利和义务不可分离的原则。也就是说，在我国宪法中，权利与义务的价值是并重的。从某种意义上说，履行基本义务的背后存在着基本权利的价值，也就是说履行义务过程同时也是享有基本权利的过程，两者并不是对立的关系。公民在日常生活中，应当把两者结合起来，不能把履行基本义务理解为被动、消极的行为。如纳税是公民的一项基本义务，同时它也是公民参与国家管理、行使对政府工作监督权的内在动力与基本条件。

公民的基本义务，属于法定义务，而且是其中最基本、最重要的那一部分，即在最基本的、最重要的政治、经济、文化生活中必须履行的法定义务。它反映了一个国家的公民在国家和社会生活中的法律地位，体现着公民与国家之间的关系。

二、我国公民的基本义务的内容

我国公民的基本义务主要包括以下几个方面：

（一）维护国家统一与民族团结

我国《宪法》第 52 条规定：“中华人民共和国公民有维护国家统一和全国各民族团结的义务。”国家统一与民族团结是国家繁荣、民族昌盛的重要标志。只有国力强盛，国家才有实力保障公民充分享有各项基本权利和自由，因此任何公民都负有这项义务。

维护国家统一，是指维护国家的主权独立和领土完整。国家主权是国家的基本构成要素之一，是国家对内、对外独立处理事务的最高权力，不受任何人干涉或支配。领土与国家主权密不可分，国家在领土上的主权是排他的，对领土的侵犯就意味着对国家主权的侵犯。宪法确认公民有维护国家统一的义务，因此任何公民都应与分裂祖国的行为作斗争，与台独势力作斗争，完成祖国统一大业。

民族问题关系到国家的统一与稳定，民族分裂必然导致国家分裂，民族团结是民族和国家繁荣的基本保证。国家通过民族区域自治制度确保少数民族充分享有自主管理本民族地方性事务的权利，为实现我国的民族团结创造了条件。宪法规定公民有维护全国各民族团结的义务，因此，任何人不得以任何形式离间民族关系，破坏民族团结。

（二）遵守宪法和法律的义务

我国《宪法》第53条规定："中华人民共和国公民必须遵守宪法和法律，保守国家秘密，爱护公共财产，遵守劳动纪律，遵守公共秩序，尊重社会公德。"遵守宪法和法律是公民最基本和最起码的义务，保守国家秘密，爱护公共财产，遵守劳动纪律，遵守公共秩序，尊重社会公德，是公民遵守宪法和法律义务在不同社会领域的具体表现。

1. 遵守宪法和法律

我国《宪法》序言规定：宪法"是国家的根本法，具有最高的法律效力。全国各族人民、一切国家机关和武装力量、各政党和各社会团体、各企业事业组织，都必须以宪法为根本的活动准则，并且负有维护宪法尊严、保证宪法实施的职责"。其他法律以宪法作为立法的基础和依据，是宪法的具体化。宪法和法律是我国人民根本利益和意志的集中体现，依法治国，建设社会主义法治国家，是我国的基本治国方略。这就要求所有公民必须毫无例外地遵守宪法和法律，一切违反宪法和法律的行为必须予以追究。公民的遵守宪法和法律的义务，是公民基本义务体系的基础和核心。

2. 保守国家秘密

国家秘密，是指关系国家安全和利益，依法尚未公布或不准公布，只限一定时间和一定范围知悉的事项。泄露国家秘密必然会给国家和社会造成重大损失，侵害人民的根本利益。因此宪法规定公民负有保守国家秘密的义务。我国1988年颁布的《中华人民共和国保守国家秘密法》对于公民的这一宪法义务作了更加具体的规定。

3. 爱护公共财产

公共财产是指全民所有制财产和集体所有制财产。《宪法》第12条规定："社会主义的公共财产神圣不可侵犯。国家保护社会主义的公共财产。禁止任何组织或者个人用任何手段侵占或者破坏国家的和集体的财产。"我国是社会主义国家，公有制经济是国家的经济命脉，是国家得以不断发展的基础和公民切实享有各项权利、自由的物质保证，与国家利益和人民利益息息相关。因此，每个公民都有义务爱护公共财产，同侵犯公共财产的行为作坚决斗争。

4. 遵守劳动纪律

劳动纪律是指劳动者进行生产和工作时，必须共同遵守的劳动规则、工作制度和操作规程，是保证劳动者人身安全、提高劳动效率和维护社会化大生产的正常秩序不可缺少的基本手段。宪法规定公民负有遵守劳动纪律的义务，对于国民经济发展和社会秩序的稳定具有重要意义。

5. 遵守公共秩序

公共秩序是指由国家法律规定的人们在社会生活中共同形成的基本准则，包括生活秩序、生产秩序、工作秩序和学习秩序等。良好的公共秩序是国家和社会稳定发展、人民群众日常生活正常进行的基本条件，因此宪法要求每一公民都负有遵守公共秩序的义务。对于严重扰乱公共秩序的行为，依据《治安管理处罚法》和《刑法》的有关规定予以行政处罚或者刑事处罚。

6. 尊重社会公德

社会公德是指社会公共道德，即人们在社会生活中应当遵守的基本道德标准。在我国，社会公德的核心内容是爱祖国、爱人民、爱劳动、爱科学、爱社会主义。社会公德作为一种道德，其力量一般来源于社会舆论、信念、习惯、传统和教育等，而不依靠国家的强制力量。我国宪法明确规定尊重社会公德是公民的一项基本义务，无疑将社会公德的效力提高了一个层次，这表明社会公德在我国不仅具有道德意义，同时也具有法律意义。

（三）维护祖国的安全、荣誉和利益

我国《宪法》第54条规定："中华人民共和国公民有维护祖国的安全、荣誉和利益的义务，不得有危害祖国的安全、荣誉和利益的行为。"本条规定以命令性规范和禁止性规范两种法律规范反复确认了公民的同一个义务，突出强调公民维护祖国安全、荣誉和利益义务的重要性。

1. 维护祖国的安全

祖国安全是指国家主权和领土完整不受威胁，是保证国家统一和安定的基础。宪法确认公民负有维护祖国安全的义务，这就要求公民提高警惕，同一切危害国家安全的行为作斗争。我国的《中华人民共和国国家安全法》对此作了具体的规定。

2. 维护祖国的荣誉

祖国荣誉是指国家在世界上享有的良好声誉，维护祖国荣誉是公民爱国主义情感的具体表现，也是民族自尊心和国家自豪感的具体表现。宪法确认公民负有维护祖国荣誉的义务，因此公民在社会生活中应当维护民族气节，坚决制止一切丧失国格、败坏祖国荣誉的行为。1997年我国颁布《中华人民共和国国防法》，进一步明确了公民的这一基本义务。

3. 维护祖国的利益

祖国利益是人民利益的代表，对内对外均具有最高性。公民负有维护祖国利益的义

务，这就要求公民正确处理国家、集体、个人之间的关系，同一切损害国家利益的行为进行斗争。

（四）保卫祖国，依法服兵役和参加民兵组织

我国《宪法》第55条规定："保卫祖国、抵抗侵略是中华人民共和国每一个公民的神圣职责。依照法律服兵役和参加民兵组织是中华人民共和国公民的光荣义务。"国家兴亡，匹夫有责。若国家灭亡，则公民必沦为亡国奴。因此，保卫祖国，抵抗侵略，是每一个中华儿女神圣的职责。

保卫祖国，必须有一只强大的人民武装力量，因此服兵役和参加民兵组织是公民保卫祖国、维护国家安全的实际行动。1984年颁布的《中华人民共和国兵役法》，对公民履行服兵役的宪法义务作了具体规定：凡年满18周岁的我国公民，不分民族、种族、性别、职业、家庭出身、宗教信仰、教育程度和财产状况，都有义务依法服兵役，并明确规定了不得服兵役、不征集服兵役、免服兵役和缓服兵役的情况。公民履行服兵役义务的形式，不仅包括服现役即参加中国人民解放军和中国人民武装警察部队，也包括服预备役和参加民兵组织，还包括参加军事训练等。

（五）依法纳税

我国《宪法》第56条规定："中华人民共和国公民有依照法律纳税的义务。"纳税是指纳税义务人依法向国家税收部门缴付税款的行为，具有强制性和无偿性的特征。税收是国家财政的主要收入来源，是国家进行宏观调控的重要经济杠杆。税收的特点是取之于民，用之于民，税收主要用于国家的公共开支。因此，依法纳税是公民的基本义务。这就要求每个公民都要树立依法纳税的意识，杜绝偷税、漏税、欠税和抗税现象。我国于1980年颁布并于2005年修改的《中华人民共和国个人所得税法》，对于公民履行纳税义务作了更为具体的规定。

（六）其他基本义务

除上述所列义务及劳动的义务和受教育的义务外，《宪法》第49条第2款还规定了"夫妻双方有实行计划生育的义务"。

推行计划生育是我国的一项基本国策。《宪法》第25条规定："国家推行计划生育，使人口的增长同经济和社会发展计划相适应。"因此，凡是已婚的有生育能力的公民，夫妻双方都有责任依照宪法和法律的规定，履行计划生育的义务。

另外，《宪法》第49条第3款规定了"父母有抚养教育未成年子女的义务，成年子女有赡养扶助父母的义务"。

父母抚养教育未成年子女和成年子女赡养扶助父母，是我国公民家庭关系的基本准则，父母遗弃和虐待未成年子女、成年子女虐待父母的行为，不仅要受到舆论的谴责，严重的还要依法受到惩处。

第四节　保护在中国境内的外国人的合法权利和利益

我国宪法也保护在我国境内的外国人的正当权利。严格地说，在我国的外国人不是中华人民共和国公民，因此，他们在我国享有的合法权利和利益，并不属于《宪法》第二章规定的公民的基本权利的范围。只是因为涉及到人的权利的问题，才在这里提及。

一、国家保护在中国境内的外国人的合法权利和利益

《宪法》第32条第1款规定："中华人民共和国保护在中国境内的外国人的合法权利和利益，在中国境内的外国人必须遵守中华人民共和国的法律。"对这一规定应作如下理解：

（1）在中国境内的外国人是指在中国工作、学习、旅游或者定居的具有外国国籍的自然人，改革开放以后，特别是1982年宪法中规定外资企业的地位后，一般也包括外国在中国的法人，但不包括享有外交豁免权的外交人员。

（2）宪法所指的外国人的合法权益均受国家的保护，任何人都不得任意侵犯。

（3）对于合法权利和利益的定义，应按照国际通例予以确定。对于外国人的权益保护，通常都按照对等原则，在不损害中国主权的情况下，给予充分的保护。也就是说，特定的国家给予在该国的中国公民以何等对待，我国就给予该国在中国的公民以何等对待。

（4）由于对等原则，各个国家在中国的公民所享受的权利和利益不一定一致，有多有少。外国人在中国的合法权益的范围反映了国家间关系的实际。但是，在某些基本人权上，不仅所有在华外国人普遍享有，而且所有外国人在某些方面的权益也与中国公民一致。

（5）在中国境内的外国人都必须遵守中华人民共和国的法律，这是他们应当履行的基本义务。我国决不允许任何治外法权的存在。

保护外国人在华的合法权益，对于我国对外开放政策的实行和国际交往有着积极的意义。这是我国以经济建设为中心的国家发展战略的一个宪法保障。

二、国家可以给予外国人受庇护的权利

《宪法》第32条第2款规定："中华人民共和国对于因为政治原因要求避难的外国人，可以给予受庇护的权利。"

庇护权，亦称为"政治避难权"或"居留权"。它是指一国公民因为政治原因请求另一国准予其进入该国居留，或已进入该国请求准予在该国居留，经该国政府批准，因而享

有受庇护的权利。提出避难的外国人，通常在本国受到政治迫害，即因政治原因，已经受到或将要受到本国政府的刑事追诉，而这种追诉在正常情况下都认为是犯罪。享有受庇护权的外国人，在所在国的保护下不受引渡或者驱逐。

法国1793年宪法最早确认了给予外国人以受庇护的权利。当时主要是保护那些反对封建专制统治，而被本国专制势力迫害逃往法国的外国人士。后来，各国宪法大都相继予以确认。

我国宪法规定给外国人以受庇护的权利，包含以下几层含义：（1）受庇护权只给予提出申请要求的外国人；（2）外国人向我国政府提出要求避难，必须是出于政治原因，不包括一般刑事罪犯；（3）我国政府对提出避难的要求，可以同意，也可以不同意；（4）被给予受庇护权利的外国人，不被引渡或者驱逐，对他们在华的居住、迁移和行动方面的管理，原则上按照一般外国侨民的待遇对待，也可以根据具体情况，按照受庇护人的身份、地位给予区别对待。

本章小结

权利与人权是既有联系又有区别的概念。人权一般是指作为一个人应当享有的权利和自由，既包括法定的权利，又包括法律之外的权利。公民的基本权利是公民所享有的那些基本的、具有重要意义的权利，公民的基本权利分为：平等权，人身自由，参与政治方面的权利和自由，经济、教育和文化方面的权利和特定人的权利等。公民的基本义务是以基于公民的基本权利而产生的宪法义务。我国宪法也保护在我国境内的外国人的正当权利。

重要概念

公民　政治自由　言论自由　出版自由　结社自由　诉愿权　庇护权

材料分析

【材料1】

《纽约时报》诉沙利文案

1960年3月29日，美国阿拉巴马州的4位黑人牧师联合在《纽约时报》上用一整版的篇幅刊登了一则标题为“关注他们高涨的呼声”的付费的广告，该广告的主要内容描述了美国南部民权运动队的发展，即黑人团体和青年学生所进行的非暴力示威行动，以及他们所遭受的恐怖主义式的报复。他们称“在美国宪法和权利法案的许诺下，我们有权利以人的尊严生活”。但是，阿拉巴马州首府蒙哥马利市的政府官员动用军警及暴力对付示威的黑人学生，不妥当地“包围”了一所黑人学院的校园。广告还提到某些“南方的违法者”曾经用炸弹袭击了黑人运动领袖马丁·路德·金的家，并七次以“超速”、“闲逛”等“罪”逮捕了他，还指控他“做伪证”。

沙利文是阿拉巴马州蒙哥马利市负责警察局的公共事务长，他认为广告中有些陈述是完全或部分错误的，如马丁·路德·金只被政府逮捕过四次，而广告却声称有七次。这些事件大都发生在他担任公共事务长期间，虽然该广告并无一处提及他的尊姓大名，但他却对号入座，认为广告损害了他的名誉。于是，沙利文向阿州法院提起了诉讼，控告《纽约时报》和4名黑人，要求《纽约时报》赔偿50万美元。

阿州法院根据普通法上严格的私人诽谤规则，即只需广告的诽谤存在，被告必须对错误陈述所造成的诽谤负有赔偿责任，且原告无须证明实际损失的存在就可以获得惩罚性赔偿。经法院裁决，涉案广告中确有不实之处，诽谤存在，对《纽约时报》处以50万美元的罚款。《纽约时报》不服，上诉至阿州最高法院，最高法院支持了下级法院的判决。于是《纽约时报》上诉至联邦最高法院，由此形成《纽约时报》诉沙利文案。

1964年联邦最高法院推翻了阿拉巴马州法院作出的有利于沙利文的判决。最高法院指出：阿州所适用的法律规则存在宪法缺陷，在公共官员针对其官方行为受到批评所提起的诽谤诉讼中，州法院未能保护第1修正案和第14修正案所要求的言论与新闻自由。付款广告中确实有错误信息，如果能够成功地认同所指对象是沙利文，即可视为普通法上对其的诽谤。但是，沙利文不是一个普通的私人个体，而是一位政府官员，该广告也不是一项私人事项的广告，而涉及公共事务。

最高法院认为，第1修正案保障对公共问题的自由言论，“对于为带来人民所期望的政治和社会变革，宪法保障不受阻碍的思想交流”。美国宪政的体制的基本原则是保护自由政治讨论的机会，使政府倾听人民的愿望，并进行合法改革。而对公共问题的争议应该健康、不受阻碍、公开的进行，它很可能包括对政府及其官员的激烈，有时是尖锐的攻击。本案中广告内容是关于公共问题的，显然有权获得宪法保护。问题是某些事实上的陈述错误是否使之丧失保护。

宪法对言论自由的保障并不取决于“观念或信仰是否确实、流行或具备社会功利”。在言论中出现错误的陈述是不可避免的，本案中广告所列举的事实的不实之处和官员的名誉损害，不能成为压制言论自由的理由，使之失去宪法保护。

阿州法院所采取的私人诽谤规则要求被告赔偿损失，此判决足以使那些表达公共批评的人们感到胆怯，第1修正案所保障的言论自由不能在这种恐惧气氛中生存。阿州强迫官员行为的批评者保证其所有事实陈述的确实性，并使之承担诽谤风险，而原本要批评官员行为的人可能受到威慑不敢表达他们的批评。因此，诽谤赔偿规则削弱了公共辩论的活力并限制其多样化，所以不符合第1修正案和第14修正案。

【问题】

(1)《纽约时报》所登有不实之处的广告是否受美国宪法第1修正案的保护？

(2) 新闻媒体批评政府官员与批评普通公民时有什么区别？

【解析】

(1) 言论自由是公民的一项古老权利，也是美国宪法的精神源泉——普通法保护的一项权利。1971年通过的美国宪法第1修正案规定："国会不得制定关于下列事项的法律：……剥夺言论自由或出版自由；……。"本案中，最高法院要求宣称名誉受到损害的公共官员去证明被告带有"实际恶意"。由于证明被告有"实际恶意"非常困难，甚至是几乎不可能的，所以原告的主张几乎不可能获得法院支持。

(2) 沙利文陈述的事实不能证明《纽约时报》刊登那份广告是怀有"真正的恶意"，因而其诉讼请求不能得到支持。本案的最大意义在于，最高法院提出的"真正的恶意"原则，极大地限制了这些法律对"公共官员"所提供的所谓的"名誉保护"，并为大众媒介批评政府及其官员的自由提供了进一步的保障。这使得新闻媒体更敢于监督政府并揭露政府中存在的腐败和违法行为。也正是如此，在随后的若干年中，尼克松总统的"水门事件"，里根总统的"伊朗门事件"以及克林顿总统时期的"白水门事件"等才有可能被媒体揭露，大白于天下。

【材料2】

安徽芜湖青年张先著于2003年6月30日参加了安徽省国家公务员考试，报考芜湖县委办公室经济管理岗位，笔试和面试成绩在78名竞争者中名列第一。在随后的体检中，张先著被检查出感染了乙肝病毒，芜湖人事局以张体检不合格为由宣布不予录取。张先著向芜湖市人事局所在的新芜区人民法院提起行政诉讼，状告人事部门"歧视乙肝患者"，由此引发了备受全国关注的"乙肝歧视第一案"。

【问题】

(1) 本案例中原告担任公务员的权利与平等权的保护是如何竞合的？

(2) 安徽省关于公务员录用标准的文件以是否患有乙肝为分类标准是否属于合理分类？

【解析】

(1) 平等权是实现基本权利的方法或手段，原告担任公务员权利的保护是一个平等保护的问题。

(2) 患有乙肝与担任公务员之间的关联性。

【材料3】

1987年11月28日，浙江省义乌市个体工商户张某开办的煤块粉碎厂与某县燃料公司签订了加工煤粉协议书。协议约定：县燃料公司每月向煤块粉碎厂提供500吨原煤，每期到货后半年，向该厂收取货款；煤单价为每吨40.82元；合同期为一年半；合同期间，县燃料公司向该厂收取管理费2万元。合同签订后，双方依约履行。1988年10月，张某将煤块粉碎厂转让给义乌市稠城镇东风村，改名为：义乌市东风燃料煤粉厂。此后，张某与东风村居民委员会签订了东风燃料煤粉厂承包合同，张某仍为该企业的法定代表人。1989年4月，县燃料公司提出将原煤单价提高到每吨60元，张某不允，双方发生争议，致部分货款未能结清。1992年12月24日，县公安局派员到义乌，以义乌市城中派出所调查暂住人口为名，将张某骗出家门，强行将其拉上警车，押送到县派出所。当晚10时许，县公安局向张某出示拘传证，令其签字。张某签上"陈局长说我诈骗，我不签"字样。同年12月28日，县公安局将事先写好的张某欠县燃料公司货款382 560.14元的字条，令张某签字后，即派员到义乌市，强行拉走张某承包厂里的原煤2 031.38吨。同年1月4日，县公安局又令张某签署了尚欠县燃料公司8 357元现金的欠条后，被取保释放。张某不服县公安局限制人身自由、扣押财产的行政处罚决定，于1993年4月3日向浙江义乌市人民法院提起诉讼，诉称县公安局违法干预经济纠纷，超越职权，关押原告的行为于法无据，请求撤销县公安局限制人身自由、扣押财产的具体行政行为，返还财产并赔偿经济损失1万元（包括误工费损失1 200元，厂内围墙被毁损失2 000元及精神损害赔偿费等）。4月20日，县公安局派员到义乌市逮捕张某，并把逮捕证时间提前到4月13日。张某闻讯外逃。1993年6月21日，县检察院在上级检察院指令下，作出撤销逮捕张某的决定书，理由是：该案属于经济纠纷，不构成犯罪。

【问题】

（1）本案中张某享有的请求权属于哪一种类型？

（2）县公安局的行政行为为何违法？侵犯了原告的何种基本权利？

【解析】

（1）原告的请求权所指向的行为的属性。

（2）县公安局盲目介入了经济纠纷，滥用行政权力，侵犯了原告的人身自由与私有财产权。

同步测练与解析

一、单项选择题

1. 公民一词在不同历史时代的国家有着不同的含义。当今世界各国，公民一词的含义是（　　）。
A. 指一国全体社会成员　　B. 指一国社会绝大多数成员
C. 指在本国出生的人　　D. 指一国 18 周岁以上享有政治权力的人

2. 现行宪法规定，我国公民在（　　）。
A. 法律上一律平等　　B. 法律制定上一律平等
C. 法律面前一律平等　　D. 法律适用上一律平等

3. 对于因出生而取得国籍的，我国国籍法采取的立法原则是（　　）。
A. 出生地主义　　B. 血统主义
C. 血统主义和出生地主义相结合　　D. 单系血亲主义和双系血亲主义相结合

4. 世界上第一个把人权提到纲领性文件和根本法地位的文件是（　　）。
A. 1628 年英国《权利请愿书》　　B. 1776 年美国《独立宣言》
C. 1789 年法国《人权宣言》　　D. 1948 年联合国《世界人权宣言》

5. 我国宗教团体和宗教事务不受（　　）。
A. 党政机关的支配　　B. 其他社会团体的支配
C. 外国势力的支配　　D. 任何人的支配

6. 住宅不受侵犯属于我国公民的（　　）。
A. 政治自由权利　　B. 人身自由权利
C. 文化教育权利　　D. 人格尊严权利

7. 通信自由和通信秘密属于我国公民的（　　）权利。
A. 言论自由　　B. 思想自由　　C. 政治自由　　D. 人身自由

8. 我国宪法规定，既是公民权利，又是公民义务的是（　　）。
A. 选举和受教育　　B. 选举和受监护
C. 劳动和受监护　　D. 劳动和受教育

9. 中华人民共和国保护华侨的（　　）。
A. 合法权利和利益　　B. 正当权利和利益
C. 基本权利和利益　　D. 政治权利和自由

10. 在年满 18 周岁的公民中，依法规定没有选举权和被选举权的是（　　）。
A. 文盲和半文盲　　B. 被判处徒刑

C. 被监视居住的　　D. 依法被剥夺政治权利的

二、多项选择题

1. 取得一国国籍的方式通常有（　　）。
   A. 因在该国定居而取得　　B. 因加入而取得
   C. 因政治庇护而取得　　D. 因出生而取得
   E. 因国际法院判决的确认而取得
2. 我国现行宪法规定的公民参与政治方面的权利包括有（　　）。
   A. 公民在法律面前一律平等
   B. 选举权和被选举权
   C. 言论、出版、集会、结社、游行、示威和罢工的自由
   D. 批评、申诉、控告或者检举的权利
   E. 立法创制权
3. 我国公民的人身自由权包括（　　）。
   A. 公民的人身不受非法拘禁、搜查和逮捕
   B. 公民人格尊严不受侵犯
   C. 公民住宅不受侵犯
   D. 公民通信自由和通信秘密受法律保护
   E. 公民的宗教信仰自由
4. 在我国，“公民在法律面前一律平等”原则的含义包括（　　）。
   A. 公民在立法上一律平等　　B. 公民在适用法律上一律平等
   C. 公民在守法上一律平等　　D. 公民在司法上一律平等
   E. 公民在法律监督上一律平等
5. 公民必须遵守的公共秩序包括（　　）。
   A. 教学科研秩序　　B. 生产秩序
   C. 工作秩序　　D. 人民群众的生活秩序
   E. 社会主义市场经济秩序
6. 中华人民共和国公民在行使自由和权利的时候，不得损害（　　）。
   A. 国家的利益、社会的利益、集体的利益
   B. 国家主权和国内各民族的团结
   C. 各社会团体、企业事业组织的利益
   D. 各政党
   E. 其他公民的合法的自由和权利

三、问答题

1. 公民和人民的含义有什么不同？

2. 如何理解公民在法律面前一律平等？

3. 如何理解公民的言论自由权？

4. 如何理解公民的宗教信仰自由？

5. 我国公民的基本义务有哪些？

6. 如何理解我国宪法规定给外国人以受庇护的权利的含义？

参考答案

一、单项选择题

1. A 2. C 3. C 4. B 5. C 6. B 7. D 8. D 9. B 10. D

二、多项选择题

1. BD 2. BCD 3. ABCDE 4. BCD 5. ABCD 6. AE

三、问答题

1. 公民和人民的含义有什么不同？

解析：在我国，“公民”和“人民”是两个不同的概念。它们的区别是：(1) 范畴不同。公民是法律概念；人民是政治概念。(2) 范围不同。我国公民的范围要较人民的范围更为广泛一些。(3) 后果不同。公民中的人民，享有宪法和法律规定的一切公民权利并履行全部义务；公民中的敌人，则不能享有全部公民权利，也不能履行公民的某些光荣义务。(4) 公民所表达的一般是个体的概念，人民所表达的是群体的概念。

2. 如何理解公民在法律面前一律平等？

解析：(1) 公民在法律面前一律平等不仅是我国公民的一项基本权利，也是社会主义法制的一个基本原则。(2) 公民在法律面前一律平等是指：① 公民都一律平等地享有宪法和法律规定的权利；② 任何人的合法权益都一律平等地受到保护；③ 在法律面前，不允许任何公民享有法律以外的特权。这一宪法原则既包括司法平等，即公民在适用法律上一律平等，又包括公民在守法上一律平等。

3. 如何理解公民的言论自由权？

解析：(1) 言论自由是公民对于政治和社会的各种问题有通过语言方式表达其思想和见解的自由。言论自由在公民的各项政治自由中居于首要地位。(2) 目前我国公民言论自由的实现途径主要有：第一，人民群众对国家生活中的问题发表各种意见、提出各种建议。第二，人民群众对国家重大决策发表意见、进行讨论。第三，通过来信来访工作，使广大人民群众的意见能够直接转达到国家机关中去。第四，人民群众可以通过各种途径和形式向有关国家机关反映问题，提出批评，进行申诉、控告、检举。(3) 公民的言论自由必须在法律的范围内行使。具体而言，这就是：第一，不得利用言论自由煽动群众反对政府，扰乱社会秩序，危害国家和社会安宁；第二，不得利用言论自由侵犯他人的人格尊严，对他人进行侮辱、诽谤和诬告陷害；第三，不得利用言论自由泄露国家或商业秘密及他人的隐私。

4. 如何理解公民的宗教信仰自由？

解析：(1) 宗教信仰问题是公民个人的私事，国家不得干预。(2) 国家保护正常的宗教活动。(3) 实行政教分离。(4) 宗教团体和宗教事务不受外国势力的支配。

5. 我国公民的基本义务有哪些？

解析：(1) 维护国家统一和民族团结。(2) 遵守宪法和法律，保守国家秘密，爱护公共财产，遵守劳动纪律，遵守公共秩序，尊重社会公德的义务。(3) 维护祖国的安全、荣誉和利益。(4) 保卫祖国、依法服兵役和参加民兵组织。(5) 依法纳税。除上述所列义务外，现行宪法还规定了劳动的义务，受教育的义务，夫妻双方有实行计划生育的义务，父母有抚养教育未成年子女的义务，成年子女有赡养扶助父母的义务。

6. 如何理解我国宪法规定给外国人以受庇护的权利的含义？

解析：(1) 受庇护权只给予提出申请要求的外国人。(2) 外国人向我国政府提出要求避难，必须是出于政治原因，不包括一般刑事罪犯。(3) 我国政府对提出避难的要求，可以同意，也可以不同意。(4) 被给予受庇护权利的外国人，不被引渡或者驱逐，对他们在华的居住、迁移和行动方面的管理，原则上按照一般外国侨民的待遇对待，也可以根据具体情况，按照受庇护人的身份、地位给予区别对待。

第六章

CHAPTER SIX

国家机构

学习目标

通过本章的学习，使学生了解国家机构的含义及其在宪法中的地位；掌握我国国家机构的组织和活动原则；了解我国中央国家机构的组织体系；理解我国各种国家机关的性质、地位、组成、任期和相应职权。

重点难点提示

◉ 课外学习《中华人民共和国宪法》的国家机构部分。

◉ 联系实际，分析各国家机关在我们政治生活中的地位和作用。

◉ 主动应用所学知识，分析全国人大及其常委会、国务院、中央军事委员会、最高人民法院、最高人民检察院的权力分工。

宪法的一项重要功能是规范国家权力，保证国家机构按照宪法规定的原则、方式和程序行使权力。我国的国家机构包括全国人民代表大会及其常务委员会、国家主席、国务院、中央军事委员会、地方各级人民代表大会和地方各级人民政府、人民法院和人民检察院。我国是统一的多民族国家，在中央国家机关与地方国家机关的相互关系上，遵循在中央的统一领导下，充分发挥地方的主动性和积极性的原则。

第一节　国家机构概述

一、国家机构的概念和特征

（一）国家机构的概念

一般意义上的国家机构是国家为行使国家权力，实现国家职能而建立的国家机关的总称。通常说来，一个国家有许多国家机关，如权力机关、行政机关、审判机关、检察机关等。国家机构是一个有系统的组织，是统治阶级实现国家职能的完整的组织体系。国家的总任务、统治阶级的意志就是通过国家机构来实现的。国家机构怎样组织、怎样运作，国家机构各组成部分之间的相互关系如何，这些问题都由宪法作出原则而明确的规定，所以国家机构在宪法中占有重要的地位。例如，1954年制定的《中华人民共和国宪法》总共有106条条文，而国家机构占了64条，为全部条文的60.37%。我国现行宪法，即1982年宪法有138条，其中79条是国家机构的条文，占全部条文的57.25%。可见国家机构在宪法中所占的比重是很大的。至于在实际生活中，无论是人们的政治生活、经济生活、文化生活都同国家机构有着直接或间接的关系。

我国宪法和宪法学上的“国家机构”、“国家机关”是两个相关的复杂概念。国家机构是指公共权力机关的总和，也即只要是以国家预算为其办公经费和人员薪金来源的机构实体，均应属于国家机构的范畴。因此，国家机构是国家机关的总称，而国家机关则指依据宪法和法律所设立的、承担某一具体国家职能的国家机构，即国家机关是立法机关、行政机关和司法机关等的总和。当我们讲“国家机构”时，就是指所有国家机关；而当我们讲“国家机关”时，要么是指一个具体的公共权力承担者，如外交部、建设部等，要么就是指一个个公共权力承担者的总和，如行政机关、司法机关或北京市人民政府等。一个具体的国家机关又可以分为若干个机构，如公安部中可以设立行政复议机构等，这种机构被称为“职能机构”。国家机构与国家机关两个概念相对应时，当我们讲一般的国家机构时，是指与公民等主体相区别的、履行国家职能的宪法主体；讲到一般的国家机关概念时，是指国家机构的职能类别；讲到具体国家机关时，是指具体职能的承担者。

（二）国家机构的特征

1. 具有鲜明的阶级性

这是国家机构最重要的特征。国家机构并不是社会全体成员掌握的组织，而是这个社会中在经济上占统治地位的那个阶级即统治阶级的组织。它是统治阶级为了实现自己的历史使命而建立起来的有组织的力量，是国家权力组织，当然，也许只是一个阶级独自建立起来，也可能是与它的同盟者联合建立起来的国家权力组织。

2. 国家机构是由社会上的少数成员，即由统治阶级中最积极的那一部分成员组成

譬如说，我国有 13 亿人口，不能大家都到国家机构中去工作，而只能由统治阶级中的一小部分来掌握国家机构，按照法律的规定行使职权。但国家机构的全部费用，包括国家机构中工作人员的薪金，都必须要由国库来开支，所以国家机构并非由社会的全体成员操控，而费用开支则是由全体社会成员来负担的。

3. 国家机构具有特殊的强制力

所谓特殊的强制力就是国家暴力。国家机构有的部分，本身就是暴力机关，例如军队、警察、监狱等。国家机构的其他部分在不同程度上都是同暴力相联系的。从这个意义上说，国家机构不同于公司、工厂、商店、学校、企业、事业单位。因为相比之下，公司、工厂、商店、学校、企业、事业等单位不具有国家暴力，都不是政权组织。另外，国家机构也同工会、妇女会、学生会、共青团等群众性团体不同。这些团体也不具有政权性的强制力，并不与国家暴力直接相联系，所以它们不包括在国家机构体系之中。

4. 国家机构是一个很严密的组织体系

不仅每一个国家机关的内部在组织上是很严密的，而且从整体上说，特定国家的整个机构从中央到地方、上级到下级，以及同级国家机关之间，都是相互有机连接的。国家机构是按照国家行政区域的划分，或者按照它们管理的专业的不同而建立起来的一个很严密的组织体系。它有主体，有分支，分支机构下面还有更小的分支机构，从而组成一套严密而完整的体系。这种体系只要在这个国家的统治力所能伸展到的范围内，无论是喧闹的都市，或者是偏僻的山区、广阔的农村，凡是国家的力量所能达到的区域都有它的组织存在。

5. 国家机构是历史的范畴

国家机构在人类社会发展中有它的开始，也有它的终结。它是同阶级、国家、法律这些社会现象相联系而存在的。在国家产生之前不存在国家机构。原始公社虽然也有简单的管理机构，但它不具有政治的意义，所以还不是国家机构。到了共产主义社会，国家消亡了，国家机构也随之不存在了。当然到那时，社会的组织和管理机构还是很严密的、很科学的，但它不再具有阶级压迫的性质，不再具有政权的意义，因此也就不再是国家机构了。

国家机构的上述特点，在实际生活中有着重要意义，否则，会造成政企不分，甚至党

政不分，因此一定要区分清楚。

二、国家机构的组织与活动原则

（一）民主集中制原则

我国《宪法》第3条第1款规定："中华人民共和国的国家机构实行民主集中制的原则。"民主集中制是指导我国政治生活的主要原则，也是我国国家机构组织活动的基本原则。把民主集中制作为国家机构的组织活动原则，主要体现了两方面含义：一方面，国家机构建立在充分民主的基础之上，国家机关对国家重大问题的决定，对国家重大事务的管理，必须符合广大人民群众的利益和要求。另一方面，国家机构又在民主的基础上进行集中，形成正确的决定，集中处理国家事务，带领广大人民群众为共同的目标而奋斗。我国《宪法》第3条对国家机构实行民主集中制的内容作了具体规定：第一，全国人民代表大会和地方各级人民代表大会都由民主选举产生，对人民负责受人民监督。第二，国家行政机关、审判机关、检察机关都由人民代表大会产生，对它负责，受它监督。第三，中央和地方的国家机构职权的划分，遵循在中央统一领导下，充分发挥地方的主动性、积极性原则。

此外，各个国家机关由于其自身性质不同，在贯彻民主集中制原则时，侧重点也不一样。例如，权力机关强调的是民主，即集体讨论问题，集体决定问题，实行一人一票制，全体成员地位一律平等。而行政机关由于追求效率，所以，它更强调集中，并且实行严格的行政首长负责制。

（二）社会主义法制原则

我国《宪法》第5条第4款规定："一切国家机关和武装力量、各政党和社会团体、各企业事业组织都必须遵守宪法和法律。一切违反宪法和法律的行为，必须予以追究。"法制原则是指国家法律制度的完备和国家机关严格依照宪法和法律的规定办事，切实做到有法可依、有法必依、执法必严、违法必究。宪法和法律是人民意志的集中表现，国家机关严格依法办事，就是按照人民的意志办事，就是维护和保障人民的权利和利益。法律具有规范性，国家机关贯彻法制原则，按照法律规定的权限和程序行使职权，就可以更好地做到各司其职，密切配合，高效运转，避免相互推诿或者侵权越权，甚至滥用职权。法律具有稳定性，国家机构贯彻法制原则，国家根本性的制度就不会因领导人的改变而改变，国家已被法律固定下来的方针政策就不会因领导人看法和注意力的改变而改变，从而有利于保障国家的长治久安。

（三）密切联系群众原则

《宪法》第27条第2款规定："一切国家机关和国家工作人员必须依靠人民的支持，经常保持同人民的密切联系，倾听人民的意见和建议，接受人民的监督，努力为人民服务。"首先，各国家机关要坚持群众路线的工作方法，"从群众中来，到群众中去"，把群众中分散的意见集中起来，制定为法律、政策等，再到群众中去贯彻执行，并通过群众的实践来检验它们是否可行，是否正确，是否符合人民的愿望，然后再进行修改和补充。如此循环往复，使制定的法律和政策，符合人民的根本利益，切实可行。其次，要坚持广泛地吸收人民群众参加国家管理，这是国家机关依靠人民群众的一个重要体现。在我国，人民代表大会是人民群众参加国家管理的根本途径和形式，除此之外，还有许多其他的方式和途径。比如，国家机关设置信访部门，接待人民群众来信来访；将一些重要的法律草案在人民群众中广泛征求意见；组织召开各种形式的座谈会，听取群众对国家机关工作的意见和建议等。随着我国社会主义民主的不断发展，要开辟出更多、更好的人民群众参加国家管理的形式和渠道。最后，必须接受人民的监督。把国家机关及其工作人员置于人民群众的监督之下，是我们国家政权性质所决定的。《宪法》第 41 条规定："中华人民共和国公民对于任何国家机关和国家工作人员，有提出批评和建议的权利；对于任何国家机关和国家工作人员的违法失职行为，有向有关国家机关提出申诉、控告或者检举的权利"；"对于公民的申诉、控告或者检举，有关国家机关必须查清事实，负责处理。任何人不得压制和打击报复"。这就为人民群众监督国家机关及其工作人员提供了法律依据和保障。各国家机关要坚持公平、公正、公开的原则，直接涉及群众切身利益的部门要实行公开办事制度，克服官僚主义、形式主义、强迫命令，自觉接受人民群众的监督。

（四）民族平等原则

我国是一个多民族的国家，除汉族外，还有 55 个少数民族，他们人口虽然很少，但都是国家的主人。民族平等是民族团结、祖国统一的基础，是我们国家的一项基本方针。《宪法》第 4 条第 1 款规定："中华人民共和国各民族一律平等。国家保障各少数民族的合法的权利和利益，维护和发展各民族的平等、团结、互助关系。禁止对任何民族的歧视和压迫，禁止破坏民族团结和制造民族分裂的行为。"因而，在我们国家机构的组织活动中充分体现着民族平等原则。首先，在各少数民族聚居的地方实行民族区域自治，设立自治机关，行使自治权。其次，各民族平等地参与国家和地方事务的管理，共同决定国家和地方的大事。宪法和选举法规定，在全国人民代表大会中，各少数民族都应当有适当名额的代表，人口特别少的少数民族，也至少有一名全国人大代表。宪法还规定，在全国人大常委会组成人员中，也应当有适当名额的少数民族代表。在地方各级国家权力机关，凡是这个地方有少数民族聚居的，每一聚居的少数民族都应有代表参加当地的人民代表大会。同时对人口数量较少的少数民族予以照顾。最后，设立专门的民族事务机构。如在全国人民代表大会设有民族委员会，在国务院设有国家民族事务委员会。在地方各级人民政府中，只要这个行政区域内有民族事务的，都相应设立民族事务的管理机构。

（五）精简、效率的原则

《宪法》第 27 条第 1 款规定："一切国家机关实行精简的原则，实行工作责任制，实行工作人员的培训和考核制度，不断提高工作质量和工作效率，反对官僚主义。"我们国家的本质决定了我国的国家机构应该是精干的和讲究效率的。只有这样，才能节约财政开支，减轻群众负担，更好地为人民服务，为经济建设服务，同时亦有利于廉政勤政建设，克服官僚主义。从1982年起，我国对国家机构多次进行机构改革，精简合并，但机构和人员膨胀、行政经费增加和办事效率低的问题并未有效制止，直接阻碍了改革的深入和经济的发展，影响了党、政府和人民群众的关系。这个问题亟待解决：要按照社会主义市场经济的要求，转变政府职能，实现政企分开，把企业生产经营管理的权力切实交给企业；要根据精简、统一、效能的原则进行机构改革，建立办事高效、运转协调、行为规范的行政管理体系，提高为人民服务的水平；要深化行政体制改革，实现国家机构组织、职能、编制、工作程序的法定化，严格控制机构膨胀，坚决裁减冗员；要深化人事制度改革，引入竞争激励机制，完善公务员制度，建设一支高素质的专业化国家行政管理干部队伍。

（六）坚持党的领导原则

中国共产党是中国工人阶级的先锋队，是我国社会主义事业的领导核心。党的这种领导地位是历史形成的，是全国各族人民所公认的。党对国家事务实行领导，作为一条不可动摇的政治原则，已被载入宪法序言之中。党对国家事务的领导是通过党对国家机构的领导来实现的，放弃这种领导，就谈不上执政地位、领导地位。国家权力机关、行政机关、审判机关、检察机关和武装力量领导机关都必须接受党的领导。但是，党同国家机关的性质、职能不同，组织形式和工作方法也不同。党对国家机构实行领导，并不是党政不分，并不是代替国家机关行使国家权力。加强党的领导必须改善党的领导。邓小平同志曾指出，我们坚持党的领导，问题是善于不善于领导。党要善于领导，不能干预太多。法律范围内的问题应由国家和政府管。党要善于把党的有关国家重大事务的主张，经过法定程序变成国家意志，要善于通过在国家机关中的党组织和党员的模范先锋作用来实现党的领导。

三、国家机构的历史沿革

1949年新中国建立后，我国国家机构体制是由宪法和法律确定的，建国以来曾经历多次调整变化，大致经历了四个发展阶段。

（一）建国初期到1954年制定第一部宪法前夕

1949年9月21日，中华人民共和国成立前夕，中国共产党领导的由各民主党派、人民团体和全国各族各界人士的代表组成的中国人民政治协商会议召开第一届全体会议。会议通过了《中国人民政治协商会议共同纲领》和《中华人民共和国中央人民政府组织法》以及其他有关国家机构的法律。当时还没有宪法，《中国人民政治协商会议共同纲领》起着临时宪法的作用。《共同纲领》规定我们国家是要搞人民代表大会制度的，但是当时的条件不成熟，不可能在全国范围内进行普选。根据《共同纲领》的规定，要搞普选，并在普选的基础上召开全国人民代表大会需要三个条件：（1）全国的军事行动完全结束；

(2) 全国的土地改革彻底实现；(3) 全国人民有了充分的组织。显然刚建国时这些条件是不具备的，所以《共同纲领》规定了逐步过渡的临时措施：在全国，即在中央，由政协全体会议代行全国人民代表大会的职权，选举中华人民共和国中央人民政府委员会，并赋予它行使国家权力的职权；在地方，是普遍召开各级各界人民代表会议，再由地方各级各界人民代表会议逐步代行各级人民代表大会的职权，选举地方各级人民政府委员会。因此，当时的国家机构体系带有过渡性质。

（二）从1954年宪法到“文化大革命”前夕

1954年9月15日，我国在普选的基础上召开了第一届全国人民代表大会第一次会议。在这个会议上通过了我国第一部宪法，同时又通过了《中华人民共和国全国人民代表大会组织法》、《中华人民共和国国务院组织法》、《中华人民共和国地方各级人民代表大会和地方各级人民委员会组织法》、《中华人民共和国人民法院组织法》、《中华人民共和国人民检察院组织法》。宪法的颁布与五个组织法的制定使我国的国家机构进一步完备起来。这个阶段国家机构比1954年以前有了很大的发展，主要表现为：

(1) 全国人民代表大会和地方各级人民代表大会已经建立起来了。

(2) 中央人民政府的含义与过去有所不同，相应地，地方各级人民政府的含义和包括的机构也同以前不一样。例如，过去地方的人民法院、人民检察院是同级人民政府的组成部分，而1954年宪法颁布以后，审判机关、检察机关同地方人民委员会分开了，不再从属于政府。

(3) 中华人民共和国主席与全国人大常委会结合起来行使国家元首的职权。

(4) 大区一级行政机构已经取消，从中央到地方全国政权分为四级：全国——省——县——乡。

此外，由于全国人民代表大会已经召开，所以中国人民政治协商会议也就不再代行最高国家权力机关的职权，仅作为统一战线的组织而存在。

（三）从“文化大革命”到1982年宪法颁布前夕

这是我国国家机构体系曲折发展的阶段。从20世纪50年代后期开始，特别是到了“文化大革命”时期，宪法受到严重践踏。根据1954年宪法建立起来的国家机构在“文革”中受到冲击，各级国家机关陷于瘫痪状态，突出地表现在以下几个方面：第一，全国人民代表大会和地方各级人民代表大会长期没有召开，普选不能按时举行。第二，中华人民共和国主席虽然名义上还存在，但实际是空位，当时在职的刘少奇主席受到迫害。第三，国务院的地位削弱，部委大幅度撤销、合并，人员下放，大批领导干部被停职。当时国家的指挥系统是“中央文化革命领导小组”。第四，建立了所谓“三结合”的权力机构——“革命委员会”，人民代表大会制度名存实亡。第五，从最高人民检察院到地方各级人民检察院统统被撤销；法院、公安机关也受到了削弱。

全国人民代表大会从第三届第一次会议开过后十年，没有再召开过会议。直到1975

年1月第四届全国人民代表大会第一次会议召开，通过了1975年宪法。这部宪法肯定了“文化大革命”。1975年宪法对国家机构的规定同1954年宪法的规定相比较，有了较大的变动：第一，中华人民共和国不再设国家主席。第二，宪法肯定了地方各级革命委员会的地位，规定地方各级革命委员会是地方各级人民代表大会的常设机关，同时又是地方各级人民政府。第三，把省以下的专区改为地区，规定地区也召开人民代表大会，这样地区在法律上就成了一级政权。第四，规定人民公社的人民代表大会是农村的权力机关；人民公社管理委员会是行政机关；人民公社是“政社合一”的组织。第五，取消人民检察院，原检察院的职权由公安机关行使。第六，地方各级人民法院院长由各级革命委员会任免，原先1954年宪法规定的法院的民主原则也从宪法上统统地被抹掉了。

1978年3月5日，第五届全国人民代表大会第一次会议召开，通过了1978年宪法。这部宪法对1975年宪法规定的国家机构体系的改动并不是很大。国家主席没有恢复，省级以下各级政权机构仍保留了“文革”的产物——革命委员会，不过检察机关得到了恢复。1978年底，党的十一届三中全会召开。1979年6月，第五届全国人大第二次会议修改了宪法，把地方各级革命委员会统统改为地方各级人民政府，同时规定县级以上地方各级人民代表大会设立常务委员会。这次会议还制定了现行选举法、地方组织法、人民法院组织法和人民检察院组织法，从此我国国家机构体系开始进入一个新的发展时期。

（四）从1982年宪法到现在

1982年12月4日，第五届全国人民代表大会第五次会议通过了我国现行宪法。新宪法对我国国家机构进行了重大改革，对各国家机关的设置、组织、职权、工作程序等各方面作了更完善的规定，进一步健全了我国国家机构，同时还为国家机构以后的不断发展和完善提供了法律基础和宪法保障。现行宪法颁布实施后，全国人大及其常委会以宪法为依据又陆续制定和修改了一系列有关国家机构方面的法律。从这个阶段的情况看，主要是从以下几个方面对国家机构进行了重大改革：（1）扩大全国人大常委会的职权，加强它的组织建设。如宪法规定全国人大常委会也可以行使立法权，制定除基本法律以外的其他法律；增设专门委员会，并扩大其职权；常委会组成人员不得兼任行政、审判、检察机关的职务。（2）恢复设立中华人民共和国主席。（3）设立中央军事委员会。（4）国务院和地方各级人民政府实行行政首长负责制。（5）县级以上地方各级人民代表大会设立常务委员会。（6）省、自治区、直辖市人大及其常委会和省、自治区人民政府所在地的市，经国务院批准的较大的市的人大及其常委会享有制定地方性法规的权力。（7）取消政社合一的体制，建立乡级政权。（8）国家的一些重要领导职务实行限任制。

改革开放以来，我国不断加强国家机构和政权建设，特别是推进政府职能转变、改革政府机构，使国家机构逐步健全和完善。但国家机构的改革作为我国全面改革的重要组成部分，还必须随着经济社会发展而不断深化，与人民政治参与积极性不断提高相适应。根据宪法的规定和我国政治体制改革的目标，推进国家机构进一步改革的主要任务是：

(1) 坚持国家一切权力属于人民，从各个层次、各个领域扩大公民有序政治参与，最广泛地动员和组织人民依法管理国家事务和社会事务、管理经济和文化事业。

(2) 健全民主制度，丰富民主形式，拓宽民主渠道，依法实行民主选举、民主决策、民主管理、民主监督，保障人民的知情权、参与权、表达权、监督权。

(3) 加强人大常委会制度建设，优化组成人员知识结构和年龄结构。

(4) 深化乡镇机构改革，加强基层政权建设，扩大基层民主。

(5) 加快行政管理体制改革，着力转变职能、理顺关系、优化结构、提高效能，形成权责一致、分工合理、决策科学、执行顺畅、监督有力的行政管理体制。

(6) 深化司法体制和工作机制改革，优化司法职权配置，规范司法行为，建设公正高效权威的社会主义司法制度，保证审判机关、检察机关依法独立公正地行使审判权、检察权。

(7) 建立健全决策权、执行权、监督权既相互制约又相互协调的权力结构和运行机制。健全组织法制和程序规则，保证国家机关按照法定权限和程序行使权力、履行职责。

第二节 中华人民共和国国家主席

一、国家主席制度的历史沿革

中华人民共和国主席是我国国家机构体系的重要组成部分。现行《宪法》第三章第二节规定了中华人民共和国主席的产生、任期和职权。这是我国政治制度具有中国特色的表现之一。建国 60 多年来，国家主席制度在我国经历了变化发展的历史过程。

(一) 中华人民共和国成立初期 (1949 ~ 1954 年)

根据 1949 年制定的《中央人民政府组织法》第 4 条的规定，“中央人民政府委员会对外代表中华人民共和国，对内领导国家政权”。中央人民政府委员会是我国的集体国家元首。

建国初的中央人民政府是一个“大政府”的概念。它的构成包括以下几个部分：中央人民政府委员会、政务院、人民革命军事委员会、最高人民法院和最高人民检察署。中央人民政府委员会是中央人民政府的首脑部分，由主席 1 人、副主席 6 人、委员 56 人并互选秘书长 1 人组成。主席负责召集和主持中央人民政府委员会的会议，领导中央人民政府委员会的工作。中央人民政府委员会发布的决定、命令，由主席签署。根据当时的法律规定，政务院对中央人民政府委员会负责，并报告工作，在中央人民政府委员会休会期间，政务院对中央人民政府主席负责，并报告工作。作为集体元首的中央人民政府委员会是要定期休会的，而作为集体元首一分子的主席，却始终是要坚持工作的。

（二）1954年宪法颁布实施后（1954~1966年）

1954年宪法颁布后，我国的政治体制有了改变。原来中央人民政府委员会的大部分职权，归由全国人大常委会行使。另外，设置中华人民共和国主席一职。国家主席根据全国人民代表大会和全国人民代表大会常务委员会的决定行使一部分元首职权。刘少奇在《关于中华人民共和国宪法草案的报告》中指出："适应我国的实际情况，并根据中华人民共和国成立以来建设最高国家权力机关的经验，我们的国家元首职权由全国人民代表大会所选出的全国人民代表大会常务委员会和中华人民共和国主席结合起来行使。我们的国家元首是集体的国家元首。"不过从实际生活来看，国际、国内往往把国家主席作为元首对待，几乎是不争的事实。

1954年宪法规定，中华人民共和国主席由全国人民代表大会选举产生。一方面，国家主席根据全国人民代表大会决定或者全国人大常委会的决定，公布法律和法令；任免总理和国务院的其他组成人员；派遣和召回驻外全权代表，批准同外国缔结的条约；授予国家的勋章和荣誉称号，发布大赦令和特赦令，发布戒严令，宣布战争状态，发布动员令；主席对外代表中华人民共和国，接受外国使节，等等。此类职权都属程序性、礼仪性，注重于名义而不是实质上的决定权。但另一方面，1954年宪法规定，中华人民共和国主席统率全国武装力量，担任国防委员会主席。宪法还规定：主席"在必要的时候召开最高国务会议，并担任最高国务会议主席"。主席拥有军事统率权和召开最高国务会议之权，表明主席的工作并不完全是名义上的带有程序性、礼仪性的工作，而是行使着部分颇具实质性意义的权力。

（三）"文化大革命"爆发后（1966~1982年）

1966年"文革"爆发，根据宪法建立的政权组织在实际生活中不能正常运转，国家主席多年缺位。1975年宪法从法律上取消了主席制度。1975年宪法由于不再设国家主席，因而在各国家机关之间的分工方面呈现出无序的状态，出现了诸如规定全国人民代表大会"根据中国共产党中央委员会的提议任免国务院总理和国务院的组成人员"、"中国共产党中央委员会主席统率全国武装力量"的宪法条文。1978年宪法也是一部很不完善的宪法，它承袭了1975年宪法的做法，仍不设国家主席。

（四）现行宪法公布迄今（1982年迄今）

党的十一届三中全会以后，随着改革开放的深入，我国与其他国家的交往愈益频繁，在国际社会中的影响和作用越来越大，缺少明确的国家元首之职，不便于我国与国际社会的外交往来；而且，在人民的心理习惯上，一直是国家元首的传统思维。1982年宪法恢复了主席的设置，宪法在"第三章国家机构"中单列了"第二节中华人民共和国主席"。主席的恢复设置，符合人民的意愿，标志着我国政治制度的发展趋于进一步完善。2004年3月14日，十届全国人大二次会议通过的宪法修正案第28条增加规定国家主席代表中华人民共和国"进行国事活动"。

二、国家主席的性质和地位

我国现行宪法对国家主席的性质和地位并没有作出明确的规定。从现行宪法的规定可以看出，我国的国家主席制度有如下特点：（1）国家元首职权由全国人大常委会和中华人民共和国主席结合起来行使，许多问题需由全国人大常委会作出决定，国家主席加以公布；（2）中央军事委员会主席实际上行使部分国家元首的职权；（3）当国家主席与中央军事委员会主席由不同的人担任时，国家元首职权是分散的，因而必然是虚位元首；当由同一人担任时，国家元首职权是统一的，有可能成为实权元首。

我国现行宪法中关于中华人民共和国主席代表中华人民共和国接受外国使节，进行国事活动等规定，以及关于中华人民共和国主席对内事务的职权的规定，基本上体现出国家主席就是我国的国家元首。

国家主席作为我国的国家元首，是国家机构的重要组成部分，在国家的政治生活中发挥着重要的作用。而且，在国内的实际政治生活中，国家主席充分显现了国家元首的角色；在国际交往中，国家主席也被国际社会看成是中国的国家元首。因此，尽管现行宪法没有明确规定中华人民共和国主席是我国的国家元首，但无论是制度的规定还是实际发挥作用的状况，都显示出中华人民共和国主席作为国家元首的性质和地位。

三、国家主席的产生和任期

现行宪法规定，中华人民共和国主席、副主席由全国人民代表大会选举产生。产生国家主席和副主席的具体程序是：首先由全国人民代表大会会议主席团提出国家主席和副主席的候选人名单，然后经各代表团酝酿协商，再由会议主席团根据多数代表的意见确定候选人名单，最后由会议主席团把确定的候选人交付大会表决，由大会选举产生国家主席和副主席。

《宪法》第79条第2款规定："有选举权和被选举权的年满四十五周岁的中华人民共和国公民可以被选为中华人民共和国主席和副主席。"因此当选国家主席和副主席的基本条件有两个：一是政治方面的条件，即国家主席、副主席的人选，必须是有选举权和被选举权的中华人民共和国公民；二是年龄方面的条件，即他们必须年满45周岁。当选国家主席或副主席除政治条件之外，还规定较高的年龄条件，主要是因为国家主席和副主席的职务，对国家和人民来说，关系重大。国家主席要以国家最高代表的身份，在国家内外事务中以国家的名义进行活动；在国际事务中，他还要以国家象征的身份代表国家的尊严和地位。这样重要的职务，不仅要求政治上、经验上、阅历上的丰富和成熟，而且还必须在国内外享有较高的声誉和威望，只有到一定年龄的人，才可能具备这些条件。

中华人民共和国国家主席、副主席每届任期都是5年，连续任职不得超过两届。限制国家主席和副主席的任职时间，有利于国家领导成员的正常交替和更新，也是消除国家领导职务终身制的一个重要保证。国家主席、副主席行使职权到下届全国人民代表大会选出的主席、副主席就职为止。

四、国家主席的职权

根据宪法的规定，国家主席的具体职权主要有以下四个方面：

（一）公布法律，发布命令

法律在全国人民代表大会或全国人民代表大会常务委员会正式通过后，由国家主席予以颁布施行。国家主席根据全国人民代表大会常务委员会的决定，发布特赦令、动员令，宣布进入紧急状态，宣布战争状态等。特赦是赦免特定罪犯全部刑罚或部分刑罚的一种措施。动员令是指因战争或其他非常情况，在全国或在局部地区采取的非常措施。总动员和局部动员都由全国人民代表大会常务委员会决定，由国家主席发布动员令。紧急状态是指遇到战争或遇到其他非常情况，对全国或局部地区采取的特别措施。决定全国或个别省、自治区、直辖市进入紧急状态由全国人民代表大会常务委员会决定，由国家主席宣布进入紧急状态。宣布战争状态是指国家主席根据全国人民代表大会常务委员会的决定，宣布与某国或某一国家集团处于交战状态。

（二）任免国务院的组成人员和驻外全权代表

国务院总理、副总理、国务委员、各部部长、各委员会主任、审计长、秘书长，经全国人民代表大会或全国人民代表大会常务委员会正式确定人选后，由国家主席宣布其任职或免职。由国家主席宣布任免这些领导人员具有重要意义，它表明这些人员的任职是受命于国家，更具有严肃性和权威性。国家主席根据全国人民代表大会常务委员会的决定，派出或召回驻外大使。各国大使一般都是由国家元首派出，是代表国家的常驻外交代表。

（三）外交权

国家主席代表中华人民共和国，进行国事活动，接受外国使节。国家主席根据全国人民代表大会常务委员会的决定，宣布批准或废除条约和重要协定。条约是指国家之间达成的、在有关国家相互关系的各种问题上所商定的权利与义务的协议。协定在广义上也是条约的一种形式，但有时协定专指政府之间的行政性协定。协定的缔结手续比较简单，除非双方确定须经国家代议机构批准外，一般签字后即可生效。

（四）荣典权

国家主席根据全国人民代表大会常务委员会的决定，代表国家向那些对国家有重大功勋的人授予奖章和光荣称号。

在我国，国家副主席没有独立的职权，他的职责主要是协助国家主席工作。副主席可以受国家主席的委托，代替执行主席的一部分职权，如代替主席接受外国使节等。副主席受托行使国家主席职权时，具有与国家主席同等的法律地位，他所处理的国务具有与国家主席同等的法律效力。

综观国家主席职权，它表现出的基本特点是，国家主席不独立决定任何国家事务，他只是在全国人民代表大会或全国人民代表大会常务委员会对国家事务作出决定以后，予以宣布或执行；而且这种宣布或执行是必须的，实际上是履行特定的法律程序。现行宪法关于主席的上述职权的规定，都与1954年宪法的规定基本相同。但是，1954年宪法规定，主席统率全国武装力量，担任国防委员会主席；主席“在必要的时候召开最高国务会议，并担任最高国务会议主席”。1954年宪法中主席的这两项具有实质性意义的职权，在现行宪法里没有得到恢复。这是较大的改变。

五、国家主席进行国事活动

1982年《宪法》第81条规定：“中华人民共和国主席代表中华人民共和国，接受外国使节；根据全国人民代表大会常务委员会的决定，派遣和召回驻外全权代表，批准和废除同外国缔结的条约和重要协定。”这个条文是关于国家主席在外交方面的职权的规定。它来源于1954年宪法第41条。二者除个别文字外，内容基本一致。当然，1954年宪法的规定在当时的条件下，无疑是非常适宜的，但是，同样内容的规定写在1982年宪法中，特别是在目前的实际情况下，则未必完全合适。20世纪50年代的中国，闭关锁国，国家主席无须跨出国门，奔波于国际政坛。而20世纪80年代后，客观情况和实际需要都已有了很大的改变。我国从党的十四大以来，通过实践，在元首外交方面已经创造性地形成了不少宪法惯例。例如，国家主席参加了诸如亚太经合组织、上海合作组织等重要的国际会议；多次同外国的国家元首会谈并达成重要协议；又如，在国际间宣布降低关税、作出对某些国家提供援助的承诺；等。这些惯例是行之有效的，给国家带来很多裨益，因此需要把它法律化、条文化，在宪法中确定下来。

为了适应客观实际的需要，更好地发挥国家主席的作用，为元首外交的顺利开展提供法制空间，第十届全国人民代表大会通过的宪法修正案把1982年《宪法》第81条规定的“中华人民共和国主席代表中华人民共和国，接受外国使节”，修改为“中华人民共和国主席代表中华人民共和国，进行国事活动，接受外国使节”。这个修正，符合国家和人民的利益，很有必要。

宪法规范国家主席行使的职权，集中在第80条和第81条。根据这两条规定的内容，主席的职权按其行使的方式来看，可以大致分为两类：一类是根据全国人民代表大会或者全国人民代表大会常务委员会的决定而行使的职权，例如公布法律、任免国务院总理及国务院其他组成人员、发布动员令、批准条约等；另一类则是宪法没有规定必须根据全国人民代表大会或者全国人民代表大会常务委员会的决定而行使的职权，例如，主席“代表中华人民共和国，接受外国使节”。至于主席“进行国事活动”，按第81条的行文来看，该项职权显然属于上面所述的后一类职权，也就是宪法没有要求、也没有规定必须根据全国人民代表大会或者全国人民代表大会常务委员会的决定而行使的职权，因此，《宪法》第81条的修正也就是宪法对主席的进一步授权，为主席开展国事活动提供法制基础和宪法保障。这无疑会激励主席的主动性，促使其更加负责、积极地工作，在世界上发挥大国元首应起的作用。

六、中华人民共和国主席职位的补缺

国家主席、副主席缺位，是指担任国家主席、副主席的人因病或其他情况不能视事，不能再继续担任这一职务，或因去世而使国家主席、副主席的职位出现空缺时的情况。现行宪法规定，国家主席缺位时，由副主席继任主席的职位；副主席缺位时，由全国人民代表大会补选；国家主席、副主席都缺位时，由全国人民代表大会补选；在补选之前，由全国人民代表大会常务委员会委员长暂时代理国家主席的职位。全国人民代表大会常务委员会委员长代理国家主席职位时的地位与国家主席相同，他所处理的各种国务具有与国家主席同等的法律效力。

第三节　全国人民代表大会及其常务委员会

一、全国人民代表大会

（一）全国人民代表大会的性质和地位

全国人民代表大会是最高国家权力机关，也是国家的立法机关。《宪法》第2条第1、2款规定："中华人民共和国的一切权力属于人民。人民行使国家权力的机关是全国人民代表大会和地方各级人民代表大会。"宪法的规定说明了全国人大的性质和它在整个国家机关体系中的地位。

就其性质而言，所谓最高国家权力机关，意味着全国人大是国家权力的最高体现者，集中代表全国各族人民的意志和利益，行使国家的立法权和决定国家生活中的其他重大问题。就其地位而言，全国人大在我国国家机关体系中居于首要地位，主要体现在以下几个方面：（1）全国人民代表大会统一行使宪法规定的最高国家权力，向全国人民负责，受全国人民监督。（2）全国人民代表大会的职权具有全权性，覆盖了国家政治、经济、军事、外交、文化教育以及社会生活的方方面面。（3）全国人民代表大会的权力具有至上性，高于行政权、审判权、检察权。最高国家行政机关、审判机关、检察机关都由它产生，对它负责，向它报告工作，并接受它的监督。任何国家机关都不能超越全国人民代表大会，也不能和它并列。（4）全国人民代表大会制定的法律、通过的决议和决定，一切

国家机关和武装力量、各政党和各社会团体、各企业事业组织以及所有公民都必须严格遵守。

这里必须明确，全国人民代表大会是最高国家权力机关，是从国家机关之间的分工和它的法律地位来说的。这同党中央对国家的领导并不矛盾。党中央是党的全国代表大会闭会期间的领导机关，它同作为最高国家权力机关的全国人民代表大会是两种不同性质的组织。根据党章，中国共产党是工人阶级的先锋队，同时是中国人民和中华民族的先锋队，是中国特色社会主义事业的领导核心。人民民主专政的国家当然要接受党的领导，但是，党对国家机关的领导是政治领导，即政治原则、政治方向、重大决策的领导和向国家政权机关推荐重要干部，而不是通常的上级对下级的行政领导。以现行宪法的修改为例：根据宪法的规定，宪法的修改由全国人大常委会或1/5以上全国人大代表提议，由全国人民代表大会审议通过。实践中，宪法的修改，就是由党中央提出建议，而不是由党中央直接进行修改。这就表明，在修改宪法的过程中，党中央起领导作用，而全国人民代表大会在修改宪法的过程中行使最高国家权力。

（二）全国人民代表大会的组成和任期

全国人民代表大会由代表组成。根据现行宪法和选举法的规定，全国人民代表大会由省、自治区、直辖市、特别行政区和军队选出的代表组成。代表名额不超过3 000人。这表明，我国的代表制基本上以地域为单位，采取的是地域代表制与职业代表制（军队）相结合、而以地域代表制为主的代表制。

全国人民代表大会的每届任期，是指全国人民代表大会每届担任最高国家权力机关的法定期限。根据1954年宪法，全国人民代表大会每届任期是4年。1975年宪法把任期改为5年。1978年宪法将此沿用下来。1982年宪法仍规定全国人民代表大会每届任期5年。之所以要规定5年任期，是因为我国社会发展及国民经济计划是5年建设计划，把全国人民代表大会的任期和发展国民经济的五年计划一致起来，便于开展工作和总结经验。此外，为了保证在全国人民代表大会任期届满时有新的一届及时接替，宪法规定全国人民代表大会任期届满的两个月以前，全国人民代表大会常务委员会必须完成下届全国人民代表大会代表的选举。如果遇到不能进行选举的非常情况，由全国人民代表大会常务委员会以全体委员的2/3以上的多数通过，全国人民代表大会可以推迟选举，延长本届全国人民代表大会的任期；但在非常情况结束后一年内，全国人民代表大会常务委员会必须完成下届全国人民代表大会代表的选举。

（三）全国人民代表大会的职权

全国人民代表大会的职权是宪法确认的全国人大对其职责范围内事项的决定权限。原则上，全国人大是全权机关；但在实践中，宪法规定了国家机关之间的分工关系，列举了各机关的权限范围，所以，全国人民代表大会行使的职权也是有限的。《宪法》第62条规定了全国人民代表大会的十五项职权，这十五项职权可以归纳为如下六个方面：

1. 修改宪法、监督宪法实施

宪法是国家的根本大法，它的修改举足轻重，这个权力只能由全国人民代表大会行使。宪法规定：宪法的修改由全国人民代表大会常务委员会或者1/5以上的全国人民代表大会代表提议，并由全国人民代表大会全体代表的2/3以上的多数通过。全国人民代表大会曾于1975年、1978年和1982年三次全面地修改了宪法，1979年、1980年全国人民代表大会又以通过决议的方式对宪法进行过修正；尔后1988年、1993年、1999年和2004年，全国人民代表大会分别以通过宪法修正案的方式对宪法的若干条文进行了四次修改，共有31条宪法修正案。

同时，宪法颁布以后至关紧要的问题就在于宪法的实施。为了保证宪法真正得到贯彻执行，必须对宪法的实施加以切实的监督。宪法监督的内容包括两个方面：一是对各项法律、行政法规、地方性法规以及各种规章是否符合宪法的原则和条文规定进行审查监督；二是对一切国家机关、武装力量、各政党和各社会团体、各企事业组织以及所有公民的行为是否违宪进行监督。

2. 制定和修改基本法律

基本法律是指由全国人民代表大会制定和修改的，规定或调整国家和社会生活中，在某一方面具有根本性的和全面性关系的法律，包括立法法、刑法、刑事诉讼法、民法、民事诉讼法、全国人民代表大会组织法、国务院组织法、地方各级人民代表大会和地方各级人民政府组织法、人民法院组织法、人民检察院组织法、选举法、民族区域自治法、特别行政区基本法等。基本法律一般涉及公民权利和义务，调整国家政治和社会生活，关系到全国各族人民的根本利益，因此必须由全国人民代表大会来行使这些法律的制定权和修改权。

3. 选举、决定和罢免国家机关的重要领导人

全国人民代表大会有权选举全国人民代表大会常务委员会委员长、副委员长、秘书长和委员，选举中华人民共和国主席、副主席、中央军事委员会主席、最高人民法院院长、最高人民检察院检察长；有权根据国家主席的提名决定国务院总理的人选，根据国务院总理的提名决定国务院副总理、国务委员、各部部长、各委员会主任、审计长和秘书长的人选；根据中央军事委员会主席的提名决定中央军事委员会副主席和委员的人选。对于以上人员，全国人民代表大会有权依照法定程序予以罢免。按照法律规定，罢免案必须由全国人民代表大会主席团或者3个以上的代表团或者1/10以上的代表提出，由主席团交各代表团审议后，提请大会全体会议表决；或者由主席团提议，经大会全体会议决定，组织调查委员会，由全国人民代表大会下次会议根据调查委员会的报告审议决定。

4. 决定国家重大问题

全国人民代表大会有权审查和批准国民经济和社会发展计划以及计划执行情况的报告；审查和批准国家预算和预算执行情况的报告；批准省、自治区和直辖市的建置；决定

特别行政区的设立及其制度；决定战争与和平问题等。

5. 最高监督权

全国人民代表大会有权监督由其产生的其他国家机关的工作。全国人民代表大会常务委员会是全国人民代表大会的常设机关，它对全国人民代表大会负责并报告工作，全国人民代表大会可以改变或者撤销全国人大常务委员会不适当的决定；国务院要向全国人民代表大会负责并报告工作；中央军事委员会主席、最高人民法院、最高人民检察院也要对全国人民代表大会负责。

6. 其他应当由它行使的职权

现行宪法规定，全国人民代表大会有权行使“应当由最高国家权力机关行使的其他职权”。由于国家生活复杂多变，而且在不断发展中，因而很难完全预料可能出现的新问题。因此，宪法不可能完全列举全国人民代表大会的职权。但国家生活中特别重大的问题又必须由全国人民代表大会处理，现行宪法规定的本项职权就为全国人民代表大会处理这些新问题提供了宪法根据。例如，为了保障经济体制改革和对外开放工作的顺利进行，1985 年 4 月 10 日六届全国人大三次会议通过决定，授权国务院对于经济体制改革和对外开放方面的问题，必要时可以根据宪法，在同有关法律和全国人大及其常委会有关决定的基本原则不相抵触的前提下，制定暂行的规定或者条例，颁布实施，并报全国人大常委会备案。

（四）全国人民代表大会的会议制度

全国人民代表大会是以会议方式进行工作的机关。因此，全国人民代表大会开展工作的基本形式是召开全国人民代表大会会议，以全体会议的决议行使职权。根据宪法规定，全国人民代表大会会议每年举行一次，由全国人民代表大会常务委员会召集。如果全国人民代表大会常务委员会认为有必要，或者有 1/5 以上的代表提议，可以召开全国人民代表大会临时会议。至于全国人民代表大会的例会每年究竟应在什么时候召开、开会时间多长等，宪法没有明确规定。根据《全国人民代表大会议事规则》的规定，全国人民代表大会会议应于每年的第一季度举行。这样便于审查批准本年度的国家预算和前一年的国家决算。全国人民代表大会会议公开举行，在必要时，经主席团和各代表团团长会议决定，可以举行秘密会议。

全国人民代表大会的会议形式包括：

1. 预备会议

根据全国人民代表大会组织法《全国人民代表大会议事规定》的规定，预备会议由全国人民代表大会常务委员会主持。每届全国人大第一次会议的预备会议，由上届全国人大常委会主持。会议的任务是讨论本次会议的议程，选举大会主席团和秘书长以及其他必须解决的事项。预备会议的目的在于保证全国人民代表大会的顺利进行。

2. 全体会议

全体会议是全体代表参加的大会。全国人大各项对全社会有普遍约束力的决议都要在全体会议上通过。

3. 主席团会议

全国人民代表大会举行会议的时候，设立主席团。主席团是大会期间的决策机构，对大会的顺利进行起着保证作用。根据全国人民代表大会组织法，会议主席团在每次会议的预备会议中选举产生。主席团的任务主要有五项：第一，主持本次会议；第二，提出最高国家机关领导人的人选和确定正式候选人名单；第三，组织代表团审议各项议案；第四，处理代表团和代表在会议期间提出的议案、罢免案、质询案等；第五，草拟大会审议通过的决议草案。

4. 各代表团会议

代表团会议，也叫分组会议，是各代表团举行的会议。通常在一项重要决议案或报告向大会提出后，主席团会决定将有关决议案或报告分发各代表团，组织讨论；各代表团讨论后将讨论结果上报主席团。分组会议是全国人大作为民意机关性质的重要表现形式，是代表议论国家大事、行使权利的重要场所。

5. 各代表团之间进行的联席会议或联组会议

对于若干代表团有相似意义的事项，或者若干代表团认为必要，可以召开这种会议。

6. 代表团团长会议

该会议讨论决定有关程序方面的问题。

在各种会议形式中，只有全体会议属于决策性的会议，而其他几种会议都是决定程序性问题的会议，或者是决定内部事务的会议。可见，全体会议具有实质意义，是全国人大工作的主要方面。另外，在全国人大开会时，国务院和中央军委的组成人员、最高人民法院院长、最高人民检察院检察长，当然列席会议；自1959年起，全国政协与全国人大同时召开会议，且全体政协委员都有权列席全国人大的全体会议；其他国家机关、群众团体的负责人，经主席团批准，也可以列席会议。

（五）全国人大的工作程序

全国人大的主要工作是立法和决定，按照宪法、组织法、议事规则和立法法的规定，全国人民代表大会通过法律议案以及其他议案，选举和罢免国家领导人都要经过以下四个阶段：

1. 提出议案

提出议案的主体有三大类：一是全国人大主席团；二是全国人大常委会、国务院、中央军委、最高人民法院、最高人民检察院、全国人大各专门委员会；三是一个代表团或30名以上的代表联名。主席团是议案列入议程的决定机构。一项提案如要列入议程，基本条件是提案属于全国人大职权的范围；如符合这项条件，就要由主席团来决定提案的命运。

2. 审议议案

对于国家机关提出的议案，主席团一般要决定列入议程。对于代表或代表团的提案，主席团可以采取两个步骤：决定列入议事日程；或者先交有关专门委员会审议、提出是否列入议程的意见后，再决定是否列入议程。凡列入议程的议案，一般都要经过大会全体会议听取说明、各代表团审议及专门委员会审议、法律委员会统一审议三个步骤。此外，还有三个特别审议程序：一是必要时主席团可以召开各代表团团长会议，听取各代表团的意见；二是对法律案中的重大专门性问题，召集代表团推选的代表进行讨论；三是法律案有重大问题需进一步研究的，经主席团提出，可以由全体会议决定授权常委会进一步审议，也可以直接交常委会审议，然后提交下次全国人大审议决定。

3. 通过议案

议案经审议后，由主席团提请大会全体会议表决，以全体代表的过半数通过。表决前提案人要求撤回议案，在说明理由后，经主席团同意并向大会报告，对议案的审议即行终止。现在全国人大的表决通常都采用电子投票方式，也可以采取举手方式或其他方式。宪法规定，宪法修正案由全国人民代表大会全体代表 2/3 以上的多数通过；法律和其他议案由全国人民代表大会全体代表过半数通过。

4. 公布决议或法律

根据议案的性质不同，公布有两种主要方式：一是法律案由国家主席签署主席令公布；二是选举结果及重要决议案由全国人大主席团公布，或由国家主席签署主席令公布。按我国法律和习惯，议案在通过后就生效或具有法律效力，不以公布为效力依据。不过，如果不以一定形式公布立法机关已通过的法律文件，该文件就不会为公众所知，公民没有遵行的义务；国家机关也有权不依据该文件的要求履行职责。所以，公布是立法结果生效的必由之路。

二、全国人民代表大会常务委员会

（一）全国人民代表大会常务委员会的性质和地位

全国人民代表大会常务委员会是全国人民代表大会常设机关，是全国人民代表大会闭会期间的国家权力机关，也是行使国家立法权的机关。全国人民代表大会常务委员会的地位表现在两个方面：一方面，它与全国人民代表大会是隶属关系，对全国人民代表大会负责，并接受其监督；另一方面，在全国人民代表大会闭会期间，最高国家行政机关、审判机关、检察机关对全国人民代表大会常务委员会负责并报告工作。

全国人民代表大会每年只召集一次，时间为 10 天左右，在其闭会期间，它的最高国家权力机关的地位，主要通过全国人民代表大会常务委员会来实现。由于全国人民代表大会常务委员会是在全国人民代表大会闭会期间行使国家权力的机关，无论组织、机构，还是人员都有较强的稳定性，因而强化全国人民代表大会的权威，真正树立最高国家权力机关的地位，主要还须通过全国人民代表大会常务委员会来实现。事实上，全国人民代表大会常务委员会通过的规范性法律文件对其他国家机关和公民的约束力，与全国人民代表大会通过的一般规范性法律文件有同等效力，按现行法律，除全国人民代表大会外，其他国家机关对此无权质疑。因此，加强全国人民代表大会常务委员会的组织机构建设、工作制度建设，充分发挥常务委员会的作用，保证全国人民代表大会常务委员会各项职权的充分行使具有非常重要的意义。

（二）全国人民代表大会常务委员会的组成和任期

全国人民代表大会常务委员会，由全国人民代表大会选举委员长、副委员长若干人、秘书长和委员若干人组成。这些组成人员必须是全国人民代表大会代表，并由每届全国人民代表大会第一次会议选举产生。为了保证全国人民代表大会常务委员会顺利开展工作，集中精力搞好常务委员会的本职工作。宪法规定，全国人民代表大会常务委员会的组成人员不得担任国家行政机关、审判机关和检察机关的职务。同时，宪法还规定，在全国人民代表大会常务委员会的组成人员中，应当有适当名额的少数民族代表。这一规定充分体现了民族平等原则，有利于完全反映各族人民的利益和愿望，巩固民族团结，促进各民族的共同繁荣。

全国人民代表大会常务委员会的任期与全国人民代表大会相同，即5年，但全国人民代表大会常务委员会与全国人民代表大会在任期结束的时间上又略有不同。按照《宪法》第66条第1款的规定，全国人民代表大会常务委员会“行使职权到下届全国人民代表大会选出新的常务委员会为止”。因此，下届全国人民代表大会第一次会议开始时，上届全国人民代表大会的任期即告结束，但上届全国人民代表大会产生的常务委员会则需在下届全国人民代表大会常务委员会产生后，才能结束。它要负责召集下一届全国人民代表大会第一次会议，这样才能使全国人民代表大会的工作衔接起来，不致因为交接而中断。全国人民代表大会常务委员会委员长、副委员长、秘书长和委员连选得连任。但现行宪法规定，委员长、副委员长连续任职不得超过两届。

（三）全国人民代表大会常务委员会的职权

现行宪法扩大了全国人民代表大会常务委员会职权，进一步加强了全国人民代表大会常务委员会的地位。根据现行《宪法》第67条的规定，全国人民代表大会常务委员会的职权主要有几个方面：

1. 解释宪法，监督宪法的实施

宪法和其他普通法律一样，为了正确理解，准确执行，必要时需要作出具有法律效力的解释，即对宪法条文的含义、内容和界限进行说明。但宪法是根本法，对它的解释权只能由特定的极有权威的国家机关来行使。而解释宪法与监督宪法的实施又有着密切的联系。根据宪法规定，全国人民代表大会及其常务委员会都有权监督宪法的实施。这一规定

是对1954年宪法的发展。1954年宪法规定监督宪法的实施只是全国人民代表大会的一项重要职权。但全国人民代表大会每年只举行10天左右会议，不便于经常工作。因此，宪法同时把这项职权赋予全国人民代表大会常务委员会行使。

2. 根据宪法规定的范围行使立法权

全国人民代表大会常务委员会有权制定除有全国人民代表大会制定的基本法律以外的其他法律，并且在全国人民代表大会闭会期间，对全国人民代表大会制定的基本法律有权进行部分修改和补充，但是不得同该法律的基本原则相抵触。

1954年宪法曾经规定："全国人民代表大会是行使国家立法权的唯一机关"。尽管1955年7月30日首届全国人民代表大会第二次会议决定授权全国人民代表大会常务委员会依照宪法的精神，根据实际的需要，适时地制定具有法律性质的单行法规。后来为了进一步适应社会主义改造和建设事业发展的需要，1958年4月28日，第二届全国人民代表大会第一次会议又通过决议，授权全国人民代表大会常务委员会在全国人民代表大会闭会期间，根据情况的发展和工作的需要，对法律中的一些已经不适用的条文，适时地加以修改，作出新的规定，但并没有规定全国人民代表大会常务委员会享有立法权。因此，现行宪法的规定有着非常重要的意义。它既保证了全国人民代表大会得以集中精力搞好基本法律的制定和修改工作，又能使全国人民代表大会常务委员会根据社会发展的需要，可以经常性地进行立法工作。

3. 解释法律

全国人民代表大会常务委员会所解释的法律，并不限于它自己所制定的法律，也包括由全国人民代表大会制定的法律。因为全国人民代表大会常务委员会是全国人民代表大会的常设机关，它完全了解全国人民代表大会的立法意图，能作出准确的解释。但这里必须明确的是，全国人民代表大会常务委员会解释法律，指的是对于那些法律条文本身需要进一步明确界限或补充规定的解释。《中华人民共和国立法法》（以下简称《立法法》）明确了法律解释的权限和程序，法律解释权只属于全国人民代表大会常务委员会，当法律需要进一步明确具体含义时或法律制定后出现新情况需要明确其法律依据时，全国人民代表大会常务委员会应进行法律解释；各中央国家机关及省级人民代表大会常务委员会也可以向全国人民代表大会常务委员会提出法律解释的要求；法律解释的通过程序与立法程序基本相同，但相对简单一些；法律解释与法律具有同等效力。

4. 审查和监督行政法规、地方性法规的合宪性和合法性

国务院制定的行政法规必须服从于宪法和法律；省、自治区、直辖市的国家权力机关制定的地方性法规，也不得同宪法、法律和行政法规相冲突。这是维护社会主义法制统一的基本保证。因此，全国人民代表大会常务委员会有权撤销国务院制定的同宪法、法律相抵触的行政法规、决定和命令；有权撤销省、自治区、直辖市的国家权力机关制定的同宪法、法律和行政法规相抵触的地方性法规和决议。

5. 对国民经济和社会发展计划以及国家预算部分调整方案的审批权

从原则上说，只有全国人民代表大会才有权审查和批准国民经济和社会发展计划，审查和批准国家预算。但任何计划，不论多么周密、详尽，都难以完全预料可能出现的情况，都应在实践中进行检验，并在必要时作出一定的修改。因此，宪法规定，在全国人民代表大会闭会期间，全国人民代表大会常务委员会有权审查和批准国民经济和社会发展计划以及国家预算在执行过程中所必须作的部分调整方案。

6. 监督国家机关的工作

国务院、中央军事委员会、最高人民法院和最高人民检察院都由全国人民代表大会产生，并根据宪法的规定，分别行使国家的各项权力。因此，它们都必须向全国人民代表大会负责并接受它的监督。在全国人民代表大会闭会期间，由全国人民代表大会常务委员会行使监督权。在法律监督权范围内，全国人大常委会有权撤销国务院制定的同宪法、法律相抵触的行政法规、决定和命令；有权撤销省、自治区、直辖市的国家权力机关制定的同宪法、法律和行政法规相抵触的地方性法规和决议。在国家机关工作监督权上，全国人大常委会对其他由全国人大产生的中央国家机关都有权进行监督，主要有三种方式：一是在全国人大常委会会议期间，常委会组成人员10人以上联名可以向国务院及其各部委、最高人民法院、最高人民检察院提出书面质询案；二是国务院、最高人民法院、最高人民检察院在每次常委会会议上，围绕本单位职权范围内的事务向常委会做工作汇报；三是全国人大常委会开展对法律实施工作进行考察的执法检查，或对司法机关的工作进行个案监督。

7. 决定、任免国家机关领导人

在全国人民代表大会闭会期间，全国人民代表大会常务委员会有权根据国务院总理的提名，决定部长、委员会主任、审计长、秘书长的人选；根据中央军事委员会主席的提名，决定中央军事委员会其他组成人员的人选；根据最高人民法院院长的提名，任免最高人民法院副院长、审判员、审判委员会委员和军事法院院长；根据最高人民检察院检察长的提请，任免最高人民检察院副检察长、检察员、检察委员会委员和军事检察院检察长，并且批准省、自治区、直辖市的人民检察院检察长的任免。

8. 国家生活中其他重要事项的决定权

在全国人民代表大会闭会期间，全国人民代表大会常务委员会有权决定批准或废除同外国缔结的条约和重要协定；决定驻外全权代表的任免；规定军人和外交人员的衔接制度和其他专门衔接制度；规定和决定授予国家的勋章和荣誉称号；决定特赦；如果遇到国家遭受武装侵犯或者必须履行国家间共同防止侵略的条约的情况，有权决定宣布战争状态；决定全国总动员和局部动员；决定全国或者个别省、自治区和直辖市进入紧急状态。

9. 全国人民代表大会授予的其他职权

由于全国人民代表大会常务委员会是全国人民代表大会的常设机关，所以，与全国人民代表大会的职权范围不同，它没有宪法上自己的弹性权力。在宪法明列的职权之外，全国人民代表大会常务委员会的其他职权必须经全国人民代表大会授权方能享有；在授权范围内，全国人民代表大会常务委员会可以作出有法律约束力的决定。例如，1989 年 3 月，七届全国人大二次会议审议了国务院提请授权深圳市人民代表大会及其常务委员会和深圳市人民政府分别制定深圳经济特区法规和深圳经济特区规章的议案，决定授权全国人民代表大会常务委员会在深圳市依法选举产生市人民代表大会及其常务委员会后，对国务院提出的上述议案进行审议，作出相应决定。又如，1993 年 3 月，全国人民代表大会曾通过决定，授权全国人民代表大会常务委员会设立香港特别行政区筹备委员会的准备工作机构。

（四）全国人民代表大会常务委员会的责任

全国人民代表大会常务委员会负责处理全国人民代表大会闭会期间全国性的重大问题。根据宪法和《全国人民代表大会组织法》的规定，全国人民代表大会常务委员会应向全国人民代表大会负责，并在全国人民代表大会每次召开会议时，向全国人民代表大会报告自上次全国人民代表大会会议以来的工作情况。全国人民代表大会对常务委员会的报告都应作出相应的决议。全国人民代表大会有权改变或者撤销全国人民代表大会常务委员会作出的不适当的决定，有权罢免全国人民代表大会常务委员会的组成人员。

（五）全国人民代表大会常务委员会的会议制度

全国人民代表大会常务委员会主要通过举行会议、作出会议决定的形式行使职权。根据《全国人民代表大会组织法》的规定，全国人民代表大会常务委员会全体会议一般每两个月举行一次，由委员长召集并主持；必要时可召集临时会议。根据《全国人民代表大会组织法》，在全国人民代表大会常务委员会举行会议的时候，可以由各省、自治区、直辖市的人民代表大会常务委员会派主任和副主任一人列席会议，发表意见。根据《全国人民代表大会常务委员会议事规则》的规定，常委会组成人员和列席人员在全体会议上的发言不超过 15 分钟，第二次对同一问题的发言不超过 10 分钟。开会的形式基本上有以下三种：（1）全体会议，即全体委员参加的会议，是会议召集的主要形式。只有这种会议形式才能通过法律和作出具有法律效力的决议。（2）小组会议或分组会议，讨论问题或审议议案。分组会议不能作出有法律约束力的决议。（3）联组会议，是在讨论重大问题或有争议问题时各小组联合召开的会议，一般由委员长负责宣布召开。2000 年 12 月 25 日，九届全国人民代表大会第十九次会议讨论婚姻法修正草案时，由于争议较大，委员长会议建议并经常委会全体会议通过，决定当日采取联组会议形式审议，这是九届全国人大任期间的第一次。联组会议是小组会议的一种形式，全体委员参加，但不能对法案进行表决。

（六）委员长会议

尽管全国人民代表大会常务委员会是全国人民代表大会闭会期间经常行使国家权力的机关，但实际上它并不是每天都召开会议进行工作的。因此，宪法规定，由委员长、副委员长、秘书长组成委员长会议，处理全国人民代表大会常务委员会重要的日常工作，但委员长会议不能代替全国人民代表大会常务委员会行使职权。根据法律的规定，其工作任务是：

（1）决定全国人民代表大会常务委员会会议的召开日期和会期，拟定会议议程草案。

（2）向全国人民代表大会常务委员会提出属于全国人民代表大会常务委员会职权范围内的议案，对其他机关向全国人民代表大会常务委员会提出的议案和质询案，决定交由有关的专门委员会审议，或提请全国人民代表大会常务委员会全体会议审议，决定回答质询的方式。

（3）处理有关人事任免事项，提出全国人民代表大会常务委员会审议的有关程序问题。

（4）指导和协调各专门委员会的日常工作。

（5）处理全国人民代表大会常务委员会其他的重要日常工作；决定全国人民代表大会常务委员会机关的重大事项。

（七）全国人民代表大会常务委员会的工作程序

根据《全国人民代表大会组织法》和《全国人民代表大会常务委员会议事规则》的规定，全国人民代表大会常务委员会在举行会议，审议、通过法律案和其他议案，选举和罢免各级领导人时，均须遵守以下四个程序：

（1）提出议案。全国人民代表大会各专门委员会、国务院、中央军事委员会、最高人民法院、最高人民检察院，以及常务委员会组成人员10人以上联名，可以向常务委员会提出议案。

（2）审议议案。国家机关提出的议案，由委员长会议决定提请常务委员会会议审议，或者先交有关专门委员会审议、提出报告，再提请常务委员会会议审议；常务委员会组成人员提出议案，由委员长会议决定提请常务委员会会议审查，或者先交有关的专门委员会审议、提出报告，再决定是否提请常务委员会会议审议。《立法法》通过后，全国人民代表大会常务委员会对法案审议的一个重大变化就是引入了“三读”程序，列入议程的法案一般要经过三次常委会会议的审议。具体来说，第一次审议是在全体会议上听取提案人的说明后，由分组会议进行初步审议；第二次审议是在全体会议上听取法律委员会的修改情况和主要问题的汇报，由分组会议进一步审议；第三次审议是在全体会议上听取法律委员会的审议结果报告，由分组会议对“法律草案修改稿”进行审议。在实践中，“三审”就意味着一项法案通常都要通过三次常委会会议或半年时间才能完成。不过也有几个例外：一是各方面对法案意见比较一致的，两次审议后就可以交付表决；二是对原有法律进行部分修改的修正案，各方面意见比较一致，也可以一次审议后即交付表决；三是有些有争议的法案，在审议过程中可以采取扩大审议的程序，即举行座谈会、论证会、听证会直至交与全民讨论等多种形式征求意见，如2001年1月11日，九届全国人大常委会委员长会议决定将《婚姻法（修正草案）》交付全民征求意见；四是如果三次审议后还有重大问题需要研究，经委员长会议提议、全体会议决定，可以暂缓表决，以便法律委员会或专门委员会进一步审议；五是在三审的任何阶段，提案人都可提出撤回提案；六是任何法案，搁置审议满2年，或者暂不表决经过2年没有再列入议程，委员长会议决定对该法案终止审议。

（3）通过议案。议案经审议后，由常务委员会会议表决通过。常务委员会的决议由常务委员会以全体委员的过半数通过。

（4）决定公布。

此外，在常务委员会会议期间，常务委员会组成人员10人以上，可以联名向常务委员会书面提出对国务院、最高人民法院、最高人民检察院和国务院各部、各委员会的质询案。由委员长会议决定交受质询机关书面答复，或者由受质询机关的负责人在常务委员会会议上或者有关的专门委员会会议上口头答复。在专门委员会会议上答复的，专门委员会应当向常务委员会或者委员长会议提出报告。专门委员会审议质询案的时候，提质询案的常务委员会组成人员可以出席会议，发表意见。

三、全国人民代表大会各委员会

全国人民代表大会各委员会可以分为常设性委员会和临时性委员会两大类。

（一）常设性委员会

全国人民代表大会常设性委员会主要是指各专门委员会。就其性质来说，专门委员会是全国人民代表大会的辅助性的工作机构，是从代表中选举产生的、按照专业分工的工作机关。它的任务是在全国人民代表大会常务委员会的领导下，研究、审议、拟订有关议案。各专门委员会在讨论其所属的专门问题之后，虽然也作出决议，但这种决议必须经过全国人民代表大会或者全国人民代表大会常务委员会审议通过之后，才具有国家权力机关所作的决定的效力。在此之前，它只是向全国人民代表大会或全国人民代表大会常务委员会提供审议的意见或报告。

各专门委员会为完成其任务而进行下列具体工作：

（1）审议全国人民代表大会主席团或全国人民代表大会常务委员会交付的议案。

（2）向全国人民代表大会主席团或全国人民代表大会常务委员会提出属于全国人民代表大会或者全国人民代表大会常务委员会职权范围内同本委员会有关的议案。

（3）审议全国人民代表大会交付的被认为同宪法、法律相抵触的国务院的行政法规、决定和命令，国务院各部、各委员会的命令、指示和规章，省、自治区、直辖市的人民代表大会及其常务委员会的地方性法规和决议，以及省、自治区、直辖市人民政府的决定、命令和规章，并提出报告。

（4）审议全国人民代表大会主席团或全国人民代表大会常务委员会交付的质询案、

听取受质询机关对质询案的答复，必要时向全国人民代表大会主席团或全国人民代表大会常务委员会提出报告。

(5) 对属于全国人民代表大会或全国人民代表大会常务委员会职权范围内同本委员会有关的问题，进行调查研究，提出建议。

除上述共同工作之外，各专门委员会还有自己的特殊工作。如民族委员会审议自治区报请全国人民代表大会常务委员会批准的自治区自治条例和单行条例，向全国人民代表大会常务委员会提出报告；对加强民族团结问题进行调查研究，提出建议。又如法律委员会统一审议向全国人民代表大会或全国人民代表大会常务委员会提出的法律草案。其他专门委员会也就有关法律草案向法律委员会提出意见。

根据宪法和《全国人民代表大会组织法》，目前全国人民代表大会设有以下9个专门委员会：民族委员会、法律委员会、财政经济委员会、教育科学文化卫生委员会、外事委员会、华侨委员会、内务司法委员会、环境与资源保护委员会、农业与农村委员会。此外，根据工作需要，还可以设立其他专门委员会。各委员会由主任1人、副主任和委员若干人组成。各委员会的人选由全国人民代表大会主席团在代表中提名，由大会表决决定。在全国人民代表大会闭会期间，全国人民代表大会常务委员会可以补充任命专门委员会的个别副主任委员和部分委员。此外，全国人民代表大会常务委员会可根据需要为各委员会任命一定数量的非全国人民代表大会代表的专家作委员会的顾问。顾问可以是专职的，也可以是兼职的。他们有权列席各专门委员会会议，并发表意见，但无表决权。全国人民代表大会各专门委员会在全国人民代表大会开会期间，受全国人民代表大会的领导；在全国人民代表大会闭会期间，受全国人民代表大会常务委员会的领导。

全国人民代表大会各专门委员会每届任期与全国人民代表大会的任期相同，即5年。

(二) 临时性委员会

临时性委员会就是按某种特定的工作需要而临时组成的委员会。这种委员会在该项特定的工作完成之后，即不再存在。如全国人民代表大会举行会议期间，由于审查代表提案的需要而成立的提案审查委员会就是这种临时性委员会。根据宪法规定，全国人民代表大会及其常务委员会认为必要的时候，可以组织关于特定问题调查委员会。主席团、3个以上的代表团或者1/10以上的代表联名，可以提议组织关于特定问题的调查委员会，由主席团提请大会全体会议决定。调查委员会由主任委员、副主任委员若干人和委员若干人组成，由主席团在代表中提名，提请大会全体会议通过。调查委员会可以聘请专家参加调查工作。调查委员会进行调查的时候，一切有关的国家机关、社会团体和公民都有义务如实向它提供必要的材料。提供材料的公民要求调查委员会对材料来源保密的，调查委员会应当予以保密。调查委员会应当向全国人民代表大会提出调查报告。全国人民代表大会根据调查委员会的报告，可以作出相应的决议。

四、全国人民代表大会常务委员会的办事机构

全国人民代表大会常务委员会的办事机构是全国人民代表大会常务委员会下属的从事具体工作的机构，它在委员长会议和秘书长领导下工作。全国人民代表大会常务委员会还设立代表资格审查委员会。该委员会的主任委员、副主任委员和委员的人选，由委员长会议在常务委员会组成人员中提名，并由常务委员会会议通过。常务委员会根据需要还可以设立工作委员会。

（一）秘书处

秘书处是负责处理常委会日常事务工作的办事机构，负责掌握各专门委员会、办公厅和法制工作委员会的工作进展情况，加强统一协调；听取各部门的工作汇报，研究问题，向秘书长提出解决问题的意见和建议；对常委会和委员长会议决定的事项进行督促检查。

秘书处由全国人民代表大会常务委员会秘书长、副秘书长和专门委员会负责常务工作的副主任委员及法制工作委员会有关负责人组成，由秘书长主持秘书处工作，召集秘书处会议。秘书处会议按制度每半月举行一次，会议除秘书处成员参加外，根据工作需要，由秘书长决定吸收有关部门负责人列席会议。

（二）办公厅

办公厅是全国人民代表大会常务委员会主要办事机构之一，由秘书长直接领导，下设副秘书长8人协助其工作。由秘书长、副秘书长举行秘书长办公会议处理办公厅的日常重要工作。

秘书长办公会议由秘书长召集和主持。秘书长办公会议的主要任务是：研究办理委员长会议决定办理的或委员长、副委员长交办的有关事项；为召开委员长会议、常委会会议进行准备工作；确定机构设置、人员编制和决定干部任免；处理办公厅的重要日常工作等。秘书长办公会议一般每周举行一次。

办公厅下设研究室、秘书局、联络局、外事局、新闻局、信访局、人事局、离退休干部局、行政管理局、机关党委等部门，另有干部培训中心、信息中心、中国民主法制出版社和人民大会堂管理局等事业单位。

（三）法制工作委员会

法制工作委员会（简称“法工委”）是全国人民代表大会常务委员会和全国人民代表大会法律委员会双重领导下专门负责立法工作的机构，下设研究室、国家法行政法室、民法室、刑法室、经济法室和办公室。法制工作委员会的主要任务是协助全国人大及其常委会起草、研究、修改法律草案；对国务院有关部门起草的法律草案进行研究，提出修改意见；协助全国人大法律委员会统一审议提交全国人大及其常委会通过的法律；负责法律草案的征求意见，广泛进行调查研究；为提交全国人大及其常委会审议的法律草案提供有关资料；负责研究答复各地方、中央机关有关部门提出的有关法律问题的询问等。

（四）各专门委员会办事机构

各专门委员会办事机构的主要任务是为本专门委员会进行法律草案的起草；联系国务院和最高人民法院、最高人民检察院有关对口的法律起草部门，了解法律起草情况，督促它们按计划提交法律草案；为常委会委员视察提供服务；协助委员做好执法检查工作；为各专门委员会审议全国人大会议主席团或常委会交付的议案做好有关工作；拟订专门委员会的议案等。

此外，第七届全国人民代表大会第三次会议根据《香港特别行政区基本法》起草委员会的建议，设立香港特别行政区基本法委员会作为全国人大常委会的常设机构；第八届全国人民代表大会第一次会议根据《澳门特别行政区基本法》起草委员会的建议，决定成立澳门特别行政区基本法委员会作为全国人大常委会领导下的常设机构；第九届全国人大常委会第六次会议又决定设立全国人民代表大会常务委员会预算工作委员会。

五、全国人民代表大会代表

（一）代表的人民性

全国人民代表大会代表作为最高国家权力机关的组成人员，是国家立法权的主体，集体行使宪法和法律规定的属于全国人大的职权。他们由全国各族人民依法选举产生，所以也是民意代表，代表人民参加全国人民代表大会的会议，参与讨论和决定国家生活中的重大问题，反映人民的利益和要求，并负责将多数人民的意志变为国家法律。1992年，全国人民代表大会通过的《全国人民代表大会和地方各级人民代表大会代表法》（以下简称《代表法》）对全国人民代表大会代表的性质及其法律地位作了充分肯定，而最能反映全国人民代表大会代表的性质及其法律地位的是代表的权利和义务。

（二）代表的权利

根据宪法和有关法律规定，全国人民代表大会代表享有以下权利：

（1）全国人民代表大会代表有出席全国人民代表大会会议，依法行使代表职权的权利。代表们受人民的委托，按期出席全国人民代表大会会议，并对提交给大会审查的有关议案进行讨论，发表意见，参与表决，共同决定中央国家机关领导人员的人选和国家生活中的重大问题。

（2）有根据法律规定的程序提出议案、建议和意见的权利。《全国人民代表大会组织法》第10条和《全国人民代表大会议事规则》第21条规定，一个代表团或者30名以上代表联名，可以向全国人民代表大会提出全国人民代表大会职权范围内的议案。全国人民代表大会代表对全国人民代表大会及其常务委员会的工作，有提出建议、意见和批评的权利；对提出的建议、意见和批评，由全国人民代表大会常务委员会负责落实。

（3）有依照法律规定的程序提出质询案或者提出询问的权利。在全国人民代表大会会议期间，一个代表团或者30名以上代表联名，可以书面提出对国务院和国务院各部门的质询案，由主席团决定交受质询机关书面答复，或者由受质询机关的领导人在主席团会议上或者有关的专门委员会会议上或者有关的代表团会议上口头答复。在主席团会议或者专门委员会会议上答复的，提质询案的代表团团长或者提质询案的代表可以列席会议，发表意见。此外，《代表法》和《全国人民代表大会议事规则》还规定，代表在审议议案和报告时，可以向有关机关提出询问。有关部门应当派负责人员到会，听取意见，回答代表提出的询问。

（4）有依法提出罢免案的权利。《代表法》规定，全国人民代表大会代表有权依照法律规定的程序决定对全国人民代表大会常务委员会组成人员，中华人民共和国主席、副主席，国务院组成人员，中央军事委员会组成人员，最高人民法院院长，最高人民检察院检察长的罢免案。

（5）有非经法律规定的程序，不受逮捕或者刑事审判的权利。根据宪法、《全国人民代表大会组织法》和《代表法》的规定，在全国人民代表大会开会期间没有经过全国人民代表大会会议主席团的许可，在全国人民代表大会闭会期间没有经过全国人民代表大会常务委员会的许可，全国人民代表大会代表不受逮捕或者刑事审判。如果因为全国人民代表大会代表是现行犯而被拘留的，执行拘留的公安机关必须立即向全国人民代表大会会议主席团或者立即向全国人民代表大会常务委员会报告。

（6）有“言论免责”权。宪法规定，全国人民代表大会代表在全国人民代表大会各种会议上的发言和表决不受法律追究。

（7）有在履行职务时，根据实际需要享受适当补贴和物质上便利的权利。

（8）其他权利，如参观、视察等。代表在参观或者视察工作中发现问题，可以提交有关国家机关处理，必要时可以报全国人民代表大会常务委员会处理。

（三）代表的义务

根据宪法、《全国人民代表大会组织法》和《代表法》的有关规定，全国人民代表大会代表还必须履行如下相应的义务：

（1）模范地遵守宪法和法律。

（2）同原选举单位和群众保持密切联系。代表要经常深入选民中了解他们的意愿，向选举单位和群众介绍全国人民代表大会的工作情况，等等。全国人民代表大会代表联系群众的方式和渠道是很多的，其中特别重要的有两种：一是参加和视察工作，二是参加原选举单位召开的人民代表大会。

（3）保守国家秘密。

（4）在自己参加的生产、工作和社会活动中，协助宪法和法律的实施。

（5）接受原选举单位和群众监督，代表要及时向原选举单位报告自己的工作，听取他们对自己工作的意见和要求。

（四）代表资格的停止和终止

根据法律规定，除在下一次选举中落选外，代表在一定情况下可以被停止执行代表职务或终止代表资格：

（1）刑事原因。《代表法》规定，代表因刑事案件被羁押正在接受侦查、起诉、审判的，或者被处以刑罚的，暂时停止执行代表职务。在其任期内上述原因消失后，恢复执行代表职务；但代表资格终止的除外。

（2）职务原因。代表迁出或者调离本行政区域的，辞职被接受的，未经批准两次不出席本级人民代表大会会议的，被罢免的，丧失中国国籍的，依法被剥夺政治权利的，其代表资格立即终止，由常务委员会的代表资格审查委员会报本级人民代表大会常务委员会予以公告，乡级人民代表大会代表资格的终止由乡人民代表大会公告。

第四节　国　务　院

一、国务院的性质和地位

我国《宪法》第85条规定："中华人民共和国国务院，即中央人民政府，是最高国家权力机关的执行机关，是最高国家行政机关。"这一规定表明了国务院的性质和地位。

（1）国务院是我国的中央人民政府。国务院对外以中国政府名义进行活动，代表国家主权。对内则同地方各级人民政府组成国家行政机关体系，对于地方各级人民政府而言，统一领导地方各级人民政府的工作。

（2）国务院是最高国家权力机关的执行机关。全国人民代表大会及其常务委员会是最高国家权力机关，行使国家立法权。在法律制定和颁布后，需要国务院去执行法律、适用法律，表现为全国人民代表大会及其常务委员会制定的法律和通过的决议，由国务院执行；国民经济和社会发展计划、国家预算经全国人民代表大会审查和批准后，由国务院执行；国务院规定行政措施，制定行政法规以及发布决定和命令必须以全国人民代表大会和全国人民代表大会常务委员会制定的宪法和法律为依据。这是国家机关之间分工的需要，是由民主集中制的人民代表大会制度所决定的。

作为最高国家权力机关的执行机关，国务院不能违背和超越最高国家权力机关通过的法律和决议去处理国家行政事务，不能行使宪法和法律未作规定或未授予的职权。国务院由全国人民代表大会产生，向它负责，受它监督。

（3）国务院是最高国家行政机关。国务院不是立法机关，也不是审判机关、检察机关，而是行使行政权的机关。国务院行使国家行政管理权，它通过制定行政法规，规定行政措施，发布决定和命令，组织和管理国家行政事务。同时，国务院在整个国家行政系统中处于最高地位，它要统一领导所属各部、各委员会以及不属于各部、各委员会的全国性的行政工作，统一领导地方各级人民政府的工作，国务院根据宪法和法律制定的行政法规、规定的行政措施、发布的决定和命令，一切其他国家行政机关必须遵守和执行。

（4）国务院对全国人民代表大会负责并报告工作，在全国人民代表大会闭会期间，对全国人民代表大会常务委员会负责并报告工作。国务院受全国人民代表大会及其常务委员会的监督。全国人民代表大会有权罢免国务院总理以及其他组成人员。

二、国务院的组成和任期

（一）国务院的组成

宪法规定，国务院由总理、副总理若干人、国务委员若干人、各部部长、各委员会主任、审计长、秘书长组成。国务院是在每届新选举出的全国人民代表大会第一次会议上产生的。其程序为：国家主席提名总理的人选，交全国人民代表大会全体会议决定，国家主席根据全国人民代表大会的决定发布任命令。国务院其他组成人员的人选，由国务院总理提名，全国人民代表大会决定，国家主席发布任命令。在全国人民代表大会闭会期间，根据国务院总理提名，全国人民代表大会常务委员会有权决定各部部长、各委员会主任、审计长和秘书长的人选。

目前国务院的组成与以前相比，一是增设国务委员，受总理委托，负责某些专门工作或专项任务，并且可以代表国务院进行外事活动；二是增设审计署，审计长成为国务院的组成人员。

（二）国务院的任期

中华人民共和国国务院的任期与全国人民代表大会的任期相同，即为5年。任期届满后，由全国人民代表大会决定，组成新的国务院。国务院的任期同全国人民代表大会任期相同，便于国务院的更替，同时也便于全国人民代表大会及其常务委员会和国务院开展工作。宪法规定，总理、副总理、国务委员连续任职不得超过两届。

三、国务院的领导体制

（一）历史沿革

新中国成立初期，根据1949年9月27日颁布的《中华人民共和国中央人民政府组织法》设立了政务院。政务院由中央人民政府委员会任命总理1人，副总理若干人，秘书长1人，政务委员若干人组成。政务委员需兼任委员会主任和部长。因此，部长和委员会主任中有的是政务委员，有的则不是；不是政务委员的部长、主任不是政务院的组成人员。政务院总理主持全院事宜。政务院的秘书长协助总理执行职务。政务院的政务会议，每周举行一次，由总理负责召集。政务院的会议，须有政务委员的过半数出席始得开会，须有出席政务委员过半数的同意始得通过决议。因此，政务院实行的是委员会的集体领导制。政务院的决议和命令，要由总理单独签署，或除总理签署外并由有关各部、委、会、院、署、行的首长副署。

1954年宪法正式确认国务院即中央人民政府，是最高国家权力机关的执行机关。该宪法规定，国务院由总理、副总理若干人、各部部长、各委员会主任和秘书长组成。总理由国家主席提名，由全国人民代表大会决定，再由国家主席发布任命令。在组织形式上，国务院同政务院有两点不同：一是国务院不设国务委员；二是国务院各部部长、各委员会主任都是国务院组成人员。根据1954年9月颁布的《中华人民共和国国务院组织法》的规定，国务院会议分为国务院全体会议和国务院常务会议。国务院全体会议由总理、副总理、各部部长、各委员会主任、秘书长组成，每月举行一次，必要的时候由总理临时召集。国务院常务会议由总理、副总理、秘书长组成。国务院发布的决议和命令，必须经全体会议或者国务院常务会议通过。因此，国务院采取的是部长会议制的集体领导体制。

1975年宪法和1978年宪法对国务院组织形式等方面的规定，与1954年宪法大致相同，但有不少缺点。如1975年宪法取消国务院由谁主持工作的规定，规定全国人民代表大会根据党中央提议任免国务院总理和其他组成人员。1978年宪法把该条改为：全国人民代表大会根据党中央的提议，决定国务院总理的人选；根据国务院总理的提议决定国务院其他组成人员的人选。1975年宪法和1978年宪法还取消了“秘书长”的设置。因此，1975年宪法和1978年宪法对国务院组织形式的规定很不健全，对国务院领导体制的规定很不明确。1982年宪法通过总结建国以来最高国家机关建设的经验和教训，对国务院的组织形式和领导体制作出了比较符合实际的规定。宪法改变了以往的形式，把1954年宪法以前的委员会制同1954年宪法规定的部长会议制结合起来，既设国务委员作为国务院的组成人员，又将全体部长和委员会主任都作为国务院的组成人员；同时明确规定实行总理负责制，从而形成了具有中国特色的首长负责制。这种特色表现为它是将“委员制”和“首长制”结合了起来，是取两者之长、弃两者之短的体制。

（二）总理负责制

总理负责制是指国务院总理对他主管的工作负全部责任，与此相联系，他对自己主管的工作有完全决定权。

总理负责制的具体内容是：

（1）由总理提名组成国务院。总理有向全国人民代表大会及其常务委员会提出任免国务院其他组成人员的议案的权利。

（2）总理领导国务院的工作，副总理、国务委员协助总理工作，其他组成人员都在总理领导下工作，向总理负责。

（3）总理主持召开国务院常务会议和全体会议，对于所议事项总理有最后决定权，并对决定的后果承担全部责任。

（4）国务院发布的行政法规、决定和命令，向全国人民代表大会及其常务委员会提出的议案，任免国务院有关人员的决定，都得由总理签署。

（5）总理代表国务院向最高国家权力机关负责并汇报工作。

国务院实行总理负责制是由国务院的性质和任务决定的。国务院的性质是行政机关，行政机关的任务是执行国家权力机关的决定。权力机关在决定问题时，必须采取合议制的形式，实行少数服从多数的原则。而行政机关在执行权力机关的决定时，则需要高度的集中指挥，才能提高工作效率，及时地处理各种繁杂的事务。如果行政机关也采取少数服从多数的原则，势必会因开会、画圈而迁延时日，影响效能。所以行政机关虽然也有会议制度，却应由行政首长对执行问题作出最后决断。

国务院的领导体制是总理负责制和发挥国务院集体的作用结合在一起的，突出总理负责制，有利于提高行政工作效率，避免职责不清、权限不明等弊端，有利于总理发挥行政才干，及时解决各种重要问题，它符合国务院的性质和我国社会主义现代化建设的需要，是我国民主集中制原则在行政机关领导体制中的具体表现和运用。

（三）会议制度

国务院实行总理负责制的同时，还实行一定形式的会议制度。国务院会议分为国务院全体会议和国务院常务会议。《国务院组织法》规定：“国务院工作中的重大问题，必须经国务院常务会议或者全体会议讨论决定。”国务院全体会议由国务院全体组成人员组成，一般每两个月召开一次，由总理或总理委托副总理召集，主要讨论和部署国务院的重要工作，或者通报国内外形势和协调各部门的工作。国务院常务会议由总理、副总理、国务委员、秘书长组成，一般每周召开一次，由总理或总理委托副总理召集，主要讨论决定国务院工作中的重大问题，如讨论向全国人民代表大会或全国人民代表大会常务委员会提出议案，讨论由国务院发布的行政法规以及国务院各部门、各地区向国务院请示的重要事项等。

四、国务院的职权

国务院担负着组织和管理我国的政治、经济、文化、国防和外交等各方面的繁重任务，行使的职权范围非常广泛。现行宪法规定了国务院有17项职权，并且可以接受全国人民代表大会及其常务委员会的授权行使职权。

（一）行政法规的制定和发布权

行政法规是国务院根据宪法和法律制定的有关行政机关的活动准则、行政权限以及行政工作制度和各种行政管理制度等方面的规范性文件。宪法规定，国务院有权“根据宪法和法律，规定行政措施，制定行政法规，发布决定和命令”。国务院作为最高国家权力机关的执行机关，在执行法律的过程中，有必要根据实际管理情况，作出行政决策，制定行政法规，发布规范性文件。

国务院制定和发布的行政法规，还包括授权立法。国务院可以根据国家权力机关的特别授权就权力机关管辖的事务制定行政法规。如1985年全国人民代表大会第六届第三次会议决定，根据《宪法》第89条第18项的规定，授权国务院在必要的时候，对于有关经济体制改革和对外开放的问题，在同有关法律和全国人民代表大会及其常务委员会的有关决定的基本原则不相抵触的前提下，可以制定暂行的规定或者条例，颁布实施，并报全国人民代表大会常务委员会备案。这些问题本来属于国家权力机关的立法事项，需要国家权力机关制定法律，但是国家权力机关制定法律的条件尚不成熟，而实际工作中的问题又迫切需要得到及时和妥善的解决，以保证各项工作的顺利进行，因此，授权国务院制定暂行的规定或者条例是十分必要的。

（二）提出议案权

国务院是具体管理和组织我国社会主义经济建设和社会生活的最高行政机构。为了完成宪法和最高国家权力机关规定的各项任务，国务院必须提出有关的法律草案以及国民经济和社会发展计划，报告计划的执行情况，报告国家的预算和预算的执行情况，等等，经最高国家权力机关审议批准，使之变成指导社会生活和经济建设的法律性文件。这些计划、报告都必须在全国人民代表大会及其常务委员会会议上以议案的形式提出。这些议案的内容大致可以包括五个方面：（1）国民经济和社会发展计划和计划执行情况；（2）国家预算和预算的执行情况；（3）必须由全国人民代表大会常务委员会批准和废除的同外国缔结的条约和重要协定；（4）国务院组成人员中必须由全国人民代表大会或者全国人民代表大会常务委员会决定任免的人选；（5）在国务院职权范围内的其他必须由全国人民代表大会或全国人大常务委员会审议和决定的事项。

（三）行政管理和行政领导权

国务院有权规定各部、各委员会的职责和任务，统一领导各部、各委员会的工作，领导所属其他部门的工作，领导不属于各部、各委员会的全国性行政工作；统一领导全国地方各级国家行政机关的工作；有权改变或者撤销各部、各委员会发布的不适当的命令、指示和规章；有权改变或者撤销地方各级国家行政机关不适当的决定和命令。国务院还有权规定中央和省、自治区、直辖市的国家行政机关的职权的具体划分；编制和执行国民经济和社会发展计划及国家预算；批准省、自治区、直辖市的区域划分，批准自治州、县、自治县、市的建置和区域划分；决定省、自治区、直辖市范围内部分地区进入紧急状态；审定行政机构的编制，依照法律规定任免、培训、考核和奖惩行政人员。

国务院根据宏观计划的安排，负责组织、管理和实施我国武装力量的建设，通过组织设置民政部、公安部、司法部、监察部、教育部、国家科学技术委员会、文化部、卫生部、国家体育总局等，管理领导国家民政、公安、文教等各项工作；通过国家计划的宏观调控手段和其他经济手段，组织和监督国有企业、集体经济和其他各种经济组织，依法进行生产和经营活动；国务院领导和管理民族事务，保障少数民族的平等权利和民族自治地方的自治权利；保护华侨的正当权利和利益；领导和管理国家的对外事务；等等。

（四）监督权

根据宪法的规定，国务院的行政监督权主要有：

（1）对各部委、地方各级行政机关及其工作人员是否履行法定职责进行监督；对各级行政机关及其工作人员的违法失职行为进行处理；依照法律规定任免、培训、考核和奖惩行政人员。根据1997年5月9日《中华人民共和国监察法》的规定，国务院设立专门的监察机关（即监察部），对国务院各部门及国家公务员、国务院及国务院各部门任命的其他人员，省、自治区、直辖市人民政府及其领导人进行监察，并统一领导全国的监察工作。监察机关有权核查各级行政机关遵守和执行法律、法规、决定和命令的情况；有权受理公民对行政机关及其工作人员的控告和检举；有权查处行政机关及其工作人员的违法违纪案件。监察机关根据检查、调查的结果对行政机关及其工作人员的违法失职行为有权按照国家有关人事管理权限和处理程序作出监察决定或者提出监察建议。

（2）国务院设立审计机关，对国务院各部门和地方各级政府的财政收支，对国家的财政金融机构和企业事业组织的财政收支进行审计监督。审计机关可以根据审计情况，对违反国家财政法规和财政纪律的机关和个人作出处理决定。

（3）国务院对其所属的各部委及地方各级行政机关的规范性文件进行监督，国务院有权改变或者撤销各部委发布的不适当的命令、指示和规章；有权改变或者撤销地方各级国家行政机关的不适当的决定和命令。

（五）全国人民代表大会及其常务委员会授予的其他职权

全国人民代表大会及其常务委员会授予的其他职权，主要是指全国人民代表大会及其常务委员会以明确的决议，将某些属于全国性的行政工作任务，或者某些特别重要的其他临时性工作，交由国务院办理。例如，根据《立法法》第9条的规定，应当制定法律的事项尚未制定法律的，全国人大及其常委会有权作出决定，授权国务院可以根据实际需要，对其中的部分事项先制定行政法规，但是有关犯罪和刑罚、对公民政治权利的剥夺和限制人身自由的强制措施和处罚、司法制度等事项除外。

五、国务院所属各部委和其他机构

（一）各部、各委员会的性质和地位

国务院是全面执行全国人民代表大会及其常务委员会的决定，组织、管理我国政治、经济、文化、教育、科学、技术等各项事业的最高行政机关。为了完成全国范围内的各项组织管理任务，必须设立相应的组织机构。国务院所属各部、各委员会等即是这样的部门。国务院各部、各委员会是主管特定方面工作的国家行政机关。国务院所属各部、各委员会受国务院的统一领导。各部、各委员会在工作中的方针、政策、计划和重大行政措施，应向国务院请示报告，由国务院决定。

国务院各部、各委员会的设立、撤销或者合并，经总理提出，由全国人民代表大会决

定；在全国人民代表大会闭会期间，由全国人民代表大会常务委员会决定。各部设部长1人，副部长2～4人；各委员会设主任1人，副主任2～4人，委员5～10人。

（二）各部、各委员会的领导体制

各部、各委员会实行部长、主任负责制。现行宪法和国务院组织法规定，各部部长、各委员会主任领导本部门的工作，召集和主持部务会议或者委务会议、委员会会议，讨论决定本部门工作中的重大问题，签署上报国务院的重要指示、报告和下达的命令、指示。副部长、副主任协助部长、主任工作。

部务会议、委务会议、委员会会议是各部、各委员会发挥集体作用的组织。部务会议由部长、副部长和其他成员组成；委务会议由委员会主任、副主任和其他成员组成；委员会会议由主任、副主任和委员组成。在组织设置上，有些委员会不设委员，如国家经济委员会；有些委员会没有委员，如国家科学技术委员会。设有委员的称委员会会议，不设委员的称委务会议。

（三）各部、各委员会的职权

宪法和国务院组织法规定，各部、各委员会根据法律和国务院的行政法规、决定、命令，在本部门的权限内发布命令、指示和规章。这包括三个含义：一是各部、各委员会主要是通过发布命令、指示和规章来管理本部门的工作；二是各部、各委员会必须在本部门的权限范围内进行领导、组织和管理；三是各部、各委员会发布的命令、指示和规章，必须以法律和国务院的行政法规、决定、命令为依据，不得同它们相抵触。

（四）审计署

宪法规定，国务院设立审计机关。审计机关对国务院各部门和地方各级人民政府的财政收支，实行审计监督。这是社会主义现代化建设的需要，也是对前几部宪法的发展。

审计，是指审核会计的全部业务活动。我国的审计工作就是通过专门的审计机关，对我国国家机关及其他有关单位的财政财务收支、经济往来等进行审核和检验，以维持正常的财政经济秩序，严肃财政经济法纪，从而保证正常的财政活动，并为树立廉洁的政治风尚奠定良好的基础。在全面改革开放的今天，随着搞活经济政策的实施，使地区、部门、企业自主权不断扩大，新的矛盾不断暴露出来，建立和加强对经济领域的这种特殊的财会监督制度，已成为刻不容缓的任务。因此，设置审计机关、建立审计制度对于社会主义经济建设是非常必要的。

为了保证审计机关能够顺利地履行职责，宪法还规定，审计机关在国务院总理领导下，依照规定，独立行使审计监督权，不受其他行政机关、社会团体和个人的干涉。

（五）直属机构和办事机构

根据《国务院组织法》第11条的规定，国务院根据工作需要和精简原则，可以设立若干直属机构；可以设立有关办事机构。国务院直属机构主管国务院某项专门业务、具有独立的行政管理职能，如中华人民共和国海关总署、国家税务总局、国家统计局等，每个机构设负责人 2 ~ 5 人。国务院办事机构协助国务院总理办理专门事项、不具有独立的行政管理职能，如国务院法制办公室、国务院研究室等，每个机构设负责人 2 ~ 5 人。国务院直属机构的领导人和办事机构的领导人不是国务院的组成人员，但可以列席国务院全体会议。

此外，国务院还设有直属特设机构和直属事业单位。国务院的直属特设机构如国务院国有资产监督管理委员会，是国务院直属正部级特设机构，根据有关法律和国务院授权代表国家对国家出资企业履行出资人职责。目前，国务院设有十四个直属事业单位：新华通讯社、中国科学院、中国社会科学院、中国工程院、国务院发展研究中心、国家行政学院、中国地震局、中国气象局、中国银行业监督管理委员会、中国证券监督管理委员会、中国保险监督管理委员会、国家电力监督管理委员会、国家自然科学基金委员会、全国社会保障基金理事会。

第五节　中央军事委员会

一、我国宪法关于军事领导机关规定的历史沿革

新中国成立初期，《共同纲领》规定了我国的军事制度：“中华人民共和国的武装力量，即人民解放军、人民公安部队和人民警察，是属于人民的武力。”这个规定，既揭示了我国武装力量的根本性质，又说明了武装力量的构成。我国武装力量的任务为“保卫中国的独立和领土主权的完整，保卫中国人民的革命成果和一切合法权益”。《共同纲领》还规定：“中华人民共和国的军队在和平时期，在不妨碍军事任务的条件下，应有计划地参加农业的生产，帮助国家的建设工作。”

根据《共同纲领》的规定，以中央人民政府革命军事委员会为军事统帅机关，由中央人民政府委员会组织产生，受中央人民政府委员会领导。军事委员会设主席 1 人，副主席若干人和委员若干人。1954 年宪法则明确规定由中华人民共和国主席统率全国武装力量，担任国防委员会主席，并根据全国人大及其常委会的决定，任免国防委员会副主席、委员。但 1975 年宪法和 1978 年宪法都将军事领导权直接划归中共中央主席，使军事领导机关从国家机构体系中脱离出去，从而混淆了党的职能与国家的职能。

1982 年宪法在起草过程中，如何将军事制度作为国家制度的重要组成部分，将军事领导机关作为国家机构的重要内容，在宪法上反映出来，也就成为一个在当时引起争论的问题。经过广泛讨论和综合了各方面的意见，最终在宪法中明确设立中央军事委员会作为国家军事领导机关，并在国家机构一章中单列“中央军事委员会”一节。对此，彭真在

《宪法修改草案的说明》中专门指出：宪法修改草案总结了建国以来的历史经验，根据我国现在的实际情况和需要，恰当地规定了军队在国家体制中的地位。在国家的中央军委成立以后，中国共产党对军队的领导不会改变。序言里明确肯定了党在国家生活中的领导作用，当然也包括了党对军队的领导。因此，中央军事委员会领导全国武装力量并不改变中国共产党对军队的领导。国家的中央军事委员会设立之后，党的中央军事委员会依然存在。党的军事委员会组成人员经过中国共产党和各民主党派的协商，由全国人民代表大会通过，成为国家中央军事委员会的组成人员，这样就把党和国家的中央军事委员会统一起来了。

现行宪法将军事领导机关单独列为一节，主要是考虑到以下几方面因素：首先，军队是国家政权的重要组成部分，而国家机构就是国家政权的组织形式，军队的领导机关，理所当然应成为中华人民共和国国家机构的一部分，所以在宪法上应有它的地位。其次，中央军事领导机关过去在宪法性法律中曾经作为国家机构体系的组成部分，如1949年《中华人民共和国中央人民政府组织法》中设专章规定的人民革命军事委员会就是当时中央国家机关——中央人民政府体系中的组成部分。现在的中央军事委员会同样应在宪法上有它的地位，把它单独列为一节，地位就比较显著，这样做是有必要的。

二、中央军事委员会的性质和地位

我国《宪法》第93条第1款规定："中华人民共和国中央军事委员会领导全国武装力量。"因此，中央军事委员会是国家最高军事领导机关，是全国武装力量的最高决策机关。中央军事委员会领导全国武装力量，是指中央军事委员会对全国武装力量负有领导权、决策权和指挥权。而有关军事行政事务，包括国防建设事业的领导和管理，则是属于国务院的职权，包括军队的装备、编制、军事科研、军工建设等，都是由国务院下属的国防部负责领导和管理。我国的武装力量，由中国人民解放军、中国人民武装警察部队和民兵组成。

现行宪法规定设置中央军事委员会作为我国国家机构的一部分，不仅明确了人民武装力量在国家机构中的地位，而且对中央国家机关分工行使国家权力，加强武装力量的建设，都具有重要意义。

党领导军队，这是我国在长期革命斗争中形成的一条坚定不移的原则。而现行宪法却规定由中央军事委员会领导全国武装力量，是不是和这一原则相矛盾呢？其实，党领导军队的问题正如其他问题一样，也应该是通过国家机关来实现的。如前所述，设立国家的中央军事委员会之后，党的中央军事委员会依然存在。党的军事委员会组成人员经过党和各民主党派的协商，由全国人民代表大会通过，成为国家的中央军事委员会的组成人员，这就把党的军事委员会和国家的军事委员会统一起来了。

三、中央军事委员会的组成和任期

中央军事委员会由主席、副主席若干人及委员若干人组成。中央军事委员会主席由全国人民代表大会选举产生。全国人民代表大会根据中央军事委员会主席的提名，决定中央军事委员会其他组成人员人选。全国人民代表大会有权罢免中央军事委员会主席和其他组成人员。在全国人民代表大会闭会期间，全国人民代表大会常务委员会根据中央军事委员会主席的提名，决定中央军事委员会其他组成人员的人选。

中央军事委员会每届任期与全国人民代表大会每届任期相同，也是5年。但是，对军委主席连续任职的届数未作规定，这主要是考虑到中央军事委员会和其他国家机关不同，它是全国武装力量的领导机关，要应付战争等紧急状态，如果宪法也规定它的任届限制，可能会带来一些不利的后果。所以现行宪法将中央军事委员会与其他国家机关作了区别对待，对中央军事委员会主席的任届未作限制性规定。

四、中央军事委员会的领导体制

中央军事委员会的组织形式采取委员会制，是一个由集体组成的国家机关，但从领导体制上说，实行的是首长负责制，即中央军事委员会主席负责制。主席有权对中央军事委员会职权范围内的事项作出最后决定，并由主席承担因此而产生的责任。中央军事委员会主席负责制具体表现在：（1）全国人民代表大会在组织中央军事委员会时，中央军事委员会副主席、委员的人选由主席提名；（2）全国人民代表大会闭会期间，中央军事委员会主席有权提出副主席和委员的人选，报全国人大常委会决定；（3）中央军事委员会发布的军事法规和命令均须由主席签署；（4）由中央军事委员会主席而非委员会向全国人民代表大会及其常务委员会负责。

中央军事委员会实行主席负责制，目的是为了使国家最高军事领导机关有能力应付各种复杂的军事局面，对各种突然出现的军事动向作出果断、迅速的反应，有利于使中央军事委员会发挥军事领导的职能，适应现代化战争的需要。当然，主席负责制并不否认民主集中制，中央军事委员会是作为一个集体来领导我国的武装力量的，主席在对重大问题作出决定之前，必须进行集体研究和讨论，然后再集中正确的意见作出决定。

五、中央军事委员会的职责

中央军事委员会是国家军事领导、决策和指挥机关，它领导全国武装力量，履行巩固国防、抵抗侵略、保卫祖国的职责。它由全国人民代表大会产生，从属于全国人民代表大会。在全国人民代表大会闭会期间，中央军事委员会主席对全国人民代表大会常务委员会负责。中央军事委员会必须遵守全国人民代表大会及其常务委员会制定的法律，并且依照宪法和法律行使职权，必须执行全国人民代表大会及其常务委员会的决议、决定。全国人民代表大会有权罢免中央军事委员会主席及其他组成人员。全国人民代表大会常务委员会有权监督中央军事委员会的工作。宪法关于中央军事委员会主席对全国人民代表大会及其常务委员会负责的规定，从制度上明确了中央军事委员会在国家机构体系中从属于国家最高权力机关，从而使宪法总纲中关于“中华人民共和国的武装力量属于人民”的规定有了根本保证。

当然，中央军事委员会主席对全国人民代表大会及其常务委员会负责的形式与国家最高行政机关、审判机关和检察机关的负责方式是不同的，宪法没有规定中央军事委员会主席要向全国人大报告工作，这主要是因为军事事务具有高度的机密性，不能像其他国家机关那样，公开地、每年一次地报告工作。

现行宪法对中央军事委员会的具体职权没有作出规定，而1997年3月颁布实施的《中华人民共和国国防法》第13条对中央军事委员会的职权作了如下规定：（1）统一指挥全国武装人员；（2）决定军事战略和武装力量的作战方针；（3）领导和管理中国人民解放军的建设，制定规则、计划并组织实施；（4）向全国人民代表大会或者全国人民代表大会常委会提出议案；（5）根据宪法和法律，制定军事法规；发布决定和命令；（6）决定中国人民解放军的体制和编制，规定总部以及军区、军兵种和其他军区级单位的任务和职责；（7）依照法律、军事法规的规定，任免、培训、考核和奖惩武装力量成员；（8）批准武装力量的武器装备体制和武器装备发展规划、计划，协同国务院领导和管理国防科研生产；（9）会同国务院管理国防军费和国防资产；（10）法律规定的其他职权。

此外，我国2000年颁布实施的《立法法》第93条对中央军事委员会的立法权也作了明确规定：中央军事委员会根据宪法和法律制定军事法规。中央军事委员会各总部、军兵种、军区，可以根据法律和中央军事委员会的军事法规、决定、命令，在其权限范围内制定军事规章。军事法规、军事规章在武装力量内部实施。军事法规、军事规章的制定、修改和废止办法，由中央军事委员会依照本法规定的原则规定。

第六节 人民法院

一、人民法院的性质、地位和任务

（一）人民法院的性质

人民法院是国家的审判机关，行使国家审判权，是国家机构体系的重要组成部分。人民法院依照法律对刑事案件、民事案件、行政案件和其他案件进行审理和判决。通过审判和裁决各类案件和争议，人民法院保卫人民民主专政制度，维护社会主义法制和社会秩序，保护社会主义全民所有的财产、劳动群众集体所有的财产和公民个人的合法财产，保护公民的人身权利、民主权利和其他权利，保障国家的社会主义建设事业顺利进行。

我国现行《宪法》第123条规定：“中华人民共和国人民法院是国家的审判机关。”这一规定包含三方面的含义：第一，人民法院是“国家”的审判机关。它表明人民法院行使的审判权代表了国家，以国家的名义裁决各类纠纷。我国采用单一制国家结构形式，有别于实行联邦制的国家。人民法院是国家的法院，而非地方的法院；人民法院行使的权力代表国家意志，而非任何地方、团体或个人意志。第二，人民法院是国家的“审判机关”。人民法院是专司审判职能的国家机关，表明人民法院在国家权力配置中职能的专门性，是行使审判权的国家机关，而非行使立法权或行政权的国家机关。与立法权与行政权相比，审判权具有被动性、审慎性、独立性与拘束性，即人民法院审理案件，采取“不告不理”原则，在谨慎审查和采信证据的前提下，认定事实，适用法律，独立裁决；判决宣告后，具有最终的法拘束力。第三，人民法院行使权力的方式是通过审判解决纠纷、保障人权、维护国家法制的统一，有别于其他机关行使权力的方式。

（二）人民法院的地位

人民法院的地位是指人民法院在国家政治制度、国家机构体系中所处的位置与其他国家机关之间的相互关系。人民法院具有独立的法律地位，不依附于其他国家机关，但接受同级人大及其常委会的监督，接受人民检察院的专门法律监督，以及最高人民法院和上级人民法院的监督。

人民法院的独立性表现在以下几方面：首先，审判机关与国家行政机关一样，均由人民代表大会产生，对国家权力机关负责并受其监督。其次，审判机关与行政机关、检察机关和军事机关是分别设立的。人民法院依法独立行使审判权，既独立于行政机关，又不受社会团体和个人的干涉。最后，审判机关组成人员不得担任全国人大常委会、国家行政机关和检察机关的职务。《宪法》第65条第4款规定：“全国人民代表大会常务委员会的组成人员不得担任国家行政机关、审判机关和检察机关的职务。”

我国是人民代表大会制度，中华人民共和国一切权力属于人民，人民行使权力的机关是全国人民代表大会和地方人民代表大会。中央各种国家机关须接受全国人民代表大会及其常务委员会的监督，地方各种国家机关须接受地方各级人大及其常委会的监督。人民法院接受监督表现在以下几方面：第一，人民法院对同级国家权力机关负责并报告工作。最高人民法院由全国人民代表大会产生，对全国人大及其常委会负责并报告工作。地方各级人民法院由地方各级人民代表大会产生，向人大及其常委会负责并报告工作。第二，各级国家权力机关有权罢免人民法院院长的职务。第三，人民法院接受同级人民检察院对审判活动的监督。第四，在人民法院体系内部，下级人民法院须接受上级人民法院的监督。

（三）人民法院的任务

人民法院的任务是审判刑事案件、民事案件、经济案件和其他案件，并且通过审判活动，惩办一切犯罪分子，解决民事纠纷，以保卫人民民主专政制度，维护社会主义法制和社会秩序，保护社会主义全民所有的财产和劳动群众集体所有的财产，保护公民私人所有的合法财产，保护公民的人身权利、民主权利和其他权利，保障国家的社会主义革命和社会主义建设事业的顺利进行。人民法院用它的全部活动教育公民忠于社会主义祖国，自觉地遵守宪法和法律。

二、人民法院审判工作的基本原则

宪法和《人民法院组织法》规定了人民法院的审判工作原则。人民法院在审判工作中应贯彻下列原则：

（一）公民在适用法律上一律平等的原则

我国《人民法院组织法》第5条规定："人民法院审判案件，对于一切公民，不分民族、种族、性别、职业、社会出身、宗教信仰、教育程度、财产状况、居住期限，在适用法律上一律平等，不允许有任何特权。"这个平等的原则，首先是我国宪法的法制原则在人民法院审判工作中的具体体现；其次是这一原则体现了宪法规定的公民平等权的要求。

（二）人民法院依法独立审判的原则

我国《宪法》第126条和《人民法院组织法》第4条都规定："人民法院依照法律规定独立行使审判权，不受行政机关、社会团体和个人的干涉。"为了保证人民法院依照法律规定，独立行使审判权，《法官法》第15条还规定："法官不得兼任人民代表大会常务委员会的组成人员，不得兼任行政机关、检察机关以及企业、事业单位的职务，不得兼任律师。"

当然，人民法院依照法律规定独立行使审判权，不受行政机关、社会团体和个人的干涉，并不意味着人民法院行使审判权可以绝对地、不受任何机关的监督。人民法院行使审判权的独立性只是相对的，因为：第一，人民法院必须服从党的领导。党从政治思想、路线、方针和政策上对人民法院进行领导，同时，党对人民法院的领导并不等于党委可以直接参与具体案件的审判，而主要是监督人民法院严格依法办事。第二，人民法院还要对本级人民代表大会及其常务委员会负责并报告工作，受本级人民代表大会及其常务委员会监督。第三，上级人民法院监督下级人民法院的工作。第四，人民检察院作为国家法律监督机关，有权监督人民法院的审判工作。

（三）人民法院审判案件公开进行的原则

我国《宪法》第125条中规定"人民法院审理案件，除法律规定的特别情况外，一律公开进行"。《人民法院组织法》第7条规定："人民法院审理案件，除涉及国家机密、个人隐私和未成年人犯罪案件外，一律公开进行。"

公开审判是原则，不公开审判是例外。公开审判有利于广大人民监督法院的审判工作，同时也有利于提高群众的法律意识，增强他们遵纪守法的观念，起到普及和宣传法律的作用。

（四）被告人有权获得辩护的原则

我国《宪法》在第125条中规定“被告人有权获得辩护”。《人民法院组织法》第8条规定：“被告人有权获得辩护。被告人除自己进行辩护外，有权委托律师为他辩护，可以由人民团体或者被告人所在单位推荐的或者经人民法院许可的公民为他辩护，可以由被告人近亲属、监护人为他辩护。人民法院认为必要的时候，可以指定辩护人为他辩护。”

法律规定这项辩护原则的目的在于，使人民法院在审判案件的过程中，通过诉讼双方的陈述，能客观全面地弄清案情，正确地适用于法律。这样做不仅保证了被告人的合法权益，又能准确地打击犯罪，维护法制的严肃性。

（五）各民族公民有权用本民族的语言文字进行诉讼的原则

这项原则是民族平等原则在司法诉讼制度方面的体现。这项原则的具体内容是：各民族公民都有用本民族语言文字进行诉讼的权利。人民法院对不通晓当地通用语言文字的诉讼参与人应当为他们配备翻译。在少数民族聚居或者多民族杂居的地区，应当用当地通用的语言文字进行审讯，用当地通用的文字发布判决书、布告和其他文件。

法律规定这项诉讼原则的目的在于，它不仅保证了各民族公民在诉讼上享有平等权利和平等地位，也使人民法院能真正有效地维护各民族诉讼当事人的合法权益，有助于提高办案质量，加强人民法院与各族人民的联系，接受各族人民的监督。

（六）实行合议制的原则

这项原则是民主集中制的集体领导原则在司法审判活动中的体现。它要求：除简单的民事案件、轻微的刑事案件和法律另有规定的案件可以由审判员一人独任审判外，人民法院审判第一审案件须由审判员组成合议庭或者由审判员和人民陪审员组成合议庭进行。人民法院审判上诉和抗诉案件时，由审判员组成合议庭进行。合议庭由院长或庭长指定审判员一人担任审判长。院长或者庭长参加审判案件时，自己担任审判长。合议庭组成人员的权利是平等的。为了贯彻民主集中制和集体领导的原则，保证办案质量，各级人民法院根据法律的规定，都设立审判委员会。其任务是总结审判经验，讨论重大的或者疑难的案件和其他有关审判工作的问题。

（七）实行回避的原则

这是为了保证诉讼活动的正常进行，从而使案件得到客观公正处理的一项司法诉讼原则。它的具体内容是根据法律的规定，当事人如果认为审判人员因与本案有利害关系或者其他关系不能公平审判时，有权请求审判人员回避。审判人员是否应当回避，由本院院长决定。审判人员如果认为自己与本案有利害关系或其他关系，需要回避时，可以报告本院院长决定。院长的回避由审判委员会决定。

为了保证这项原则的贯彻落实，我国《中华人民共和国刑事诉讼法》作了更为具体的规定：审判人员、检察人员、侦查人员有下列情形之一的，应当自行回避，当事人及其法定代理人也有权要求他们回避：（1）是本案当事人或者是当事人近亲属的；（2）本人或他的近亲属和本案有利害关系的；（3）担任过本案的证人、鉴定人、辩护人或者附带民事诉讼当事人的代理人的；（4）与本案当事人有其他关系，可能影响公正处理案件的。

三、人民法院的组织系统和职权

根据宪法和《人民法院组织法》的规定，我国的人民法院组织系统是最高人民法院、地方各级人民法院和军事法院等专门法院。地方各级人民法院分为高级人民法院（包括省、自治区、直辖市的人民法院）、中级人民法院（包括在省、自治区内按地区设立的中级人民法院，在直辖市内设立的中级人民法院，省、自治区、直辖市的中级人民法院，自治州的中级人民法院）和基层人民法院（包括县、自治县、市、市辖区的人民法院）。

（一）最高人民法院

最高人民法院是我国最高审判机关，由最高人民法院审理的案件包括：法律规定由它管辖的和它认为应当由自己审判的第一审案件；对高级人民法院、专门人民法院判决和裁定不服的上诉案件和抗诉案件；最高人民检察院按照审判监督程序提出的抗诉案件。

最高人民法院还可以就审判过程中如何具体适用法律的问题进行解释。最高人民法院核准死刑案件。

（二）地方各级人民法院

高级人民法院审理的案件包括：法律规定由它管辖的第一审案件；下级人民法院移送审判的第一审案件；对下级人民法院判决和裁定不服的上诉案件和抗诉案件；人民检察院按照审判监督程序提出的抗诉案件。

中级人民法院审理的案件包括：法律规定由它管辖的第一审案件；基层人民法院移送审判的第一审案件；对基层人民法院的判决和裁定不服的上诉案件和抗诉案件；人民检察院按照审判监督程序提出的抗诉案件。

基层人民法院的职权是：审判刑事、民事的第一审案件（法律另有规定的除外），处理不需要开庭审判的民事纠纷和轻微的刑事案件；指导人民调解委员会和乡、镇的司法助理员的工作；在上级司法行政机关规定的职权范围内管理司法行政工作。基层人民法院根据地区、人口等情况，可以设立若干人民法庭。人民法庭是基层人民法院的组成部分，它的判决和裁定就是基层人民法院的判决和裁定。

四、人民法院的组成、任期和领导体制

（一）人民法院的组成

各级人民法院由院长1人、副院长和审判员等法官若干人组成。依照宪法和《法官法》的规定，最高人民法院院长由全国人民代表大会选举和罢免，副院长、审判委员会

委员、庭长、副庭长和审判员由最高人民法院院长提请全国人民代表大会常务委员会任免。

地方各级人民法院院长由地方各级人民代表大会选举和罢免，副院长、审判委员会委员、庭长、副庭长和审判员由本院院长提请本级人民代表大会常务委员会任免。在省、自治区内按地区设立的和在直辖市内设立的中级人民法院院长，由省、自治区、直辖市人民代表大会常务委员会根据主任会议的提名决定任免，副院长、审判委员会委员、庭长、副庭长和审判员由高级人民法院院长提请省、自治区、直辖市的人民代表大会常务委员会任免。人民法院的助理审判员由本院院长任免。

各级人民法院设立审判委员会，审判委员会的任务是总结审判经验，讨论重大或者疑难的案件和其他有关审判工作的问题。各级人民法院审判委员会由院长主持，本级人民检察院检察长可以列席。

（二）人民法院的任期

各级人民法院的任期，与本级人民代表大会每届任期相同，都为5年。最高人民法院院长连续任职不得超过两届。

（三）人民法院的领导体制

人民法院的领导体制是：最高人民法院对全国人民代表大会和全国人民代表大会常务委员会负责并报告工作。地方各级人民法院对本级人民代表大会及其常务委员会负责并报告工作。

下级人民法院的审判工作受上级人民法院监督，上下级人民法院的关系是审判监督关系。

五、人民法院的审级制度和审判监督制度

（一）人民法院的审级制度

我国人民法院实行四级两审终审制，即地方各级人民法院第一审案件的判决和裁定，当事人可以按照法律规定的程序向上一级人民法院上诉，人民检察院可以按照法律规定的程序向上一级人民法院抗诉。地方各级人民法院第一审案件的判决和裁定，如果在上诉期限内当事人不上诉、人民检察院不抗诉，就是发生法律效力的判决和裁定。中级人民法院、高级人民法院和最高人民法院审判的第二审案件的判决和裁定，最高人民法院审判的第一审件的判决和裁定，都是终审的判决和裁定，也就是发生法律效力的判决和裁定。

（二）审判监督制度

为了保证案件的正确处理，纠正错案，我国还规定了对已发生法律效力的错误判决和裁定的审判监督程序。

根据现行宪法和法律的规定，审判监督程序可以分为人民法院的监督、人民检察院的

监督及当事人的申诉。

1. 人民法院的监督

各级人民法院对本院已经发生法律效力的判决和裁定，如果发现在认定事实和适用法律上确有错误，必须提交审判委员会委员处理；最高人民法院对各级人民法院已经发生法律效力的判决和裁定，如果发现确有错误，有权提审或指令下级人民法院再审；上级人民法院对下级人民法院已经发生法律效力的判决和裁定，如果发现确有错误，有权提审或指令下级人民法院再审。

2. 人民检察院的审判监督

最高人民检察院对各级人民法院已经发生法律效力的判决和裁定，如果发现确有错误，有权按照审判监督程序提出抗诉；上级人民检察院对下级人民法院已经发生法律效力的判决和裁定，如果发现确有错误，有权按照审判监督程序提出抗诉。

3. 当事人的申诉

当事人如果不服人民法院已经发生法律效力的判决和裁定，有权向人民法院提出申诉，请求重新审理案件。各级人民法院对当事人的申诉，应当认真负责处理。

第七节　人民检察院

一、人民检察院的性质、地位和任务

（一）人民检察院的性质

人民检察院是国家的法律监督机关，行使检察权，是国家机构体系的重要组成部分。我国《宪法》第129条规定："中华人民共和国人民检察院是国家的法律监督机关。"该规定有三方面的含义：

第一，人民检察院是"国家"的法律监督机关。人民检察院代表国家行使权力，以国家的名义对法律实施和遵守进行监督。

第二，人民检察院是国家的"法律监督机关"。人民检察院是行使国家法律监督权的机关，而非行使其他国家权力的机关。

第三，人民检察院通过行使检察权进行法律监督，而非其他形式的监督。法律监督指人民检察院通过参与刑事、民事和行政诉讼活动，依法对有关机关和人员的行为是否合法进行监督。

（二）人民检察院的地位

人民检察院的地位是指人民检察院在国家政治制度、国家机构体系中所处的位置与其他国家机关之间的相互关系。人民检察院具有独立的法律地位，不附属于其他国家机关，

但须接受同级人大及其常委会的监督，以及上级人民检察院的领导。

人民检察院的独立性表现在以下几方面：

首先，检察机关和国家行政机关、审判机关一样，均由人民代表大会产生，对国家权力机关负责并受其监督。①

其次，检察机关与行政机关、审判机关是分别设立的。人民检察院依法独立行使检察权，既独立于行政机关，又独立于审判机关，不受任何社会团体和个人的干涉。

最后，检察机关组成人员不得担任全国人大常委会、国家行政机关和审判机关的职务。

人民检察院虽然具有独立的法律地位，但须接受同级人民代表大会的监督和上级检察机关的领导，表现为以下几方面：

首先，我国的国家机构主要包括国家权力机关、行政机关、军事机关、审判机关和检察机关。作为国家的法律监督机关，人民检察院由本级国家权力机关产生，对它负责并报告工作。

其次，全国人民代表大会有权罢免最高人民检察院检察长，县级以上地方各级人民代表大会有权罢免由它产生的地方各级人民检察院检察长。

最后，人民检察院实行双重领导体制。地方各级人民检察院接受上级人民检察院的领导，既要对本级人大及其常委会负责，也要对上级人民检察院负责。《宪法》第132条规定："最高人民检察院是最高检察机关。最高人民检察院领导地方各级人民检察院和专门人民检察院的工作，上级人民检察院领导下级人民检察院的工作。"同时第133条规定："最高人民检察院对全国人民代表大会和全国人民代表大会常务委员会负责，地方各级人民检察院对产生它的国家权力机关和上级人民检察院负责。"

（三）人民检察院的任务

根据宪法和《人民检察院组织法》的规定，人民检察院的基本任务是：通过行使检察权，镇压一切叛国、分裂国家和其他一切危害国家安全的活动，打击各种犯罪分子；维护国家统一，维护人民民主专政；维护社会主义法制；维护社会秩序、生产秩序、教学科研秩序和人民群众生活秩序；保护社会主义的全民所有的财产和劳动群众集体所有的财产，保护公民私人所有的合法财产；保护公民的人身权利、民主权利和其他权利，保卫社会主义现代化建设的顺利进行。人民检察院通过检察活动，教育公民忠于社会主义祖国，自觉地遵守宪法和法律，积极同违法行为作斗争。

---

① 《宪法》第67条第6项规定全国人民代表大会常务委员会有权监督国务院、中央军事委员会、最高人民法院和最高人民检察院的工作。

二、人民检察院的工作原则

宪法和《人民检察院组织法》规定了人民检察院的检察工作原则。人民检察院在检察工作中应贯彻下列原则：

（一）公民在适用法律上一律平等原则

《人民检察院组织法》规定，各级人民检察院行使检察权，对于任何公民在适用法律上一律平等，不允许有任何特权。人民检察院作为国家的法律监督机关，目的为了维护国家法制的统一和尊严，必须树立与特权思想作斗争的观念和意识，坚持对任何公民在适用法律上一律平等，依法、高效、公正行使检察权。

（二）依法独立行使检察权的原则

我国宪法和《人民检察院组织法》对检察独立作了原则规定。检察机关依法行使检察权，在上级人民检察院的领导下，对宪法和法律负责，不受其他行政机关、社会团体和个人的干涉。

检察独立原则不意味着人民检察院可以超出宪政体制行使职权。一方面，根据宪法规定，人民检察院必须对产生它的同级人民代表大会及其常委会负责并报告工作，接受同级权力机关的监督；另一方面，人民检察院依法独立行使检察权，还必须坚持党的领导。

（三）实事求是，重证据不轻信口供

人民检察院在工作中必须实事求是、倾听群众意见，接受群众监督，调查研究，重证据不轻信口供，严禁刑讯逼供。各级人民检察院的工作人员必须忠实于事实真相，忠实于法律，忠实于社会主义事业，全心全意为人民服务。

（四）依靠群众，实行专门的业务工作与群众路线相结合的原则

坚持实事求是和贯彻群众路线是分不开的。人民检察院为了保证办案质量，贯彻执行群众路线，倾听群众意见，接受群众监督。只有进行周密的调查研究，实行专门的业务工作与群众路线相结合的方针，才能保证全面、客观地了解案件情况，防止主观片面性，使检察工作少走弯路，少犯错误，有利于犯了错误及时发现纠正。

（五）各民族都有使用本民族语言文字的权利

我国宪法和刑事诉讼法规定，各民族公民都有用本民族的语言文字进行诉讼的权利。为此，人民检察院在办案过程中，对于不通晓当地通用的语言文字的诉讼参与人，应当为他们配备翻译。在少数民族聚居或者多民族杂居的地区，应当用当地通用的语言进行讯问，用当地通用的文字发布起诉书、布告和其他文件。

三、人民检察院的组织系统和领导体制

（一）人民检察院的组织系统

根据现行宪法和法律的规定，人民检察院的组织系统是最高人民检察院、地方各级人

民检察院和专门人民检察院。地方各级人民检察院又分为：（1）省、自治区、直辖市人民检察院；（2）省、自治区、直辖市人民检察院分院，自治州和省辖市人民检察院；（3）县、市、自治县和市辖区人民检察院。

省一级人民检察院和县一级人民检察院，根据工作需要，经本级人民代表大会常务委员会批准，可以在工矿区、农垦区、林区等区域设置人民检察院，作为派出机构。

专门人民检察院包括军事检察院、铁路运输检察院和其他专门检察院。

（二）人民检察院的领导体制

我国检察机关的领导体制既包括检察机构在国家机构体制中的领导体制，也包括检察机关系统内的领导体制，根据这一关系，我国检察机关的领导体制为双重领导体制，还包括检察院内部的领导体制。

我国检察机关的领导体制经过五次变动。建国初期，检察机关实行垂直领导，全国各级检察署只受最高人民检察署的领导，其工作不受地方国家机关的干涉；1951 年将这一体制改变为双重领导，各级检察署既受上级检察署的领导，也受同级人民政府委员会的领导；1954 年又改为垂直领导体制；1978 年将检察机关的上下级领导关系改为监督关系，地方各级人民检察院只对本级人民代表大会负责并报告工作；1979 年的《人民检察院组织法》又改为双重领导体制。

现行《宪法》第 132 条第 2 款、第 133 条规定：“最高人民检察院领导地方各级人民检察院和专门人民检察院的工作，上级人民检察院领导下级人民检察院的工作”，“最高人民检察院对全国人民代表大会和全国人民代表大会常务委员会负责。地方各级人民检察院对产生它的国家权力机关和上级人民检察院负责”。该规定表明我国现行的检察院的关系是领导关系而不是监督关系。检察机关上下级实行领导关系，与检察工作的性质相符，能保证检察机关高效、迅速地排除干扰，统一行使检察职权。检察机关上下级之间的领导与被领导的关系，具体表现在以下几方面：

（1）上级人民检察院对下级人民检察院在执行法律和政策上进行指导和帮助，并有责任监督下级人民检察院正确执行法律，做好法律监督工作；当下级人民检察院有违法现象或其他错误时，应及时采取措施予以纠正；当下级人民检察院在工作中遇到干扰、阻力或其他困难时，上级人民检察院有责任予以支持和帮助。必要时可派人协助工作，也可以将案件调由自己直接办理。

（2）上级人民检察院在业务上对下级人民检察院实行领导。地方各级人民检察院对同级人民法院第一审判决、裁定的抗诉，应当通过原审人民法院提出抗诉书，并将抗诉书抄送上一级人民检察院。上级人民检察院如果认为抗诉不当，可以向同级人民法院撤回抗诉，并且通知下级人民检察院。

（3）上级人民检察院对下级人民检察院组成人员和其他工作人员有权进行管理和考核。全国和省、自治区、直辖市的人民检察院检察长，有权向本级人民代表大会常务委员会提请批准任免和建议撤换下一级人民检察院检察长、副检察长和检察委员会委员。

人民检察院的这种上下级之间的领导与被领导体制，有利于保证检察机关依法独立行使检察权，顺利开展检察工作，有利于保证检察机关统一实行法律监督。

在检察院的内部领导体制上，我国人民检察院实行民主集中制。各级人民检察院内部设立检察委员会。检察委员会由检察长、副检察长和部分检察员组成。检察委员会的职责是在检察长的主持下，讨论决定重大案件和其他重大问题。如果检察长在重大问题上不同意多数人的决定，可以报请本级人民代表大会常务委员会决定。

四、人民检察院的组成和任期

（一）人民检察院的组成

各级人民检察院由检察长1人、副检察长和检察员等检察官若干人组成。

依照《检察官法》的规定，最高人民检察院检察长由全国人民代表大会选举和罢免，副检察长、检察委员会委员、检察员和军事检察院检察长由最高人民检察院检察长提请全国人民代表大会常务委员会任免。

地方各级人民检察院检察长由地方各级人民代表大会选举和罢免，副检察长、检察委员会委员和检察员由本院检察长提请本级人民代表大会常务委员会任免。

地方各级人民检察院检察长的任免，须报上一级人民检察院检察长提请该级人民代表大会常务委员会批准。

在省、自治区内按地区设立的和在直辖市内设立的人民检察院分院检察长、副检察长、检察委员会委员和检察员由省、自治区、直辖市人民检察院检察长提请本级人民代表大会常务委员会任免。

人民检察院的助理检察员由检察长任免。

（二）人民检察院的任期

各级人民检察院的任期，与本级人民代表大会每届任期相同，都为5年。最高人民检察院检察长连续任职不得超过两届。

五、人民检察院的职权

（一）法律监督

我国人民检察院的法律监督可分为以下几个方面：

1. 审判监督

审判监督是指人民检察院对法院审判活动进行监督，就法院在审判过程中的违法行为向法院提出纠正意见。审判监督不等于出庭支持公诉，检察院在提起公诉和出庭支持公诉时，其身份相当于各级的代理人，检察长或者检察员以国家公诉人的身份出席法庭。审判监督也不等于检察机关的抗诉行为，抗诉是指各级人民检察院认为本级人民法院未发生法律效力的第一审判决、裁定有错误时，有权按照抗诉程序向上一级人民法院提出抗诉。人民检察院对已经发生法律效力的判决和裁定，如果发现在认定事实和适用法律有错误时，按照审判监督程序提出抗诉。《人民检察院组织法》第 18 条第 1 款规定："最高人民检察院对于各级人民法院已经发生法律效力的判决和裁定，上级人民检察院对于下级人民法院已经发生法律效力的判决和裁定，如果发现确有错误，应当按照审判监督程序提出抗诉。"

2. 侦查监督

侦查监督是人民检察院对公安机关的刑事侦查活动进行的监督。我国检察机关的侦查监督表现为：人民检察院发现公安机关的侦查活动有违法情况时，应当通知公安机关予以纠正。此外，人民检察院在公安机关侦查的基础上，决定对其移送的案件是否立案，是否逮捕嫌疑人，是否将案件移送法院审理。

3. 判决执行监督

《人民检察院组织法》第 19 条规定："人民检察院发现刑事判决、裁定的执行有违法情况时，应当通知执行机关予以纠正。人民检察院发现监狱、看守所、劳动改造机关的活动有违法情况时，应当通知主管机关纠正。"我国检察机关的判决执行监督有以下内容：（1）对执行死刑的临场监督；（2）对刑事案件的判决、裁定是否合法进行监督；（3）对看守所的活动是否合法实行监督；（4）对劳动改造机关的活动是否合法实行监督。

（二）侦查、批捕和公诉

1. 侦查权

我国检察机关对部分刑事案件进行直接侦查。贪污案件、行贿受贿案件、侵犯公民人身权利、民主权利案件、渎职案件以及人民检察院认为需要自己直接受理的其他案件，由人民检察院直接立案决定是否提起公诉。人民检察院直接对这类犯罪进行侦查是为了加强对国家工作人员履行职务情况的监督。

人民检察院对公安机关移送的案件，既可以退回公安机关，也可以自己补充侦查。

2. 批捕权

人民检察院对公安机关移送的案件，有权决定是否批准逮捕，签发逮捕令。

3. 公诉权

人民检察院对公安机关移送的案件的处置方式有两种：一是决定起诉；二是不起诉。决定起诉后，由人民检察院向法院提起公诉。法院开庭受理时，检察人员还必须出庭支持公诉。在诉讼过程中，人民检察院向法院提交有关证据，该过程中人民检察院的身份是国家公诉人。

（三）参加民事诉讼

我国民事诉讼法规定了检察机关参加民事诉讼的方式。最高人民检察院对下级人民法院发生法律效力的民事判决和裁定，可按照审判监督程序提起抗诉；地方各级人民检察院对同级人民法院已经发生法律效力的民事判决和裁定，发现有违反法律规定情形的，提请上级人民检察院按照审判监督程序提出抗诉。因抗诉而再审的，人民检察院派员出席法庭。

（四）监督行政诉讼

人民检察院有权对行政诉讼进行监督。《行政诉讼法》第10条规定："人民检察院有权对行政诉讼实施法律监督。"第64条规定："人民检察院对人民法院已经发生法律效力的判决、裁定，发现违反法律、法规规定的，有权按照审判监督程序提出抗诉。"

六、人民法院、人民检察院与公安机关的关系

人民法院、人民检察院和公安机关在办理刑事案件过程中有一定分工和制约。我国宪法规定，人民法院、人民检察院与公安机关办理刑事案件，应当分工负责、互相配合、互相制约。分工和制约有利于保证准确有效地执行法律，保障公民权利不受侵犯。

（一）分工

分工和配合表现在：除人民检察院自行侦查的案件外，一般情况下，在办理普通刑事案件时，公安机关负责对案件的侦查；人民检察院负责批捕、审查起诉和出庭支持公诉；人民法院负责审判。

（二）制约

互相制约表现在：

1. 人民检察院和公安机关之间可以相互制约

检察机关对公安机关的制约表现为：公安机关负责侦查案件，但无权决定逮捕嫌疑人，检察机关审查批准后公安机关才可以执行逮捕；对公安机关移送检察院的案件，检察院如认为事实不清，证据不足，可以退回公安机关补充侦查，也可以自行侦查；人民检察院如果发现公安机关的活动有违法情况时，应当通知公安机关予以纠正。

公安机关也可以制约人民检察院的活动。公安机关对人民检察院的决定有不同意见，可以要求同级人民检察院复议，还可以要求上级人民检察院复核。

2. 人民检察院和人民法院之间可以相互制约

检察院起诉到法院的案件，人民法院如认为犯罪事实不清，证据不足或者有违法情况，可以退回人民检察院补充侦查，还可以要求检察院撤诉。

检察院对人民法院的审判活动有权进行审判监督。对人民法院在庭审过程中的违反法律规定的程序，有权向法庭提出纠正意见。如果违反诉讼程序的情况有可能影响判决和裁

定的公正性时，检察院有权抗诉。人民检察院对本级法院和下级法院已经发生法律效力的判决和裁定，还可以依审判监督程序提出抗诉。

人民法院、人民检察院和公安机关之间既有分工，又有制约，目的是使不同国家机关在各自的职权范围内履行法律规定的职责，防止没有权限的机关超越法律规定的权力范围，或者滥用权力，造成违反法律、侵犯公民权利的后果。

第八节　地方各级人民代表大会及其常务委员会

一、地方国家机构的概念和宪法地位

（一）地方国家机构的概念

地方国家机构是我国国家机构体系的组成部分。根据现行《宪法》第 3 条的规定，中央和地方国家机构职权的划分，遵循在中央的统一领导下，充分发挥地方的主动性、积极性的原则。在这里，使用了“地方国家机构”的提法，可见，“地方国家机构”是我国宪法中的法定用语。

西方国家对我们所称的“地方国家机构”多表述为“地方政府”、“地方议会”、“地方当局”等。并认为，地方政府，是指一个国家行政区域内设置的机构，在联邦国家，则仅指州（省、地区等）以下的县、市、镇政府，州（省、地区）本身不是地方。

在我国，根据宪法的规定和马克思主义的国家学说，用“地方国家机构”的表述，更符合我国宪法的精神。至于中国地方政府，按照现行宪法的规定，地方政府专指地方行政机关，不包括其他国家机关。如《辞海》对地方政府的解释是：“设置于地方各级行政区域内负责行政工作的国家机关”。①

（二）地方国家机构的宪法地位

地方国家机构或地方政府是一国宪法体系的重要组成部分，具有重要的宪法地位。毛泽东十分强调地方制度的重要性。他在 1956 年 4 月 25 日中共中央政治局扩大会议上所作的《论十大关系》的讲话中指出：“处理好中央地方的关系，这对于我们这样的大国大党是一个十分重要的问题。”②

在我国，地方国家机构是整个国家机构的组成部分。《宪法》第 3 条确定了处理中央和地方的国家机构职权关系的原则；第 96 条第 1 款规定：“地方各级人民代表大会是地方

---

① 夏征农．辞海：上．普及本．上海：上海辞书出版社，1999：1503.

② 毛泽东选集：第 5 卷．北京：人民出版社，1977：276.

国家权力机关”；第105条第1款规定：“地方各级人民政府是地方各级国家权力机关的执行机关，是地方各级国家行政机关”。这里，“地方的国家机构”、“地方国家权力机关”、“地方国家行政机关”的表述，表明了各类地方国家机构的性质和宪法或法律地位。正如其名称所显示的那样，地方国家机构既是国家的，也有地方属性；它既是国家机构体系的重要组成部分，负责执行或保证执行宪法、法律、行政法规和上级国家机关的决议、决定，办理上级国家机关交办的事务，同时也是地方单位，依法管理地方事务；民族自治地方的自治机关还有自治权。

二、地方各级人民代表大会

（一）地方各级人民代表大会的性质和地位

我国《宪法》第96条第1款规定：“地方各级人民代表大会是地方国家权力机关”，这是关于地方各级人民代表大会的性质的规定。我国的政权是统一的，但又实行分级管理。我国各级国家权力机关就是各级人民代表大会。就全国而言，全国人民代表大会是最高的国家权力机关；对于地方来说，同级人民代表大会就是该地方的国家权力机关。它决定本行政区域内的重大事项；本级的地方国家行政机关、审判机关、检察机关都由它产生，对它负责，受它监督。它们是各该行政区域内的人民行使地方国家权力的机关。

（二）地方各级人民代表的组成和任期

地方各级人民代表大会由人民代表组成。人民代表可通过间接选举或者直接选举的方式产生。

凡省、自治区、直辖市、自治州、设区的市的人民代表大会代表，均由下一级人民代表大会选举产生；县、自治县、不设区的市、市辖区、乡、民族乡、镇的人民代表大会代表则由选民直接选举产生。

省、自治区、直辖市、自治州、县、自治县、市、市辖区、乡、民族乡、镇的人民代表大会每届任期5年。

（三）地方各级人民代表大会的职权

根据我国宪法和地方组织法的规定，地方各级人民代表大会的职权除了在本行政区域内，保证宪法、法律、行政法规和上级人民代表大会及其常务委员会决议的遵守和执行，保证国家计划和国家预算的执行外，主要有以下几个方面：

1. 地方性法规的制定权

省、自治区、直辖市的人民代表大会根据本行政区域的具体情况和实际需要，在不同宪法、法律、行政法规相抵触的前提下，可以制定和颁布地方性法规，报全国人民代表大会常务委员会和国务院备案。省、自治区的人民政府所在地的市，经济特区所在地的市和经国务院批准的较大的市的人民代表大会根据具体情况和实际需要，在不同宪法、法律、行政法规和本省、自治区的地方性法规相抵触的前提下，可以制定地方性法规，报省、自治区的人民代表大会常务委员会批准后施行，并由省、自治区的人民代表大会常务委员会报全国人民代表大会常务委员会和国务院备案。①

2. 人事任免权

地方各级人民代表大会有权选举并且罢免本级人民代表大会常务委员会的组成人员；选举和罢免省长、副省长，自治区主席、副主席，市长、副市长，州长、副州长，县长、副县长，区长、副区长，乡长、副乡长，镇长、副镇长。选举和罢免本级人民法院院长和人民检察院检察长；选出的人民检察院检察长，须报经上一级人民检察院检察长提请该级人民代表大会常务委员会批准。

3. 决定权

地方各级人民代表大会有权审查和批准本行政区域内的国民经济和社会发展计划、预算以及它们执行情况的报告；有权讨论、决定本行政区域内的政治、经济、教育、科学、文化、卫生、环境和资源保护、民政、民族等工作的重大事项。

4. 监督权

地方各级人民代表大会有权听取和审查本级人民代表大会常务委员会的工作报告；听取和审查本级人民政府和人民法院、人民检察院的工作报告；改变或者撤销本级人民代表大会常务委员会的不适当的决议；撤销本级人民政府的不适当的决定和命令。

5. 其他方面的职权

保护社会主义的全民所有的财产和劳动群众集体所有的财产，保护公民私人所有的合法财产，维护社会秩序，保障公民的人身权利、民主权利和其他权利；保护各种经济组织的合法权益；保障少数民族的权利；保障宪法和法律赋予妇女的男女平等、同工同酬和婚姻自由等各项权利。

（四）会议制度

1. 会议的举行

地方各级人民代表大会通过召开会议行使职权，会议每年至少举行一次。经过1/5以上代表提议，可以临时召集本级人民代表大会会议。县级以上的地方各级人民代表大会会议由本级人民代表大会常务委员会召集。乡、民族乡、镇的人民代表大会会议由上一次人民代表大会会议主席团负责召集。每届的第一次会议也由上一次的会议主席团召集。

地方各级人民代表大会每届第一次会议，在本届人民代表大会代表选举完成后的两个月内，由上届本级人民代表大会常务委员会或者乡、民族乡、镇的上次人民代表大会主席

① 到目前为止，省、自治区人民政府所在地的市27个：哈尔滨、长春、沈阳、石家庄、太原、郑州、济南、南京、杭州、福州、海口、广州、贵阳、昆明、成都、武汉、长沙、南昌、合肥、西安、兰州、西宁、银川、拉萨、南宁、乌鲁木齐、呼和浩特。经济特区所在地的市4个：深圳、珠海、汕头、厦门。经国务院批准的较大的市18个：唐山、大同、包头、大连、鞍山、抚顺、吉林、齐齐哈尔、无锡、淮南、青岛、洛阳、宁波、淄博、邯郸、本溪、徐州、苏州。

团召集。县级以上的地方各级人民政府组成人员和人民法院院长、人民检察院检察长、乡级的人民政府领导人员，列席本级人民代表大会会议；县级以上的其他有关机关、团体负责人，经本级人民代表大会常务委员会决定，可以列席本级人民代表大会会议。

县级以上的地方各级人民代表大会每次会议举行预备会议，选举本次会议的主席团和秘书长，通过本次会议的议程和其他准备事项的决定。预备会议由本级人民代表大会常务委员会主持。每届人民代表大会第一次会议的预备会议，由上届本级人民代表大会常务委员会主持。县级以上的地方各级人民代表大会举行会议的时候，由主席团主持会议。

2. 工作程序

县级以上地方各级人民代表大会在正式开会前，先由人民代表大会常务委员会主持举行预备会议，选举本次会议的主席团和秘书长，通过人民代表大会的议程和其他有关事项的决定。

县级以上地方各级人民代表大会举行会议时，与全国人民代表大会相同，提出议案的主体也有三大类：主席团，常务委员会、各专门委员会、本级人民政府，以及代表10人以上，它们都可以向大会提出属于本级人大职权范围内的议案。乡级人民代表大会代表5名以上联名，也可以向人民代表大会提出属于本级人民代表大会职权范围内的议案。但代表议案的命运取决于主席团的决定，一般由主席团决定是否列入大会议程，或者先交有关专门委员会审议，提出是否列入议程的意见，再由主席团决定是否列入大会议程。

议案在交付大会表决前，经主席团同意，提案人可以撤回自己的议案。各项议案在表决时，须以全体代表的过半数方为通过。除议案外，对于代表提出的批评、建议和意见，都要在人民代表大会闭会后，由常务委员会的办事机构交有关机关组织研究、作出处理并负责答复。

3. 选举程序

县级以上地方各级人民代表大会常务委员会的组成人员，乡、民族乡、镇的人民代表大会主席、副主席，省长、副省长，自治区主席、副主席，市长、副市长，州长、副州长，县长、副县长，区长、副区长，乡长、副乡长，镇长、副镇长，人民法院院长，人民检察院检察长的人选，由本级人民代表大会主席团或代表联合提名。

省、自治区、直辖市的人民代表大会代表30人以上书面联名，设区的市和自治州的人民代表大会代表20人以上书面联名，县级的人民代表大会代表10人以上书面联名，可以提出本级人民代表大会常务委员会组成人员、人民政府领导人员、人民法院院长、人民检察院检察长的候选人。乡、民族乡、镇的人民代表大会代表10人以上书面联名，可以提出对本级人民代表大会主席、副主席与人民政府领导人员的候选人。

人民代表大会常务委员会主任、秘书长，乡、民族乡、镇的人民代表大会主席，人民政府正职领导人员，人民法院院长，人民检察院检察长的候选人数一般应多于1人，进行差额选举；如果提名的候选人只有1人，也可以等额选举。人民代表大会常务委员会副主任，乡、民族乡、镇的人民代表大会副主席，人民政府副职领导人员的候选人数应比应选人数多1～3人，人民代表大会常务委员会委员的候选人数应比应选人数多1/10～1/5，由本级人民代表大会根据应选人数在选举办法中规定具体差额数，进行差额选举。如果提名的候选人数符合选举办法规定的差额数，由主席团提交代表酝酿、讨论后，进行选举。如果提名的候选人数超过选举办法规定的差额数，由主席团提交代表酝酿、讨论后，进行预选，根据在预选中得票多少的顺序，按照选举办法规定的差额数，确定正式候选人名单，进行选举。

4. 罢免程序

县级以上的地方各级人民代表大会举行会议的时候，主席团、常务委员会或者1/10以上代表联名，可以提出对本级人民代表大会常务委员会组成人员、人民政府组成人员、人民法院院长、人民检察院检察长的罢免案，由主席团提请大会审议。

乡、民族乡、镇的人民代表大会举行会议的时候，主席团或者1/5以上代表联名，可以提出对人民代表大会主席、副主席，乡长、副乡长，镇长、副镇长的罢免案，由主席团提请大会审议。

罢免案应当写明罢免理由。被提出罢免的人员有权在主席团会议或者大会全体会议上提出申辩意见，或者书面提出申辩意见。在主席团会议上提出的申辩意见或者书面提出的申辩意见，由主席团印发会议。向县级以上的地方各级人民代表大会提出的罢免案，由主席团交会议审议后，提请全体会议表决；或者由主席团提议，经全体会议决定，组织调查委员会，由本级人民代表大会下次会议根据调查委员会的报告审议决定。

三、县级以上的地方各级人民代表大会常务委员会

我国宪法只规定县级以上地方各级人民代表大会设立常委会，而乡级人大则没有规定。乡级人大一般只在开会时期产生主持会议的主席团，从宪法上说不是常设机构。所以这里仅涉及县级以上地方各级人民代表大会常务委员会的问题。

（一）人民代表大会常务委员会的性质和地位

县级以上的地方各级人民代表大会常务委员会是本级人民代表大会的常设机关，是本级地方国家权力机关的组成部分。它对本级人民代表大会负责并报告工作。本级人民代表大会有权罢免本级人民代表大会常务委员会的组成人员。

县级以上地方各级人民代表大会常务委员会是1980年开始设立，然而地方人民代表大会是否设立常委会却经过长期酝酿。1954年宪法没有规定地方各级人民代表大会设立常务委员会。经过20多年的社会主义革命和建设的实践，尤其随着“文革”的结束，全党和全国人民的工作重心转移到社会主义现代化建设上来后，与公布1954年宪法时的情况相比，形势发生了很大的变化。地方国家权力机关的工作任务日益加重，工作范围不断扩大，法制建设和对行政机关监督的任务也提到日程上来了。

总之，客观形势的发展要求地方各级权力机关必须经常性地开展工作。从1980年开始，县级以上的地方各级人民代表大会根据1979年第五届全国人民代表大会第二次会议修正宪法的决议，陆续设立了常务委员会。1982年宪法总结了它存在两年多的组织和活动经验，对于县级以上地方各级人民代表大会常务委员会的性质、组成、任期和职权等作了系统的规定。

（二）人民代表大会常务委员会的组成和任期

1. 人民代表大会常务委员会的组成

省、自治区、直辖市、自治州、设区的市的人民代表大会常务委员会由本级人民代表大会在代表中选举主任、副主任若干人和秘书长、委员若干人组成。县、自治县、不设区的市、市辖区的人民代表大会常务委员会由本级人民代表大会在代表中选举主任、副主任若干人和委员若干人组成。

常务委员会组成人员的名额：省、自治区、直辖市35～65人，人口超过8 000万的省不超过85人；设区的市、自治州13～35人，人口超过800万的设区的市不超过45人；县、自治县、不设区的市、市辖区11～23人，人口超过100万的县、自治县、不设区的市、市辖区不超过29人。

省、自治区、直辖市每届人民代表大会常务委员会组成人员的名额，由省、自治区、直辖市的人民代表大会依照前述规定，按人口多少确定。自治州、县、自治县、市、市辖区每届人民代表大会常务委员会组成人员的名额，由省、自治区、直辖市的人民代表大会常务委员会依照前述规定，按人口多少确定。每届人民代表大会常务委员会组成人员的名额经确定后，在本届人民代表大会的任期内不再变动。

常务委员会的组成人员不得担任国家行政机关、审判机关和检察机关的职务；如果担任上述职务，必须向常务委员会辞去常务委员会的职务。

2. 人民代表大会常务委员会的任期

县级以上的地方各级人民代表大会常务委员会每届任期同本级人民代表大会每届任期相同，它行使职权到下届本级人民代表大会选出新的常务委员会为止。

（三）人民代表大会常务委员会的职权

县级以上地方各级人民代表大会常务委员会的职权，除了在本行政区域中保证宪法、法律、行政法规和上级人民代表大会及其常务委员会决议的遵守和执行以外，主要有以下几个方面：

1. 制定地方性法规的职权

省、自治区、直辖市的人民代表大会常务委员会在本级人民代表大会闭会期间，根据本行政区域的具体情况和实际需要，在不同宪法、法律、行政法规相抵触的前提下，可以制定和颁布地方性法规，报全国人民代表大会常务委员会和国务院备案。省、自治区的人民政府所在地的市、经济特区所在地的市和经国务院批准的较大的市的人民代表大会常务委员会，在本级人民代表大会闭会期间，根据本市的具体情况和实际需要，在不同宪法、法律、行政法规和本省、自治区的地方性法规相抵触的前提下，可以制定地方性法规，报省、自治区的人民代表大会常务委员会批准后施行，并由省、自治区的人民代表大会常务委员会报全国人民代表大会常务委员会和国务院备案。

2. 人事任免权

县级以上地方各级人民代表大会常务委员会有权依法决定有关国家机关工作人员的任免，包括：在本级人民代表大会闭会期间，决定副省长、自治区副主席、副市长、副州长、副县长、副区长的个别任免；在省长、自治区主席、市长、州长、县长、区长和人民法院院长、人民检察院检察长因故不能担任职务的时候，从本级人民政府、人民法院、人民检察院副职领导人员中决定代理的人选；决定代理检察长，须报上一级人民检察院和人民代表大会常务委员会备案。

根据省长、自治区主席、市长、州长、县长、区长的提名，决定本级人民政府秘书长、厅长、局长、委员会主任、科长的任免，报上一级人民政府备案；按照人民法院组织法和人民检察院组织法的规定，任免人民法院副院长、庭长、副庭长、审判委员会委员、审判员，任免人民检察院副检察长、检察委员会委员、检察员，批准任免下一级人民检察院检察长；省、自治区、直辖市的人民代表大会常务委员会根据主任会议的提名，决定在省、自治区内按地区设立的和在直辖市内设立的中级人民法院院长的任免，根据省、自治区、直辖市的人民检察院检察长的提名，决定人民检察院分院检察长的任免。

在本级人民代表大会闭会期间，决定撤销个别副省长、自治区副主席、副市长、副州长、副县长、副区长的职务；决定撤销由它任命的本级人民政府其他组成人员和人民法院副院长、庭长、副庭长、审判委员会委员、审判员，人民检察院副检察长、检察委员会委员、检察员，中级人民法院院长，人民检察院分院检察长的职务。

在本级人民代表大会闭会期间，补选上一级人民代表大会出缺的代表和罢免个别代表。

3. 决定权

该职权包括：讨论、决定本行政区域内的政治、经济、教育、科学、文化、卫生、环境和资源保护、民政、民族等工作的重大事项；根据本级人民政府的建议，决定对本行政区域内的国民经济和社会发展计划、预算的部分变更；决定授予地方的荣誉称号。

4. 监督权

监督本级人民政府、人民法院和人民检察院的工作，联系本级人民代表大会代表，受理人民群众对上述机关和国家工作人员的申诉和意见；撤销下一级人民代表大会及其常务委员会的不适当的决议；撤销本级人民政府的不适当的决定和命令。

（四）人民代表大会常务委员会的会议制度

1. 会议的举行

常务委员会会议由主任召集，每两个月至少举行一次。常务委员会的决议，由常务委员会以全体组成人员的过半数通过。

省、自治区、直辖市、自治州、设区的市的人民代表大会常务委员会主任、副主任和秘书长组成主任会议；县、自治县、不设区的市、市辖区的人民代表大会常务委员会主任、副主任组成主任会议。主任会议处理常务委员会的重要日常工作。

2. 议案的提出和审议

县级以上的地方各级人民代表大会常务委员会主任会议可以向本级人民代表大会常务委员会提出属于常务委员会职权范围内的议案，由常务委员会会议审议。县级以上的地方各级人民政府、人民代表大会各专门委员会，可以向本级人民代表大会常务委员会提出属于常务委员会职权范围内的议案，由主任会议决定提请常务委员会会议审议，或者先交有关的专门委员会审议、提出报告，再提请常务委员会会议审议。

省、自治区、直辖市、自治州、设区的市的人民代表大会常务委员会组成人员5人以上联名，县级的人民代表大会常务委员会组成人员3人以上联名，可以向本级常务委员会提出属于常务委员会职权范围内的议案，由主任会议决定是否提请常务委员会会议审议，或者先交有关的专门委员会审议、提出报告，再决定是否提请常务委员会会议审议。

在常务委员会会议期间，省、自治区、直辖市、自治州、设区的市的人民代表大会常务委员会组成人员5人以上联名，县级的人民代表大会常务委员会组成人员3人以上联名，可以向常务委员会书面提出对本级人民政府、人民法院、人民检察院的质询案。质询案由主任会议决定交由受质询机关在常务委员会全体会议上或者有关的专门委员会会议上口头答复，或者由受质询机关书面答复。

四、乡镇人民代表大会主席团

1986年12月第六届全国人民代表大会常务委员会第十八次会议通过修改的《地方各级人民代表大会和地方各级人民政府组织法》规定，乡、民族乡、镇的人民代表大会举行会议的时候，选举主席团，由主席团主持会议，并负责召集下一次的本级人民代表大会会议。这些规定，加强了主席团的职能，也是乡镇人民代表大会改革的初步完善，改变了过去由乡镇人民政府召集本级人民代表大会会议的弊端，从组织上为发挥乡镇国家权力机关的作用，发展和扩大基层社会主义民主奠定了基础。为了适应广大农村飞速发展的政治经济形势，使乡镇权力机关全面地、经常地代表人民行使当家作主的权力，1995年2月第八届全国人民代表大会常务委员会第十二次会议对《地方组织法》中的乡镇人民代表大会主席团作了新的规定。根据修改后的《地方组织法》，有关乡镇人民代表大会主席团的规定主要如下：

（1）乡、民族乡、镇的人民代表大会举行会议的时候，选举主席团。由主席团主持会议，并负责召集下一次的本级人民代表大会会议。乡、民族乡、镇的人民代表大会主席、副主席为主席团的成员。

（2）乡、民族乡、镇的人民代表大会设主席，并可以设副主席1~2人。主席、副主席由本级人民代表大会从代表中选出，任期同本级人民代表大会每届任期相同，他们在本级人民代表大会闭会期间负责联系本级人民代表大会代表，组织代表开展活动，并反映代表和群众对本级人民政府工作的建议、批评和意见。

（3）乡、民族乡、镇的人民代表大会主席、副主席不得担任国家行政机关的职务；如果担任国家行政机关的职务，必须向本级人民代表大会辞去主席、副主席的职务。

五、县级以上的地方各级人民代表大会各委员会

（一）专门委员会

省、自治区、直辖市、自治州、设区的市的人民代表大会根据需要，可以设法制（政法）委员会、财政经济委员会、教育科学文化卫生委员会等专门委员会。各专门委员会受本级人民代表大会领导；在大会闭会期间，受本级人民代表大会常务委员会领导。

各专门委员会的主任委员、副主任委员和委员的人选，由主席团在代表中提名，大会通过。在大会闭会期间，常务委员会可以补充任命专门委员会的个别副主任委员和部分委员，由主任会议提名，常务委员会会议通过。

各专门委员会在本级人民代表大会及其常务委员会的领导下，研究、审议和拟订有关议案；对属于本级人民代表大会及其常务委员会职权范围内同本委员会有关的问题，进行调查研究，提出建议。

（二）临时性委员会

县级以上的地方各级人民代表大会可以组织关于特定问题的调查委员会。主席团或者1/10以上代表书面联名，可以向本级人民代表大会提议组织关于特定问题的调查委员会，由主席团提请全体会议决定。调查委员会由主任委员、副主任委员和委员组成，由主席团在代表中提名，提请全体会议通过。

调查委员会应当向本级人民代表大会提出调查报告。人民代表大会根据调查委员会的报告，可以作出相应的决议。人民代表大会可以授权它的常务委员会听取调查委员会的调查报告，常务委员会可以作出相应的决议，报人民代表大会下次会议备案。

六、地方各级人民代表大会代表

作为由人民选举产生的民意代表，地方各级人民代表大会代表与全国人民代表大会代表在性质上完全相同，区别主要在于代表的广泛性不同，及所负职责重要性的轻重不同。在履行职务的保障和所尽义务方面，地方各级人民代表大会代表与全国人民代表大会代表处于同等地位上，并无实质分别。地方人民代表是人民选到国家权力机关去行使国家权力的使者，代表人民行使地方国家权力。

（一）代表的权利

1. 提出议案权

县级以上地方各级人民代表大会代表10人以上联名，乡、民族乡、镇的人民代表大会代表5人以上联名，可以向本级人民代表大会提出属于人民代表大会职权范围内的议案；有权向本级人民政府和它所属的工作部门及人民法院和人民检察院提出质询案。在审议议案时，代表可以向有关的地方国家机关提出询问。同时，代表对审议议案有审议权、表决权和罢免权。

2. 有权提出批评、建议和意见

县以上地方各级人民代表大会代表有权向本级人民代表大会及其常务委员会提出对各方面工作的建议、批评和意见；乡、民族乡、镇的人民代表大会代表有权向本级人民代表大会提出对各方面工作的建议、批评和意见。

3. 人身特别保护权

县以上地方各级人民代表大会代表非经本级人民代表大会主席团许可，在大会闭会期间，非经本级人民代表大会常务委员会许可，不受逮捕或者刑事审判。如果因为是现行犯被拘留，执行拘留的公安机关应当立即向该级人民代表大会主席团或者常务委员会报告。

4. 言论免责权

地方各级人民代表大会代表、常务委员会组成人员，在人民代表大会和常务委员会会议上的发言和表决，不受法律追究。

5. 物质保障权

地方各级人民代表大会代表在出席人民代表大会会议和执行代表职务的时候，国家根据需要给予往返的旅费和必要的物质上的便利或者补贴。

（二）代表的义务

地方各级人民代表大会代表应当和原选举单位或者选民保持密切联系，宣传法律和政策，协助本级人民政府推进工作，并且向人民代表大会及其常务委员会、人民政府反映群众的意见和要求。

人民代表活动方式主要是：省、自治区、直辖市、自治州、设区的市的人民代表大会代表可以列席原选举单位的人民代表大会会议。县、自治县、不设区的市、市辖区、乡、民族乡、镇的人民代表大会代表分工联系选民，有代表3人以上的居民地区或者生产单位可以组织代表小组，协助人民政府推进工作。

地方各级人民代表大会代表受原选举单位或选民监督，原选举单位和选民有权随时罢免自己选出的代表。

第九节 地方各级行政机关

一、地方各级行政机关的性质和地位

我国《宪法》第105条第1款规定："地方各级人民政府是地方各级国家权力机关的执行机关，是地方各级国家行政机关。"这一规定表明，就其性质来说，地方各级人民政府是地方各级国家行政机关；就其地位来说，地方各级人民政府从属于地方各级人民代表大会，是权力机关的执行机关。也就是说，地方各级人民政府作为地方各级国家权力机关的执行机关，对于本级人民代表大会及其常务委员会所制定的地方性法规和通过的决议，必须贯彻执行。

作为地方行政机关，对于上级行政机关的决定和命令也必须贯彻执行，地方各级人民政府要对本级人民代表大会负责并报告工作，县级以上人民政府同时还要对本级人民代表大会常务委员会负责并报告工作。地方各级人民政府必须对上一级人民政府负责并报告工作，而且都是国务院统一领导下的国家行政机关，必须服从国务院的统一领导。

二、地方各级行政机关的组成和任期

省、自治区、直辖市、自治州、设区的市的人民政府分别由省长、副省长，自治区主席、副主席，市长、副市长，州长、副州长和秘书长、厅长、局长、委员会主任等组成。

县、自治县、不设区的市、市辖区的人民政府分别由县长、副县长，市长、副市长，区长、副区长和局长、科长等组成。

乡、民族乡的人民政府设乡长、副乡长。民族乡的乡长由建立民族乡的少数民族公民担任。镇人民政府设镇长、副镇长。

省长、副省长，自治区主席、副主席，市长、副市长，州长、副州长，县长、副县长，区长、副区长，乡长、副乡长，镇长、副镇长分别由本级人民代表大会选举产生。秘书长、厅长、局长、主任、科长的人选，分别由地方各级人民代表大会常务委员会决定任免。

地方各级人民政府每届任期与本级人民代表大会任期相同，即省、自治区、直辖市、自治州、县、自治县、市、市辖区、乡、民族乡、镇的人民政府每届任期5年。

三、地方各级行政机关的职权

地方各级人民政府的职权，可以概括为以下几个方面：

（1）执行本级权力机关的决议和上级行政机关的决定和命令；规定行政措施，发布

决定和命令。省、自治区、直辖市的人民政府可以根据法律、行政法规和本省、自治区、直辖市的地方性法规，制定规章，报国务院和本级人民代表大会常务委员会备案。省、自治区的人民政府所在地的市和经国务院批准的较大的市的人民政府，可以根据法律、行政法规和本省、自治区的地方性法规，制定规章，报国务院和本省、自治区的人民代表大会常务委员会、人民政府以及本级人大常委会备案。制定上述规章，均须经各该级政府常务会议或者全体会议讨论决定。

（2）管理有关政治、经济、文化等方面的行政工作。例如，执行国民经济和社会发展计划、预算，管理本行政区域内的经济、教育、科学、文化、卫生、体育事业、城乡建设事业和财政、民政、公安、民族事务、司法行政、监察、计划生育等行政工作。

（3）依法保护和保障公民各方面的权利。例如，保护社会主义公共财产，保护公民私人所有的合法财产，维护社会秩序，保障公民的人身权利、民主权利和其他权利；保障农村集体经济组织应有的自主权；保障少数民族的权利和尊重少数民族的风俗习惯；保障男女平等、同工同酬和婚姻自由等公民的各项权利。

（4）县级以上地方各级人民政府领导并监督其下属工作部门和下级人民政府的工作；改变或者撤销所属工作部门的不适当的命令、指示和下级人民政府的不适当的决定、命令；任免、考核、奖惩行政机关工作人员。

（5）办理上级人民政府交办的其他事项。

省、自治区、直辖市、自治州、县、自治县、市、市辖区的人民政府应当协助设立在本行政区域内不属于自己管理的国家机关、企业、事业单位进行工作，并且监督它们遵守和执行法律和政策。

四、地方各级行政机关的领导体制

与国务院一致，地方各级人民政府也实行首长负责制。地方各级人民政府分别实行省长、自治区主席、市长、州长、县长、区长、乡长、镇长负责制。省长、自治区主席、市长、州长、县长、区长、乡长、镇长分别主持地方各级人民政府的工作。

实行行政首长负责制，并不是说可以不发扬民主。相反，行政首长要决策正确，还必须依靠集体的智慧。为了使行政首长负责制同发挥集体的作用密切结合起来，人民政府在讨论重大问题时，采取会议的形式。县级以上的地方各级人民政府会议分为全体会议和常务会议。全体会议由本级人民政府全体成员组成。省、自治区、直辖市、自治州、设区的市的人民政府常务会议，分别由省长、副省长，自治区主席、副主席，市长、副市长，州长、副州长和秘书长组成。县、自治县、不设区的市、市辖区的人民政府常务会议，分别由县长、副县长，市长、副市长，区长、副区长组成。省长、自治区主席、市长、州长、县长、区长召集和主持本级人民政府全体会议和常务会议。政府工作中的重大问题，须经政府常务会议或者全体会议讨论决定。

领导体制上另一个问题是对上级行政机关和对国务院的责任。比较难于处理的问题是平级国家行政机关间的权责关系，以及国务院各部委与省级人大的关系。从宪法角度看，立法法的实施已部分解决了问题。对于前者，主要指国务院各部委之间、各部委与省级及较大的市级政府之间的关系，立法法规定部门规章之间、部门规章与地方规章不一致的情况由国务院裁决其适用。后者是指地方性法规与部门规章之间不一致时，由国务院先行裁决，如果决定适用部门规章，则再提请全国人民代表大会常务委员会裁决。立法法的规定把行政机关体系内部关系的处理纳入了法治轨道。

五、地方各级行政机关所属工作部门

地方各级人民政府根据工作需要和精干的原则，设立必要的工作部门。

这些工作部门可称为厅、局、委员会、办公室、科等。但乡级人民政府一般不设工作部门。

县级以上的地方各级人民政府设立审计机关，对本级人民政府和政府各部门的财政收支及本区域内的财政金融机构和企业事业组织的财物收支，进行审计监督。地方各级审计机关依照法律规定独立行使审计监督权，对本级人民政府和上一级审计机关负责。

省、自治区、直辖市的人民政府的厅、局、委员会等工作部门的设立、增加、减少或者合并，由本级人民政府报请国务院批准。自治州、县、自治县、市、市辖区的人民政府的局、科等工作部门的设立、增加、减少或者合并，由本级人民政府报请上一级人民政府批准。地方各级人民政府所属各工作部门受本级人民政府的统一领导，并受上级人民政府主管部门的领导或者业务指导。

六、地方各级行政机关的派出机关

由于我国地域广大，使得各级地方政府管辖的范围和面积都比较大，为了便于管理，在省与县、县与乡之间就有必要设立相应的派出机构，以利于政府指令的贯彻执行。因此，《地方各级人民代表大会和人民政府组织法》对各级派出机关的设置作了明确规定：

（1）省、自治区的人民政府在必要的时候，经国务院批准，可以设立若干派出机关，如设“行政公署”。

（2）县、自治县的人民政府在必要的时候，经省、自治区、直辖市的人民政府批准，可以设立若干区公所，作为它的派出机关。

（3）市辖区、不设区的市的人民政府，经上一级人民政府批准，可以设立若干街道办事处，作为它的派出机关。

上述派出机关不是一级政权机关，也不设立和召开人民代表大会，其任务是执行设立和派出它的人民政府交付的任务，协助上级人民政府做好对辖区内的下级人民政府的监督、检查和指导工作。派出机构的性质相当于政府的一个工作部门，所以对它们的监督工作通常由派出机构负责。

本章小结

国家机构是为实现国家职能而建立起来的国家机关的总称，在宪法中具有十分重要的地位。我国国家机构是按照民主集中制等原则建立起来的组织体系。全国人民代表大会是我国的最高国家权力机关，其常设机关是全国人大常委会。国家主席根据全国人民代表大会及其常务委员会的决定，公布法律，发布命令，任免人员，授予国家勋章和荣誉称号，并代表国家进行国事活动，接受外国使节。国务院是最高国家权力机关的执行机关，是最高国家行政机关。国务院实行总理负责制。中央军事委员会是全国武装力量的领导机关，依照宪法和国防法的规定行使职权。地方各级人民代表大会及县级以上地方各级人民代表大会常务委员会是地方国家权力机关，在本行政区域内的国家机关体系中居于最高地位。地方各级人民政府是地方各级人民代表大会的执行机关，是地方各级国家行政机关。人民法院是国家的审判机关，人民法院依照法律规定独立行使审判权，不受行政机关、社会团体和个人的干涉。人民检察院是国家的法律监督机关。人民检察院依照法律规定独立行使检察权，不受行政机关、社会团体和个人的干涉。

重要概念

国家机构　　基本法律　　总理负责制　　审判权　　检察权

材料分析

【材料1】

国务院常务会议同意湖南对嘉禾事件处理结果

2004年6月4日上午，国务院总理温家宝主持召开国务院常务会议，研究控制城镇房屋拆迁规模、严格拆迁管理的有关问题，同意湖南省对嘉禾县珠泉商贸城建设中违法违规有关责任人所作出的严肃处理。

会议听取了建设部关于城市房屋拆迁情况的汇报。会议指出，加强城镇房屋拆迁管理工作，关系到人民群众的切身利益，关系到经济发展和社会稳定，关系到中央宏观调控政策的落实。各地区、各部门必须站在贯彻“三个代表”重要思想的高度，从维护人民群众的利益出发，深刻认识做好城镇房屋拆迁管理工作的重要性，采取有效措施，解决存在的问题。一要端正城市建设工作的指导思想；二要严格依据城市建设规划，合理确定城市拆迁规模，控制征用农用土地；三要严格执行房屋拆迁程序，规范拆迁行为；四要认真落实补偿安置政策。拆迁项目的补偿资金，必须全额落实并及时足额补偿给被拆迁人，坚决纠正城镇房屋拆迁中侵害群众利益的行为，同时要认真做好拆迁中的群众思想工作；五要加强监督检查。

会议听取了建设部、湖南省政府关于嘉禾县珠泉商贸城建设中违法违规问题调查情况的汇报。湖南嘉禾县珠泉商贸城是一个以商业营业用房为主的房地产开发项目。现已查明，这是一起集体滥用行政权力、违法违规、损害群众利益并造成极坏影响的事件。为了严肃法纪、政纪，教育干部，维护国家和人民利益，湖南省委、省政府对这一事件涉及的有关责任人员已作出严肃处理。

【问题】

（1）国务院常务会议由哪些人参加？由谁召集和主持？

（2）国务院常务会议的主要任务是什么？

（3）国务院常务会议一般多长时间召开一次？

（4）国务院常务会议研究控制城镇房屋拆迁规模、严格拆迁管理的有关问题，同意湖南对嘉禾事件处理结果，其宪法依据是什么？

【解析】

（1）国务院常务会议由总理、副总理、国务委员、秘书长组成，由总理召集和主持。

（2）国务院常务会议的主要任务是：讨论决定国务院工作中的重要事项；讨论法律草案、审议行政法规草案；通报和讨论国务院其他事项。

（3）国务院常务会议一般每周召开一次，如有需要可临时召开。

（4）根据宪法，国务院作为最高国家行政机关，有权统一领导各部和各委员会的工作，统一领导全国地方各级国家行政机关的工作，领导和管理经济工作和城乡建设等各行业的行政工作。地方各级人民政府都是国务院统一领导下的国家行政机关，都服从国务院的领导。

【材料2】

第十届全国人民代表大会常务委员会听取财政部和审计署工作报告

2004年6月23日下午，第十届全国人民代表大会常务委员会第十次会议举行全体会议，听取关于2003年中央决算的报告和关于2003年度中央预算执行和其他财政收支的审计工作报告等。吴邦国委员长出席会议；会议由热地副委员长主持。

受国务院委托，财政部部长金人庆作关于2003年中央决算的报告。他说，2003年中央和地方财政收支情况比较好，全国财政收入第一次突破2万亿元，全国财政收支相抵，支出大于收入2 934.7亿元。中央财政赤字3 197.68亿元，比第十届全国人民代表大会第一次会议批准的赤字数额减少0.62亿元。从中央财政运行情况看，财政收入增加较多，各项重点支出得到较好保障，财政宏观调控作用增强，财政改革继续稳步推进。但预算执行和财政支出工作中仍存在一些不容忽视和亟待解决的问题。

受国务院委托，审计署审计长李金华报告了2003年度中央预算执行和其他财政收支审计情况。他说，从审计情况看，2003年，全国财政收入增加较多，财政支出重点向农村、科技教育、公共卫生等方面倾斜，有力地保障了应对“非典”疫情、战胜自然灾害和加强社会保障等资金需要，社会事业投入显著增加，财政的宏观调控作用进一步加强。从总体看，2003年中央预算执行和其他财政收支情况是好的，但仍存在一些不容忽视的问题。他报告了中央预算管理、中央基本建设预算管理、中央其他部门预算执行、税收征管、专项资金管理使用、财政资金投资效益、金融机构资产负债损益等方面以及原国家电力公司领导班子任期经济责任审计中存在的主要问题。

全国人民代表大会财经委员会结合审议审计工作报告，对决算草案和决算报告进行审查。财经委员会认为，2003年中央预算完成情况是好的，建议批准国务院提出的2003年中央决算草案和关于2003年中央决算的报告。同时财经委还建议，进一步增强预算的科学性和严肃性；加强税收征管；改进中央固定资产投资预算管理工作；规范预算划转，清理预算结余；规范财政转移支付，加快预算科目改革。

【问题】

（1）根据宪法，国务院对哪一机构负责并报告工作？

（2）审计署是什么性质的机构，其职权主要有哪些？

（3）全国人民代表大会常务委员会会议由谁召集和主持？一般多长时间举行一次？

（4）全国人大财经委员会根据什么可以对预算草案和决算报告进行审查，并提出建议？

【解析】

（1）国务院对全国人民代表大会负责并报告工作；在全国人民代表大会闭会期间，对全国人民代表大会常务委员会负责并报告工作。

（2）审计署是国务院设立的审计机关，对国务院各部门和地方各级政府的财政收支，对国家的财政金融机构和企业事业组织的财务收支，进行审计监督。审计署在总理领导下，依照法律规定独立行使审计监督权，不受其他行政机关、社会团体和个人的干涉。

（3）全国人大常委会会议由委员长召集和主持，委员长可以委托副委员长主持会议，一般两个月举行一次。

（4）根据《全国人民代表大会组织法》，全国人民代表大会专门委员会可以对属于全国人民代表大会常务委员会职权范围内同本委员有关的问题，进行调查研究，提出建议。

【材料3】

1990年6月23日，某市人民政府发出《关于建立人民教育基金制度的通知》，规定该市教育基金每月按2%的比例从全民和集体性质的单位的干部、职工的工资中征收。此举引起了相关干部和职工的不满。为了反映群众的呼声，7月5日，在市第十届人民代表大会常务委员会第二次会议上，8名市人民代表大会常务委员会委员联名提出对市人民政府《关于建立人民教育基金制度有关问题的质询案》，分管副市长受市政府委托，到会向市人民代表大会常务委员会全体组成人员就被质询问题作了口头答复，市人民代表大会常务委员会全体组成人员对答复表示不满意，同时认为市政府在通知中规定的关于教育基金的来源和征收办法无法律依据，最后会议按照法定程序通过决议撤销了市人民政府的通知。

【问题】

（1）市人民代表大会常务委员会行使的是一种什么性质的职权？

（2）市人民代表大会常务委员会向市人民政府提出质询的法律依据是什么？

（3）市人民代表大会常务委员会撤销市人民政府通知的法律依据是什么？

【解析】

（1）市人民代表大会常务委员会行使的是一种国家权力机关对行政机关的法定监督权。

（2）《地方组织法》第47条第1款规定，在常务委员会会议期间，省、自治区、直辖市、自治州、设区的市的人民代表大会常务委员会组成人员5人以上联名，县级的人民代表大会常务委员会组成人员3人以上联名，可以向常务委员会书面提出对本级人民政府、人民法院、人民检察院的质询案。

（3）《地方组织法》第44条第8项规定，县级以上的地方各级人民代表大会常务委员会有权“撤销本级人民政府的不适当的决定和命令”。

同步测练与解析

一、单项选择题

1. 我国现行宪法规定，中华人民共和国的国家机构实行的原则是（　　）。

A. 分权制衡原则　　B. 民主集中制原则

C. 集体领导的原则　　D. 合议制原则

2. 新中国建立初期，在中国人民政治协商会议第一届全体会议闭幕后，经常行使最高国家权力的机关是（　　）。

A. 人民政治协商全体会议　　B. 全国人民代表大会
C. 中央人民政府委员会　　D. 政务院

3. 中华人民共和国国家元首是（　）。
A. 中华人民共和国主席　　B. 全国人民代表大会会议主席团
C. 全国人民代表大会常务委员会委员长　　D. 中共中央总书记

4. 我国（　）年对宪法进行修改，规定国家主席进行国事活动。
A. 1988 年　B. 1993 年　C. 1999 年　D. 2004 年

5. 全国人民代表大会由下列选举单位选举的代表组成，它们是（　）。
A. 省、自治区、直辖市、特别行政区和军队
B. 各少数民族
C. 华侨
D. 妇女

6. 全国人民代表大会会议每年举行一次，由（　）召集。
A. 全国人民代表大会会议主席团
B. 全国人民代表大会常务委员会委员长
C. 全国人民代表大会常务委员会
D. 全国人民代表大会常务委员会或者 1/3 以上全国人民代表大会代表提议

7. 全国人民代表大会开展工作的形式是（　）。
A. 召开全国人民代表大会会议　　B. 开展执法大检查
C. 组织代表视察　　D. 组成特定问题的调查委员会

8. 全国人民代表大会有权选举的国家领导人是（　）。
A. 中华人民共和国主席、副主席
B. 国务院总理
C. 国务院副总理、国务委员、各部部长、各委员会主任、审计长、秘书长
D. 中国人民政治协商会议全国委员会主席、副主席、秘书长

9. 在全国人民代表大会常务委员会会议期间，有权向它提出议案的是（　）。
A. 中华人民共和国主席
B. 全国人民代表大会会议主席团
C. 一个代表团或者 30 名以上全国人民代表大会代表
D. 全国人民代表大会各专门委员会

10. 地方各级人民代表大会举行会议时，代表（　）人以上联名，可以书面提出对本级人民政府及所属各工作部门以及人民法院、人民检察院的质询案。
A. 30　B. 20　C. 10　D. 5

11. 负责召集乡、民族乡、镇人民代表大会的是（　）。

A. 本级人民政府
B. 上一级人民政府
C. 上一级人民代表大会常务委员会
D. 本级上次人民代表大会会议主席团

12. 地方各级人大代表中，依法享有人身特别保护的有（　　）。
A. 地方各级人民代表大会代表
B. 省、自治区、直辖市的人民代表大会代表
C. 县级以上的地方各级人民代表大会代表
D. 乡、民族乡、镇的人民代表大会代表

13. 现行宪法规定确立的国务院领导体制是（　　）。
A. 国务委员制　　B. 政务委员制
C. 部长（包括委员会主任）会议制　　D. 总理负责制

14. 下列属于国务院职权的是（　　）。
A. 规定行政措施，制定行政法规，发布决定和命令
B. 决定全国或者各省、自治区、直辖市进入紧急状态
C. 批准省、自治区和直辖市的建置
D. 决定特别行政区的设立及其制度

15. 确立国务院实行总理负责制的是（　　）。
A. 1954 年宪法　　B. 1975 年宪法　　C. 1978 年宪法　　D. 1982 年宪法

16. 行政公署是我国（　　）。
A. 省级行政机关的派出机关　　B. 一级地方行政机关
C. 地区一级国家权力机关　　D. 省级国家权力机关的派出机关

17. 现行宪法规定，国家中央军事委员会实行（　　）。
A. 集体领导制　　B. 军委主席、副主席负责制
C. 军委主席负责制　　D. 委员对军委主席负责制

18. 现行宪法规定，领导全国武装力量的机关是（　　）。
A. 中华人民共和国主席　　B. 全国人大常委会
C. 国家中央军事委员会　　D. 党中央军事委员会

19. 人民法院依照法律规定独立行使审判权，不受（　　）的干涉。
A. 政党、社会团体和个人　　B. 权力机关、社会团体和个人
C. 行政机关、社会团体和个人　　D. 上级检察机关、社会团体和个人

20. 人民检察院是国家的（　　）。
A. 纪律检察机关　　B. 法律监督机关
C. 行政监察机关　　D. 执法检查机关

二、多项选择题

1. 根据现行宪法规定，我国中央国家机构包括（　　）。
   A. 全国人民代表大会及其常务委员会　B. 国务院和中央军事委员会
   C. 中华人民共和国主席　D. 最高人民法院
   E. 最高人民检察院
2. 我国国家机构中实行首长负责制的机关有（　　）。
   A. 国务院及其各部委　B. 最高人民法院
   C. 最高人民检察院　D. 中央军事委员会
   E. 国家主席
3. 我国的国家机关中实行集体领导制的是（　　）。
   A. 国务院　B. 中央军委
   C. 最高人民法院　D. 最高人民检察院
   E. 中共中央
4. 新中国历史上，没有规定设立国家主席的宪法是（　　）。
   A. 1954年宪法　B. 1975年宪法
   C. 1978年宪法　D. 1982年宪法
5. 根据现行宪法规定，行使国家立法权的机关有（　　）。
   A. 全国人民代表大会　B. 全国人民代表大会常务委员会
   C. 全国人民代表大会法律委员会　D. 国务院
   E. 省、自治区、直辖市和较大的市的人民代表大会及人民代表大会常务委员会
6. 全国人大代表的组成包括（　　）。
   A. 省、自治区、直辖市的人民代表大会选出的代表
   B. 军队选出的代表
   C. 中央直辖的少数民族行政单位选出的代表
   D. 国外华侨选出的代表
   E. 特别行政区选出的代表
7. 依照现行宪法规定，全国人民代表大会代表提出质询案的条件是（　　）。
   A. 全国人民代表大会开会期间
   B. 对国务院或者国务院各部委
   C. 一个代表团或者30名以上代表联名
   D. 对最高人民法院和最高人民检察院
   E. 对中央军委
8. 我国宪法规定，全国人民代表大会常务委员会组成人员不得兼任（　　）。
   A. 军事机关的职务　B. 行政机关的职务

C. 审判机关的职务　　D. 检察机关的职务
E. 中共中央机关的职务

9. 下列人员中属于国务院组成人员的是（　　）。
A. 总理　　B. 副总理
C. 国务委员　　D. 各部部长、各委员会主任
E. 中国民航总局局长

10. 下列人员中属于国务院常务会议组成人员的是（　　）。
A. 国务委员　　B. 各部部长、各委员会主任
C. 秘书长　　D. 审计长
E. 各委员会主任

11. 国务院的会议分为（　　）。
A. 国务院全体会议　　B. 国务院扩大会议
C. 国务院常务会议　　D. 国务院一般会议
E. 国务院的特别会议

12. 现行宪法规定，中央军事委员会的组成人员包括（　　）。
A. 主席　　B. 副主席若干人　　C. 委员若干人　　D. 秘书
E. 军委办公厅主任

13. 基层人民法院包括（　　）。
A. 县、自治县人民法院　　B. 市辖区人民法院
C. 不设区的市人民法院　　D. 人民法院

14. 省、自治区、直辖市人民检察院检察长产生的程序是（　　）。
A. 省、自治区、直辖市人民代表大会选举
B. 报最高人民检察院提请全国人民代表大会常务委员会任命
C. 全国人民代表大会直接任命
D. 最高人民检察院直接任命
E. 报最高人民检察院检察长提请全国人民代表大会常务委员会任命

三、问答题

1. 国家主席有哪些职权？
2. 如何理解全国人民代表大会的性质和地位？
3. 全国人民代表大会的职权有哪些？
4. 什么是总理负责制？总理负责制有哪些内容？

参考答案

一、单项选择题

1. B　2. C　3. A　4. D　5. A　6. C　7. A　8. A　9. D　10. A　11. D　12. C　13. D

14. A　15. D　16. A　17. C　18. C　19. C　20. B

二、多项选择题

1. ABCDE　2. AD　3. CD　4. BC　5. AB　6. ABE　7. ABCD　8. BCD　9. ABCD　10. AC　11. AC　12. ABC　13. ABC　14. AE

三、问答题

1. 国家主席有哪些职权？

解析：（1）公布法律，发布命令。（2）任免国务院的组成人员和驻外全权代表。（3）外交权。（4）荣典权。

2. 如何理解全国人民代表大会的性质和地位？

解析：（1）就其性质而言，全国人民代表大会是最高国家权力机关，又是国家的立法机关。（2）就其地位而言，全国人大在我国国家机关体系中居于首要地位，主要体现在以下几个方面：① 全国人民代表大会统一行使宪法规定的最高国家权力。② 全国人民代表大会的职权具有全权性。③ 全国人民代表大会的权力具有至上性，高于行政权、审判权、检察权。

3. 全国人民代表大会的职权有哪些？

解析：（1）修改宪法、监督宪法实施。（2）制定和修改基本法律。（3）选举、决定和罢免国家机关的重要领导人。（4）决定国家重大问题。（5）最高监督权。（6）其他应当由它行使的职权。

4. 什么是总理负责制？总理负责制有哪些内容？

解析：（1）总理负责制是指国务院总理对他主管的工作负全部责任，与此相联系，他对自己主管的工作有完全决定权。

（2）总理负责制的具体内容是：① 由总理提名组成国务院。总理有向全国人大及其常委会提出任免国务院其他组成人员的议案的权利；② 总理领导国务院的工作，副总理、国务委员协助总理工作，其他组成人员都在总理领导下工作，向总理负责；③ 总理主持召开国务院常务会议和全体会议，对于所议事项总理有最后决定权，并对决定的后果承担全部责任；④ 国务院发布的行政法规、决定和命令、向全国人大及其常委会提出的议案、任免国务院有关人员的决定，都得由总理签署；⑤ 总理代表国务院向最高国家权力机关负责并汇报工作。

综合测练与解析

综合测练与解析（一）

一、单项选择题（每题只有一个正确答案，请将正确答案的项目代号写在答卷上。错选、多选均不得分。每题2分，共40分）

1. 我国宪法的修改，由全国人大常委会或者1/5以上的全国人大代表提议，并由全国人大以（　　）。

A. 到会代表的1/2以上的多数通过

B. 到会代表的2/3以上的多数通过

C. 全体代表的1/2以上的多数通过

D. 全体代表的2/3以上的多数通过

2. 我国宪法规定享有解释宪法职权的机关是（　　）。

A. 全国人大　　B. 全国人大常委会

C. 国家主席　　D. 全国人大法律委员会

3. 世界历史上第一部资产阶级成文宪法是（　　）。

A. 1787年美国宪法　　B. 1791年法国宪法

C. 1776年美国《独立宣言》　　D. 1689年英国《权利法案》

4. 欧洲大陆上第一部资产阶级成文宪法是（　　）。

A. 1789年法国《人权宣言》

B. 1689年英国《权利法案》

C. 1791年法国宪法

D. 1919年德国《魏玛宪法》

5. 我国以宪法修正案的方式对现行宪法序言和部分条文已经进行了（　　）。

A. 二次修改　　B. 三次修改

C. 四次修改　　D. 五次修改

6. 清朝末年的两部宪法性文件是（　　）。
A.《钦定宪法大纲》和《临时约法》
B.《钦定宪法大纲》和《十九信条》
C.《十九信条》和《临时约法》
D.《十九信条》和《共同纲领》
7. 国有经济即社会主义全民所有制经济，是国民经济的（　　）。
A. 主导力量　B. 领导力量　C. 基础　D. 依靠
8. 人民民主专政（　　）
A. 即无产阶级专政　B. 实质上即无产阶级专政
C. 包括无产阶级专政　D. 形式上接近无产阶级专政
9. 我国社会主义经济制度的基础是（　　）。
A. 全民所有制　B. 集体所有制
C. 生产资料的社会主义公有制　D. 以公有制为主体的多种所有制经济
10. 我国的国家结构形式属于（　　）。
A. 单一制　B. 民族区域自治制
C. 准联邦制　D. 一国两制
11. 有权决定特别行政区进入紧急状态的机关是（　　）。
A. 全国人民代表大会　B. 全国人大常委会
C. 特别行政区行政长官　D. 国务院
12. 现行宪法规定，在特别行政区内实行的制度按照具体情况由（　　）。
A. 全国人民代表大会以法律规定　B. 全国人大常委会以法律规定
C. 国务院以行政法规规定　D. 特别行政区立法会以法律规定
13. 有权修改特别行政区基本法的机关是（　　）。
A. 全国人民代表大会　B. 全国人大常委会
C. 特别行政区立法会　D. 国务院
14. 世界上第一个把人权提到纲领性文件和根本法地位的文件是（　　）。
A. 1628 年英国《权利请愿书》　B. 1776 年美国《独立宣言》
C. 1789 年法国《人权宣言》　D. 1948 年联合国《世界人权宣言》
15. 通信自由和通信秘密属于我国公民的（　　）权利。
A. 言论自由　B. 思想自由
C. 政治自由　D. 人身自由
16. 我国宪法规定，既是公民权利又是公民义务的是（　　）。
A. 选举和受教育　B. 选举和受监护
C. 劳动和受监护　D. 劳动和受教育

17. 我国（　　）年对宪法进行修改，规定国家主席进行国事活动。

A. 1988 年　　B. 1993 年　　C. 1999 年　　D. 2004 年

18. 全国人民代表大会有权选举的国家领导人是（　　）。

A. 中华人民共和国主席、副主席

B. 国务院总理

C. 国务院副总理、国务委员、各部部长、各委员会主任、审计长、秘书长

D. 中国人民政治协商会议全国委员会主席、副主席、秘书长

19. 现行宪法规定确立的国务院领导体制是（　　）。

A. 国务委员制　　B. 政务委员制

C. 部长（包括委员会主任）会议制　　D. 总理负责制

20. 确立国务院实行总理负责制的是（　　）。

A. 1954 年宪法　　B. 1975 年宪法

C. 1978 年宪法　　D. 1982 年宪法

二、多项选择题（每题均有两个以上正确答案，请将正确答案的项目代号写在答卷上。错选、多选均不得分。每题 2 分，共 40 分）

1. 现行宪法规定，监督宪法实施的机关有（　　）。

A. 全国人民代表大会　　B. 全国人大常委会

C. 最高人民法院　　D. 最高人民检察院

E. 国家主席

2. 不属于社会主义宪法原则的是（　　）。

A. “天赋人权”的原则　　B. 民主集中制原则

C. 一切权力属于人民的原则　　D. 三权分立原则

3. 现行宪法序言规定：全国各族人民、一切国家机关和武装力量、各政党和各社会团体、各企业事业组织，都必须（　　）。

A. 以宪法为根本活动准则

B. 负有维护宪法尊严的职责

C. 并且负有维护宪法尊严、保证宪法实施的职责

D. 以宪法为行为准则、遵守宪法和法律

4. 2004 年 3 月 14 日第十届全国人民代表大会第二次会议通过的宪法修正案的内容有（　　）。

A. 确认了“三个代表”重要思想

B. “国家尊重和保障人权”写入宪法

C. 将“依法治国”写入宪法

D. 确认了邓小平理论

E. 宪法第四章的章名改为“国旗、国歌、国徽、首都”

5. 属于革命根据地的宪法性文件有（　　）。

A.《中华苏维埃共和国宪法大纲》　　B.《五五宪草》

C.《陕甘宁边区宪法原则》　　D.《陕甘宁边区施政纲领》

E.《中华苏维埃共和国劳动法》

6. 社会主义经济制度的基础包括（　　）。

A. 全民所有制　　B. 劳动群众集体所有制

C. 劳动者个体经济　　D. 私营经济

E. 外商投资企业

7. 我国的人民民主专政在（　　）方面同无产阶级专政的基本内容相一致，实质上是无产阶级专政。

A. 政权的领导领导力量和阶级基础　　B. 政权的组织形式

C. 政权的专政职能　　D. 政权的历史使命

E. 都是一个广泛的统一战线政权

8. 中国共产党对待民主党派的基本方针是（　　）。

A. 长期共存　　B. 互相监督　　C. 政治协商　　D. 肝胆相照

E. 荣辱与共

9. 宪法规定，国家举办各种学校，普及初等义务教育，发展（　　）。

A. 中等教育　　B. 职业教育　　C. 高等教育　　D. 学前教育

E. 法制教育

10. 人民代表大会制度是我国的根本政治制度，这是因为（　　）。

A. 它直接反映着我国国家的阶级本质

B. 它体现我国政治生活的全貌

C. 它是国家的其他制度赖以建立的基础

D. 它是由我国宪法规定的

E. 它的基础是社会主义公有制经济

11. 选区的划分标准是（　　）。

A. 按照行政区域划分

B. 按照每一选区选 1～3 名代表划分

C. 按照生产单位、事业单位、工作单位划分，也可以按照居住状况划分

D. 按照居住状况划分

E. 按照居住状况划分，也可以按生产单位、事业单位、工作单位划分

12. 现行选举法规定，（　　）由选民直接选出。

A. 不设区的市、市辖区的人民代表大会代表

B. 设区的市的人民代表大会代表
C. 县、自治县的人民代表大会代表
D. 乡、民族乡、镇的人民代表大会代表
E. 自治州的人民代表大会代表

13. 我国公民的人身自由权包括（　　）。
A. 公民的人身不受非法拘禁、搜查和逮捕
B. 公民人格尊严不受侵犯
C. 公民住宅不受侵犯
D. 公民通信自由和通信秘密受法律保护
E. 公民的宗教信仰自由

14. 公民必须遵守的公共秩序包括（　　）。
A. 教学科研秩序　　B. 生产秩序
C. 工作秩序　　D. 人民群众的生活秩序
E. 社会主义市场经济秩序

15. 中华人民共和国公民在行使自由和权利的时候，不得损害（　　）。
A. 国家的利益、社会的利益、集体的利益
B. 国家主权和国内各民族的团结
C. 各社会团体、企业事业组织的利益
D. 各政党
E. 其他公民的合法的自由和权利

16. 我国的国家机关中实行集体领导制的是（　　）。
A. 国务院　　B. 中央军委
C. 最高人民法院　　D. 最高人民检察院
E. 中共中央

17. 根据现行宪法规定，行使国家立法权的机关有（　　）。
A. 全国人民代表大会
B. 全国人民代表大会常务委员会
C. 全国人民代表大会法律委员会
D. 国务院
E. 省、自治区、直辖市和较大的市的人民代表大会及人民代表大会常务委员会

18. 我国宪法规定，全国人大常委会组成人员不得兼任（　　）。
A. 军事机关的职务　　B. 行政机关的职务
C. 审判机关的职务　　D. 检察机关的职务
E. 中共中央机关的职务

19. 国务院的会议分为（　　）。

A. 国务院全体会议　　B. 国务院扩大会议

C. 国务院常务会议　　D. 国务院一般会议

E. 国务院的特别会议

20. 省、自治区、直辖市人民检察院检察长产生的程序是（　　）。

A. 省、自治区、直辖市人民代表大会选举

B. 报最高人民检察院提请全国人民代表大会常务委员会任命

C. 全国人民代表大会直接任命

D. 最高人民检察院直接任命

E. 报最高人民检察院检察长提请全国人民代表大会常务委员会任命

三、判断题（只回答对错，对的在答卷相应位置打√，错的打×。每题1分，共20分）

1. 根据我国宪法的规定，公民有言论、出版、集会、结社、游行、示威、罢工、迁徙的自由。（　　）

2. 我国宪法规定，全国人民代表大会代表在全国人民代表大会各种会议上的发言和表决，不受法律追究。（　　）

3. 我国建国以来已经颁布了三部宪法。（　　）

4. 港、澳特别行政区的政治制度是“三权分立”制度。（　　）

5. 按现行宪法的规定，我国公民有休息的权利。（　　）

6. 全国人大及其常委会有权修改宪法。（　　）

7. 我国1982年宪法规定，全国人大常委会负有监督宪法实施的职责。（　　）

8. 特别行政区行政长官是特别行政区的首长，代表特别行政区，根据基本法的规定，对全国人民代表大会负责。（　　）

9. 我国宪法规定，父母有抚养教育子女的义务，子女有赡养扶助父母的义务。（　　）

10. 1982年宪法第一次写入人格尊严的内容，是对公民人身自由不受侵犯权利的进一步规定。（　　）

11. 我国法律规定，只有全国人民代表大会代表才享有特别的人身保护权。（　　）

12. 我国现行宪法规定，中央军委主席对全国人民代表大会及其常务委员会负责并报告工作。（　　）

13. 我国现行宪法规定，任何公民非经公安机关批准不受逮捕。（　　）

14. 我国的政党制度是以中国共产党为领导的多党合作和政治协商制度。（　　）

15. 按照现行宪法的规定，全国人大常委会有权撤销和改变国务院不适当的行政法规、决定和命令。（　　）

16. 法随国家产生而产生，宪法是法，所以宪法也随国家产生而产生。(　　)
17. 在我国，乡长、镇长是由选民直接选举产生。(　　)
18. 法国 1789 年的《人和公民的权利宣言》被马克思称为世界上第一个人权宣言。(　　)
19. 国家的一切权力属于人民是人民代表大会制度的逻辑起点。(　　)
20. 工人阶级对国家的领导是人民民主专政的根本标志。(　　)

四、问答题

1. 为什么说宪法是国家的根本大法？
2. 为什么说人民代表大会制度是我国的根本政治制度？

参考答案

一、单项选择题

1. D　2. B　3. A　4. C　5. C　6. B　7. A　8. B　9. C　10. A　11. B　12. A　13. A　14. B　15. D　16. D　17. D　18. A　19. D　20. D

二、多项选择题

1. AB　2. AD　3. AC　4. ABE　5. ACD　6. AB　7. ACD　8. ABDE　9. ABC　10. ABC　11. BE　12. ACD　13. ABCDE　14. ABCD　15. AE　16. CD　17. AB　18. BCD　19. AC　20. AE

三、判断题

1. ×　2. √　3. ×　4. ×　5. ×　6. ×　7. ×　8. ×　9. ×　10. √　11. ×　12. ×　13. ×　14. √　15. ×　16. ×　17. ×　18. ×　19. √　20. √

四、问答题

1. 为什么说宪法是国家的根本大法？

解析：宪法是根本法，理由是：

(1) 宪法的内容在于规定国家最根本、最重要的制度和最基本的国策，即一国的国家制度和社会制度的基本原则，而一般法律则只就自己所调整的某方面的社会关系作出规定。因而宪法规定的内容更具有根本性。

(2) 宪法的效力高于一般法律。宪法在整个法律体系中居于最高的地位，具有最高的法律效力。宪法是“母法”，是其他一般法律的立法基础。其他法律均不得同宪法相抵触，否则必须进行修改或者废除。

(3) 宪法是根本的行为准则，是各政党、一切国家机关、武装力量、企业事业组织、社会团体和全体公民的最高行为准则。

(4) 宪法的修改程序不同于一般法律。宪法的制定和修改程序比其他一般法律的程序更为严格。

(5) 从一定意义上说，宪法和法律都是阶级力量对比关系的表现。但是，宪法与一般法律相比，则更加全面、更加集中地反映社会各种政治力量的实际对比关系。

2. 为什么说人民代表大会制度是我国的根本政治制度？

解析：人民代表大会制度直接反映着我国国家的阶级本质。它体现着我国政治生活的全貌，是国家的其他制度赖以建立的基础，是人民实现国家权力的组织形式，所以它是我国的根本政治制度。

综合测练与解析（二）

一、单项选择题（每题只有一个正确答案，请将正确答案的项目代号写在答卷上。错选、多选均不得分。每题2分，共40分）

1. 我国的根本制度是（　　）。

A. 人民代表大会制度　　B. 社会主义制度

C. 人民民主专政制度　　D. 民主集中制

2. 现阶段我国存在多种所有制经济，从根本上说是由（　　）。

A. 党的政策决定的　　B. 生产力发展水平决定的

C. 对外开放政策决定的　　D. 经济体制改革决定的

3. 国家在社会主义现代化建设新时期的统一战线叫做（　　）。

A. 社会主义统一战线　　B. 人民民主统一战线

C. 爱国统一战线　　D. 革命统一战线

4. 凡具有中华人民共和国国籍的人都是中华人民共和国（　　）。

A. 公民　　B. 人民　　C. 国民　　D. 居民

5. 非法拆阅邮件或窃听公民电话等通讯内容的行为是侵犯公民（　　）。

A. 通信自由权的行为　　B. 名誉权的行为

C. 通讯秘密权的行为　　D. 人格权的行为

6. 推荐代表候选人的政党、人民团体和选民、代表可以在（　　）介绍所推荐的代表候选人的情况。

A. 选民小组或者代表小组会议上　　B. 全体选民大会上

C. 代表大会会议上　　D. 选举大会上

7. 住宅不受侵犯属于我国公民的（　　）。

A. 政治自由权利　　B. 人身自由权利

C. 文化教育权利　　D. 人格尊严权利

8. 在年满18周岁的公民中，依法规定没有选举权和被选举权的是（　　）。

A. 文盲和半文盲　　B. 被判处徒刑

C. 被监视居住的　　D. 依法被剥夺政治权利的

9. 我国国家主席、副主席每届任期与全国人民代表大会每届任期相同，即都是（　　）。

A. 5年　　B. 10年　　C. 4年　　D. 8年

10. 现行宪法规定，国家保护城乡集体经济组织的合法权利和利益，对集体经济发展的政策是（　　）。

A. 保障　　B. 监督、管理和指导

C. 保护　　D. 鼓励、指导和帮助

11. 我国人民法院是国家的（　　）。

A. 审判机关　　B. 检察机关　　C. 行政机关　　D. 立法机关

12. 在法律规定范围内的个体经济和私营经济都是（　　）。

A. 具有资本主义性质的经济成分　　B. 公有制经济的补充

C. 是非社会主义的经济形式　　D. 非公有制经济

13. 特别行政区享有完整的立法权，其制定的法律（　　）。

A. 须报全国人民代表大会批准　　B. 须报全国人大常委会批准

C. 须报全国人大常委会备案　　D. 须报国务院备案

14. 我国农村的基层行政区域是指（　　）。

A. 区公所　　B. 乡、民族乡、镇

C. 村民委员会　　D. 自然村

15. 中国历史上第一部由人民代表机关正式通过并公布实施的宪法性文件是（　　）。

A.《陕甘宁边区施政纲领》　　B.《中华苏维埃共和国宪法大纲》

C.《陕甘宁边区宪法原则》　　D.《共同纲领》

16. 特别行政区是根据我国宪法和基本法所设立的，具有特殊的法律地位（　　）。

A. 实行特别的经济制度的行政区域

B. 实行特别的政治制度的行政区域

C. 实行特别的法律制度的行政区域

D. 实行特别的政治、经济制度的行政区域

17. 在我国，有权修改宪法的机关是（　　）。

A. 全国人民代表大会　　B. 全国人大常委会

C. 全国人大及其常委会　　D. 全国人大法律委员会

18. 全国人民代表大会会议每年举行一次，由（　　）召集。

A. 全国人民代表大会会议主席团

B. 全国人民代表大会常务委员会委员长

C. 全国人民代表大会常务委员会

D. 全国人民代表大会常务委员会或者1/3以上全国人民代表大会代表提议

19. 地方各级人民代表大会举行会议时，代表（　　）人以上联名，可以书面提出对本级人民政府及所属各工作部门，以及人民法院、人民检察院的质询案。

A. 30　　B. 20　　C. 10　　D. 5

20. 人民法院依照法律规定独立行使审判权，不受（　　）的干涉。

A. 政党、社会团体和个人　　B. 权力机关、社会团体和个人

C. 行政机关、社会团体和个人　　D. 上级检察机关、社会团体和个人

二、多项选择题（每题均有两个以上个正确答案，请将正确答案的项目代号写在答卷上。错选、多选均不得分。每题 2 分，共 40 分）

1. 我国宪法规定，有权提议修改宪法的有（　　）。

A. 全国人大常委会　　B. 全国人大各专门委员会

C. 1/5 以上的全国人大代表　　D. 国家主席

E. 国务院

2. 宪法不同于其他一般法律，宪法是根本法，这主要表现（　　）。

A. 宪法的内容在于规定一国的根本制度

B. 宪法的内容主要地取决于社会的物质生活条件

C. 宪法集中表现各种政治力量对比关系

D. 宪法的效力和修改程序不同于一般法律

E. 宪法是人民意志的体现

3. 根据现行宪法规定，中央军委的组成人员包括（　　）。

A. 主席　　B. 副主席若干人

C. 秘书长　　D. 委员若干人

E. 副秘书长

4. 宪法关系包括（　　）。

A. 国家与公民之间的关系

B. 国家与国内各阶级、各民族、团体和其他组织之间的关系

C. 国家机关内部的关系

D. 国家机关与国家机关之间的关系

E. 汉族与少数民族的关系

5. 我国 1954 年宪法确认的基本原则是（　　）。

A. 社会主义原则　　B. 民族平等原则

C. 人民民主原则　　D. 党的领导原则

E. 法治原则

6. 英国宪法作为不成文宪法其主要特征表现为（　　）。

A. 效力高于一般法律　　B. 修改程序比一般法律复杂

C. 宪法规范散见于若干宪法性文件　　D. 宪法习惯是宪法的组成部分

E. 由“全民投票”表决通过

7. 现阶段爱国统一战线的任务是（　　）。

A. 建设富强、民主、文明的社会主义现代化国家

B. 完成祖国和平统一大业
C. 维护世界和平
D. 实行科教兴国和技术支边
E. 进行国际学术交流

8. 根据我国宪法及其他有关法律规定，我国选举的组织和程序包括（　　）。
A. 设立或确立主持选举的组织机构
B. 选区的划分和选民登记
C. 代表候选人提名
D. 投票和选举结果的确认

9. 我国宪法规定，民族自治地方包括（　　）。
A. 自治区
B. 自治州
C. 自治县
D. 自治乡
E. 民族乡

10. 资本主义宪法产生的思想理论条件是（　　）。
A. 天赋人权学说
B. 法治学说
C. 人民主权学说
D. 权力分立学说
E. 阶级斗争学说

11. 下列有关公民言论自由的说法，正确的有（　　）。
A. 任何公民都有平等的发言权
B. 发表言论的内容不受限制，不受任何机关和个人干涉
C. 言论自由是国家民主政治的重要体现
D. 从实质上说，出版自由也是一种言论自由

12. 根据我国宪法规定，下列选项中属于政治权利的有（　　）。
A. 选举权
B. 被选举权
C. 宗教信仰自由
D. 人身自由权利

13. 清朝末年颁布的两部宪法性文件是（　　）。
A. 《钦定宪法大纲》
B. 《天坛宪法草案》
C. 《十九信条》
D. 《贿选宪法》
E. 《中华民国约法》

14. 我国宪法规定，中华人民共和国主席、副主席都缺位的时候，（　　）。
A. 国务院总理代理主席职位
B. 由全国人民代表大会补选
C. 在补选之前，由全国人大常委会委员长暂时代理主席职位
D. 中共中央总书记代理主席职位

15. 按照现行宪法规定，国家鼓励和支持举办各种医疗卫生设施的组织是（　　）。
A. 集体经济组织
B. 农村集体经济组织
C. 国家企业事业组织
D. 街道组织
E. 村委会和居委会

16. 规定全国人民代表大会任期为 5 年的宪法有（　　）。

A. 1954 年宪法　　B. 1975 年宪法　　C. 1978 年宪法　　D. 1982 年宪法

17. 地方各级人民代表大会代表产生的方式有（　　）。

A. 间接选举产生　　B. 直接选举产生

C. 秘密投票产生　　D. 政府指定产生

18. 人民法院、人民检察院和公安机关审理刑事案件中，为保证准确有效地执行法律，应当（　　）。

A. 分工负责　　B. 互相配合　　C. 互相制约　　D. 三权分立

19. 下列案件中不适用公开审判原则的有（　　）。

A. 涉及国家机密的　　B. 涉及个人隐私的

C. 涉及未成年人犯罪的　　D. 涉及妇女犯罪的

20. 我国宪法规定，中华人民共和国公民在法律面前一律平等的含义是（　　）。

A. 任何公民都平等地享有宪法和法律规定的权利和义务

B. 所有公民的合法权益都应平等地得到保护

C. 任何公民的违法或犯罪行为，一律平等地依法追究法律责任

D. 任何组织或者个人都必须在宪法和法律的范围内活动，不得享有任何特权

三、判断题（只回答对错，对的在答卷相应位置打√，错的打×。每题 1 分，共 20 分）

1. 我国《宪法》第 6 条第 1 款规定：“中华人民共和国的社会主义经济制度的基础是生产资料的社会主义公有制，即全民所有制和劳动群众集体所有制。”（　　）

2. 我国宪法规定我国实行以公有制为基础、非公有制为补充的经济制度。（　　）

3. 我国古代典籍中就已经使用“宪”、“宪法”这样的名称，因此宪法在我国早就存在了。（　　）

4. 《中华民国临时约法》是中国历史上第一部，也是唯一的一部资产阶级宪法。（　　）

5. 称为我国建国初期“三大宪章”的是指《共同纲领》、《中央人民政府组织法》、《人民政协组织法》。（　　）

6. 一切法律、行政法规和地方性法规都不得同宪法相抵触。（　　）

7. 统一战线是中国共产党领导的爱国统一战线，包括两个联盟：一是社会主义劳动者的联盟，二是以爱国为政治基础的广泛联盟。（　　）

8. 我国人民民主专政的根本标志是人民代表大会制度。（　　）

9. 我国《宪法》规定：“社会主义制度是中华人民共和国的根本制度。”（　　）

10. 我国社会主义制度的基础是生产资料的社会主义公有制，这里的公有制仅指全民所有制。（　　）

11. 私营经济的雇工需达到5人以上。（　　）

12. 臭名昭著的“贿选宪法”是指《中华民国宪法》。（　　）

13. 我国《宪法》规定：“中华人民共和国是工人阶级为领导的、以工农联盟为基础的人民民主专政的社会主义国家。”（　　）

14. 个体经济是生产资料的个人占有与个体劳动相结合，是存在剥削的经济形式。（　　）

15. “三资企业”是指中外合资经营企业、中外合作经营企业、外商独资经营企业。（　　）

16. 我国实行以按劳分配为主体、多种分配方式并存的分配制度。（　　）

17. 私营企业主的资本收益、公民个人持有股票、证券、股票收益利息等，都是非劳动收入。（　　）

18. 所谓宏观调控，是指国家有意识、有目标地运用经济手段、法律手段和行政手段，对社会供应总量和需求总量及其构成等主要经济活动实施调节和控制。（　　）

19. 人类文明包括物质文明、政治文明和精神文明三种类型。（　　）

20. 我国社会主义道德教育的核心是为人民服务。（　　）

四、问答题

1. 近代宪法是资产阶级革命的产物，资产阶级宪法对维护资产阶级统治发挥了什么作用？

2. 论述十届人民代表大会二次会议通过的宪法修正案关于国家主席进行国事活动的规定必要性。

参考答案

一、单项选择题

1. B　2. B　3. C　4. A　5. C　6. A　7. B　8. D　9. A　10. D　11. A　12. D　13. C　14. B　15. B　16. D　17. A　18. C　19. A　20. C

二、多项选择题

1. AC　2. ACD　3. ABD　4. ABCD　5. AC　6. CD　7. ABC　8. ABCD　9. ABC　10. ABCD　11. ACD　12. AB　13. AC　14. BC　15. BCD　16. BCD　17. AB　18. ABC　19. ABC　20. ABCD

三、判断题

1. √　2. ×　3. ×　4. √　5. √　6. √　7. √　8. ×　9. √　10. ×　11. ×　12. √　13. √　14. ×　15. √　16. √　17. √　18. √　19. √　20. √

四、问答题

1. 近代宪法是资产阶级革命的产物，资产阶级宪法对维护资产阶级统治发挥了什么作用？

解析：近代宪法对维护资产阶级统治的作用具体表现为：（1）是防止封建主义复辟的武器。（2）是压迫和欺骗劳动人民的工具。（3）资产阶级宪法在调节本阶级的内部矛盾，以及和它的同盟者之间矛盾方面也发挥着明显的作用。

2. 论述十届人民代表大会二次会议通过的宪法修正案关于国家主席进行国事活动的规定必要性。

解析：（1）为了适应客观实际的需要，更好地发挥国家主席的作用，为元首外交的顺利开展提供法制空间；（2）《宪法》第 81 条的修正无疑地会激励主席的主动性，促使其更加负责、积极地工作，在世界上发挥大国元首应起的作用。因此，修宪的意义极其深远。

综合测练与解析（三）

一、单项选择题（每题只有一个正确答案，请将正确答案的项目代号写在答卷上。错选、多选均不得分。每题2分，共40分）

1. 我国现行宪法序言明确宣告：本宪法规定了国家的根本制度和（　　）。
A. 政治制度　B. 社会制度　C. 经济制度　D. 根本任务

2. 司法机关在审理具体案件的诉讼过程中，因提出对所适用的法律、法规是否违宪的问题，而对该法律、法规进行审查的，叫做（　　）。
A. 附带性审查　B. 事先审查　C. 事后审查　D. 宪法控诉

3. 在宪法中没有规定监督宪法实施问题的是（　　）。
A. 1954年宪法　B. 1975年宪法　C. 1978年宪法　D. 1982年宪法

4. 中国历史上唯一的一部具有资产阶级民主共和国性质的宪法性文件是（　　）。
A.《中华民国约法》　B.《中华民国临时约法》
C.《中华民国训政时期约法》　D.《中华民国宪法》

5. 我国确定出生国籍的原则是（　　）。
A. 出生地主义　B. 血统主义
C. 自由主义　D. 出生地主义和血统主义相结合的原则

6. 我国历史第一部社会主义类型的宪法是（　　）。
A. 1954年宪法　B.《共同纲领》
C.《中国苏维埃共和国宪法大纲》　D.《陕甘宁边区宪法原则》

7. 我国1954年宪法确认的政权组织形式是（　　）。
A. 各界人民代表会议制度　B. 各界人民代表大会制度
C. 人民代表会议制度　D. 人民代表大会制度

8. 下列有关我国宗教信仰自由的说法中，错误的是（　　）。
A. 不得强制公民信仰或不信仰宗教
B. 禁止外国势力支配宗教团体和宗教事务
C. 宗教信仰问题不属于个人私事
D. 不得歧视信仰宗教的公民

9. 我国宪法规定，我国公民有从国家和社会获得物质帮助的权利，可以获得物质帮助的情况是（　　）。
A. 下岗或失业　B. 未成年
C. 生活确有困难　D. 年老、疾病或者丧失劳动能力

10. 人民民主专政的根本标志是（　　）。
A. 工人阶级对国家的领导
B. 工农联盟为基础
C. 生产资料公有制
D. 国有经济的主导地位

11. 行政公署是我国（　　）。
A. 省级行政机关的派出机关
B. 一级地方行政机关
C. 地区一级国家权力机关
D. 省级国家权力机关的派出机关

12. 现行宪法规定，我国公民在（　　）。
A. 法律上一律平等
B. 法律制定上一律平等
C. 法律面前一律平等
D. 法律适用上一律平等

13. 宪法的修改程序与一般法律相同的宪法叫做（　　）。
A. 刚性宪法
B. 柔性宪法
C. 不成文宪法
D. 钦定宪法

14. 我国乡、民族乡、镇的人民代表大会代表每届的任期是（　　）。
A. 3 年　B. 4 年　C. 5 年　D. 6 年

15. 地方各级人大举行会议时，可以书面提出对本级人民政府和它所属各工作部门以及人民法院、人民检察院的质询案，须代表（　　）。
A. 5 人以上联名
B. 10 人以上联名
C. 15 人以上联名
D. 20 人以上联名

16. 地方各级审计机关依照法律规定独立行使（　　）。
A. 惩罚权　B. 检察权　C. 审判权　D. 审计监督权

17. 近代宪法的发源地是（　　）。
A. 英国　B. 美国　C. 法国　D. 德国

18. 现行宪法规定，制定和修改基本法律的职权属于（　　）。
A. 全国人民代表大会
B. 全国人大常务委员会
C. 全国人大及其常务委员会
D. 全国人大法律委员会

19. 根据宪法和法律的规定，民族自治地方的人大常委会主任或副主任，应当由（　　）。
A. 少数民族公民担任
B. 少数民族公民或者汉族公民担任
C. 实行自治的民族的公民担任
D. 实行自治的民族的公民或者汉族的公民担任

20. 现行宪法规定，领导全国武装力量的机关是（　　）。
A. 中华人民共和国主席
B. 全国人大常委会
C. 国家中央军事委员会
D. 党中央军事委员会

二、多项选择题（每题均有两个以上个正确答案，请将正确答案的项目代号写在答卷上。错选、多选均不得分。每题2分，共40分）

1. 国家形式包括（　　）。
   A. 国家结构形式　　B. 国家文明形式
   C. 政权组织形式　　D. 国家审判形式
   E. 国家检察形式
2. 决定国家结构形式的要素有（　　）。
   A. 历史传统　　B. 民族的组成及其分布状况
   C. 经济发展状况　　D. 政治文化影响
   E. 自然地理特点
3. （　　）有选举权利。
   A. 判处有期徒刑、拘役、管制而没有附加剥夺政治权利的人
   B. 正在取保候审或者监视居住的人
   C. 被羁押，正在受侦查、起诉、审判的人
   D. 正在劳动教养的人
   E. 正在受拘留处罚的人
4. 联邦制国家结构形式的特征是（　　）。
   A. 地方政府的权力由中央政府授予
   B. 国家只有一部宪法
   C. 公民具有双重国籍
   D. 各成员国与联邦的职权划分，由联邦宪法作出具体规定
   E. 除联邦立法、行政、司法系统外，成员国也有自己的立法、行政、司法系统
5. 取得国籍的方式主要有（　　）。
   A. 因出生而取得国籍　　B. 因加入而取得国籍
   C. 因定居而取得国籍　　D. 因移民而取得国籍
   E. 因通婚而取得国籍
6. 根据我国《宪法》第41条规定，我国公民的监督权主要包括（　　）。
   A. 批评、建议权　　B. 申诉权
   C. 控告、检举权　　D. 调查权
   E. 诉讼权
7. 根据现行宪法规定，须经全国人民代表大会批准设立、撤销、变更的行政区域包括（　　）。
   A. 省　　B. 自治区　　C. 直辖市　　D. 县
   E. 乡

8. 根据宪法和全国人民代表大会组织法，下面属于全国代表大会专门委员会的有（　　）。
A. 民族委员会　　B. 法律委员会
C. 华侨委员会　　D. 内务司法委员会
E. 劳动委员会

9. 我国的中央国家机关包括（　　）。
A. 全国人民代表大会及其常务委员会　　B. 国家主席和国务院
C. 中央军事委员会　　D. 最高人民法院和最高人民检察院
E. 农业部

10. 我国的行政区域的类型有（　　）。
A. 一般行政区域　　B. 民族自治地方
C. 经济特区　　D. 特别行政区
E. 新技术开发实验区

11. 在我国地方国家权力机关中，可以制定地方性法规的有（　　）。
A. 省、自治区、直辖市的人大及其常务委员会
B. 自治县的人大及其常务委员会
C. 乡、民族乡的人大及其常务委员会
D. 省、自治区人民政府所在地市和国务院批准的较大的市的人大及其常务委员会
E. 地级市的人大常务委员会

12. 地方各级人民代表大会代表产生的方式有（　　）。
A. 间接选举产生　　B. 直接选举产生
C. 秘密投票产生　　D. 政府选择产生

13. 我国现行宪法规定的公民参与政治方面的权利包括（　　）。
A. 公民在法律面前一律平等
B. 选举权和被选举权
C. 言论、出版、集会、结社、游行、示威和罢工的自由
D. 批评、申诉、控告或者检举的权利
E. 立法创制权

14. 在我国，“公民在法律面前一律平等”原则的含义包括（　　）。
A. 公民在立法上一律平等　　B. 公民在适用法律上一律平等
C. 公民在守法上一律平等　　D. 公民在司法上一律平等
E. 公民在法律监督上一律平等

15. 我国现行宪法对具有特定情况的公民设置专条，给予特别保护，其内容除包括保

障妇女的权利、照顾残疾公民外，还有（　　）。

A. 保障退休人员和烈军属的权利　　B. 关怀青少年和儿童的成长

C. 保护华侨的正当权利　　D. 保护婚姻、家庭、母亲、儿童和老人

E. 保护外国人

16. 根据现行宪法规定，只能由实行区域自治的民族的公民担任的职务是（　　）。

A. 自治区主席　B. 自治州州长　C. 人民法院院长　D. 自治县县长

E. 自治地方政协主席

17. 基层人民法院包括（　　）。

A. 县、自治县人民法院　　B. 市辖区人民法院

C. 不设区的市人民法院　　D. 人民法院

18. 下列人员中属于国务院组成人员的是（　　）。

A. 总理　　B. 副总理

C. 国务委员　　D. 各部部长、各委员会主任

E. 中国民航总局局长

19. 根据现行宪法的规定，全国人民代表大会由（　　）。

A. 省、自治区、直辖市、特别行政区选出的代表组成

B. 军队选出的代表组成

C. 中央直辖的少数民族行政单位选出的代表组成

D. 台湾省选出的代表组成

E. 海外华侨选出的代表组成

20. 人民法院、人民检察院和公安机关审理刑事案件中，为保证准确有效地执行法律，应当（　　）。

A. 分工负责　B. 互相配合　C. 互相制约　D. 三权分立

E. 互不联系

三、判断题（只回答对错，对的在答卷相应位置打√，错的打×。每题1分，共20分）

1. 全国人民代表大会和全国人民代表大会常务委员会行使国家立法权。（　　）

2. 中华人民共和国主席、副主席不得连续任职。（　　）

3. 国家结构的主要形式有两种：单一制和联邦制。（　　）

4. 自治区主席、自治州州长、自治县县长由实行区域自治的民族的公民担任。（　　）

5. 全国人民代表大会由省、自治区、直辖市选出的代表组成。（　　）

6. 国有经济，即社会主义全民所有制经济，是国民经济中的主导力量。国家保障国有经济的巩固和发展。（　　）

7. 在中国共产党的领导多党合作制度下，各民主党派是参政党。(　　)

8. 我国现行宪法自从 1982 年颁布以来，经历了 3 次局部修改，从而使宪法能够持续地适应发展的客观形势的需要。(　　)

9. 中华人民共和国实行依法治国，建设社会主义法治国家。(　　)

10. 我国实行以按劳分配为主体、多种分配方式并存的分配制度。(　　)

11. 我国实行的是多党制的政党制度。(　　)

12. 社会主义可以创造高于资本主义的物质文明和精神文明，但不可能创造高于资本主义的政治文明。(　　)

13. 国务院实行总理负责制。各部、各委员会实行部长、主任负责制。(　　)

14. 我国《宪法》规定："社会主义建设事业必须依靠工人、农民和知识分子，团结一切可以团结的力量。"宪法这一规定表明，我国知识分子既不属于工人阶级也不属于农民阶级。(　　)

15. 国家依照法律规定保护公民的私有财产权和继承权。(　　)

16. 中华人民共和国国务院，即中央人民政府，是最高国家权力机关的执行机关，是最高国家行政机关。(　　)

17. 私营企业主的资本收益、公民个人持有股票、证券、股票收益利息等，都是非劳动收入。(　　)

18. 我国《宪法》规定，"社会主义制度是中华人民共和国的根本制度"。(　　)

19. 人类文明包括物质文明、政治文明和精神文明三种类型。(　　)

20. 我国人民民主专政的根本标志是人民代表大会制度。(　　)

四、问答题

1. 我国社会主义精神文明建设的内容有哪些基本规定？

2. 我国 2004 年宪法修正案增加规定国家尊重和保障人权的重大意义何在？

参考答案

一、单项选择题

1. D　2. A　3. B　4. B　5. D　6. A　7. D　8. C　9. D　10. A　11. A　12. C　13. B　14. C　15. B　16. D　17. A　18. A　19. C　20. C

二、多项选择题

1. AC　2. ABCD　3. ABDE　4. CDE　5. AB　6. ABC　7. ABC　8. ABCD

9. ABCD　10. ABD　11. AD　12. AB　13. BCD　14. BCD　15. ABCD　16. ABD　17. ABC　18. ABCD　19. AB　20. ABC

三、判断题

1. √　2. ×　3. √　4. √　5. ×　6. √　7. √　8. ×　9. √　10. √　11. ×　12. ×　13. √　14. ×　15. √　16. √　17. √　18. √　19. √　20. ×

四、问答题

1. 我国社会主义精神文明建设的内容有哪些基本规定？

解析：(1) 宪法关于教育科学文化建设方面：发展社会主义教育事业，发展社会主义科学事业，发展卫生事业和体育事业，发展文学艺术和其他文化事业。

(2) 宪法关于思想道德建设的规定：培养“四有”公民，提倡“五爱”公德，进行马克思主义教育，反对各种腐朽的思想。

2. 我国2004年宪法修正案增加规定国家尊重和保障人权的重大意义何在？

解析：(1) 尊重和保障人权是我国的一贯方针，这次把它写入宪法，是党和国家高度重视人权建设的集中体现，也是进一步加强社会主义民主与法治建设、充分保障人权实现的宪法依据。(2) 在宪法中作出尊重和保障人权的宣示，体现了社会主义制度的本质要求，有利于推进我国社会主义人权事业的发展，有利于我国在国际人权事业中进行交流和合作，开展对话，摒弃对抗，寻求共识，进行合作，共同实现世界人权事业的进步。

参 考 文 献

1.《宪法学》编写组．宪法学．北京：高等教育出版社，人民出版社，2011.

2. 傅思明．宪法学．北京：法律出版社，2007.

3. 许崇德．宪法学．北京：高等教育出版社，2005.

4. 魏定仁．宪法学．北京：北京大学出版社，2005.

5. 周叶中．宪法．北京：高等教育出版社，北京大学出版社，2000.

6. 张庆福．宪法学基本理论．北京：社会科学文献出版社，1999.